Systemische Einzeltherapie

Luigi Boscolo und Paolo Bertrando

Übersetzt aus dem Englischen von Astrid Hildenbrand

1997

Übersetzt aus dem Englischen von Astrid Hildenbrand
Über alle Rechte der deutschen Ausgabe verfügt Carl-Auer-Systeme
Verlag und Verlagsbuchhandlung GmbH Heidelberg
Fotomechanische Wiedergabe nur mit Genehmigung des Verlages
Satz: Paul Richardson
Umschlaggestaltung: WSP Design, Heidelberg
Objektphotographie und Objekt: Leonie Weber
Printed in Germany 1997
Gesamtherstellung: Kösel Druck, Kempten

Reihe Systemische und hypnotherapeutische Praxis
Herausgeber: Gunthard Weber
Erste Auflage, 1997

Die Deutsche Bibliothek – CIP-Einheitsaufnahme

Boscolo, Luigi:
Systemische Einzeltherapie / Luigi Boscolo und Paolo Bertrando.
Übers. aus dem Engl. von Astrid Hildenbrand – 1. Aufl. – Heidelberg :
Carl-Auer-Systeme, Verl. und Verl.-Buchh., 1997
   Einheitssacht.: Systemic therapy with individuals <dt.>
   ISBN 3-89670-027-8

Copyright © Luigi Boscolo und Paolo Bertrando
Titel der englischen Ausgabe:
„Systemic Therapy with Individuals"
H. Karnac (Books) Ltd., London, 1996.

Inhalt

Vorwort ... 9

Teil I – Theorie ... 13

1. **Die Geschichte einer Theorie** ... 14
   Was wir von der systemischen Familientherapie
   gelernt haben ... 14
   Zurück zum Individuum ... 21
   Innenwelt und Außenwelt ... 25
   Die Entwicklung der systemischen Theorie und Praxis ... 30
   Der soziale Konstruktionismus ... 35
   Der Narrativismus ... 38
   Das Gesagte und das Ungesagte ... 42
   Eine epigenetische Sichtweise ... 48

2. **Systemisch Arbeiten** ... 56
   Indikationen ... 56
   Einschätzung, Diagnose und Therapie:
   Ein rekursiver Prozeß ... 61
   Einschätzung, Typologien und „Diagnose"
   in unserem Modell ... 61
   Ziele der Therapie ... 69
   Zeit und Wandel ... 75
   Eine enorm wichtige Beziehung ... 75
   Das Modell der „langen Kurzzeittherapie" ... 78

Der Therapeut ... 84
  Die Person des Therapeuten ... 84
  Macht in der therapeutischen Beziehung ... 92
  Empathie, eine positive Sichtweise
  und die therapeutische Beziehung ... 94
  Ethische Aspekte ... 102
  Die Philosophie der Therapie ... 107

3. Der therapeutische Prozeß ... 111

Der Dialog ... 111
  Prinzipien bei der Leitung der Therapiesitzung ... 112
  Bezugspunkte für die Hypothesen des Therapeuten ... 116
  Zirkuläre Fragen ... 126
  Zirkuläre Fragen in der Einzeltherapie:
  Die „Vergegenwärtigung der Dritten Partei" ... 131
  Dekonstruktion und Konstruktion
  während der Therapiesitzung ... 137
  Weitere Überlegungen zum therapeutischen Dialog ... 139

Die Therapiesitzung ... 142
  Den therapeutischen Kontext herstellen ... 142
  Die Therapiesitzung leiten ... 145
  Zeiten und Rhythmen von Therapeut und Klient ... 149

Der therapeutische Prozeß ... 152

Die Sprache und der therapeutische Prozeß ... 159
  Rhetorik und Hermeneutik ... 161
  Rhetorik ... 162
  Hermeneutik ... 164
  Sprache und Veränderung: Schlüsselwörter ... 171
  Denotation, Konnotation und Metaphern ... 176

Teil II – Fallbeispiele ... 180

4. Therapie nach einem vorwiegend strategisch-systemischen Ansatz ... 181

Teresa S.: Wechselfälle des Schicksals ... 181
Giorgio B.: Wer therapiert hier wen? ... 184

Enrica S.: Die Dame, die nicht einkaufen gehen konnte ... 186
Ugo B.: Der schlaflose Kinderarzt ... 188

5. Fallbeispiele für den systemischen Therapieansatz ... 191

Giuliana T.: Das Leben als Kontrolle ... 191

Bruno K.: „Mittwegs auf unsres Lebens Reise ..." ... 219

Luciano M.: Gefangener eines Familienmythos ... 253

Carla V.: Ihre wiedergefundene Weiblichkeit ... 265

Olga M.: Eine existentielle Ödnis ... 271

Susanna C.: Beziehungsprobleme ... 273

Francesca T.: Ein unstillbarer Hunger ... 314

Literatur ... 331

Vorwort

Nicht immer ist es möglich und vielleicht auch nicht immer nützlich, Familien oder Subsysteme zu therapeutischen Gesprächen einzuladen, und oft legen Klienten auch Wert darauf, allein mit Psychotherapeuten zu sprechen. So war es nur konsequent, daß sich systemische Therapeuten der Frage zuwandten, ob und wie die systemische Sichtweise auch in Einzelgesprächen genutzt werden könnte.

Angeregt durch den englischen Familientherapeuten David Campbell beschreiben wir in diesem Buch ein Modell systemischer Einzeltherapie, das sowohl im Kontext von Psychotherapiepraxen als auch in der Arbeit in psychosozialen und medizinischen Einrichtungen anwendbar ist. Wir dokumentieren hiermit den Stand unserer diesbezüglichen Ideen und der von uns entwickelten Vorgehensweisen und somit unsere Bemühungen, das ursprünglich für die Familientherapie entwickelte systemische Modell auf die Einzeltherapie anzuwenden.

Unsere Hauptaufgabe bestand darin, unsere therapeutische Praxis und deren Bezug zur Theorie über die verschiedenen Entwicklungsstadien hinweg zu beschreiben. Unsere Arbeit begann in den frühen 70er Jahren, als wir nach dem strategisch-systemischen Modell arbeiteten, das von der Gruppe des Mailänder Forschungsinstituts entwickelt worden war. In der zweiten Phase von 1975 bis 1985 führten wir unsere Therapien nach dem Mailänder systemischen Ansatz durch, der von Gregory Batesons Ideen geprägt worden war. Danach fand in unserem therapeutischen Handeln und Denken ein radikaler Perspektivenwechsel statt, der auf die Kybernetik 2. Ordnung und den Konstruktivismus zurückzuführen war, die das beobachtende System (d. h. den Therapeuten) und den Aspekt der Selbstreflexivität in den Mittelpunkt stellten. Mit dem Aufkommen von Postmodernismus und sozialem Konstruktionismus ist in den zurückliegenden zehn Jahren der Sprache und der Erzählung ein Maximum an Aufmerksamkeit geschenkt worden.

In den Therapien, die wir heute durchführen, spiegeln sich die Strömungen der verschiedenen Theorieentwicklungen und unsere langjährigen klinischen Erfahrungen wider. Systemisch Arbeiten bedeutet für uns heute, daß wir gemeinsam mit dem Klienten ein komplexes Netzwerk aus Ideen, Emotionen und signifikanten Personen betreten, die rekursiv miteinander verbunden sind und von beiden Gesprächspartnern mittels der Sprache exploriert werden. Die Denkweise eines systemisch arbeitenden Therapeuten zeichnet sich dadurch aus, daß er sich der Komplementarität von linearer und zirkulärer Kausalität bewußt ist, daß er erkennt, wie wichtig der Blick aus unterschiedlichen Perspektiven ist, und daß er eher Fragen stellt, statt Antworten zu geben; aufgrund dieser Vorgehensweise eröffnet sich dem Klienten mit der Zeit ein Weg, Dinge und Personen, Ereignisse und Bedeutungen so miteinander zu verbinden, daß er sich aus seiner starren Sicht von sich selbst und von der ihn umgebenden Realität[1] zu lösen vermag. Der Klient kann so seine Sensibilität schärfen und sich neuen Möglichkeiten gegenüber öffnen, indem er mit Ereignissen und Geschichten aus seinem Leben experimentiert und diese aus einer umfassenderen Perspektive sieht. Wenn wir uns in eine Erzählperspektive begeben, können wir den Klienten aus einer Geschichte befreien, die erstarrt ist und Leiden verursacht; und dieser kann sich auf eine neue Geschichte mit mehr Freiheit und Autonomie einlassen.

Bei Klienten, bei denen wir aufgrund der Charakteristik und der Dringlichkeit ihres präsentierten Problems (z. B. bei phobischem oder zwanghaftem Verhalten) die typischen strategisch-systemischen Interventionen für angemessen halten, beschränken wir uns darauf, ein paar Sitzungen lang an dem spezifischen Problem zu arbeiten, ohne die Biographie des Klienten und dessen Persönlichkeit eingehender zu explorieren.

1 Bei der Lektüre des Buches wird deutlich werden, daß wir auch geschlechtsspezifischen Themen gegenüber sensibel sind; doch wir benutzen – aus rein stilistischen Gründen – durchgängig männliche Personenformen und Pronomen. Wir verwenden auch den Begriff „Klient" statt „Patient" aus Gründen, die mit der Lektüre des Buches klar werden.

Unsere Bemühungen, das Modell theoretisch und in seiner Anwendung zu beschreiben, hatten den Effekt, daß unsere Ideen klarer hervortraten (ein rekursiver Gestaltungsprozeß), aber auch ein paar Sorgen in uns wuchsen, und zwar wegen der Komplexität der Zusammenhänge zwischen den Theorien, über die wir reflektieren, und der therapeutischen Praxis, die wir daraus ableiten. Diese Komplexität ergibt sich in den ersten drei Kapiteln und wirkt auf die einen Leser vielleicht anregend, vor allem wenn sie erfahrene Therapeuten sind, während andere Leser sie vielleicht als schwerverdauliche Kost empfinden. Deshalb schlagen wir vor, daß die letztgenannte Lesergruppe mit den ausführlichen klinischen Fallbeispielen beginnt, die in Teil II vorgestellt werden; diese Fallbeispiele enthalten viele Verweise auf die Theorie und können aus sich heraus eine Vorstellung vom therapeutischen Prozeß geben.

Wir haben dieses Buch nicht nur für erfahrene Therapeuten geschrieben, sondern auch für jüngere Kollegen, die schon eine gewisse therapeutische Praxis haben und sich gerne spezifisches Wissen über die systemische Einzeltherapie[2] aneignen möchten. Dieses Buch befaßt sich nicht mit den Grundlagen der systemischen Therapie (wir gehen davon aus, daß der Leser schon eine genaue Vorstellung davon hat), und es ist auch kein „Kochbuch" für spezifische therapeutische Interventionen. Es ist vielmehr ein Buch, das die Prozesse des Explorierens, Denkens und Fühlens in den Mittelpunkt des therapeutischen Handelns stellt, und zwar aus verschiedenen theoretischen Blickwinkeln, die wir in unserer langjährigen Praxis und Forschung entwickelt haben. Wir hoffen, daß der Leser zu unserem Modell Zugang findet und darauf eventuell seine eigene therapeutische Praxis aufbauen kann.

---

2 Wir haben die Grundlagen der systemischen Theorie (allgemeine Systemtheorie, Kommunikationstheorie und Kybernetik) nicht detailliert dargestellt, weil wir diese als allgemein bekannt voraussetzen. Der Leser, der hier mehr Informationen braucht, sollte die relevante Literatur konsultieren, zum Beispiel: *Menschliche Kommunikation* (Watzlawick, Beavin u. Jackson 1980), *Paradoxon und Gegenparadoxon* (Selvini Palazzoli, Boscolo, Cecchin u. Prata 1977), *Grundlagen der Familientherapie* (Hoffman 1987), *Familientherapie – Systemtherapie, das Mailänder Modell* (Boscolo, Cecchin, Hoffman u. Penn 1990) und *Die Zeiten der Zeit* (Boscolo u. Bertrando 1994). Näheres zur Konzeption unseres Modells erfährt der Leser in Gregory Batesons Arbeiten, insbesondere in *Ökologie des Geistes* (1985).

Zunächst beschreiben wir ausführlich eine Therapieform, mit der wir immer noch experimentieren und die wir als „lange Kurzzeittherapie" bezeichnen: Es handelt sich um eine Therapie, die auf zwanzig Sitzungen begrenzt ist, bei der die Sitzungen in zwei- bis vierwöchigem Abstand durchgeführt werden und die insgesamt nicht länger als etwa eineinhalb Jahre dauert. Danach stellen wir im Detail einige klinische Fallbeispiele vor. Der Aufbau dieses Buches entspricht unserer grundsätzlichen Vorgehensweise, die zwei Ziele verfolgt: Zum einen soll der Zusammenhang zwischen Ereignissen, Bedeutungen und Emotionen, der im therapeutischen System zum Zeitpunkt der Therapie oder Beratung entdeckt worden ist, rekonstruiert werden; zum anderen soll dieser Zusammenhang nach unseren gegenwärtigen Sichtweisen *im nachhinein* überprüft und evaluiert werden. (Der Leser wird in den vorgestellten Fallbeispielen natürlich die seinem theoretischen Hintergrund angemessenen Zusammenhänge herausfinden und dabei seine eigene Sichtweise entwickeln – die wahrscheinlich eine andere ist als die unsrige.) Wir hoffen, daß durch diese Vorgehensweise unsere Einstellung und unsere Arbeitsweise dem Leser klar und deutlich vermittelt wird. Alles, was wir dem Leser anbieten, sollte als Teil eines Forschungsprozesses verstanden werden, durch den wir unsere klinische Erfahrung und unsere theoretische Erkenntis bereichern konnten. Wir hoffen auch, daß sich unsere Leser genauso bereichert fühlen wie wir.

Wir haben versucht, einigen Annahmen treu zu bleiben, die in unserem Buch hoffentlich zum Ausdruck kommen. Eine Annahme bezieht sich auf die Idee, daß das Arbeiten nach dem systemischen Modell dem Therapeuten viel Freiheit gibt und seine Kreativität anregt, wodurch sein Interesse und seine Begeisterung für jenes Arbeitsfeld lebendig bleiben, in dem wir nach all den Jahren immer noch mit Vergnügen tätig sind. Wir hoffen, daß der Leser von unserer Arbeit „angesteckt" und ermutigt wird, einen ähnlichen Weg einzuschlagen – natürlich kann kein Buch die persönliche Synthese ersetzen, die jeder von uns durch seine konkrete therapeutische Arbeit und seine individuellen Reflexionen darüber leistet.

Luigi Boscolo
Paolo Bertrando
Mailand, Juni 1996

Teil I: Theorie

Im ersten Teil unseres Buches beschreiben wir, wie sich unsere therapeutische Praxis seit den frühen 70er Jahren in bezug auf bestimmte Theorien entwickelt hat.

Im ersten Kapitel stellen wir die Entstehung unseres theoretischen Modells und die damit verbundenen praktischen Erfahrungen vor: von der Arbeit mit dem psychodynamischen Modell über die Phasen der strategisch-systemischen, systemischen und konstruktivistischen Verfahrensweise bis zu unserem gegenwärtigen Modell, das wir als „epigenetisch" bezeichnen (der Grund dafür wird schon bald ersichtlich).

Das zweite Kapitel befaßt sich mit der allgemeinen Methodologie der systemischen Einzeltherapie, also mit den Rahmenbedingungen der therapeutischen Praxis. Besondere Aufmerksamkeit widmen wir dabei verfahrenstechnischen Fragen (Indikationen, Diagnose, Therapieziele, Therapiedauer) sowie den ethischen und philosophischen Aspekten von Therapie.

Im dritten Kapitel beschreiben wir den therapeutischen Prozeß: die Leitlinien, nach denen die Therapiesitzung durchgeführt wird (Hypothesenbildung, Zirkularität, zirkuläre Fragetechnik); die einzelnen Therapiephasen von der ersten Beratung und Einschätzung bis zur letzten Sitzung; und nicht zuletzt die aktuellen und anregenden Beiträge aus Theorie und Praxis zu den sprachlichen Aspekten des therapeutischen Dialogs (semantische, rhetorische, hermeneutische Themen).

1. Die Geschichte einer Theorie

WAS WIR VON DER SYSTEMISCHEN FAMILIENTHERAPIE GELERNT HABEN

Unser jetziges systemisches Therapiemodell, das uns bei der Einzeltherapie leitet, wurde vor dem Hintergrund einer umfangreichen Erfahrung entwickelt, die wir in der Forschung und Beratung sowie in der Familien- und Paartherapie gewonnen haben. Von 1971 bis 1975 arbeiteten wir nach dem strategisch-systemischen Ansatz des Mental Research Institute (MRI) in Palo Alto. In den folgenden zehn Jahren gingen wir nach dem systemischen Ansatz der Mailänder Schule vor, der hauptsächlich auf der von Bateson entwickelten kybernetischen Epistemologie beruht. Nach 1985 wurde unser Modell zunächst durch den Konstruktivismus und die Kybernetik 2. Ordnung beeinflußt, später dann durch den Konstruktionismus, den Narrativismus und die Hermeneutik. Alle diese Beiträge aus den verschiedenen theoretischen Richtungen haben zwangsläufig ihre Spuren in unserem jetzigen Therapiemodell hinterlassen, das wir aus diesem Grunde nicht nur als ein systemisches Modell definieren möchten, sondern auch als ein epigenetisches (siehe Fußnote 12, Kapitel 1).

Anfang der 70er Jahre hatte Luigi Boscolo aufgrund einer Reihe von besonderen und glücklichen Umständen das Privileg, zehn Jahre lang in zwei völlig unterschiedlichen therapeutischen Kontexten unter ein und demselben Dach zu arbeiten. Der erste war eine psychoanalytische Privatpraxis: Hier führte er an drei Tagen die Woche klassische Psychoanalysen im Freudschen Stil sowie psychodynamische Therapien durch, bei denen sich Therapeut und Klient gegenübersitzen; die Therapiesitzungen fanden pro Klient ein- bis zweimal die Woche statt, die Therapiedauer lag zwischen einem und drei Jahren. Der zweite therapeutische Kontext war das Arbeitsfeld der sogenannten Mailänder Gruppe (Selvini Palazzoli, Boscolo, Cecchin und Prata): Dieses Therapeutenteam erforschte und therapierte Familien und Paare in drei Räumlichkeiten: im Therapieraum, in dem die Familienmitglieder beziehungsweise das Paar und der Therapeut saßen; im Beobachtungsraum, der vom Therapieraum durch einen Einwegspiegel abgeteilt war; im Besprechungszimmer, in dem sich am Ende der Therapiesitzung das Team beriet, systemische Hypothesen über die Familie beziehungsweise das Paar formulierte und eine Intervention erarbeitete, die dann der Familie beziehungsweise dem Paar mitgeteilt wurde (Boscolo et al. 1990).

In der Zeit, in der die Mailänder Gruppe nach dem MRI-Modell der Kurzzeittherapie arbeitete, machte Paul Watzlawick etwa zwei Wochen lang direkte Supervision bei dem Team. In der Regel dauerte eine Familientherapie maximal zehn Sitzungen, wobei sehr gute Ergebnisse erzielt wurden. Nur sehr wenige Familien, vor allem solche mit einem chronisch psychotischen Angehörigen, brauchten weitere Therapiesitzungen. Im Hinblick auf die Sitzungsfrequenz, die Therapiedauer und den therapeutischen Erfolg waren die Unterschiede zwischen der Einzeltherapie und der von einem Team durchgeführten Familientherapie so groß, daß Luigi Boscolo durch den Vergleich zwar nicht gerade schockiert, aber doch erstaunt war und neugierig wurde.[1] Wenn er in seiner Praxis allein mit einem Klienten arbeitete, hatte er das Gefühl, in der Mitte eines breiten Flusses zu stehen, dessen Wasser langsam einem weit entfernten Meer entgegenfließt. Wenn er dagegen im Team mit Familien arbeitete, glaubte er, sich in einem schnellen Gebirgsfluß zu befinden, dessen Wasser manchmal plötzlich dahinschoß und zu einem nahen Ziel strebte. Diese Metapher veranschaulicht gewissermaßen das völlig unterschiedliche Verhältnis zwischen Zeit und Wandel in der Einzel- und Familientherapie. Diese Erkenntnis regte beide Autoren dazu an, die wichtige und faszinierende Frage nach der Zeit in der Therapie zu untersuchen (siehe Boscolo u. Bertrando 1994).

1 In dieser Zeit hatte die systemische Familientherapie die Art des Umgangs mit dem symptomtragenden Familienmitglied stark beeinflußt und verändert. Doch die Praxis psychoanalytischer Einzeltherapie wirkte sich auch auf die systemische Familientherapie aus, auch wenn sich der Einfluß auf den Inhalt einzelner Hypothesen beschränkte.

Luigi Boscolo arbeitete also in zwei unterschiedlichen therapeutischen Kontexten – dem psychodynamischen und dem strategisch-systemischen – nach zwei verschiedenen theoretischen Ansätzen, die sowohl in ihrer Konzeption vom Menschen und vom Wesen menschlicher Probleme als auch in ihren therapeutischen Zielsetzungen und Vorgehensweisen völlig gegensätzlich waren. Mit der Zeit fand er es sehr schwierig, Therapien durchzuführen und dabei den jeweiligen theoretischen Prämissen und praktischen Verfahrensweisen treu zu bleiben. Als wir später einen Ausbildungskurs in systemischer Familientherapie veranstalteten, bemerkten wir dasselbe Phänomen bei den Ausbildungskandidaten, die in psychodynamischer Therapie ausgebildet worden waren. Zuerst waren sie verwirrt, wenn sie sehr heterogene Elemente in einen Zusammenhang zu bringen versuchten. Später fanden sie allmählich die Orientierung und gelangten schließlich zu einer systemischen Sichtweise, die jedoch ihre frühere Erfahrung nicht vollständig verdrängen konnte. Mit der Zeit schafften es die Ausbildungskandidaten, in bestimmten Situationen beide theoretischen Ansätze – bewußt oder unbewußt – anzuwenden. (Heute bezeichnen wir das als *„non detto"* – „das Ungesagte" –, worauf wir in diesem Kapitel noch näher eingehen werden.) Sie haben somit Gregory Batesons Erkenntnis bestätigt, daß vier Augen mehr sehen als zwei.

Um sich von dem beunruhigenden Gefühl zu befreien, in zwei Hälften geteilt zu sein, integrierte Luigi Boscolo an einem bestimmten Punkt gezielt einige Ideen und Techniken aus dem strategisch-systemischen Ansatz in seine psychodynamischen Einzeltherapien. Zu ihnen zählen die Symptomverschreibung, die paradoxe Intervention und die Umdeutung (Reframing). Er wollte herausfinden, ob sich die äußerst beeindruckenden, typischen diskontinuierlichen und schlagartigen Veränderungen, wie er sie aus der strategisch-systemischen Therapie kannte, auch in der psychodynamischen Therapie ereignen würden, in dieser Art von Veränderung selten ist. Gewöhnlich stellt sich hier der Wandel langsam und auf kontinuierlichere Weise durch die Lysis ein, das heißt durch die Auflösung von Problemen, und weniger durch die Krise.

Seine ersten Versuche hatten schreckliche Folgen! Statt daß es den Klienten besser ging, ging es ihnen schlechter, oder die Therapie endete in einer *Sackgasse*, so daß der Therapeut zur Umkehr gezwungen war. In zwei Fällen bekundeten die Klienten ihre Verwirrung und ihr Mißfallen: Der eine Klient wollte wissen, ob der Therapeut eine neue Therapiemethode an ihm ausprobiere (so war es ja auch!). Der andere Klient sagte: „Das ist nicht Ihre Art von Arbeit – stimmt's? Haben Sie eigentlich ein Seminar besucht und die Ideen anderer Therapeuten übernommen?" Es ist signifikant (und vielleicht liegt es sogar auf der Hand), daß die „Versuchskaninchen" unter den Klienten auf die Einführung neuer Therapieideen mit Unruhe, Verwirrung und mehr oder weniger offener Ablehnung reagiert haben. Der Therapeut mußte einsehen, daß er einen hohen Preis für die Befriedigung seiner wissenschaftlichen Neugier bezahlte; denn er schuf eine Situation der Verwirrung, die die therapeutische Beziehung unterminierte. Er beging dieselben Fehler, die orthodoxe Analytiker einmal den sogenannten „wilden Analytikern" vorgeworfen haben. Der Therapeut hatte sich in eine unkritische, eklektische Position begeben, anstatt Elemente der beiden Therapiemodelle sukzessive zu integrieren, wenn es die Situation erlaubte.

Wir beschreiben nun die Hauptunterschiede zwischen diesen beiden theoretischen Ansätzen und therapeutischen Praktiken, wie sie *damals* bestanden.[2] Dabei beschränken wir uns auf die Merkmale, die aus unserer Sicht die unterscheidenden sind, und entschuldigen uns im voraus für den unumgänglichen Schematismus und die unvermeidlichen Simplifikationen.

1. Beim psychodynamischen Therapiemodell wurde das Symptom als eine Begleiterscheinung eines unbewußten Konflikts betrachtet; das primäre Therapieziel war die Lösung des Konflikts und nicht das Verschwinden des Symptoms. Beim strategisch-systemischen Ansatz dagegen, der auf einem Konzept der zirkulären Kausalität beruhte, wurden das Symptom und dessen Auswirkungen in dem sozialen Kontext gesehen, in dem die „Versuche, es zu beseitigen", zum Problem wurden. Deshalb bestand das Therapieziel darin, die rigiden, sich wiederholenden Muster, in die das Symptom eingebettet war, zu durchbrechen, so daß sich neue, „funktionalere" Muster entwickeln konnten.

2 Wir betonen das Wort „damals", weil beide Modelle inzwischen modifiziert worden sind.

2. Schon dieses erste Merkmal läßt auf einen tiefen Unterschied schließen. Die Psychoanalyse befaßte sich mit semantischen Aspekten der Kommunikation, mit Bedeutungen, Metaphern, Symbolen und insgesamt eher mit dem Denken als mit dem Handeln. Folglich war die Einsicht das therapeutische Instrumentarium *par excellence*. Der strategisch-systemische Ansatz dagegen beruhte auf pragmatischen und verhaltensbezogenen Aspekten, also mehr auf dem Handeln als auf dem Denken. Deshalb war hier die Verschreibung von Verhaltensweisen eines der wichtigsten therapeutischen Instrumente, um andere, unerwünschte Verhaltensweisen zu ändern. Mit der „Black-box"-Theorie wurde diese Unterscheidung zwischen Denken und Handeln (Verhalten) ignoriert. Gemäß dieser Theorie konnte ein Beobachter zwar Verhaltensweisen und Verhaltensmuster beobachten, aber nicht sehen, was in den Köpfen der Menschen vor sich ging.

3. Beim psychodynamischen Modell lag das Hauptinteresse des Therapeuten darauf, zu erforschen, wie sich der Klient zu sich, zu anderen Menschen und vor allem zum Therapeuten (Übertragung) in Beziehung setzte. Gemäß der Theorie reflektierten diese Beziehungen des Klienten sein Verhältnis zu den „Primärobjekten" seiner Kindheit, insbesondere seine Beziehungen zu den Angehörigen seiner Herkunftsfamilie. Das Ziel der Therapie war es, unbewußte Konflikte der Vergangenheit zu lösen, die als Übertragungsverzerrungen in den gegenwärtigen Beziehungen zum Ausdruck kamen und eine Quelle der Angst, des Leidens und der Symptomentwicklung darstellten. Der Therapeut mußte mit der unbewußten Abwehr des Klienten umgehen, was viel therapeutische Arbeit erforderte.

Beim strategisch-systemischen Modell dagegen verlangte der Therapeut zuerst, daß der Klient seine Probleme definierte und entschied, welche Probleme er gelöst haben wollte, und explorierte danach die erfolglosen Versuche, die der Klient und die signifikanten Personen in seinem Beziehungssystem schon zur Problemlösung unternommen hatten. Der Therapeut half dem Klienten bei der Lösung seiner Probleme mit einer Reihe von strategischen *Ad-hoc*-Interventionen, die in einem begrenzten Zeitraum (in ein bis zehn, meistens vier bis sechs Therapiesitzungen) durchgeführt wurden. Waren die Symptome verschwunden – was das einzige Erfolgskriterium war –, wurde die Therapie beendet. Wir möchten darauf hinweisen, daß bei diesem Ansatz nicht unterschieden wurde zwischen Normalität und Pathologie. Die Schwierigkeiten des Klienten wurden schlicht und einfach als existentielle Probleme betrachtet. Gemäß der kybernetischen Sichtweise wurden diese Probleme keinen anderen Ursachen als den Lösungsversuchen zugeschrieben, die bereits Teil des Problems geworden waren. Mit anderen Worten: Der strategisch-systemisch arbeitende Therapeut befaßte sich nicht mit den verschiedenen Aspekten der Persönlichkeit des Klienten, zum Beispiel mit dessen Motivationen, Phantasien, Gedanken oder Emotionen; er beschäftigte sich auch nicht mit der Vergangenheit und der Biographie des Klienten. Zielscheibe seiner strategischen Interventionen waren gegenwärtige Sozialbeziehungen des Klienten, in denen rigide und sich wiederholende Verhaltensweisen in einen Zusammenhang mit dem Symptom gebracht werden konnten. Zu den Merkmalen der strategischen Kurzzeittherapie gehörten therapeutischer Optimismus, eine positive Grundeinstellung des Therapeuten und dessen Bereitschaft, seine Aufmerksamkeit und Bemühungen auf die Ressourcen und Stärken des Klienten zu richten, sowie der häufige Gebrauch der Position von Unterlegenheit *(one-down position)*. Milton Erickson verstand es meisterhaft, Widerstände zu vermeiden oder, besser gesagt, die Entstehung von Widerständen zu vermeiden.

4. Schließlich sind noch die beiden wichtigsten Aspekte zu erwähnen, in denen sich die beiden Therapiemodelle unterscheiden: die Ziele des Therapeuten und die Therapiezeit.

a) Die Ziele des Therapeuten
In der psychodynamischen Therapie war es Aufgabe des Therapeuten, gemeinsam mit dem Klienten dessen ungelöste Konflikte und Probleme sowie die damit zusammenhängenden momentanen Schwierigkeiten und Leiden zu ergründen und herauszufinden, wie sich die Probleme entwickeln und einen zentralen Platz im psychischen und sozialen Leben des Klienten einnehmen konnten. Die Beziehung zwischen Therapeut und Klient, die gemeinsame Exploration und die Einsicht waren die Wege und Instrumente, um diese Konflikte zu lösen. Im Gegensatz zur strategischen Therapie waren die Faktoren, die allen Therapiemodellen gemeinsam waren (Zuhö-

ren, Empathie, Vertrauen usw.), von primärer Bedeutung. Beim strategischen Therapiemodell waren die Ziele des Therapeuten identisch mit den Zielen des Klienten: das Verschwinden der Symptome!

b) Die Therapiezeit
Es überrascht nicht, daß der Zeitumfang, der für eine psychodynamische Therapie erforderlich war, größer war als beim strategisch-systemischen Therapiemodell, bei dem die Therapie selten über zehn Sitzungen hinausging.[3]

Bei der psychodynamischen Therapie brauchte man viel Zeit für die Exploration der Biographie des Klienten sowie seiner Beziehung zur Gegenwart und seines Verhältnisses zu signifikanten anderen, den Therapeuten – natürlich – eingeschlossen. Bei der strategischen Therapie dagegen wurde die Zeit ausschließlich der Lösung des präsentierten Problems gewidmet.

Wir kommen im zweiten Kapitel auf die beiden Themen Ziele und Zeit zurück. Einige Fallbeschreibungen des systemisch-strategischen Therapiemodells werden im vierten Kapitel vorgestellt.

Im Jahr 1975 geschah etwas, das viel veränderte in unserer Art, Therapie zu betrachten und durchzuführen: Wir lasen Gregory Batesons Buch *Ökologie des Geistes* (1985), das uns neue Horizonte eröffnete. Unsere Versuche, Batesons kybernetische Epistemologie in einem klinischen Feld anzuwenden, führte uns in unbekannte und aufregende Gefilde. Unser Denken veränderte sich grundlegend und wurde komplexer. Wir gingen über das systemische Denken und Praktizieren hinaus, um ein „reines" systemisches Modell zu entwickeln, das unter dem Begriff „Mailänder Ansatz" bekannt wurde. In unserem Buch *Die Zeiten der Zeit* schreiben wir dazu:

> „Verglichen mit den damals von uns verwendeten Palo-Alto-Ansätzen, schien die systemische Sicht von Batesons ursprünglichen Schriften sowohl klarer als auch komplexer zu sein. Die Unterscheidung zwischen Landkarte und Landschaft, die logischen Kategorien des Lernens, der Begriff des Geistes als eines Systems und

---

[3] Eine psychodynamische Therapie umfaßte im allgemeinen zwischen fünfzig und hundert oder mehr Sitzungen in wöchentlichem Abstand. Kurze und zeitlich begrenzte psychodynamische Therapien umfaßten zwölf bis vierzig Sitzungen – je nach Theorie.

eines Systems als Geist, die Vorstellung einer kybernetischen Epistemologie und die Einführung der Semantik wurden überaus wichtig. Die klinische Anwendung dieser Ideen führte zu neuen Methoden der Informationssammlung und verarbeitung und zu neuen Interventionsarten in menschlichen Systemen. *Hypothetisieren, Zirkularität und Neutralität* wurden die drei Grundprinzipien zur Durchführung von Familientherapien, die später das Mailänder Modell kennzeichneten." (Boscolo u. Bertrando 1994, S. 121)[4]

Diese radikale Wende in der Auffassung von Therapie führte zu einer veränderten Zielsetzung therapeutischen Arbeitens. Unser Interesse verlagerte sich von Symptomen und Verhaltensmustern zu epistemologischen Prämissen und Sinnsystemen sowie von der Gegenwart zu einem Zeithorizont, der Vergangenheit, Gegenwart und Zukunft umfaßte. Die Aufgabe des Therapeuten bestand nun darin, einen Kontext des Deutero-Lernens (d. h. lernen, wie man lernt) zu schaffen, in dem der Klient seine eigenen Lösungswege suchen konnte. Im vierten und fünften Kapitel wird die Entwicklung unserer therapeutischen und Beratungspraxis exemplarisch dokumentiert.

Zurück zum Individuum

In den frühen 80er Jahren fingen verschiedene Therapieschulen an, sich an einem allgemeinen Trend zu beteiligen. Einerseits interessierten sich Individualtherapeuten, unter ihnen Psychoanalytiker, Kognitivisten und in Ericksons Tradition stehende Therapeuten, allmählich für die Familien- und Paartherapie, wobei sich einige von den strategisch-systemischen Modellen inspirieren ließen. Umgekehrt begannen systemisch arbeitende Familientherapeuten, die sich zuvor auf das Beziehungssystem von Familien oder Paaren konzentriert hatten, sich den Subsystemen, das heißt den Einzelpersonen (und nebenbei auch deren Gefühlswelt), zuzuwenden. Diese Entwicklung im Bereich der systemischen Therapie wurde ausgelöst durch die epistemologische Revolution der Kybernetik 2. Ordnung

---

[4] Im Jahr 1979 verließen Selvini Palazzoli und Prata das Mailänder Zentrum für Familientherapie und setzten ihre Forschungen mit Familien und Paaren andernorts fort. Sie entwickelten neue Konzepte, die sich von denen unterscheiden, die in diesem Buch beschrieben werden.

und des Konstruktivismus, die den Beobachter – das heißt das Individuum – in den Vordergrund rückten. In den späten 80er Jahren wurde es durch den Konstruktionismus mit seinem Schwerpunkt auf dem sprachlichen Aspekt zu einer unausweichlichen Notwendigkeit, die Dichotomie zwischen Individuum *versus* Familie zu überwinden. Die theoretischen Begleiter wie Narrativismus, Hermeneutik, Linguistik und Konversationsanalyse, die gegenwärtig unsere Arbeit mit dem Individuum, mit Familien und anderen Systemen inspirieren, werden an späterer Stelle beschrieben.

Wie jeder weiß, entwickelt sich ein theoretisches Modell nicht nur aus der Theorie, sondern auch aus der Empirie. Während unserer Arbeit als Ausbilder in systemischer Familientherapie wurde unser Interesse an der Einzeltherapie durch die Ausbildungskandidaten geweckt, die manchmal Einzeltherapiefälle aus ihrem eigenen Arbeitskontext in der Supervision vorstellten. Die Ausbildungskandidaten berichteten, daß sie oft die Anweisungen ihrer Institutionen zu befolgen hätten, das heißt sich häufig mit Klienten in Einzeltherapien befassen müßten.

Wie das oft der Fall ist, so nimmt man mit einem geschulten Auge Dinge wahr, die vorher unbemerkt geblieben sind. Als unser Interesse erst einmal geweckt war, stellten wir immer wieder fest, daß in einigen Fällen, insbesondere bei Teenagern und jungen Erwachsenen, die systemische Einzeltherapie als bevorzugte Therapie betrachtet werden konnte, daß nach einer Familientherapie eine Einzeltherapie angebracht war oder daß Familien- und Einzeltherapie auch parallel durchgeführt werden konnten.

Nach diesen theoretischen und empirischen Vorarbeiten beschlossen wir, zur Sache zu kommen. Wir begannen, die umfangreiche Literatur zur Einzeltherapie durchzuarbeiten und studierten vorrangig die Ähnlichkeiten und Unterschiede zwischen den einzelnen Therapiemodellen. Durch diese interessante Recherche wurden wir dazu ermuntert, einigen signifikanten Punkten unsere Aufmerksamkeit zu schenken.

Wir fanden heraus, daß bestimmte Therapiemodelle wie etwa die strategischen Modelle nicht zwischen Pathologie und Normalität unterscheiden, sondern zwischen *Problem* und *Lösung*. Diese Modelle, die auf dem Prinzip einer zirkulären und nicht linearen Kausalität beruhen, verbinden das Problem rekursiv mit dessen

Lösung. In die rekursiven Kreisläufe von Problem und Lösung greift der Therapeut durch strategische Interventionen ein, so daß eine Lösung des Problems innerhalb kurzer Zeit möglich ist. Die Ergebnisse sind schon während der Therapie sichtbar und kalkulierbar, da die präsentierten Probleme allmählich verschwinden. Das Ziel dieses lösungsorientierten Ansatzes macht es notwendig, daß sich der Therapeut auf das gegenwärtige Leben des Klienten und seine Zukunft konzentriert und nicht auf dessen Vergangenheit. Diese Kurzzeittherapien, die auf die Lösung spezifischer Probleme abzielen, sind auch als „technologische" Therapien (Goudsmit 1992) bezeichnet worden.

Bei einer anderen Gruppe von Therapiemodellen steht die *Person* im Zentrum der Therapie. Das oberste Ziel ist hier nicht, Probleme zu lösen, sondern es besteht darin, daß der Klient die epistemologischen Prämissen (Bateson 1985) seiner „Weltsicht" verändert oder, mit anderen Worten, daß die Geschichte, in die der Klient eingebettet ist, verändert wird. In diesen Fällen ist das therapeutische Verfahren ganz anders. Man arbeitet mit der *Exploration*, das heißt einem Prozeß, in dem Therapeut und Klient Veränderungen nicht vorhersagen können. Veränderungen ergeben sich frei im Dialog, und nur *im nachhinein* ist ein Urteil über den Therapieerfolg möglich. Atypische therapeutische Faktoren wie Exploration, Empathie, aufmerksames Zuhören und menschliche Wärme sind besonders wichtig in Therapien, die auf die Erforschung der Klientenpersönlichkeit abzielen. Diese Modelle beruhen auf einem Zeitrahmen, in dem das Verhältnis zwischen Vergangenheit und Gegenwart (wie in der psychoanalytischen Therapie) oder das komplexere Verhältnis zwischen Vergangenheit, Gegenwart und Zukunft (wie im systemischen Modell, nach dem wir arbeiten) Vorrang hat.

Aufgrund der Entwicklung unseres theoretischen Hintergrunds und unserer klinischen Erfahrung können wir sagen, daß die Einzeltherapien, wie wir sie durchführen, eher der zweiten Modellgruppe zuzuordnen sind. Allerdings benutzen wir gelegentlich Techniken, die den strategischen Ansätzen, insbesondere denen von Erickson, entlehnt sind. Diese Therapietechniken sind zweifellos geeignet für die Lösung spezifischer Probleme, die einen Klienten beeinträchtigen können, vor allem, wenn die Symptome einen paralysierenden Effekt haben oder zur Behinderung werden, wie das bei Phobien,

Panikanfällen und bei einigen zwanghaften Verhaltensmustern der Fall ist.

In Fällen, in denen diese Therapietechniken innerhalb kurzer Zeit zum Verschwinden der Symptome führen, entscheiden Therapeut und Klient darüber, ob die Therapie beendet oder fortgesetzt wird. Entschließt sich der Klient zur Fortführung der Therapie, dann explorieren Therapeut und Klient gemeinsam die Lebensgeschichte des Klienten. Im Zentrum der Aufmerksamkeit stehen dabei Konflikte und Themen, die im Leben des Klienten signifikant sind; dies führt im Idealfall dazu, daß (postmodern ausgedrückt) alternative Geschichten entwickelt werden, die in bezug auf seine Sorgen und Leiden keinen so hohen Preis vom Klienten fordern.

Wir sind uns bewußt, daß diese Anmerkungen bei einigen Lesern Verwirrung und Ablehnung hervorrufen können, weil sie die Vorstellung nicht akzeptieren, nach zwei so verschiedenen Therapiemodellen zu arbeiten. Unsere Antwort auf diese durchaus gerechtfertigte Kritik an unserer Inkonsistenz lautet, daß die Festlegung auf ein Therapieverfahren um der Konsistenz willen gleichzeitig das andere Therapieverfahren ausschließt, was uns in unseren Möglichkeiten einschränken würde. Weshalb sollten wir ein Therapieverfahren aufgeben, das sich in einer gewissen Anzahl von Fällen als unkompliziert und effektiv erwiesen hat? Weshalb sollten wir eine Arbeitsweise verwerfen, die uns in einer bestimmten Phase unserer klinischen Arbeit und Forschung auch sehr viel Befriedigung gegeben hat?

Mit dieser Meinung stehen wir nicht allein: Ein einziges Therapiemodell ist nicht unbedingt die beste Wahl für alle zu behandelnden Fälle. Es gibt Klienten und Situationen, bei denen eine lösungsorientierte Kurzzeittherapie (siehe Kapitel 4) angebrachter ist als eine Therapie, die auf Veränderung der Weltsicht oder der Geschichte des Klienten ausgerichtet ist.

In Fällen beispielsweise, in denen ein Klient in einer vorübergehenden Krise ist, hätte eine Langzeittherapie den iatrogenen Effekt einer selbsterfüllenden Prophezeiung (zuerst von seiten des Therapeuten, dann von seiten des Klienten), daß eine langfristige Therapie unbedingt notwendig sei, wo doch eigentlich eine kurzfristige Intervention auf die Symptome ausreichend wäre, um die Krise zu überwinden.

INNENWELT UND AUSSENWELT

Das neu entstandene Interesse am Individuum verlangte ein Umdenken in Theorie und Praxis, vor allem bei den im Bereich Familientherapie arbeitenden Therapeuten. Viele Jahre lang hatten sich die Familientherapeuten mit dem wichtigsten sozialen Kontext des Individuums, das heißt mit der Familie, befaßt. Sie waren davon überzeugt, daß es, um Veränderungen bei einem Individuum zu bewirken, ausreichend sei, wenn die Beziehungen innerhalb seiner Familie verändert würden. Die inneren Prozesse des Individuums wurden bewußt ausgeblendet. Diese Einstellung war zum einen auf die Komplexität und Undefiniertheit dieser Prozesse zurückzuführen, zum anderen auf Zweifel an deren Sinnhaftigkeit, denn die präsentierten Probleme wurden externen Ursachen (Beziehungen) zugeschrieben und nicht inneren Vorgängen. Wir meinen, daß dieses mangelnde Interesse am Individuum darauf zurückging, daß die weithin bekannte „Black-box"-Theorie (Watzlawick et al. 1980) so bereitwillig angenommen worden war. Jahrelang trug die Mailänder Schule dazu bei, daß die Welt des Individuums ausgeschlossen war, indem sie den holistischen Aspekten in Gregory Batesons Denken Priorität einräumte, und daß andere Bereiche unberücksichtigt blieben, die sich mit der Bedeutung der Innenwelt des Individuums, dem Unbewußten und den Emotionen beschäftigten (Bateson 1985).

Bateson schreibt:

> „Der individuelle Geist ist immanent, aber nicht nur dem Körper. Er ist auch den Bahnen und Mitteilungen außerhalb des Körpers immanent; und es gibt einen größeren Geist, von dem der individuelle Geist nur ein Subsystem ist. ... Die Freudsche Psychologie hat den Begriff des Geistes nach innen ausgedehnt, so daß er auch das ganze Kommunikationssystem innerhalb des Körpers einschließt ... Was ich sage, erweitert den Geist nach außen hin. Und beide Veränderungen reduzieren die Reichweite des bewußten Selbst." (Bateson 1985, S. 593)

Im folgenden Zitat zeigen sich Batesons leidenschaftliche Beschäftigung mit dem Immanenten und seine Ablehnung aller Dichotomien. Diese Sichtweise hatte einen bedeutenden Einfluß auf unsere Art, zu denken und zu arbeiten.

„Ungeheuerlich ist der Versuch, den Intellekt vom Gefühl *abzusondern*, und ich nehme an, daß es genauso ungeheuerlich – und gefährlich – ist, den äußeren Geist vom inneren trennen zu wollen. Oder den Geist vom Körper zu separieren." (Bateson 1985, S. 596)

War unser Interesse viele Jahre lang auf den „äußeren Geist", auf die beobachtbaren interpersonellen Beziehungen gerichtet, so schenken wir seit einiger Zeit dem „inneren Geist" übergroße Aufmerksamkeit. Die Innenwelt und Außenwelt des Therapeuten wie auch des Klienten und ihr Verhältnis zu den sie umgebenden sozialen Systemen sind unser Territorium geworden, das wir erforschen. Die Selbstreflexivität spielt dabei eine zentrale Rolle.[5]

Einige systemisch arbeitende Familientherapeuten haben psychodynamische Konzepte benutzt, um die innere und äußere Welt des Individuums miteinander zu verbinden. Laut Breunlin, Schwartz und MacKune-Karrer (1992) haben die Therapeuten, die diese beiden Welten zu integrieren versucht haben, sich vorwiegend der Theorie der Objektbeziehungen zugewandt. Diese Theorie hat sich von der Freudschen Trieblehre abgekehrt zugunsten eines Standpunktes, der mit Beziehungstheorien (Nichols 1987; Scharff u. Scharff 1987) besser vereinbar war. Die Autoren weisen jedoch darauf hin, daß die Theorie der Objektbeziehungen immer noch zu viele derselben Annahmen über individuelle Unzulänglichkeiten und Pathologie enthalte, was früher zur Folge hatte, daß sich die Pioniere der Familientherapie von der Psychoanalyse distanzierten.

Wir stimmen den Schlußfolgerungen dieser Autoren zu. Einige Ideen des existentiellen Psychoanalytikers Ronald Laing fanden wir auch ziemlich interessant. In den 60er Jahren war er einer der wenigen Psychoanalytiker, die sich für systemische Theorie und Therapie interessierten. In seinem Buch *Die Politik der Familie* (1974) unterscheidet Laing zwischen der realen Familie und der verinnerlichten „Familie". (Er setzt in seinem Buch das Wort „Familie" in Anführungszeichen, um damit die verinnerlichte Familie zu bezeichnen.) Sein Hauptgedanke ist, daß die „Familie" ein introjizier-

---

5 Die Exploration der Innenwelt des Therapeuten, die uns besonders interessiert, zielt auf seine theoretische Konstruktion und auf seine Erfahrungen. Mit diesem Thema befassen wir uns im einzelnen in diesem Kapitel unter dem Abschnitt „Das Gesagte und das Ungesagte" und „Eine epigenetische Sichtweise".

tes Set von Beziehungen sei. Er behauptet, daß der Mensch nicht isolierte Elemente (Objekte) verinnerliche, sondern vielmehr die Beziehungen zwischen den Elementen.

> „Elemente können Personen, Dinge oder Teilobjekte sein. Die Eltern werden als einander nahestehend oder entfremdet verinnerlicht, als zusammen oder getrennt, in der Nähe oder weit weg, als einander und sich selbst liebend, bekämpfend usw. ... Die Mitglieder der Familie können sich mehr oder weniger innerhalb oder außerhalb jedes Teils der Familie oder des Familienganzen fühlen ..." (Laing 1974, S. 14–15)

Unserer Meinung nach findet man dieses letztgenannte Merkmal im allgemeinen bei schweren pathologischen Fällen, wie etwa bei psychotischen Klienten, die durch ein Gefühl von Anderssein und Entfremdung charakterisiert sind. Laing stellt auch Verbindungen her zwischen der internalisierten „Familie" und Parametern von Raum und Zeit, mit denen wir uns in unserer jüngsten Forschungsarbeit auch beschäftigt haben. Laing schreibt:

> „Die Familie, so wie sie verinnerlicht wird, ist ein Raum-Zeit-System. Was als ‚in der Nähe' oder ‚weit weg', als ‚zusammen' oder ‚geschieden' verinnerlicht wird, das sind nicht nur räumliche Beziehungen. Eine *zeitliche* Sequenz ist *immer* vorhanden. ... Sartre würde sagen, die Familie ist dadurch verbunden, daß jeder einzelne ... die gegenseitige Verinnerlichung reziprok verinnerlicht." (Laing 1974, S. 15–16)

Die beiden grundlegenden Konzepte Laings sind die Verinnerlichung und die Umwandlung-Externalisierung (Projektion). Verinnerlichung bedeutet, daß Beziehungsmuster von der Außenwelt in die Innenwelt verlagert werden. Laing konzentriert sich auf die Beziehung zwischen dem Ego des Individuums und der verinnerlichten „Familie". Ein Mensch neige dazu, die introjizierten Muster der verinnerlichten „Familie" auf die Außenwelt zu projizieren. (Bereits in den 60er Jahren war Laing der Auffassung, daß es notwendig sei, Familien aus Fleisch und Blut zusammen mit verinnerlichten „Familien" zu untersuchen.)

> „In seelisch sehr stark gestörten Menschen findet man Strukturen, die man als wahnhaft bezeichnen kann und deren Verwandtschaft

mit Familiensituationen noch erkennbar ist. Diese Re-Projektion der ‚Familie' besteht nicht einfach aus einem Projizieren eines ‚innerlichen' Objektes auf eine äußerliche Person. Es ist eine Überlagerung eines Sets von Beziehungen durch ein anderes: Die zwei können mehr oder weniger übereinstimmen. Erst wenn die Nichtübereinstimmung in den Augen der anderen ausreicht, gilt die Operation als psychotisch. Das heißt, die Operation *als solche* gilt nicht als psychotisch." (Laing 1974, S. 22)

Unsere nochmalige Lektüre von Laings Schriften ließ in uns ein Gefühl der Freude aufkommen. Es kam uns vor, als ob wir etwas Vertrautes neu entdeckt hätten, etwas, das wir zwar kannten, dessen wir uns aber nicht bewußt waren. Es war, als ob diese Begriffe und Ideen in unserem Geist geschlummert hätten und Teil des *„non detto"* (des „Ungesagten") gewesen wären. Aus einer epigenetischen Perspektive könnte man sagen, daß die Ideen der Autoren, deren Schriften wir später gelesen haben (bei denen es um Probleme von Beziehungen zwischen dem Selbst und der Außenwelt ging), Laings Gedanken (die uns jetzt außerordentlich scharf und tiefgehend erscheinen) in unserem Geist überlagert haben.

Der Konstruktivismus und in noch größerem Maße der Konstruktionismus hatten Zweifel erhoben am Konzept des Selbst als einer monolithischen Einheit und hatten die Sicht vom Selbst als einer Gemeinschaft bevorzugt (Minsky 1985). Varela (1985) war zum Beispiel der Meinung, daß es angemessener sei, von Ichs zu sprechen als nur vom Ich.

Schwartz (siehe Breunlin et al. 1992) entwickelte ein ziemlich naives Modell des Internal Family System (IFS). Nach diesem Modell ist der Geist kein einheitliches Gebilde, sondern eine Sammlung von „Geist-Elementen" oder „Sub-Persönlichkeiten", die zwar alle miteinander verbunden, aber einzeln doch relativ autonom sind. Ein Mensch hat neben dieser Gruppe von einzelnen Elementen auch ein Selbst. Das Selbst ist eine Einheit auf einer anderen Ebene als die, auf der sich die übrigen Elemente befinden. Es hat die Aufgabe, die internen Elemente so zu „leiten", wie ein Dirigent die Musiker in einem Orchester leitet. Gemäß dieser komplizierten Theorie entwickelt sich das Selbst nicht in einzelnen Stadien und ist auch nicht das Ergebnis der Introjektion. Es ist mit seiner ganzen Leistungsfähigkeit präsent, um die Sub-Persönlichkeiten zu führen. Nach Ansicht des Autors sollte das Ziel der Therapie darin bestehen, den

Klienten bei der Neuorganisation des internen Systems so zu unterstützen, daß das Selbst die Führung übernimmt und die anderen Elemente mit diesem kooperieren würden. Dieses Modell kommt uns sehr konkretistisch vor. Es ist anscheinend reich gesegnet mit dem, was Bateson (1985, S. 21) als die „einschläfernde Kraft" bezeichnet hat.

Bei einem Kongreß, der 1995 am Mailänder Zentrum für Familientherapie stattfand, präsentierte Karl Tomm ein Therapiemodell, das einige Gemeinsamkeiten mit Laings Modell hat, obwohl es im Rahmen des sozialen Konstruktionismus entwickelt worden ist. In seiner therapeutischen Arbeit widmet Tomm dem Selbst als einer Gemeinschaft internalisierter anderer sehr viel Aufmerksamkeit. Dies läßt auf eine Konzeption vom Selbst als einem pluralistischen und multiplen Selbst schließen. Laut Tomm entfaltet sich die Identität eines Individuums in der Gemeinschaft mit Hilfe der Internalisierungen, die von den mit diesem Individuum in Beziehung stehenden Menschen vorgenommen werden. Tomms Modell erinnert vage an Batesons Theorie des Geistes, wobei das Selbst in den reflexiven Kreisläufen angesiedelt werden könnte, die verschiedene Innenwelten und Außenwelten zu einer Gemeinschaft vereinigen.

Um diese theoretischen Spekulationen in die Praxis umsetzen zu können, haben wir uns mit der Metapher der inneren „Stimmen" beholfen, die in jedem Menschen sind. Wir beziehen die inneren „Stimmen" des Klienten und die unsrigen auf signifikante Personen in unserer Vergangenheit und Gegenwart. Diese „Stimmen" können strafende, schuldzuweisende, kritische, negative Stimmen, aber auch helfende, tröstende, bestätigende, positive Stimmen sein. Mit Hilfe dieser Technik kommt eine Interaktion zustande zwischen den drei Systemen unseres therapeutischen Dialogs, das heißt zwischen Therapeut, Klient und den inneren Stimmen. Wir gehen auf dieses Verfahren näher ein im dritten Kapitel und in der Besprechung der Fallbeispiele, insbesondere des Falles Luciano M. im fünften Kapitel. Ein anderer klinischer Fall, an dem dieses Verfahren schön illustriert wird, ist der von Nancy B. aus unserem vorigen Buch *Die Zeiten der Zeit* (1994).

Die Entwicklung der systemischen Theorie und Praxis

Es war in den 80er Jahren, als in der Entwicklung der systemischen Theorie und Praxis das neue Interesse am Individuum und seiner Innenwelt erwachte. Gregory Batesons kybernetische Epistemologie hatte früher eine Grundlage für die Arbeit der meisten Familien- und Paartherapeuten geschaffen. Die Kybernetik ist über die Jahre hinweg einer Reihe von Veränderungen unterzogen worden, neue Möglichkeiten des Erkennens und Denkens haben sich eröffnet, was einen gewaltigen Einfluß auf Sprache, Theorie und Praxis der Familientherapie gehabt hat.

In ihrer Anfangsphase basierte die Familientherapie auf der ersten Generation der Kybernetik, die man später als die „Kybernetik 1. Ordnung" bezeichnet hat. Man nahm an, daß es möglich sei, das beobachtete System vom beobachtenden System zu trennen. Die Kybernetik 1. Ordnung ging von Kontrollmechanismen aus (Wiener 1963) und war auf das Konzept der negativen Rückmeldung auf Prozesse der Abweichung und Gegenwirkung konzentriert. Man behauptete, daß Systeme ihre Stabilität aufrechterhielten, wenn Abweichungen durch rückwirkende Mechanismen (Homöostase oder Morphostase) kompensiert würden. In der Folge wurde die Kybernetik 2. Ordnung eingeführt. Dieses Modell ließ sich besser auf lebende Systeme anwenden (Maruyama 1963), weil es darauf fokussiert war, in welcher Weise lebende Systeme ihre Organisation über einen Prozeß der Abweichung und Verstärkung hinweg und folglich mit Hilfe positiver Rückmeldung oder Vorwärtskoppelung (Morphogenese) modifizierten.

Verschiedene Gruppen von Therapeuten, von denen sich einige ausschließlich mit Familien- und Paartherapie befaßten, ließen sich von den beschriebenen Ideen und Konzepten inspirieren. Dazu zählte auch die erste Mailänder Gruppe, die den Anspruch erhob, in der Anwendung von Batesons Theorie „systemisch puristisch" zu sein. Die Beschreibung der sogenannten „Familienspiele", das heißt der spezifischen organisatorischen Modalitäten des Familiensystems, gehörte zu ihren Hauptzielen. Die Mailänder Gruppe arbeitete nur in Ausnahmefällen mit Individuen, wenn es nämlich unmöglich war, die Familie zu versammeln (Selvini Palazzoli et al. 1977). Andere Therapeuten, vor allem die MRI-Gruppe in Palo Alto (Watzlawick et al. 1980), die ebenfalls nach einem systemisch-kybernetischen Ansatz arbeiteten, ließen sich von Milton Ericksons ersten Ideen und Techniken inspirieren. Sie führten generell kurze Einzeltherapien durch, bei dem das Individuum als Teil eines signifikanten Beziehungssystems gesehen wurde, das in irgendeiner Weise mit dem präsentierten Problem des Klienten verknüpft war. Ein Therapeut der MRI-Gruppe versuchte nun typischerweise, die mit den präsentierten Problemen verbundenen Kommunikationsmuster zu durchbrechen, indem er verschiedene Techniken anwandte wie etwa die Symptomverschreibung, die Verschreibung anderer Verhaltensweisen, die paradoxe Intervention und die Umdeutung (Reframing).[6] Das Ziel des Therapeuten war es, die Bedingungen dafür zu schaffen, daß neue und wünschenswertere Muster entstehen konnten.

In den 80er Jahren traten einige grundlegende Veränderungen in der systemischen Therapie ein, die dem Individuum die Bedeutung zurückgaben, die ihm in der vorausgegangenen Phase versagt worden war. Entscheidend dafür war die Tatsache, daß die „Blackbox"-Theorie – der zufolge ein Beobachter nur die Interaktion zwischen den Menschen, das heißt den Input und Output, sehen konnte – allmählich in Frage gestellt wurde. Die erste Generation von Familientherapeuten hatte die Black-box-Methode übernommen, um die inhärente Komplexität der Persönlichkeitstheorien, vor allem der psychoanalytischen Theorie, auszuschalten, die das Feld der Psychotherapie nicht nur beeinflußt, sondern de facto monopolisiert hatte. Doch die Beschäftigung mit den „Beziehungen zwi-

---

6 Auch der strategische Ansatz ist vom konstruktivistischen Denken beeinflußt. „Man beginnt mit der Überzeugung, daß die psychische und verhaltensmäßige Störung bedingt sei durch die Wirklichkeitswahrnehmung des Subjekts, das heißt durch die Perspektive, die ihn bzw. sie eine Wirklichkeit wahrnehmen (oder vielmehr konstruieren) läßt, auf die er bzw. sie so reagiert, daß er bzw. sie sich auf dysfunktionale oder auf sogenannte ‚psychopathologische' Weise verändert." (Nardone u. Watzlawick 1994, S. 27) „Der Fokus des strategisch arbeitenden Therapeuten liegt auf der Beziehung oder vielmehr auf den sich wechselseitig bedingenden Beziehungen, die jedes Individuum zu sich selbst, zu anderen Menschen und zur Welt hat. Das Ziel besteht darin, diese Beziehungen funktionstüchtig zu machen, und zwar nicht im Sinne einer generellen oder absoluten Normalität, sondern in bezug auf sehr individuelle Realitäten, die von Mensch zu Mensch und von Kontext zu Kontext verschieden sind." (ebd., S. 26 – Passagen wurden für dieses Buch übersetzt)

schen den Elementen innerhalb abgesteckter Grenzen" – um die einfachste Systemdefinition zu benutzen, wobei die Elemente Personen entsprechen, deren Motivationen, Phantasien und Emotionen ignoriert werden müssen – hatte einen reduktionistischen Beigeschmack und erinnerte an den Behaviorismus. Das intrapsychische Leben des Individuums wurde folglich ignoriert. Breunlin et al. (1992) sagten dazu:

> „Eins ist richtig: Solange die Pioniere der Familientherapie darum kämpften, Karten des völlig unbekannten Territoriums ‚Familie als Prozeß' anzufertigen, mußten sie sich ausschließlich auf diese ‚externen' Interaktionen konzentrieren und durften sich nicht von den Versuchen ablenken oder verwirren lassen, die innere Dynamik jedes Familienmitglieds in ihre Überlegungen zu integrieren."
> (Breunlin et al. 1992, S. 57 – Passage wurde für dieses Buch übersetzt)

Diese Autoren betonten, daß das Interesse an der Familientherapie eine Reaktion gewesen sei auf die Unangemessenheit der auf intrapsychischen Vorgängen basierenden Modelle und deren innewohnendem Pessimismus. So erklärte sich die Suche nach einem praktikableren, kürzeren und optimistischeren Therapieverfahren:

> „Es hat den Anschein, als ob diese Pioniere der Familientherapie, um sich von der etablierten Individualtherapie abzugrenzen, aus der viele von ihnen gekommen waren, sich rigoros auf externe Phänomene konzentrierten und sich dazu auch berechtigt fühlten, weil sie die Macht des externen Kontextes entdeckt hatten und überzeugt waren, daß die Veränderung in der Familie eines Klienten auch dessen Innenleben hinreichend verändern würde." (Breunlin et al. 1992, S. 57–58 – Passage wurde für dieses Buch übersetzt)

Breunlin et al. zogen folgenden Schluß: Da es nach der systemisch-kybernetischen Theorie keine speziellen Gründe gebe, innere Prozesse bei menschlichen Systemen auszuschließen, sei die Zeit gekommen, das Spektrum zu erweitern und sowohl externe als auch innere Prozesse einzubeziehen.

An diesem Punkt entstand ein theoretisches Problem. Aus welchem Blickwinkel sollte das Individuum nun betrachtet werden? Genügte es, sich des systemischen Modells zu bedienen, das von Familientherapeuten entwickelt, getestet und praktiziert wurde, und dieses auszudehnen auf das Individuum und seine Psyche? Einige Autoren meinten, daß das ausreichend sei. Die MRI-Gruppe beispielsweise, die ihr Modell mit einer konstruktivistischen Sichtweise angereichert hatte, sah sich nicht mit fundamentalen Umwälzungen und Erschütterungen ihrer Theorie konfrontiert und setzte ihre Arbeit in gewohnter Weise fort. Für diese Therapeuten gab es keinen substantiellen Unterschied zwischen der Arbeit mit einem Individuum und der Arbeit mit einer Familie. Selbst wenn sie Einzeltherapien machten, verfolgten sie das gleiche Ziel, nämlich das Kommunikationsmuster zu durchbrechen, das mit dem präsentierten Problem verbunden war. Dabei vermieden sie es, sich mit dem ganzen Menschen, also mit seiner Biographie sowie seinen Phantasien, Emotionen und Prämissen, zu beschäftigen.

Für andere Therapeuten war der Übergang von der Arbeit mit der Familie zur Arbeit mit dem Individuum problematischer. Das systemische Modell, das aus der Familientherapie entwickelt und lange Zeit mit ihr verknüpft war, besaß anscheinend nicht den angemessenen Komplexitätsgrad, um individuelle wie auch kollektive intrapsychische Vorgänge zu erklären. Doch wie im zweiten Kapitel deutlich wird, waren Batesons Ideen vom Selbst und vom Unbewußten durchaus angemessen, um die nötige theoretische Basis zu schaffen. Andere Autoren schlugen vor, auf Theorien aus dem Bereich der Individualpsychologie und der Persönlichkeitstheorie zurückzugreifen, auf Theorien also, die bereits in anderen Disziplinen und in der Einzeltherapie verankert waren. Sie waren der Ansicht, speziell die Ideen aus der Psychodynamik, der kognitiven Psychologie oder aus Kellys Theorie der mentalen Konstrukte benutzen zu können.[7]

7 Viele Jahre lang haben wir uns vorgemacht, systemische Puristen zu sein, die sich nur mit Mustern, Beziehungen, Netzwerken und so weiter beschäftigten und die die Elemente der Systeme, das heißt die Individuen, im Abseits ließen. Doch als wir es in der Vergangenheit mit einer „starken" Theorie wie der Psychoanalyse zu tun hatten (Luigi Boscolo hatte in den 60er und 70er Jahren viele klassische Analysen und psychodynamische Einzeltherapien durchgeführt), kamen wir nicht mehr umhin, bei der systemischen Familientherapie die Innenwelt des Individuums zu berücksichtigen. Wir nennen dieses Phänomen, das an späterer Stelle in diesem Kapitel besprochen wird, das „Ungesagte". Was das bewußte Handeln des Therapeuten ausmacht, ist lediglich ein Teil seines immensen Fundus an Gedanken, Erfahrungen und Fertigkeiten.

Eine interessante Entwicklung im Rahmen des systemischen Modells ist von Steve de Shazer (1992) eingeleitet worden, der sich in der Vergangenheit von der MRI-Gruppe hat inspirieren lassen. Er hat kürzlich sein Modell entsprechend den Veränderungen im Poststrukturalismus und in der Linguistik dahin gehend modifiziert, daß er die zentrale Bedeutung der Sprache und insbesondere von Wittgensteins Theorie der Sprachspiele hervorhebt. Für de Shazer und die vom sozialen Konstruktionismus beeinflußten Autoren war die konstruktivistische Revolution nicht hinreichend revolutionär, weil die Dichotomie zwischen Subjekt und Objekt nicht aufgehoben werden konnte.

„Im Gegensatz zum strukturalistischen Denken ‚konstituiert' im poststrukturalistischen Denken ‚Sprache die menschliche Welt, und die menschliche Welt konstituiert die gesamte Welt' (Harland 1987, S. 141). Das heißt, daß Poststrukturalisten die Welt *als* Sprache sehen ... Poststrukturalistisches Denken sieht unsere Welt, unseren sozialen Kontext als durch Sprache, durch Wörter geschaffen. ... Jedoch ist von Glasersfelds radikaler Konstruktivismus nicht radikal genug; auch er scheint die methodologische Grenze um den Klienten, der das individuelle erkennende Subjekt ist, zu ziehen. ...
Wir benötigen einen radikaleren *interaktionellen* Konstruktivismus[8] der Interaktion, wenn die methodologische Grenze um die Therapiesituation gezogen wird. Eine soziale oder interaktionelle Erkenntnistheorie, wie sie von Wittgenstein (Bloor 1983) und den Poststrukturalisten entwickelt wurde, ist hervorragend geeignet für die Beschreibung dessen, was innerhalb dieses besonderen Kontextes geschieht" (de Shazer 1992, S. 65–68)

In den letzten zehn Jahren ist es mit Hilfe neuer Theorien, die auf der Linguistik, der Hermeneutik und dem sozialen Konstruktionismus basieren, möglich geworden, Individuum und Gruppe zu verbinden. Diese Theorien bestechen durch ihre Elaboriertheit und Unkompliziertheit, ebenso durch ihre Kreativität, sich der Probleme der Komplexität anzunehmen. Manche bekannte Therapeuten haben sich schon mehr oder weniger von der systemisch-kyberneti-

---

[8] Wir halten es für schwierig, den Unterschied zwischen einem radikalen interaktionellen Konstruktivismus und einem sozialen Konstruktionismus zu erfassen.

schen Theorie abgewandt und sich diesen neuen Theorien begeistert zugewandt, zum Beispiel Lynn Hoffman, Harry Goolishian, Tom Andersen, Harlene Anderson – um nur einige zu nennen. Andere Therapeuten haben ein starkes Interesse an der narrativen Theorie entwickelt, zum Beispiel Michael White, David Epston, Carlos Sluzki, Alan Perry; White und Epston berufen sich außerdem auf die französischen Philosophen Foucault und Derrida.

DER SOZIALE KONSTRUKTIONISMUS

Die Kybernetik 2. Ordnung, die Anfang der 80er Jahre von Heinz von Foerster eingeführt wurde, der radikale Konstruktivismus, den Maturana, Varela und von Glasersfeld entwickelt haben, sowie postmodernes Denken trugen in ihrer Gesamtheit dazu bei, die Aufmerksamkeit auf das System Individuum zurückzubringen. Dem Leser, der an einer detaillierten Darstellung dieser wichtigen Beiträge interessiert ist, empfehlen wir Bocchi u. Ceruti (1985), Hoffman (1988), Maturana u. Varela (1980), von Foerster (1982), von Glasersfeld (1984; 1987), Watzlawick (1981) und unser eigenes Buch *Die Zeiten der Zeit* (1994), in dem wir die Entwicklung systemischen Denkens nach der konstruktivistischen Revolution schildern. Wir möchten hier jedoch über einen jüngeren Trend sprechen, der mit Beginn der 90er Jahre in den Vordergrund getreten ist: den sozialen Konstruktionismus. Der Konstruktivismus ließ die Dichotomie zwischen dem Beobachter und dem Beobachteten unaufgelöst, die als zwei unterschiedliche Gebilde aufgefaßt wurden (Fruggeri 1995). In diesem Licht betrachtet, bewegte sich die systemische Sichtweise von einem Standpunkt, der außerhalb des Individuums lag („Außensicht"), zu einem Standpunkt, der im Individuum lag („Innensicht").[9] Die Auflösung dieser Dichotomie beinhaltete einen Wechsel der Perspektive vom Konstruktivismus zum sozialen Konstruktionismus. Der soziale Konstruktionismus folgte dem Konstruktivismus auf den Fuß und scheint bei vielen Therapeuten einen enorm wichtigen Stellenwert zu haben. Im sozialen Konstruktionismus wird die Teilhabe am Wissen sowie dessen Entstehung im sozialen Leben

---

9 Wir verdanken diese Definition von „Innensicht" und „Außensicht" Brian Stagoll (1987).

hervorgehoben, was zwar ein im Konstruktivismus implizit vorhandener Aspekt war, der aber nicht hinreichend entwickelt wurde. Lynn Hoffman (1992), Theoretikerin und Therapeutin, die epistemologische Veränderungen aufmerksam verfolgt, faßt die Unterschiede zwischen den fast gleichlautenden Modellen wie folgt zusammen:

„Obwohl eine Reihe von Leuten, ich selbst eingeschlossen, diese Theorie [den sozialen Konstruktionismus] vielfach mit dem Konstruktivismus ... verwechselt haben, sind beide Positionen doch recht unterschiedlich. Zwar finden beide ihren gemeinsamen Nenner in der kritischen Auseinandersetzung mit der Idee einer tatsächlich existierenden, ‚wirklichen Welt', über die man objektiv gesicherte Aussagen treffen kann. Jedoch tendiert der Konstruktivismus dazu, das Nervensystem als eine Art in sich geschlossener Maschine zu betrachten. Dieser Sichtweise zufolge gewinnen Konstrukte und Wahrnehmungen ihre Form durch das ‚Anstoßen' des Organismus an seine Umwelt. Demgegenüber sehen die Theoretiker der sozialen Konstruktion Ideen, Bilder und Erinnerungen als etwas, das durch sozialen Austausch hervorgebracht und durch Sprache vermittelt wird. Alles Wissen – so die Vertreter dieser Theorie – erwächst aus dem Raum zwischen den Menschen, aus dem Reich der ‚gemeinsamen Welt', des ‚kollektiven Unbewußten' oder des ‚gemeinsamen Tanzes'. Einzig durch eine fortwährende Konversation mit seinen nahestehenden Interaktionspartnern gewinnt das Individuum ein Gefühl für Identität oder eine innere Stimme." (Hoffman-Hennessy 1992, S. 17)

Mit anderen Worten: Während der Konstruktivismus den Beobachter und seine geistigen Konstrukte betont, lebt der soziale Konstruktionismus vom Konzept der Beziehungen. Diese Beziehungen werden jedoch nicht im Licht der frühen kybernetischen Theorien gesehen, sondern aus einem anderen Blickwinkel: Beziehungen sind nicht mehr Ausdruck von Verhaltensstrukturen oder -mustern, sondern sie sind Sprach- und Bedeutungssysteme. Dieser Wandel kündigt sich bereits in Batesons Schriften (1985) an, wenn er sich die Frage stellt, was Geist eigentlich sei:

„... können wir sagen, daß ‚Geist' jenen Schaltkreisen des Gehirns immanent ist, die vollständig innerhalb des Gehirns liegen. Oder daß Geist solchen Schaltkreisen immanent ist, die innerhalb des

Systems Gehirn *plus* Körper abgeschlossen sind. Oder, schließlich, daß Geist dem größeren System immanent ist – Mensch *plus* Umgebung. ...

Man denke an einen Mann, der einen Baum mit einer Axt fällt. Jeder Hieb der Axt wird entsprechend dem Aussehen der Schnittkerbe des Baumes, die durch den vorherigen Schlag hinterlassen wurde, modifiziert oder korrigiert. Dieser selbstregulierende (d. h. geistige) Prozeß wird herbeigeführt durch ein Gesamtsystem – Baum-Augen-Gehirn-Muskeln-Axt-Hieb-Baum; und es ist dieses Gesamtsystem, das die Charakteristika des immanenten Geistes hat. ...

Das ist aber *nicht* die Weise, in der ein durchschnittlicher Abendländer die Abfolge der Ereignisse eines fallenden Baums sieht. Er sagt: ‚Ich habe den Baum gefällt' und glaubt sogar, daß es einen abgegrenzten Vermittler, das ‚Selbst' gibt, der eine abgegrenzte ‚zweckgerichtete' Handlung an einem abgegrenzten Gegenstand ausführte." (Bateson 1985, S. 410–411)

In diesem Beispiel kann Bateson die Handlung sowohl vom Standpunkt des Beobachters (des Mannes) als auch von einem „Meta"-Standpunkt aus sehen, bei dem der Geist als etwas betrachtet wird, das der rekursiven Abfolge von Handlungen immanent ist. Diese Sicht der zwei Ebenen erlaubt es, das Individuum als Beobachter auf einer Ebene zu sehen (Konstruktivismus). Auf der Ebene des Geistes, der dem System innewohnt, verbindet diese Sicht den Beobachter mit dem Beobachteten (Konstruktionismus). Am Beispiel des baumfällenden Mannes (das wir für eines von Batesons erhellendsten Beispiele halten) können wir die Komplementärbeziehung zwischen linearer Kausalität und zirkulärer Kausalität sehen. Es unterstreicht auch den Unterschied zwischen der Beschreibung eines Beobachters (Innensicht, d. h. die Sicht von innen) und der Beschreibung der gesamten Beziehung, die alle im System eingebetteten Beobachter einschließt (Außensicht, d. h. die Sicht von außen). Theoriemäßig kann der Konstruktivismus mit dem Kognitivismus, einer Theorie der Individualpsychologie, in Zusammenhang gebracht werden, während der Konstruktionismus mit der Sozialpsychologie assoziiert werden kann.

Im Hinblick auf unsere eigene theoretische Position haben wir in unserem Buch *Die Zeiten der Zeit* unsere jüngste Entwicklungsstufe beschrieben: Wir bewegen uns weiterhin in einem systemisch-kybernetischen Rahmen (Kybernetik 2. Ordnung), haben aber viele Beiträge aus der Linguistik und dem Narrativismus in unsere Theorie und Praxis einfließen lassen.[10]

Der Narrativismus

Unser Interesse an der narrativen Theorie wurde hauptsächlich durch unsere eigenen Forschungen über Zeit und Sprache in zwischenmenschlichen Beziehungen (Boscolo u. Bertrando 1994; Boscolo et al. 1993) geweckt sowie durch den Kontakt mit Therapeutenkollegen, unter anderem zu Michael White, David Epston, Harlene Anderson, Harold Goolishian, Carlos Sluzki, Lynn Hoffman und Tom Andersen.

Diese Autoren sowie die Lektüre von Batesons, de Saussures (1967) und – vor allem – Jerome Bruners (1986) Schriften führten uns in die aufregende Welt der Erzählungen und der Geschichten ein, wie sie entstehen und konstruiert sind. Diese Entwicklung wurde begünstigt durch de Saussures Konzept der „synchronischen Sicht", die auf der Beobachtung in der Gegenwart (d. h. auf der Beobachtung starrer Beziehungsmuster in der Gegenwart, die für den strategisch-systemischen Ansatz typisch sind) beruht, und der „diachronischen Sicht", die den Zeitfluß einbezieht. Genauso wie die Öffnung der Black Box Mitte der 70er Jahre unser Interesse an Bedeutungssystemen geweckt hatte, so wurden wir durch die Öffnung des Zeitrahmens ermutigt, Ereignisse und Bedeutungen auf verschiedenen Zeitebenen miteinander zu verbinden. Wir untersuchten, wie unsere Klienten mit Ereignissen und Bedeutungen ihrer Vergangenheit umgingen, um in einer linear-kausalen deterministischen Weise ihre gegenwärtige Lebenssituation zu erklären, was ihre Zukunftsperspektive einschränken konnte. Wir haben detailliert veranschaulicht (Boscolo u. Bertrando 1994), wie menschliche Systeme, die Symptome und Leiden hervorbringen, sich tendenziell in deterministische Geschichten einpferchen, die ihnen zu Zwangs-

---

10 Seit 1990 arbeiten wir an einer Studie über Sprache und Veränderung und deren wechselseitige Beziehung. Ein erster Artikel „Sprache und Veränderung: Die Verwendung von Schlüsselwörtern in der Therapie" (Boscolo, Bertrando, Fiocco, Palvarini u. Pereira 1993) ist bereits veröffentlicht.

jacken werden können. Wenn wir mit unseren Klienten deren Geschichten erforschen und dabei nach der Idee der reflexiven Schleife von Vergangenheit, Gegenwart und Zukunft verfahren, können wir in der Zeitdimension vor- und zurückgehen, so daß die von den Klienten konstruierten linear-kausalen deterministischen Erklärungen allmählich durch neue und wünschenswerterweise „gesündere" Geschichten ersetzt werden.

Durch unser Interesse am Thema Zeit und zwischenmenschliche Beziehungen bewegen wir uns in einer Position, die der von Michael White und David Epston (1994) nahekommt.

„In dem Bemühen, seinem Leben einen Sinn zu geben, sieht sich der Mensch vor die Aufgabe gestellt, seine Wahrnehmung von Ereignissen in eine zeitliche Abfolge zu bringen, so daß er einen kohärenten Bericht über sich und seine Umwelt erhält. Spezielle Erfahrungen von Ereignissen in der Vergangenheit und Gegenwart und solche, die für die Zukunft vorausgesagt werden, müssen für einen solchen Bericht linear verbunden werden. Man kann ihn als eine Geschichte oder Erzählung über sich selbst bezeichnen (M. M. & K. J. Gergen, 1984). Der Erfolg dieser erzählten Erfahrung verleiht dem Menschen ein Gefühl der Kontinuität und Bedeutung für sein Leben, mit deren Hilfe er seinen Alltag organisieren und zukünftige Erfahrungen interpretieren kann." (White u. Epston 1994, S. 25)

Diesen Autoren zufolge kann das Leiden, dessentwegen jemand eine Therapie macht, als Ausdruck einer Inkongruenz zwischen den Geschichten, die der Klient über sich erzählt, und seinem gegenwärtigen Erleben gedeutet werden; dieses Leiden kann ebenso als Ausdruck einer Diskrepanz zwischen seinem Erleben und den Geschichten, die andere über ihn erzählen, interpretiert werden. Der therapeutische Prozeß wird dann zu einem Prozeß des Neuerzählens von Geschichten (Re-Narration): Die Klienten können dabei die Möglichkeit und ihre Fähigkeit entdecken, Urheber von Geschichten zu sein, die eine positive Bedeutung für sie haben und ihr Leiden verringern oder ihnen zumindest eine neue Sinngebung für ihr Leiden anbieten.

In jüngster Zeit zeigen sich auch psychoanalytische und kognitive Modelle aufgeschlossen für Narration und Hermeneutik. Es darf jedoch nicht übersehen werden, daß in der Psychoanalyse metapsychologisches Denken und metapsychologische Typologien schon einmal eine Krise durchgemacht haben. Damals entstanden einige Gruppierungen, die den analytischen Prozeß tendenziell als eine hermeneutische (Ricoeur 1969), narrative (Spence 1982) oder empathische (Kohut 1973; Schafer 1983) Übung betrachteten. Die Kernpunkte einer narrativen Sicht der Psychoanalyse veranschaulicht der italienische Psychoanalytiker Novelletto (1994) wie folgt:

> „Der ersten Phase, in der der Analytiker die Vorherrschaft über die Geschichte hatte, folgte eine Phase, in der der Analysand seine Kompetenz, die eigene Geschichte zu erzählen, wiedererlangte. Die darauf folgende hermeneutische Phase wurde durch theoretische Forderungen von seiten der Analytiker initiiert, die mit Freuds psychobiologischen Konzeptionen unzufrieden waren. Diese Phase zielte im wesentlichen darauf ab, die Fähigkeit des Analysanden zur Selbstinterpretation gegenüber der auf seinem ‚vorausgesetzten Wissen' basierenden Fähigkeit des Analytikers zu favorisieren. Schließlich kam die Phase ... in der beiden Beteiligten zur Rekonstruktion der subjektiven Geschichte des Analysanden die ganze Würde einer unersetzbaren gleichrangigen Kooperation zurückgegeben wurde, obgleich der Analytiker die schwierige Aufgabe übertragen bekam, dem Klienten die kohärente Neukomposition der vielen nicht miteinander zu vereinbarenden ‚Geschichten' anzubieten, die der Klient zuvor fragmentarisch produziert hatte." (Novelletto 1994, S. 27 – Passage wurde für dieses Buch übersetzt)

Einige Psychoanalytiker (siehe Jervis 1989) sind jedoch nicht mit einer radikalen narrativen Sicht einverstanden, die sich ausschließlich auf die im Hier und Jetzt der therapeutischen Beziehung entstehenden Bedeutungen konzentriert und alle Freudschen wie post-Freudschen Typologien und andere methodologische Fragen unberücksichtigt läßt.

Eine ähnliche Entwicklung bahnt sich in der kognitiven Therapie an, die traditionell als weniger aufgeschlossen für hermeneutische Tendenzen gilt. Villegas (1994) hat darauf hingewiesen, daß zwischen den 80er und 90er Jahren auch die kognitiven Therapeuten angefangen hätten, die Vorstellung von Therapie als Produktionsraum gemeinsamer Erzählungen zu nähren und ihre traditionelle Position der Allwissenheit des Therapeuten zugunsten eines Dialogmodells aufzugeben. Die vom Klienten erzählten Geschichten würden zuerst dekonstruiert und danach rekonstruiert, bis Erzählungen zustande gekommen seien, denen der Klient Metaphern entnehmen könne, die sich besser eigneten, neue Bilder vom eigenen Selbst in der Vergangenheit, Gegenwart und Zukunft zu entwerfen (Villegas 1994, S. 35).

Es ist ein Charakteristikum des kognitiven Therapeuten, daß er besonders auf die minutiösen Prozesse der Dekonstruktion und Rekonstruktion sowie auf die Anwendung spezifischer Techniken achtet. Eine interessante Technik der Selbstbeobachtung hat Vittorio Guidano (1991), ein renommierter kognitiver Therapeut aus Italien, entwickelt. Er hilft dem Klienten, sich verschiedene Abschnitte seines Lebens ins Gedächtnis zurückzuholen, indem er sich auf winzige Details konzentriert („Zoom"-Technik) oder indem er Ereignisse verlangsamt, um diese besser analysieren zu können („Zeitlupen"-Technik). So kann der Klient, indem er eine andere Art des Sicherinnerns ausprobiert, ein ihm unbekanntes oder tieferes Bewußtsein darüber erlangen, wie er selbst seine innere Konsistenz (Erzählung) konstruiert hat.

Dieses plurizentrale Interesse an narrativen Modellen geht derzeit einher mit der allgemeinen Tendenz, daß sich Therapiemodelle einander annähern. Einige Autoren (Broderick u. Schrader 1991) vermuten, daß diese Entwicklung zu einer allmählichen Homogenisierung verschiedener Therapieschulen in einem einzigen „integrierten Modell" führen wird.

Laura Fruggeri (1992), Dozentin an der „Mailänder Schule" und dem sozialen Konstruktionismus zugeneigt, sagt dazu folgendes:

> „Beim systemischen Ansatz hat der soziale Konstruktionismus zu einer konzeptuellen und methodologischen Revision geführt. Viele Therapeuten mit einem pragmatischen, strategischen und strukturellen Theoriehintergrund befinden sich derzeit mitten in einer Übergangsphase. Sie versuchen, alte und neue Modelle, alte Sicherheiten und neue Prämissen miteinander zu verbinden. Das neue wissenschaftliche Paradigma wirft Fragen auf, die nicht nur therapeutische Techniken betreffen. Diese Fragen sind vielmehr eine Herausforderung für das Konzept der Psychotherapie und die Identität des Therapeuten. Es handelt sich um eine Denkrichtung, die das Fundament in Frage stellt, auf dem die Psychotherapie sowohl als wissenschaftliches als auch als soziales Phänomen aufbaut." (Fruggeri 1992, S. 41 – Passage wurde für dieses Buch übersetzt)

Das Gesagte und das Ungesagte[11]

Würde man einen erfahrenen Therapeuten (im Italienischen würde man „*Maestro*" sagen) bei seiner Arbeit beobachten, käme man zu dem Ergebnis, daß er viele Dinge sieht und macht, die das Spektrum seiner Theorie übersteigen. Was der Therapeut sieht und macht, könnte auch anderen Theorien zugeordnet werden. Mit anderen Worten: Ein externer Beobachter würde seine eigenen Erfahrungen, Ansichten und Theorien heranziehen, um die Verbindungen zwischen dem Handeln des Therapeuten und den Theorien zu finden, die von der Theorie abweichen, nach der der Therapeut zu arbeiten vorgibt. Im allgemeinen ist sich der Therapeut dieser Zusammenhänge nicht bewußt. Dieses Phänomen, das zum Bereich des Unbewußten gehört, nennen wir das „Ungesagte".

Man könnte diese Situation mit der des Autofahrens vergleichen. Manchmal sind wir in Gedanken versunken oder im Gespräch mit dem Beifahrer vertieft, und in solchen Momenten sind wir uns nicht bewußt, daß wir Auto fahren, weil unser „automatischer Pilot" (das Unbewußte) das Fahren besorgt. Ähnlich verhält es sich mit dem, was der Therapeut sieht und macht: Vieles davon liegt außerhalb seines unmittelbaren Bewußtseins, obwohl er sein Handeln, ganz oder teilweise, später in der Reflexion rekonstruieren oder wiederherstellen kann. Unserer Erfahrung nach sind es das Therapeutenteam hinter dem Einwegspiegel oder ein Supervisor, die den Therapeuten dabei unterstützen, sich das Ungesagte bewußt zu machen. Durch diesen Vorgang der Bewußtmachung läßt sich leicht erkennen, wieviel Intuition und Erfahrung – und wie wenige theoretische Leitlinien – die Wahrnehmung, Entscheidungen und Handlungen des Therapeuten leiten.

Jeder Therapeut, unabhängig von der Theorie, die er vertritt, arbeitet nach einem epigenetischen Prinzip,[12] das ihn bei der Integration der verschiedenartigsten Erfahrungen und Theorien führt. In diesem Licht betrachtet, ist der theoretische Purismus schlicht und einfach ein Mythos. Er ist auch deshalb ein Mythos, weil alle

---

11 Das ist die wörtliche Übersetzung des Ausdrucks „*il detto e il non detto*" – was im Gespräch gesagt wird und was nicht gesagt wird.
12 Dieser Begriff ist uns durch die Lektüre eines Artikels von Lyman Wynne suggeriert worden. Dieser schreibt: „Wir gebrauchten den Begriff Epigenese in seiner umfassendsten Bedeutung, d. h. mit Bezug auf Ereignisse des *Werdens*

Theoretiker und Praktiker unseres Arbeitsgebietes ständig dem Einfluß unterschiedlicher Theorien ausgesetzt sind, angefangen bei den Theorien, denen sie während ihres Studiums begegnen, bis zu den Theorien, die sie aus der Fachliteratur und den Massenmedien aufgreifen.

Mit der folgenden Anekdote läßt sich das Thema Gesagtes und Ungesagtes besser veranschaulichen als mit einer Beschreibung. Kürzlich erzählte uns ein bekannter Kinderpsychiater, daß er in den 70er Jahren das Mailänder Zentrum für Familientherapie besucht und bei dieser Gelegenheit durch den Einwegspiegel beobachtet habe, wie die erste Mailänder Gruppe arbeitete. Er sei beeindruckt gewesen von dem großen Eifer und der „systemischen Strenge", mit der die Gruppe diskutiert, Hypothesen gebildet und therapeutische Interventionen ausgearbeitet habe. Was ihn aber am meisten beeindruckt habe, sei der Unterschied zwischen dem in den Beschreibungen des Therapeutenteams explizit Gesagten und dem implizit Vorhandenen gewesen. Die Therapeuten hätten ein neues Vokabular benutzt, um ihre Konzepte und Handlungen zu definieren (Strategien, Muster, Beziehungen, zirkuläre Kausalität, Systeme usw.). Doch die Art, in der das Mailänder Team seine Hypothesen gebildet und dargestellt habe, habe aus seiner Sicht psychoanalytische Ideen und Annahmen impliziert, die als solche aber nicht explizit gemacht worden seien. Nach Aussage dieses Fachkollegen war also das im Team „Gesagte" nicht identisch mit dem „Ungesagten".

Es ist sehr wohl bekannt, daß das Mailänder Team zu Beginn seiner Forschungsarbeit beschlossen hatte, das systemische Modell zu übernehmen und „puristisch" zu sein, das heißt, die Vermischung mit anderen Theorien zu vermeiden. Mit dem Bestreben, strikt systemisch zu werden, versuchte die Mailänder Gruppe jener Zeit, nicht nur das psychoanalytische Modell aufzugeben, nach dem sie früher klinisch gearbeitet hatte, sondern auch die psychoanalytische Terminologie. Die Formulierung von Hypothesen, die überprüft werden mußten, war ein zentraler Aspekt ihrer Aktivitäten. In ihren Teamdiskussionen wurden einfache Hypothesen, die oft auf

(Genese), die sich *auf Grund (epi)* unmittelbar vorangegangener Ereignisse vollziehen." (Wynne 1985, S. 114) Auf die menschliche Entwicklung bezogen, heißt das: „Der wechselseitige Austausch bzw. die Transaktionen, die in einer bestimmten Entwicklungsphase stattfinden, bauen auf dem Ergebnis früherer Transaktionen auf." (Wynne 1985, S. 113)

einer linear-kausalen Perspektive gründeten, in komplexere Hypothesen eingebunden, bis schließlich die sogenannte systemische Hypothese erreicht war, die auf einer zirkulären Betrachtungsweise basierte, von der man wiederum annahm, daß sie (gemäß der Konzeption der Kybernetik 1. Ordnung) die Organisation des beobachteten Systems widerspiegle. Der Inhalt der Hypothese reflektierte das Wissen der Teammitglieder, das aus der Psychologie, der Psychoanalyse, der Psychotherapie, der Literatur, der Filmkunst und aus allgemeinen Lebenserfahrungen stammen konnte.

Selbst wenn systemische Therapeuten von sich behaupteten, „systemische Puristen" zu sein, so benutzten sie doch unweigerlich Elemente aus den Theorien der Individualpsychologie. Ende der 80er Jahre und im Gefolge der feministischen Kritik an Batesons Einstellung zur Macht in zwischenmenschlichen Beziehungen mußte Paul Dell (1989), der vielleicht puristischste der Puristen unter den Theoretikern der systemischen Therapie, eingestehen, daß die Unvereinbarkeit zwischen der systemischen Theorie und der Individualpsychologie nur eine Illusion sei. Er schreibt:

„Erstens möchte ich behaupten, daß die Individualpsychologie seit jeher mit der Praxis der Familientherapie dicht verwoben ist und immer dicht verwoben sein wird. Faktisch macht jede familientherapeutische Schule extensiven, allerdings oft auch impliziten Gebrauch von der Individualpsychologie. ... Zweitens war meine frühere theoretische Arbeit zum großen Teil der strikte Versuch, die psychologische und empirische Erklärung von der ‚reinen' systemischen Erklärung zu trennen. ... Im Rückblick scheint es mir, als ob meine konzeptuelle Arbeit (die systemische Theorie zu ‚reinigen') zum großen Teil nur deshalb möglich war, weil so viele Familientherapeuten die Individualpsychologie (die sie instinktiv für notwendig hielten) in das systemische Denken integriert hatten." (Dell 1989, S. 11 – Passage wurde für dieses Buch übersetzt)

Es versteht sich von selbst, daß Dells Überlegungen mit dem in Verbindung gebracht werden können, was wir als das Ungesagte des systemischen Therapeuten definiert haben. Man könnte hier von einer Art „Besetzung" des (systemischen) klinischen Modell*gehalts* durch Elemente aus anderen Modellen (etwa dem psychodynamischen, kognitiven, strategischen und strukturellen Modell) sprechen. Die erste Mailänder Gruppe kämpfte darum, bei der Entwicklung ihrer Sorte von systemischem Modell „puristisch" zu bleiben, und betonte seinen formalen Aspekt. Mit anderen Worten: Über die Konzentration auf die formale Seite des Modells wurde der Gehalt der Hypothesen vernachlässigt, der mit den besagten unterschiedlichen Theorien und Erfahrungen zusammenhing.

Der postmodernen Denkart entsprechend, arbeiten Therapeuten aus unterschiedlichen Schulen inzwischen immer öfter in einem theorieleeren Raum und richten ihre Aufmerksamkeit auf das Hier und Jetzt der Therapeut-Klient-Beziehung. Lai (1985, 1993), ein bekannter italienischer Psychoanalytiker, plädiert für eine „Technik ohne Theorie", die er „Konversationalismus" nennt. Es handelt sich hier um eine Technik, die theoretische Strukturen und Typologien (etwa Freuds Libidokonzept, Objektbeziehungen, Kohuts Narzißmusdefinition und dergleichen) in der therapeutischen Konversation ausklammert. Es bleibt abzuwarten, ob diese Technik anwendbar ist und ob man mit seinem früheren Wissen *tabula rasa* machen kann. Wir fragen uns, was mit einem Novizen im therapeutischen Feld geschieht, der sich nicht mit klinischen Theorien auseinandersetzen mußte! Wir sind davon überzeugt, daß ein erfahrener Therapeut wie Lai sehr gute Arbeit leistet, weil er auf ein sehr reiches und strukturiertes „Ungesagtes" zurückgreifen kann.

Den gleichen Vorbehalt könnte man jenen Therapeuten (z. B. Tom Andersen, Lynn Hoffman, Harlene Anderson und Harold Goolishian) entgegenbringen, die, von Postmodernismus, Dekonstruktionismus und sozialem Konstruktionismus beseelt, behaupten, daß die Hauptaufgabe des Therapeuten darin bestehen sollte, „das Gespräch offenzuhalten" und „nicht-wissend" zu sein; das würde bedeuten, daß er sein eigenes Wissen vergessen und alle Typologien ignorieren sollte, die sich mit dem Individuum und dessen Systemen beschäftigen. Der amerikanische Kurzzeittherapeut O'Hanlon gab einmal einen Kommentar – wobei er auf die Kollegen verwies, die sich vom Mailänder Ansatz inspirieren lassen –, der hervorragend zu der beschriebenen Position paßt. Er sagte, wenn dem Therapeuten eine Hypothese einfalle, sollte er aufstehen, den Therapieraum verlassen und erst zurückkommen, wenn diese Idee aus seinem Kopf verschwunden sei!

Was Konversationstheorien in der Therapieausbildung betrifft, ist es äußerst fraglich, ob es für einen angehenden Therapeuten ausreicht, nur zu lernen, wie man ein Gespräch offenhält und sich unterhält. Oder werden nur die Ausbildungskandidaten erfolgreiche Konversationstherapeuten, die in den wichtigsten klinischen Modellen ausgebildet sind und dann davon abstrahieren können, um im Hier und Jetzt der therapeutischen Beziehung in einem rein hermeneutischen Raum zu arbeiten. Wie der Leser dieses Buches verstehen wird, entspricht unsere Position nicht der Befürwortung eines reinen Konversationalismus in dem Sinne, daß die auf den Klienten und die Therapeut-Klient-Beziehung bezogenen Hypothesen und Typologien nur solange nützlich seien, wie sie nicht zu unumstößlichen Wahrheiten würden (Cecchin, Lane u. Ray 1993).

Wenn wir der Auffassung zustimmen, daß alles therapeutische Bemühen aus der Wechselwirkung zwischen der Persönlichkeit eines Therapeuten und den Erfahrungen und Theorien, mit denen er sich auseinandersetzen mußte, erwächst, dann laufen wir Gefahr, um der Einzigartigkeit eines Therapeuten oder einer persönlichen Synthese willen und zum Nachteil der Theorie eklektizistisch im Sinne eines reinen Akzeptierens zu werden. Was bis jetzt gesagt worden ist, ist unserer Meinung nach relevant für die Therapieausbildung. Während der erfahrene Therapeut tendenziell über die Theorie hinausgeht und sie aufzugeben scheint, ist das aber nicht empfehlenswert für den Anfänger, der sich erst die Theorie aneignen muß.

Bateson schreibt:

> „... Samuel Butlers nachdrückliche Behauptung, daß, je besser ein Organismus etwas ‚weiß', er desto unauffälliger mit seinem Wissen umgeht; d. h., es gibt einen Prozeß, durch den Wissen (oder ‚Gewohnheit' – sei es des Handelns, der Wahrnehmung oder des Denkens) in immer tiefere Ebenen des Geistes versinkt. Dieses Phänomen, das für die Disziplin des Zen zentral ist, ... ist auch relevant für alle Kunst und alle Technik." (Bateson 1985, S. 190)

Der Künstler beispielsweise (aber das könnte auch auf einen Therapeuten in der Ausbildung zutreffen)

> „... muß üben, um die handwerklichen Komponenten seines Berufs zu beherrschen. Aber das Üben hat immer eine zweifache Auswirkung. Es macht ihn einerseits fähiger, zu tun, was immer er anstrebt; und andererseits macht es ihn aufgrund des Phänomens der Gewohnheitsbildung weniger bewußt dafür, wie er es tut. ...

Die Fertigkeit eines Künstlers oder vielmehr seine Demonstration einer Fertigkeit wird zu einer Botschaft über diese Teile seines Unbewußten." (Bateson 1985, S. 195–199)

Aufgrund dieser Überlegungen wird erklärbar, weshalb wir, wenn wir einen erfahrenen Therapeuten bei der Arbeit beobachten, einen Teil des Beobachteten als Worte und Handlungen identifizieren, die nicht den Theorien und Praktiken zugeschrieben werden können, die der Therapeut für sich in Anspruch nimmt. Wir sprechen hier zwar von technischen Fähigkeiten, doch gilt dies genauso für das theoretische Wissen, das mit der Praxis rekursiv verbunden ist.

Wenn das Ungesagte erschöpfend analysiert werden könnte, dann könnten die höchst idiosynkratisch erscheinenden Eigenschaften eines Therapeuten zurückverfolgt werden bis zu seiner komplexen Persönlichkeitsstruktur und Professionalisierung und bis zu den vielen Modellen, auf die er sich beruft. Was als Geheimnis der Kreativität eines Therapeuten daherkommt, ist die von ihm erzeugte Synthese aus all diesen Erfahrungen.

Mit der Erklärung des Ungesagten verhält es sich wie mit unserer epigenetischen Sichtweise. Im Laufe der Zeit sammeln sich im Therapeuten alle seine Erfahrungen und sein ganzes theoretisches Wissen Schicht um Schicht an. In seiner therapeutischen Arbeit wandelt er diese Erfahrungen und dieses Wissen um in Worte, Emotionen und therapeutische Möglichkeiten, deren Ursprung dem Therapeuten oft überhaupt nicht oder nur teilweise bewußt ist. Auf jeden Fall leitet er seine letzte Entscheidung über eine für die Therapie bedeutsame Idee aus der Interaktion mit dem Klienten ab. Danach ist es der Klient, der – mit Worten, Metaphern, Schweigen und Emotionen – auf die möglichen Wege hinweist, die der Therapeut einschlagen kann.

Wir möchten noch betonen, daß kein Therapeut ausnahmslos alle ihm präsentierten Fälle erfolgreich bearbeiten kann. Manchmal lassen sich die Persönlichkeit des Therapeuten und die Theorien, nach denen er arbeitet, nicht vereinbaren mit der Persönlichkeit und den Problemen eines bestimmten Klienten. Der Therapeut muß sich dies bewußt machen und so bescheiden sein, daß er aufgeben kann, wenn die Therapie in eine *Sackgasse* führt. Diese Wachsamkeit kann ihm helfen, mit einem für einen Therapeuten gefährlichen Symptom umzugehen, nämlich mit dem Gefühl von Omnipotenz.

Eine epigenetische Sichtweise

Zum jetzigen Zeitpunkt unserer Reise in die Theorie betrachten wir das auf Batesons Ideen basierende systemische Modell immer noch als unsere Leitmetapher. Wie schon erwähnt, ist dieses Therapiemodell durch Beiträge aus dem Konstruktivismus, der Kybernetik 2. Ordnung und dem sozialen Konstruktionismus befruchtet worden. Neuerdings besteht ein sehr starkes Interesse an den Themen Zeit, Sprache und Erzählung in der Therapie.

Mit dem Eintritt in Batesons Gedankenwelt wurden wir dazu bewogen, alle Dichotomien zu überwinden. Batesons auf der systemischen Epistemologie beruhende Sichtweise nimmt Bezug auf die rekursiven Kreisläufe, die gemäß den beiden beschriebenen Modalitäten das beobachtende und das beobachtete System miteinander verbinden: Die erste Modalität kann mit der konstruktivistischen Perspektive gleichgesetzt werden, bei der das Individuum beobachtet und konstruiert; die zweite Modalität kann mit der sozialkonstruktionistischen Perspektive gleichgesetzt werden, bei der das beobachtende und das beobachtete System zum einen „konstruiert wird" und zum anderen den relationalen und kulturellen Kontext „konstruiert", in dem es eingebettet ist.

Ein Problem, dem wir auf unserer Reise begegnet sind und das uns eine Zeitlang in eine *Sackgasse* geführt hat, war die Frage, ob das Individuum mit seiner Innenwelt im Rahmen der systemischen Theorie so konzeptualisiert werden könne, wie es mit dem System Familie möglich war, oder ob ein von der systemischen Theorie abweichendes Modell erforderlich sei. Es erschien uns notwendig, aus all den uns bekannten Theorien die eine herauszufinden, die einerseits das Individuum und die Komplexität seiner intrapsychischen Welt und andererseits das mit dem Individuum verknüpfte Beziehungssystem erklären konnte. Eine Weile dachten wir daran, unsere systemische Theorie der Familie um eine etablierte und bewährte Theorie des Individuums zu erweitern.

Langsam kamen wir aus der *Sackgasse* heraus, und wir fanden eine Denkweise, die es uns erlaubte, unserem Dilemma der Dichotomie zwischen *Individuum* versus *Familie* und *Psyche* versus *System* zu entkommen. „Realität" kann aus verschiedenen Blickwinkeln betrachtet werden: aus einer reduktionistischen Perspektive (wenn beispielsweise die Aufmerksamkeit auf Verhaltensmuster gerichtet ist), aus der Perspektive der Erfahrungs- und Bedeutungszusammenhänge, aus der Perspektive der Symptombetrachtung und so weiter. Mit anderen Worten: Man kann eine Reihe von reduktionistischen Rastern benutzen, ohne die holistische Perspektive aufgeben zu mussen. Hofstadter verglich die Dialektik zwischen Holismus und Reduktionismus mit der Wahrnehmung von Bachs Fugen:

> „Fugen haben die interessante Eigenschaft, daß jede ihrer Stimmen ein selbständiges Musikstück ist, und so könnte man eine Fuge als eine Sammlung von verschiedenen Musikstücken verstehen – alle auf einem einzigen Thema beruhend und alle gleichzeitig gespielt. Aufgabe des Hörers (oder seines Unbewußten) ist es, zu entscheiden, ob es sich um eine Einheit handelt oder aber um eine Sammlung unabhängiger Teile, die alle miteinander harmonieren." (Hofstadter 1988, S. 304)

Unsere gegenwärtige theoretische Position erlaubt es, daß wir diese Umkehrung von Figur und Grund – von holistischer und reduktionistischer Perspektive – jederzeit vornehmen können. Wir haben derzeit den Eindruck, daß unsere neue Denk- und Arbeitsweise uns geholfen hat, die Widersprüche, denen wir uns aufgrund unvereinbarer Konzeptionen vom Individuum und vom Familiensystem gegenübersahen, zum größten Teil auflösen zu können. Dieser Ansatz deckt sich mit dem im Entstehen begriffenen Paradigma der Komplexität (Bocchi u. Ceruti 1985; Morin 1977) in den Geistes- und Naturwissenschaften, dem zufolge es am angemessensten ist, die Welt durch ein Netzwerk von Theorien zu betrachten und zu verstehen. Folglich können Phänomene aus der Sicht einer bestimmten Theorie oder von der Schnittstelle zwischen der einen und der anderen Theorie aus betrachtet werden.[13]

Wir halten unsere Sichtweise weder für statisch noch für absolut, sondern im Hinblick auf andere und zukünftige Theorien für entwicklungsfähig. Sie entspricht, anders ausgedrückt, einer epigenetischen Auffassung, die sich durch Akkumulation vormals akzep-

---

13 Allerdings müssen wir zu vermeiden versuchen, in einem Meer von Theorien zu ertrinken; wir müssen einen verwirrenden Eklektizismus vermeiden. Das von uns gewählte Rettungsboot ist das systemische Modell.

tierter Ideen und Theorien entwickelt und nicht durch Negation früherer Gedankengebäude.[14]

In unserer konzeptuellen wie auch praktischen Arbeit lehnen wir im Grunde jeglichen Extremismus ab. Unter „Extremismus" verstehen wir die Tendenz, sich in „neue" Ideen zu verlieben und alles andere auszulöschen, um diesen neuen Ideen zu dienen. Obwohl Extremismus angebracht sein kann, um die eigene Position deutlich zu machen oder um neue Modelle voranzubringen, läuft man Gefahr, alles in der Vergangenheit von Theoretikern und Praktikern geschaffene Wissen und Können (das eigene Werk eingeschlossen) zu negieren.

Einem solchen „raptusartigen" Fortschritt ziehen wir eine epigenetische Entwicklung vor, in der jede Veränderung in der Theorie oder Praxis an die Erfahrungen anknüpft, die sich bis dahin als nützlich erwiesen haben. Diese Art der Theoriebildung ist nicht einfach ein linearer Prozeß, in dem im Laufe der Zeit immer neue Ideen angehäuft werden, sondern vielmehr (in Übereinstimmung mit unserer systemisch-kybernetischen Sichtweise) ein System von Konzeptionen und Erfahrungen, die rekursiv miteinander verbunden sind und sich in ständiger Entwicklung befinden.

Die Entwicklung unserer Theorie und Praxis muß zwangsläufig an kontextuellen, sozialen, politischen und konzeptuellen Begleitumständen orientiert sein. Bei unserer Arbeit als Ausbilder zum Beispiel haben wir es mit Ausbildungskandidaten zu tun, die zum größten Teil in öffentlichen Institutionen arbeiten. In diesen Institutionen wird Kooperation unter den verschiedenen Mitarbeitern verlangt, die durchaus unterschiedliche Vorstellungen von Theorie und Praxis haben können. Im täglichen Umgang miteinander ist es notwendig, daß diese Mitarbeiter eine gemeinsame Sprache finden und gegenseitig ihre jeweiligen Standpunkte respektieren. Diese Situation hat Ähnlichkeit mit dem Zusammenleben in einer multi-

---

14 Die Idee der epigenetischen Betrachtungsweise hat eine gewisse Ähnlichkeit mit Piagets Konzept der genetischen Epistemologie (1973). Piaget sah die Entwicklung der Intelligenz beim Kind als das Ergebnis einer dynamischen Interaktion zwischen dem Kind und seiner Umwelt (mittels verschiedener Regulationsmechanismen wie Akkomodation, Assimilation und Equilibration). Doch das ist nur eine Analogie, denn wir beziehen uns auf eine allgemeinere Bedeutung des Wortes „epigenetisch" (siehe Wynn 1985).

kulturellen und multiethnischen Gesellschaft, in der die kulturelle Eigenheit des ausländischen Bürgers geachtet werden muß und dieser wiederum die Wertvorstellungen des Landes, in dem er lebt, akzeptieren muß. Damit dies so ist und eine babylonische Sprachverwirrung vermieden wird, muß eine gemeinsame Sprache gefunden werden und jeder Mensch die Position des anderen respektieren.

Unserer Meinung nach läßt sich ein verbindendes Element zwischen den einzelnen Sprachen der verschiedenen Theorien schaffen, indem man eine Metasprache entwickelt, die trotz aller Unterschiede die Zusammenarbeit erlaubt. Folglich ist auch eine Beziehung der gegenseitigen Achtung unter Fachkollegen möglich, angefangen bei den Vertretern der psychobiologischen Orientierung bis zu den Kollegen mit gesprächstherapeutischer oder sozialpsychologischer Ausrichtung. Natürlich dürfen wir nicht vergessen, wie wichtig es ist, auch das zu hören, was uns die Klienten zu sagen haben. Ihre Stimmen verdienen den gleichen, wenn nicht gar größeren Respekt als die Stimmen der Experten und sollten von allen in diesem Bereich professionell Tätigen aufmerksam gehört werden. Diese Prämisse wird im Kern immer akzeptiert, in der Praxis aber oft mißachtet!

Dadurch, daß wir alle diese Stimmen akzeptieren, können wir starre Auffassungen und diagnostischen Rigorismus von uns fernhalten und folglich einen Konfrontationskurs des Entweder-Oder vermeiden. Wir alle verfahren nach der Position des Sowohl-Als-Auch, die uns erlaubt, gemäß einem Schlüsselkonzept der systemischen Epistemologie verschiedene Sichtweisen, Erklärungen und Erfahrungen in Erwägung zu ziehen. Wir sind beispielsweise Verfechter des biopsychosozialen Paradigmas (Engel 1977), das allmählich in der Medizin Verbreitung findet, und können uns sowohl mit den Fachkollegen biomedizinischer Ausrichtung (insbesondere Psychiate) austauschen als auch mit Kollegen, die nach psychosozialen Modellen arbeiten. Unser gewählter Standpunkt verändert sich je nach Gesprächspartner und Situation, und wir betrachten ihn nicht als Dogma oder „Wahrheit". Es handelt sich schlicht und einfach um eine Option, über deren Relativismus wir uns im klaren sind. Wir versetzen uns tendenziell in eine „multiversale" Position, in der jede „Wahrheit" kontextabhängig ist, das heißt an einen pragmatischen und sozialen Kontext sowie an eine Beurteilung ihrer aktuellen Angemessenheit gebunden ist. Man kann sagen, daß es für jeden Kontext eine „Wahrheit" gibt, die mehr oder weniger angemessen ist als die anderen „Wahrheiten".

Mit Hilfe dieser „ökumenischen" Entwicklung können wir die in den verschiedenen Therapiemodellen bestehenden Dichotomien und Widersprüche auflösen, die – erwartungsgemäß – vielfach dazu führen, daß sich die Arbeitsbeziehungen unter den Mitarbeitern von Gesundheitseinrichtungen verschlechtern und die Versorgung der Klienten negativ beeinflußt wird. Wir wissen um die Schwierigkeiten, mit denen der unerfahrene Therapeut konfrontiert wird, wenn er versucht, dieses Denk- und Therapiemodell in die Praxis umzusetzen. Deshalb sind wir der Ansicht, daß die Therapieausbildung in zwei Phasen stattfinden sollte. In der ersten Phase sollte der Ausbildungskandidat ein Therapiemodell von Grund auf kennenlernen, und während er sich damit vertraut macht, sollte er in bezug auf dieses Modell ein „Purist" sein, das heißt, sich streng an dessen Prämissen, Methodologie und Techniken orientieren. Im Rahmen der praktischen Ausbildung sollte diese Maxime, um Verwirrung zu vermeiden, nicht als Einschränkung, sondern als Notwendigkeit gesehen werden: Man kann nicht gleichzeitig Fahrrad und Ski fahren lernen. Hat sich dann der Ausbildungskandidat das Modell einmal erarbeitet, ausprobiert und assimiliert, ist es in der zweiten Phase möglich, sich andere Modelle mehr oder weniger geschickt anzueignen. Diese neue Art des Lernens wird es unweigerlich mit sich bringen, daß der theoretische Hintergrund und die praktische Arbeit des Therapeuten bereichert wird, ob er sich dessen bewußt ist oder nicht. Wenn der Ausbildungskandidat mit dem Modell vertraut ist und seine praktische Erfahrung zunimmt, entwickelt er allmählich eine Meisterschaft in der Anwendung des Modells und gewinnt schließlich eine angemessene Distanz dazu, so daß er seiner Autonomie und Kreativität freien Lauf lassen kann. Anders ausgedrückt: Mit der Zeit verwandelt sich das Verhältnis zu einer Theorie von einer Fessel zur Ressource.[15] Lernen, wie man therapeutisch arbeitet, ist genauso, wie wenn man eine andere Fertigkeit erlernt,

---

15 Dasselbe gilt für das Verhältnis des Therapeuten zu seinen Voreingenommenheiten. Ein Ziel der Ausbildung besteht darin, daß sich der Ausbildungskandidat seine Vorurteile bewußt macht, mit denen er in derselben Art dialektischer Beziehung, wie sie eben beschrieben worden ist, umgehen und die er schließlich in Ressourcen verwandeln kann (Cecchin, Lane u. Ray 1994).

zum Beispiel Auto fahren. Zuerst muß sich der Fahrer darauf konzentrieren, den Druck auf das Gaspedal vorsichtig zu dosieren und das Lenkrad richtig zu bewegen, um einen Unfall zu vermeiden. Doch mit der Zeit versinken diese erlernten Fähigkeiten ins Unbewußte (Batesons „Gewohnheiten") und das Autofahren geschieht so automatisch, daß der Fahrer nicht mehr darüber nachdenkt, daß er im Moment jene sensomotorischen Fertigkeiten umsetzt, die er sich in der Fahrschule mit viel Eifer und Mühe angeeignet hat.

Wie schon erwähnt, gibt es eine interessante jüngere Entwicklung unter Therapeuten, die früher das auf Batesons Ideen und dem Mailänder Ansatz basierende systemische Modell vertreten haben: Sie verlagern die systemische Sichtweise auf ein „puristisches" narratives Konversationsmodell, das vom sozialen Konstruktionismus beeinflußt ist. Diesem Modell zufolge besteht die Aufgabe des Therapeuten darin, daß er „das Gespräch offenhält" und dabei vermeidet, Hypothesen aufzustellen, um so kontinuierlich eine Position des „Nicht-Wissens" aufrechtzuerhalten (Anderson u. Goolishian 1992).

Unserer Ansicht nach ist es illusorisch, anzunehmen, der Therapeut könne aus einer Haltung des Nicht-Wissens heraus handeln; denn so unmöglich es ist, nicht zu kommunizieren, so unmöglich ist es, keine Hypothesen zu bilden und dabei – bewußt oder unbewußt – das früher erworbene Wissen nicht einzusetzen (siehe den Abschnitt über das „Ungesagte"). Es ist ebenso illusorisch, zu glauben, der Therapeut könne die Rolle des Experten abstreifen, indem diese Rolle vom Kontext, in dem der Therapeut arbeitet, übernommen wird, selbst wenn er in der therapeutischen Beziehung *strategisch* so handelt, als ob er kein Experte sei.[16] In der Rolle des Nichtexperten hat es der Therapeut leichter, dem Klienten einen Spielraum im Gespräch zu geben, damit dieser seine Geschichte rekonstruiert und der Therapeut seinen Beitrag zu dieser Geschichte so gering wie möglich hält.

Dessenungeachtet halten wir es für eine Einschränkung therapeutischen Arbeitens, wenn man versucht, im Rahmen des narrativen Konversationsmodells „puristisch" zu sein. Dieser Versuch

---

16 Strategisch-systemisch arbeitende Therapeuten beziehen oft die Position des „Nichtexperten". Jay Haley nennt diese eine „pseudokomplementäre Position". Sie erinnert an die Position von Unterlegenheit (one-down position) – ein typisches Merkmal des strategischen MRI-Ansatzes.

kann in einen verschwommenen und nicht sehr produktiven Neo-Rogerismus münden und den Therapeuten zwingen, sein gesamtes theoretisches und praktisches Wissen zu tilgen, das sich in der Vergangenheit als relevant und wirkungsvoll erwiesen hat.

Unserer Ansicht nach trifft Minuchins (1991) Metapher der „inneren Stimmen" zu, die die innovativsten und kreativsten Fachkollegen, denen jeder Therapeut zuhört, verkörpern. Bei unserer Arbeit lassen wir uns von den bedeutsamen Stimmen inspirieren, die während unserer Therapieausbildung zu uns gesprochen haben. In Übereinstimmung mit unserer epigenetischen Sichtweise integrieren wir in unserer neueren Version des systemischen Modells die Theorien, mit denen wir uns in der Vergangenheit auseinandergesetzt haben, und all die bedeutsamen „Stimmen" (fachliche oder rein menschliche), die uns in unserer täglichen Praxis und im Alltag beflügeln. Die neuen Einsichten helfen uns, frühere Theorien in einem neuen Licht zu beurteilen, und wir entdecken neue Zusammenhänge und finden neue Anregungen. Gleichzeitig werden die Aspekte früherer Theorien verworfen, die sich nicht mehr mit unserer gegenwärtigen Praxis decken, und die Elemente, die noch gültig erscheinen, werden akzeptiert und integriert. Zum Beispiel haben Teile aus *Menschliche Kommunikation: Formen, Störungen, Paradoxien* (1980) von Watzlawick et al., *Gemeinsamer Nenner Interaktion* (1978a) und *Die Psychotherapie Milton H. Ericksons* (1978b) von Jay Haley, *Paradoxon und Gegenparadoxon* (1977) von Selvini Palazzoli et al. oder *Ökologie des Geistes* (1985) und *Geist und Natur* (1984) von Bateson ihre Gültigkeit und große Bedeutung für uns keineswegs verloren.[17]

Bei unserer epigenetischen Sichtweise spielt das Konzept der „Integration" eine wichtige Rolle. Mit seiner Hilfe konnten wir zum Beispiel das beunruhigende Problem des Eklektizismus lösen (Villegas 1995). Eklektizismus läßt sich definieren als die kritiklose Übernahme heterogener Techniken aus unterschiedlichen Therapiemodellen, ohne daß diese Techniken immer wieder auf die verschiedenen theoretischen Annahmen dieser Modelle abgestimmt werden. Dagegen verstehen wir unter Integration die Fähigkeit, sich eines erprobten theoretischen Modells zu bedienen, von

---

17 In ähnlicher Weise ist unser therapeutisches Wissen durch die Lektüre von Klassikern der Psychoanalyse und der kognitiven Therapie sowie durch Beiträge jüngerer Autoren bereichert worden.

dem man überzeugt ist und das zufriedenstellende Ergebnisse gebracht hat. Wann immer wir in eine therapeutische *Sackgasse* kommen und mit Hilfe des systemischen Modells nicht herausfinden, machen wir uns andere Modelle zunutze, die uns vielleicht eine neue Perspektive der festgefahrenen Situation anbieten und einen Weg aus der *Sackgasse* weisen. Wenn wir dieses Ziel dann erreicht haben, können wir zu unserem bevorzugten Modell zurückkehren.

Systemisch arbeiten bedeutet für uns, daß wir nicht nur auf die „Stimmen" unserer Lehrer, Kollegen und Klienten hören, sondern auch auf die „Stimmen", die aus unserer eigenen Lebensgestaltung und der unserer Klienten kommen. Besondere Aufmerksamkeit schenken wir klientenbiographisch wichtigen Themen wie Geschlechterrolle, Machtverteilung oder ethnische Zugehörigkeit, die durch die Prämissen, Voreingenommenheiten und die Sensibilität des Therapeuten gefiltert werden. Ein Therapeut, der dieser Betrachtungsweise aufgeschlossen gegenübersteht, erkennt deutlicher den Effekt der kulturellen Einflüsse und Vorurteile, die seine eigenen Beschreibungen und Erklärungen bedingen.

Wir sind uns bewußt, daß der Leser wegen der Fülle und Vielfalt von Bereichen, die wir bis jetzt angesprochen haben, und über den Versuch, das heterogene theoretische Material zu strukturieren, in einen Zustand der Verwirrung oder gar Bestürzung geraten kann. Vielleicht fühlt sich der Leser versucht, unsere Ausführungen unter Berufung auf die Idee des Relativismus (der auch an den Modellen kritisiert worden ist, die von Konstruktivismus und Konstruktionismus beeinflußt sind) abzulehnen; oder er beschränkt sich darauf, bestimmte Aspekte aus unserem Modell, wie es sich über die Jahre entwickelt hat, auszuwählen.

Wir hoffen, daß die sorgfältige Lektüre unseres Buches und die behutsame Umsetzung der hier präsentierten Ideen in die Praxis dazu beitragen, das theoretische Spektrum des Lesers zu erweitern und dessen therapeutische Praxis zu bereichern. Was unsere Theorie und Praxis betrifft, so sind wir immer noch von dem systemischen Modell überzeugt, weil es nützlich und kreativ ist; es hat uns die Möglichkeit gegeben, unsere eigene Kreativität auszubilden und in unterschiedlichen Situationen, insbesondere in äußerst schwierigen, Lösungswege zu finden.

2. Systemisch Arbeiten

In diesem Kapitel befassen wir uns mit den methodologischen, verfahrenstechnischen (Indikationen, Diagnose, Therapieziele und -dauer), ethischen und philosophischen Fragen der systemischen Einzeltherapie.

INDIKATIONEN

In den frühen 70er Jahren machte die Pioniergruppe der Mailänder Schule an unserem Zentrum für Familientherapie (Selvini Palazzoli 1977) noch eine klare Trennung zwischen Familientherapie und Einzeltherapie und unterzog alle unsere Klienten einer Familientherapie. Es gab nur sehr wenige Ausnahmen. Wenn im Verlauf einer Familientherapie zum Beispiel der eine oder andere Familienangehörige die Therapie abbrechen wollte, konnte das Team beschließen, mit einem einzelnen Familienmitglied weiterzuarbeiten. Dieses war im allgemeinen die Person, die um Therapie gebeten hatte; manchmal war es der als Patient identifizierte Angehörige, der „Indexpatient". Dessenungeachtet wurden die Sitzungen mit einem einzelnen Klienten immer noch als Familientherapie definiert, um zu vermeiden, daß das Etikett „Patient" von der Familie auf das Individuum übertragen wurde.

Zu jener Zeit gab es nur zwei Situationen, in denen eine Einzeltherapie angezeigt war. Die erste war gegeben, wenn der Klient nicht mit seiner Familie zur Therapie kommen wollte und diese Bedingung als unerläßliche Voraussetzung für den Beginn einer Therapie setzte. Die zweite war gegeben, wenn der Klient seine Familienangehörigen nicht mitbringen konnte, weil diese sich entweder weigerten, an einer Therapie teilzunehmen, oder ihnen aber aus organisatorischen, logistischen oder finanziellen Gründen die Teilnahme nicht möglich war. Solche Situationen waren jedoch selten, da unser Zentrum als eine auf Familien- und Paartherapie spezialisierte private Einrichtung bekannt war und Ärzte oder Fachkollegen die Klienten – als Familie oder als Paar – zu uns schickten und motivierten. Für unsere Ausbildungskandidaten gestaltete sich der klinische Kontext anders; an ihrem jeweiligen Arbeitsplatz mußten sie oft Kompromisse eingehen, besonders wenn sie in Gesundheitseinrichtungen arbeiteten, in denen Psychotherapie traditionell mit Individuen und nicht mit Familien durchgeführt wurde.

In unserem Zentrum ist man seit zwanzig Jahren mit der Therapie von Familien und Paaren befaßt. Der ausschlaggebende Grund, weshalb das erste Mailänder Team das Familien- beziehungsweise Paarsystem behandelte, um sich mit den Problemen (oder Symptomen) des Individuums beschäftigen zu können, ging auf die Überzeugung zurück, daß symptomatisches Verhalten des einzelnen Familienmitglieds in Zusammenhang zu sehen sei mit dem Verhalten der anderen Familienmitglieder. Batesons kybernetischer Epistemologie zufolge würde faktisch jede Veränderung im Familiensystem sich zwangsläufig auf alle seine Mitglieder auswirken, den „Indexpatienten" eingeschlossen, selbst wenn dieser sich weigerte, an den Therapiesitzungen teilzunehmen. Viele Jahre lang bewirkte diese Überzeugung bei uns, daß wir die Familien- und Paartherapie als die bevorzugte Interventionsform betrachteten. Wir waren der Ansicht, daß die Beschäftigung mit dem einzelnen Patienten die Möglichkeiten des Therapeuten einschränke, diesem zu helfen.

Später wurde die Mailänder Gruppe flexibler und behandelte Familien, auch wenn ein oder mehrere Angehörige an den Sitzungen nicht teilnahmen. Mehr noch: Je nach aktueller Hypothese wurde die separate Einladung eines oder mehrerer Familienmitglieder zur nächsten Sitzung zu einer der wichtigsten Interventionen.

Ende der 80er Jahre begannen die Autoren dieses Buches, während sie noch vorwiegend mit Familien und Paaren arbeiteten, sich intensiver für die Einzeltherapie[1] zu interessieren. Sie waren von der gleichen Neugier getrieben, die die erste Mailänder Gruppe

---

1 Seit Anfang der 70er Jahre hatte Luigi Boscolo selbständig Einzeltherapien durchgeführt und immer wieder mit Ideen und Techniken experimentiert, die aus der Teamarbeit der systemischen Familientherapie stammten.

charakterisierte, als sie ihre bahnbrechende und fruchtbare Exkursion in das neue und (zumindest in Italien) wenig erforschte Gebiet der Familien- und Paartherapie unternahm.

Das Mailänder Team hatte das systemisch-strategische Modell, das von der Palo-Alto-Gruppe für die therapeutische Arbeit mit Familien entwickelt worden war, erfolgreich übernommen, und wir mußten, um mit Individuen zu arbeiten, ein komplexeres Modell entwickeln, das Innenwelt und Außenwelt, Bedeutungen, Handlungen und Emotionen sowie das Individuum mit den signifikanten anderen verbinden konnte.

Seit 1990 erproben wir eine besondere Art der systemischen Einzeltherapie, die zwischen einer und zwanzig Sitzungen umfaßt und bei der der Abstand zwischen den Sitzungen zwischen zwei und vier Wochen liegt. Wir waren neugierig zu erfahren, ob die systemische Einzeltherapie – im Vergleich zur Familien- oder Paartherapie – sich anders auf den symptomtragenden Patienten (den „Indexpatienten" in der alten systemischen Terminologie) auswirken würde. Darüber hinaus wollten wir das wichtige Thema Indikationen und Gegenindikationen für das eine oder andere Therapieverfahren untersuchen.

Zu den Klienten, denen wir heute systemische Einzeltherapie als die bevorzugte Behandlung empfehlen, gehören die folgenden Fälle:

1. Adoleszente oder junge Erwachsene, die schon eine Familien- oder Paartherapie gemacht und Familienkonflikte, die für die kollektiven oder individuellen Probleme verantwortlich sind, mehr oder weniger gelöst haben, können von der Einzeltherapie insofern profitieren, als sie Probleme außerhalb der Familie und Schwierigkeiten mit ihrer Identität oder ihrer zukünftigen Entwicklung bearbeiten (siehe Fallbeispiel Bruno K. in Kapitel 5).[2]

2. Adoleszente oder junge Erwachsene, die sich von Anfang an weigern, eine Familientherapie zu machen (siehe Fallbeispiel Giorgio B. in Kapitel 4). Präadoleszente Kinder werden jedoch am besten familientherapeutisch behandelt, oder aber man arbeitet nur mit den

---

2 In diesem und dem nächsten Kapitel beziehen wir uns auf klinische Fälle, die in Teil II mit Vorname und Initiale des Klienten vorgestellt werden.

Eltern, um zu vermeiden, daß die Kinder als pathologisch etikettiert werden.

3. Ein Individuum, das eine Paartherapie wünscht, dessen Partner aber die Teilnahme an der Therapie ablehnt (siehe Fallbeispiel Carla V. in Kapitel 5).

4. Ein getrennt lebender oder geschiedener Klient, der schon in der ersten Beratungssitzung eine Familien- oder Paartherapie gemeinsam mit dem früheren Partner verlangt und der vorgibt, ein (reales oder fiktives) Problem mit seinem Kind beziehungsweise seinen Kindern lösen zu wollen, aber damit das geheime Ziel verbindet, die Trennung rückgängig zu machen.

5. Fälle, in denen die Familienmitglieder es offen ablehnen, zur Therapie zu kommen, und dabei unüberwindliche finanzielle oder organisatorische Schwierigkeiten ins Feld führen.

6. Abgesehen von den erwähnten „Zweite-Wahl"-Indikationen für eine Einzeltherapie (d. h. in Fällen, in denen Familientherapie nicht durchführbar oder nicht ratsam ist), sind wir durch unsere Forschungen über systemische Einzeltherapie dazu veranlaßt worden, „Erste-Wahl"-Indikationen für systemische Einzeltherapie auszumachen. Dazu gehören Adoleszente und Erwachsene aller Altersstufen, die eine große Bandbreite an Symptomen aufweisen und bei denen wir in der ersten Sitzung den Eindruck haben, daß sie sich schon mehr oder weniger von ihrer Herkunftsfamilie gelöst haben. (Selbstverständlich ist eine Familientherapie die bevorzugte Behandlung bei Adoleszenten und Erwachsenen, die keine derartigen Anzeichen zeigen, wie das bei Psychosen, infantilen Persönlichkeitsstrukturen oder bei symbiotischen Beziehungen der Fall ist.)

Ein Begleitumstand, der unser Interesse an der systemischen Einzeltherapie verstärkte, war der, daß die meisten unserer Ausbildungskandidaten immer häufiger Einzeltherapiefälle aus ihrem eigenen Arbeitskontext uns zur Supervision vorlegten. Viele von ihnen arbeiteten in öffentlichen oder privaten Einrichtungen, in denen Familientherapie nicht erwartet oder sogar mißbilligt wurde. Einige Ausbildungskandidaten, die in Privatpraxen arbeiteten, behandelten die überwiesenen Klienten hauptsächlich einzeltherapeutisch oder zogen die Einzeltherapie grundsätzlich vor, weil sie diese für weniger anstrengend hielten als die Familientherapie. Wir möchten noch einmal daran erinnern, daß in den vergangenen zehn Jahren unser Interesse an der systemischen Einzeltherapie nicht nur aufgrund situativer Umstände stärker geworden ist, sondern auch wegen der Veränderungen in der systemischen Theorie, die auf die Kybernetik 2. Ordnung, den Konstruktivismus und den sozialen Konstruktionismus, die insgesamt die Position des Individuums als Beobachter hervorheben, zurückzuführen sind. Das Ergebnis dieser Entwicklung war, daß sich unsere Aufmerksamkeit von der Familie als System auf das Individuum und auf größere Systeme verlagerte. So befaßt sich Luigi Boscolo beispielsweise seit einiger Zeit mit der Beratung in öffentlichen und privaten Gesundheitseinrichtungen wie auch in Wirtschaftsunternehmen.

Ein Punkt, der bei der Einschätzung der therapeutischen Indikation häufig vernachlässigt – oder mehr oder weniger vorsätzlich ignoriert – wird, ist die sorgfältige Erforschung der Persönlichkeitsstruktur des Therapeuten und Überprüfung des therapeutischen Modells, das in bezug auf den Einzelfall angewendet wird; denn es gibt bestimmte Persönlichkeitsmerkmale des Therapeuten und bestimmte Theorien, die bei bestimmten Klientypen besser oder schlechter geeignet sind. Vor allem in früheren Jahren gehörte es bei Psychoanalytikern zum Handwerk, daß sie eine Reihe von Kriterien kannten und auch sorgfältig anwendeten, um einen Kandidaten auf eine psychoanalytische Behandlung hin einzuschätzen. Die steigende Therapeutendichte und der Wettbewerb im therapeutischen Feld in Zeiten unzureichender Ausbildung und Supervision haben die Regeln für therapeutische Indikationen aufgeweicht, was oftmals dazu führt, daß jeder Anwärter auf eine Therapie akzeptiert wird. Wenn in einer Therapie trotz vieler Versuche, aus der Sackgasse herauszukommen, keine Fortschritte erzielt werden, schreiben manche Therapeuten solche Fehlschläge lieber den „Widerständen" des Klienten zu als ihren eigenen Persönlichkeitsmerkmalen, ihrer Unerfahrenheit oder dem benutzten Modell. Therapiemodelle sind wie Fischernetze: Kein Netz kann alle Arten von Fischen fangen. Es gibt sehr aussagekräftige katamnestische Untersuchungen[3] zu diesem Thema (Gesamtübersicht siehe Gurman u. Kniskern 1981; Alexander, Holtzworth-Monroe u. Jameson 1994). Diese Studien

---

3 Das sind Studien, in denen die Lebensgeschichte eines Patienten nach Beendigung seiner Therapie rekonstruiert wird.

müssen jedoch mit einem kritischen Auge betrachtet werden, weil sie die *A-priori*-Annahmen der Personen widerspiegeln, die die Untersuchungen durchgeführt haben.

Zum Beispiel stellt man in mehreren katamnestischen Untersuchungen fest, daß bestimmte Therapieverfahren bei bestimmten präsentierten Problemen erfolgreicher sind als andere. Experimentelle Forschungen in der Paartherapie haben beispielsweise ergeben, daß bei leichteren Eheproblemen mit der Verhaltenspaartherapie innerhalb kurzer Zeit die besten Ergebnisse zu erzielen sind; bei schwereren Problemen bringen andere Therapieverfahren wie die systemische Therapie oder die auf Gefühle fokussierte Therapie stabilere Resultate; dagegen scheint die langfristige Verhaltenspaartherapie weniger effektiv zu sein. Andere Studien haben gezeigt, daß die strukturelle Familientherapie bei Sucht oder Abhängigkeit erfolgreich ist, während eine systemische oder psychoedukative Intervention bei Familien mit einem psychotischen Angehörigen effektiver ist.

Die persönlichen Eigenschaften sowohl des Therapeuten als auch des Klienten, das spezifische Problem (die Diagnose) des Klienten sowie die Erfahrung des Therapeuten und die theoretischen Prämissen müssen bei der Einschätzung der Therapierbarkeit eines Klienten wie auch des Therapieverlaufs berücksichtigt werden. Es kann vorkommen, daß durch die Anhäufung problematischer Faktoren unüberwindliche Schwierigkeiten entstehen, was sich der Therapeut im vorhinein bewußt machen sollte. Zum Beispiel sollte ein unerfahrener Therapeut vorsichtig sein, wenn er einen Fall von Psychose übernimmt. In einer solchen Situation sollte der Therapeut Supervision von einem erfahreneren Kollegen bekommen und die einzelnen therapeutischen Entscheidungen mit diesem besprechen. Ist die Begleitung durch einen Supervisor nicht möglich, wäre der beste Ratschlag wohl der, den Psychosefall abzugeben.

Einschätzung, Diagnose und Therapie: Ein rekursiver Prozess

Einschätzung, Typologien und „Diagnose" in unserem Modell

Die Einschätzung eines Therapiebewerbers und dessen Diagnose hängen davon ab, welche theoretischen Überzeugungen der Therapeut vertritt. Einschätzen und diagnostizieren heißt Abgrenzungen vornehmen. Einige Therapeuten unterscheiden zwischen Gesundheit und Krankheit, andere zwischen Wohlergehen und Leiden und wieder andere zwischen Problem und Lösung. Diese Variationen sind auf Unterschiede in den einzelnen Modellen zurückzuführen, auf denen diese Experten ihre therapeutische Arbeit aufbauen. Einige Modelle (z. B. die Psychoanalyse und die kognitive Therapie) schreiben die Unterscheidung zwischen Normalität und Pathologie vor, andere (z. B. die „humanistische" Therapie, die narrativen und konstruktionistischen Ansätze) die Abgrenzung zwischen Wohlergehen und Leiden und wieder andere (z. B. die von der Palo-Alto-Gruppe entwickelte strategische Therapie und die lösungsorientierte Therapie) die Unterscheidung zwischen Problem und Lösung.

Im allgemeinen bevorzugen strategisch-systemisch arbeitende Therapeuten die Unterscheidung zwischen Problem und Nichtproblem, und diese Abgrenzung nimmt eher der Klient vor als der Therapeut. Am Anfang werden die Klienten gebeten, zu spezifizieren, welche Probleme sie gelöst haben möchten, und am Ende der Therapie entscheiden sie darüber, ob ihre Probleme kleiner geworden oder ganz verschwunden sind; deshalb bestimmt der Klient, in welchem Maße die Therapie erfolgreich war. Diese Haltung einzunehmen ist leicht, wenn es um die Betrachtung von Problemen geht, die nicht schwer zu identifizieren sind und die Therapeut und Klient in ähnlicher Weise wahrnehmen. Die Situation wird aber komplizierter, wenn der Klient Probleme hat, über deren Wesen sich Therapeut und Klient nicht einig sind. Ein Beispiel dafür ist der Fall, in dem das vom Klienten präsentierte Problem darin besteht, daß eine externe Kraft versuche, ihn mit der Übertragung elektromagnetischer Wellen in sein Gehirn zu kontrollieren (psychiatrisch ausgedrückt, ist das ein Kontrollwahn). Diese Art von Problem wird vom Klienten anders wahrgenommen als von anderen Menschen, den Therapeuten eingeschlossen. Die Grenzen der gemeinsamen Bearbeitung des Problems, das der Klient in diesem Fallbeispiel gelöst haben möchte, sind leicht zu erkennen. Die Problem-Lösung-Orientierung ist für eine bestimmte Gruppe von Klienten (die Mehrzahl der Klienten) geeignet, die das Problem, von dem sie sich befreien möchten, definieren können; sie ist jedoch nicht bei Personen angebracht, die den Kontakt zu einer gemeinsamen Realität verloren haben (z. B. Psychotiker) und für die folglich eine solche Therapie mit ihren Zielsetzungen keinen Sinn hat. Diese Patienten bekommen gewöhnlich eine psychiatrische Diagnose nach dem DSM.[4]

Nach der Diagnosestellung und den ersten Therapiesitzungen neigen viele Therapeuten dazu, vor allem solche mit medizinischer Ausbildung, die der Pathologie zugrundeliegenden Ursachen, das heißt die „wirklichen" Ursachen, zu finden. Sie lassen sich auf eine Suche ein, die sich aufgrund fehlenden Wissens um die aktuelle Situation am Ende als fruchtlos herausstellen kann. Eine rigide Suche kann sogar gefährlich sein, weil sich dadurch der Blick des Therapeuten auf die „Krankheit" verengt und das, was als „normal" oder „gesund" angesehen werden kann, übersehen wird.

Wenn wir entweder unseren Kollegen oder unseren Klienten eine Diagnose mitteilen, sollten wir sehr sensibel vorgehen und dabei auch auf nonverbalen Kanälen Hoffnung und Zuversicht auf eine bessere Zukunft des Klienten durchschimmern lassen. Andernfalls würden wir die Vision von einer Zukunft heraufbeschwören, die von negativen Gedanken an Pathologie und Krankheit geprägt ist; dann wird der Patient tendenziell zum Invaliden abgestempelt und von der Eigenverantwortung für seine Zukunft entbunden. Der Krankheitsaspekt wird zum Nachteil der potentiellen Ressourcen des Klienten überbetont. Man bringt den Patienten dahin, daß er erkennt und reifiziert, was bei ihm alles nicht in Ordnung ist. Die gesamte Prozedur kann zu einer selbsterfüllenden Prophezeiung werden (Watzlawick 1981) mit der Konsequenz, daß der Therapieverlauf sich in die Länge zieht und die therapeutische Situation schlechter wird. Dabei besteht die Gefahr, daß die Therapie in eine *Sackgasse* gerät oder sich endlos hinzieht.[5]

Am Anfang ihrer familientherapeutischen Arbeit brachte die erste Mailänder Gruppe die Symptome oder Probleme eines oder mehrerer Familienmitglieder in Verbindung mit einem pathologi-

---

4 Das ist das *Diagnostische und Statistische Manual Psychischer Störungen* (DSM) der American Psychiatric Association. In Großbritannien ist das Diagnostizieren nach dem DSM weniger weit verbreitet; hier bevorzugt man andere Systeme wie die *Internationale Klassifikation der Krankheiten, Verletzungen und Todesursachen* (ICD-10) der Weltgesundheitsorganisation.

5 Die Vorstellung solcher Konsequenzen hat zu unserer Entscheidung beigetragen, in der Mehrzahl der Fälle eine Therapieart zu wählen, die auf zwanzig Sitzungen begrenzt ist und bei der die Abstände zwischen den Sitzungen ziemlich lang sind, das heißt zwischen zwei und vier Wochen.

schen „Familienspiel". Biologische Faktoren spielten dabei so gut wie keine Rolle; die pathologische Situation wurde aus der Beziehungsstruktur der Familie erklärt. Neben dem Vorgang des Diagnostizierens befaßte sich das Mailänder Team ausgiebig mit der Pathogenese, das heißt damit, wie sich spezifische Symptome aus spezifischen Konflikten und Beziehungsmustern entwickelten. Dieser Ansatz entsprach der Theorie der Kybernetik 1. Ordnung, dem zufolge der Beobachter und das Beobachtete getrennt waren und die Aufgabe des Therapeuten darin bestand, das pathologische Spiel zu „entdecken" (mit dem Begriff „Spiel" meinte man eine spezifische Organisationsmodalität in einer bestimmten Familie).

Als später die Kybernetik 2. Ordnung und der Konstruktivismus aufkamen, veränderten sich unsere Vorstellungen beträchtlich. Maturana (1980) behauptete, daß Systeme sich nur in Übereinstimmung mit ihrer Struktur verhalten könnten; deshalb könne man nicht von pathologischen Systemen sprechen. Die Idee, daß „Realität" in der Sprache durch Konsens entstehe und folglich in einem gemeinsamen Akt geschaffen werde, ließ die Vorstellung von Pathologie als unangebracht erscheinen. Anderson und Goolishian (1990, 1992) lehnten es rundweg ab, in pathologischen und diagnostischen Kategorien zu denken. Sie vertraten eine konstruktionistische Sichtweise, die sich auf Sprache und Bedeutungssysteme konzentrierte. Das bedeutet, daß wir nicht versuchen sollten, das Individuum, die Familie oder die Gesellschaft zu ändern. Statt dessen sollten wir versuchen, die Bedeutungssysteme zu ändern, die durch Sprache vermittelt sind und im Laufe der Zeit in bezug auf das präsentierte Problem geschaffen werden. Dieser Prozeß wird als das „problemdeterminierte System" bezeichnet (Anderson, Goolishian u. Winderman 1986).

Diesen Überlegungen zufolge könnte man die Diagnose als einen Prozeß der linguistischen Attribuierung sehen. Wenn „Realität" in der Sprache durch Konsens entsteht, dann sind die Ansichten von Pathologie und Gesundheit wie auch diagnostische Kategorien ebenso das Ergebnis eines Konsenses einer Expertengemeinschaft. Andere Autoren, die die Sprache als Grundlage für die Herstellung von Realität betrachten, kommen zu ähnlichen Schlußfolgerungen. Zu diesen Autoren zählen White und Epston (1994), die Foucaults Konzept des dominanten Diskurses (1981) übernehmen. Die Liste läßt sich erweitern um Anderson und Goolishian, Hoffman und

Andersen, die von Narrativismus und sozialem Konstruktionismus inspiriert worden sind, und auch um andere Autoren wie de Shazer (1992), der von Wittgensteins Theorie der Sprachspiele (1977) beeinflußt ist. Auch wir stimmen dieser Sichtweise partiell zu (Boscolo et al. 1993).

Ein Sprachspiel besonderer Art ist die psychiatrische Diagnosestellung, die zur Reifikation und der daraus resultierenden Vereinfachung einer komplexen Realität führt. Manchmal hat diese Reifikation drastische pragmatische Auswirkungen. Das hängt damit zusammen, daß eine Diagnose, insbesondere eine schlechte Diagnose, beim Patienten die Vorstellung von Zeitlosigkeit evozieren kann. Ist erst einmal eine Diagnose konstatiert, besteht die Tendenz, daß sie ein Teil der Identität des betreffenden Menschen wird, der diese Diagnose nie mehr ablegen kann. (Wie es so schön heißt: „Einmal ein Schizophrener, immer ein Schizophrener.") Die Diagnose kann sich auch zu einer allumfassenden Idee auswachsen, in der die Person zur Krankheit und die Krankheit zur Person wird.

Um solche gefährlichen Manöver zu vermeiden, gebrauchen wir und auch viele andere Therapeuten, die nach unterschiedlichen theoretischen Modellen arbeiten, eine entpathologisierende Art der Sprache. Wir vermeiden beispielsweise Wörter und Ausdrücke, die mit Krankheit verbunden sind, und benutzen statt dessen Wörter und Metaphern, die auf persönliche Ressourcen des Klienten, seine Fähigkeiten und Autonomie verweisen.

Mitte der 70er Jahre publizierte die erste Mailänder Gruppe einen Artikel mit dem Titel „Hypothetisieren, Zirkularität, Neutralität: Drei Richtlinien für den Leiter der Sitzung" (1981), der schon bald zu einer ihrer einflußreichsten Arbeiten wurde.[6] In diesem Aufsatz betonen sie, wie wichtig die systemische Hypothesenbildung sei, um alle Informationen zu ordnen, die die Therapeuten über eine bestimmte Familie haben. Ob eine Hypothese plausibel ist, wird dann mittels Fragen des Therapeuten an seinen Klienten und der Antworten des Klienten beurteilt. Aus den Reaktionen des Klienten kann der Therapeut dann wieder neue Hypothesen aufstellen. Dieses therapeutische Vorgehen ist das genaue Gegenstück zum Erstellen einer Diagnose, die *per se* statisch ist. Das Hypothe-

---

6 Einzelheiten über den Prozeß des Hypothetisierens siehe Abschnitt „Prinzipien bei der Leitung der Sitzung" in Kapitel 3.

tisieren ermöglicht es dem Therapeuten dagegen, die Aufmerksamkeit rechtzeitig auf einen spezifischen Kontext zu verlagern.

„Eine Diagnose ist eine Beschreibung, die den Anspruch erhebt, objektiv zu sein. ... Ein Psychiater glaubt an eine Diagnose. ... Seine Interventionstechniken variieren entsprechend seiner Diagnose.
Mit einer Hypothese bringt der Therapeut verschiedene Elemente ein. Da sie eine Annahme ist, ist sie vor allen Dingen keine Reifikation. Genaugenommen wird eine Hypothese, wenn sie reifiziert wird, zur Diagnose. Dadurch, daß eine Hypothese eine Annahme ist, schließt sie auch den zeitlich offenen Horizont aus. ‚*In diesem Augenblick* bin ich dabei, Informationen auf diese Weise zusammenzubauen.' ... Wir setzen hinter alle Definitionen von pathologischen Umständen, die uns einfallen, ein großes Fragezeichen, und so bewegen wir uns von einer Diagnose zu einer Hypothese." (Boscolo u. Cecchin 1988, S. 20–21 – Passage wurde für dieses Buch übersetzt)

Von diesem Standpunkt aus betrachtet, ist die Diagnose kein Konzept mehr, das unkritisch akzeptiert werden muß, aber auch keine Idee, die es zu bekämpfen gilt, wie es die antipsychiatrische Bewegung versucht hat (Jervis 1975). Sie wird einfach zu einer der verschiedenen möglichen Interpunktionen von Realität. Wir meinen, daß die radikaleren Positionen zugunsten der Entpathologisierung als Interpunktionen ebenso denkbar sind wie andere Interpunktionsmodi. Unsere Einstellung veränderte sich im Laufe der Zeit dahin gehend, daß wir aufhörten, die Abgrenzung zum Pathologischen als Problem zu deklarieren. Wir arbeiten lieber im Rahmen eines Therapiemodells, das auf Dichotomien wie *psychisch* versus *somatisch*, *normal* versus *pathologisch*, *emotional* versus *kognitiv* und *biologisch* versus *relational* verzichtet.

Dichotomien zu überwinden ist in der Praxis etwas Hilfreiches. Wir als Therapeuten, die wir in unterschiedlichen Kontexten arbeiten, wissen, wie nötig es ist, sich mit anderen Fachkollegen auszutauschen, die an den Wert der Diagnose glauben und kontinuierlich diagnostische Etikettierungen vornehmen. Wir würden bei ihnen in Mißkredit geraten, wenn wir ihre Diagnosen einfach ignorierten. Gegen klinische Diagnosen, die von Fachkollegen gestellt werden oder mit denen Klienten zu uns kommen, haben wir nichts einzuwenden. Wir respektieren die verschiedenen Standpunkte zur Diagnosestellung. Es gibt keine Sichtweise im Bereich der Verhaltensstörungen, die als absolute Wahrheit betrachtet werden könnte. Übrigens wird man der Komplexität der Theorien und Terminologien der Komponenten eines therapeutischen Systems nur gerecht, wenn eine Vielzahl von Standpunkten existiert. Es wäre ideal, wenn alle Fachleute im therapeutischen Feld, die mit Fällen arbeiten, die Ansichten aller anderen Beteiligten respektieren würden. Das würde mit Sicherheit die Effizienz psychiatrischer Einrichtungen erhöhen.

Wir fänden es wünschenswert, wenn alle Therapeuten, die in öffentlichen Gesundheitseinrichtungen arbeiten, mit den am häufigsten benutzten diagnostischen Systemen und Kategorien vertraut wären, insbesondere mit dem Diagnostischen und Statistischen Manual Psychischer Störungen (DSM), das zum Grundlagenwerk geworden ist. Wenn ein Therapeut verschiedene diagnostische Systeme kennt, kann er sich nicht nur mit Kollegen verständigen, die nach anderen Modellen arbeiten, sondern er wird auch davon abgehalten, sich endgültig mit einem diagnostischen System oder einer Typologie zu „verheiraten" (und diese folglich zu reifizieren) und sich in diesen Bezugsrahmen einzumauern.

Manchmal werden wir auf Kongressen oder in Workshops gefragt, wie wir es mit der Pathologie hielten. In unseren Antworten erklären wir dann, für wie wichtig wir es halten, Dichotomien zu überwinden, und weisen außerdem auf die Gefahr des „Pathologisierens" hin. Mit der Zeit wird dieser Prozeß – als Kommunikation zwischen Spezialisten, Familienmitgliedern, der Peer-group, psychiatrischen Einrichtungen und so weiter – zu einem dominanten Diskurs (Foucault 1981) in dem spezifischen Kontext, in den der Klient eingebettet ist. Manchmal greift dieser Diskurs so um sich und bekommt eine Eigendynamik, daß eher das Problem genährt als dessen Lösung gefördert wird.

Aus unserer Sicht ist die Diagnose ein sich entwickelnder Prozeß des Einschätzens, der rekursiv gekoppelt ist mit dem therapeutischen Effekt, den die Exploration des Beziehungs- und Emotionskontextes einer oder mehrerer Personen durch den Therapeuten hat. In diesem Sinne sehen wir die Diagnose als Gesamtheit der verschiedenen Hypothesen, die mit dem Fortgang der Therapie gebildet werden.

Vor ungefähr 30 Jahren und lange bevor Konstruktionismus und Narrativismus ihren Einfluß auf diesem Gebiet ausgeübt hatten, beschrieb Ronald Laing (1974) die Diagnose folgendermaßen:

"Die Diagnose *beginnt*, sobald man einer bestimmten Situation gegenübertritt, und sie hört nie auf. Die Art und Weise, in der man eine Situation durchschaut, verändert die Situation. Sobald wir in irgendeiner Weise (durch eine Geste, ein Händeschütteln, ein Husten, ein Lächeln, einen bestimmten Tonfall) erkennen lassen, was wir sehen oder zu sehen glauben, tritt selbst in der starrsten Situation *irgendeine* Veränderung ein. ...

Was man sieht, während man in eine Situation hineinblickt, verändert sich, wenn man die Geschichte zu hören bekommt. Ein Jahr später ... hat die Geschichte eine Reihe von Umwandlungen durchgemacht. ... So wie sich im Laufe der Zeit die Geschichte wandelt, ist auch das, was man sieht, Umwandlungen ausgesetzt. Zu einem bestimmten Zeitpunkt neigt man dazu, die Situation in einer bestimmten Art und Weise zu definieren ... Unsere Definition der Situation kann verschiedene Geschichten auslösen. Die Leute erinnern sich an verschiedene Dinge, setzen die Dinge unterschiedlich zusammen. ... Unsere Definition ist ein Akt des Eingreifens, der die Situation verändert; sie muß deshalb neu definiert werden." (Laing 1974, S. 62–64)[7]

Diesem Konzept von Rekursivität zwischen Diagnose, Therapie und dem mit dem Fortgang der Therapie sich ergebenden Wandel in der Geschichte des Klienten stimmen wir zu. In den letzten zehn Jahren ist die „Entpathologisierung" für uns zum wichtigsten Aspekt bei der Einschätzung eines Klienten und im therapeutischen Prozeß geworden. Wir erzielen diesen Effekt durch die Sprache, die wir dem Klienten gegenüber benutzen, durch unsere Einstellungen und unser Verhalten sowie durch die Schaffung eines Kontextes, in dem eine positive Sichtweise vorherrscht, die Entwicklungsmöglichkeiten und die Überwindung von Schwierigkeiten impliziert.[8]

---

[7] Der letzte Satz dieses Zitates erinnert uns an das Fazit des Artikels über das Hypothetisieren (Selvini Palazzoli et al. 1981), daß Hypothesen die Funktion von Interventionen haben können.

[8] In schweren Fällen verheimlicht der Therapeut vor dem Klienten natürlich nicht, wie ernst sein Problem ist und daß es möglicherweise eine lange Zeit braucht, dieses zu lösen. In der Zeit, in der andere therapeutische Experten bereits eine beunruhigende Diagnose (z. B. Schizophrenie, schwere Persönlichkeitsstörungen) gestellt haben, reflektieren wir nicht nur über deren Ernsthaftigkeit, sondern auch über die Möglichkeit und Wahrscheinlichkeit einer langfristigen positiven Entwicklung.

Ziele der Therapie

In den Zielsetzungen therapeutischen Handelns spiegeln sich die Erfahrung des Therapeuten sowie seine Einstellungen und die ihn leitenden theoretischen Prinzipien wider. Doch wenn der Therapeut die Ziele einer Therapie festlegt, sollte er zuallererst die Ziele seines Klienten bedenken. Ein Klient möchte vielleicht nur eine Krise überwinden und seine Symptome loswerden. Ein anderer Klient sucht vielleicht Antworten auf existentielle Fragen, die ihn seit langer Zeit quälen. Der nächste Klient hat vielleicht das Gefühl, daß sein Symptom nur die „Spitze eines Eisbergs" eines Problems ist, dessen Hintergründe er nicht kennt. Vielleicht entwickelt der Klient dieses Gefühl erst, wenn nach dem Verschwinden des präsentierten Problems ein Zustand der Angst und Unsicherheit weiterbesteht oder sich sogar verschlimmert. In einem anderen Fall möchte der Klient vielleicht einen Beziehungsaspekt in seiner Familie oder am Arbeitsplatz verändern und sucht deshalb in der Therapie praktische Ratschläge, wie er andere Menschen ändern kann. Es kommt auch vor, daß ein Klient vordergründig eine Therapie für sich selbst wünscht, in Wirklichkeit aber die Ängste eines Familienangehörigen beschwichtigen möchte, der sich wegen eines mutmaßlichen Problems des Klienten Sorgen macht. Wichtig ist, daß der Therapeut dem Klienten gegenüber sehr aufmerksam ist und sorgfältig dessen Zielsetzungen wie auch die Veränderungen in diesen Zielen während des Therapieverlaufs einschätzt.

Es scheint allgemein akzeptiert zu sein, daß das Hauptziel des Klienten darin besteht, sein Problem zu lösen oder seinen Leidenszustand zu beenden. Wie Freud bemerkt hat, lebe jeder Mensch auf die ihm bestmögliche Weise, indem er permanent danach strebe, Angstzustände zu vermeiden. Therapeutische Zielvorstellungen können sich auch erst im Laufe der Therapie herausbilden, wenn beispielsweise der Klient, nachdem seine Symptome verschwunden sind, die Therapie dennoch fortsetzen möchte.

Die veränderten Zielvorstellungen des Klienten und die Zielsetzungen des Therapeuten werden aufeinander abgestimmt. Therapeuten, die strategische Kurzzeittherapien machen, und auch Verhaltenstherapeuten werden als einziges Ziel haben, ihre Klienten darin zu unterstützen, daß sie die Ziele, die sie mit der Therapie erreichen möchten, aus eigener Kraft festlegen; und sie werden in der Folge den Klienten helfen, ihre Zielprobleme in einem möglichst kurzen Zeitraum zu beseitigen. Therapeuten, die psychodynamische Kurzzeittherapien durchführen, werden das Ziel verfolgen, ihren Klienten zu helfen, bestimmte Konflikte (Fokaltherapie: Balint, Ornstein u. Balint 1973; Malan 1976) und Probleme zu lösen, die im Verlauf der Therapie sichtbar werden und die für den Grund des Leidens des Klienten gehalten werden. In diesen Fällen besteht das Ziel darin, die Krise zu bewältigen und die präsentierten Probleme zu lösen, wobei die Analyse der gegenwärtigen Realität des Klienten seiner Vergangenheit gegenüber Priorität hat.

Die therapeutischen Ziele sind andere, wenn der Therapeut (aufgrund seines theoretischen Hintergrunds und seiner Einstellungen) überzeugt ist, daß die Lösung der präsentierten Probleme nicht das eigentliche Anliegen sei, sondern daß die präsentierten Probleme eher eine Begleiterscheinung von etwas anderem darstellten, das erforscht (und verändert) werden müsse. In diesem Falle wird der Therapeut versuchen, mit dem Klienten einen therapeutischen Kontext des gemeinsamen Explorierens und Ergründens herzustellen, in dem der Fokus auf der gesamten Persönlichkeit des Klienten liegt. Die Therapie dauert hier im allgemeinen länger. Die Symptome als solche verlieren ihre Bedeutung und werden als das Ergebnis innerer Konflikte und Beziehungsprobleme gesehen. Zu den wichtigsten Faktoren zählen in diesem Prozeß das Verhältnis des Klienten zu seinem eigenen Selbst, die Beziehung zu seiner Innenwelt und vor allem die Beziehung, die er zu seinem Therapeuten aufbaut. Aspekte wie die Passivität des Klienten, seine Abhängigkeit, seine Verführungsversuche, seine Bemühungen, die therapeutische Beziehung zu kontrollieren, und seine Lebensgeschichte werden dann zunehmend wichtiger als die präsentierten Symptome.

Bei unserem therapeutischen Ansatz besteht das Ziel darin, einen Beziehungskontext des „Deutero-Lernens" zu schaffen – das heißt einen Kontext, in dem man lernten, wie man lernt (Bateson 1985) –, in dem der Klient seine eigenen Lösungen suchen und eigenständig aus seinen Problemen und seinem Leiden herausfinden kann. Um dieses Ziel zu erreichen, explorieren Klient und Therapeut den Kontext, in dem der Klient lebt und in dem seine Probleme auftauchen. Besondere Aufmerksamkeit schenken wir dabei folgenden Aspekten: (1) dem Kontext des Problems, das heißt der Familie, dem Arbeitsplatz, den Beziehungen innerhalb der Peer-group, (2) der Lebensphase, in der die Probleme aufgetaucht sind, (3) den Situationen, in denen die Probleme aufgetreten sind. Wir versuchen, das System (das sind Ereignisse, Bedeutungen und Handlungen) zu verstehen, das sich um das präsentierte Problem herum organisiert hat (Anderson et al. 1986), und die Beziehungen des Klienten zu signifikanten Systemen (d. h. zu sich selbst, zur Familie, Peer-group, zu Fachärzten, den Therapeuten eingeschlossen) zu ergründen, die an der Entwicklung und am Fortbestehen der Probleme beteiligt sind.

Wir widmen uns intensiv den Familienbeziehungen des Klienten, und zwar nicht nur den Beziehungen zwischen den Mitgliedern seiner Kernfamilie, sondern auch den Beziehungen innerhalb der erweiterten Familie. Man könnte sagen, daß viele unserer Einzeltherapien auch als „indirekte Familientherapien" eingestuft werden könnten. Größte Aufmerksamkeit schenken wir jedoch dem inneren Zwiegespräch des Klienten, seinen Prämissen, Einstellungen und Emotionen sowie seinem Verhältnis zwischen seiner Innenwelt und Außenwelt; in gleichem Maße verfolgen wir die Wirkungen, die alle diese Faktoren auf die Gedanken und Emotionen des Therapeuten haben, der unweigerlich davon beeinflußt wird und in einem rekursiven Kreislauf selbst wieder den Klienten beeinflußt.

Wenn ein Klient zur ersten Sitzung zu uns kommt, befassen wir uns mit seinen Erwartungen, Hoffnungen und etwaigen akuten Schwierigkeiten. Diese können die Gestalt eines eindringlichen Wunsches haben, von einem spezifischen Problem befreit zu werden (z. B. von Ängsten, Phobien, Panikanfällen, einem unerträglichen obsessiven Ritual) und zu einer Situation relativen Wohlbefindens zurückzukehren, wie es vor dem Auftauchen des Symptoms existierte. In solchen Fällen halten wir es für hilfreich, nicht zu tief in die Geschichte des Klienten und seine Innenwelt einzutauchen, sondern sich statt dessen mit seinen Symptomen zu beschäftigen. Wir arbeiten mit allen Arten von geeigneten Techniken aus anderen Therapiemodellen (strategische und behavioristische Ansätze, Ericksons Modell), um dem Klienten zu helfen, daß er von seinen Symptomen befreit wird (Beispiele für strategisch-systemische Therapien siehe Kapitel 4). Wird die Dringlichkeit der Probleme des Klienten nicht erkannt (oder allgemeiner ausgedrückt, werden die Erwartungen des Klienten nicht richtig eingeschätzt), kann das das Engagement des Klienten an der Therapie gefährden und, wenn dann die Therapie beginnt, die Entwicklung der therapeutischen Beziehung beeinträchtigen.

Wir wissen von vielen unserer Klienten, daß sie Therapien abgebrochen haben, weil der Therapeut dazu tendiert hat, ihrer Vergangenheit oder der therapeutischen Beziehung zu viel Aufmerksamkeit zu schenken, während er die Dringlichkeit ihrer Symptome ignoriert hat. Außer diesen Klienten, die wegen Mißverständnissen mit ihrem Therapeuten eine Therapie abgebrochen haben, kennen wir auch andere Klienten, die aus Unzufriedenheit mit den Therapieerfolgen aufgegeben haben. Zu den Gründen, weshalb ein Klient eine Therapie abbricht, gehören: daß er die Techniken des Therapeuten nicht schätzt (z. B. zu langes Schweigen, auf die Bitten des Klienten nicht eingehen oder diese nur paraphrasieren, zu vage Aussagen); daß der Therapeut eine Langzeittherapie vorschlägt, wo der Klient eine kürzere Therapiedauer erwartet hat; daß der Therapeut zu wenig Empathie zeigt. Fälle, in denen Klienten ihre Therapie abbrechen, sollten uns Grund genug sein, über mögliche Irrtümer und Rigiditäten auf seiten des Therapeuten nachzudenken. Sie signalisieren uns, wie wichtig es ist, dem Klienten zuzuhören und sich auf seine Art des Handelns und Kommunizierens einzulassen.

Mancher Therapieabbruch erklärt sich daraus, daß der Therapeut die Therapie angeboten und angefangen hat, ohne die tieferen Gründe des Hilfeersuchens des Klienten ausreichend erforscht zu haben. Lyman Wynne (Wynne, McDaniel u. Weber 1986) schreibt, daß ein Klient einen Therapeuten aufsuchen könne, ohne definitiv zu beabsichtigen, eine Therapie zu beginnen, sondern weil er einen Aspekt seines Lebens verstehen oder einen fachlichen Rat in einer Angelegenheit haben wolle. Einem solchen Wunsch entspricht man besser mit Beratung als mit Therapie (Boscolo u. Bertrando 1994, S. 147–150).

Weitere in den USA durchgeführte Studien zeigen, daß Klienten im allgemeinen nicht mehr als fünf oder sechs Therapiesitzungen bei dem Experten erwarten, den sie aufgesucht haben. Im Durchschnitt dauern Psychotherapien in den USA tatsächlich nur zehn Sitzungen. Die meisten Klienten erwarten, daß ihre Therapie nicht länger als drei Monate dauere, und ihren Aussagen zufolge ereignet sich die größte positive Veränderung gewöhnlich zwischen der sechsten und achten Sitzung (Budman u. Gurman 1988). Dies spiegelt vielleicht den allgemeinen Trend in den USA wider, daß Therapien aus finanziellen und politischen Gründen immer kürzer werden müssen. Wenn der Therapeut in einem solchen Kontext Langzeittherapien durchführen möchte, kann das dazu führen, daß Klienten, die in bezug auf die Therapiedauer andere Erwartungen haben als der Therapeut, ihre Therapie frühzeitig abbrechen. Obwohl man in Europa inzwischen häufiger Kurzzeittherapien durchführt als früher, sind die Erwartungen der Klienten immer noch andere. Sie erwarten tendenziell eine längere Therapiedauer mit kürzeren Abständen zwischen den Sitzungen. Das nachstehende Beispiel aus unserem Buch *Die Zeiten der Zeit* beschreibt einen solchen Fall:

> „Ein 25jähriger Mann kam zu uns wegen Depressionen. Am Ende der ersten Sitzung riet der Therapeut, einer der Autoren, dem Klienten zur Einzeltherapie mit einer Sitzung pro Woche. Der Klient stimmte zu, doch nach einigen Monaten verschlimmerten sich seine Symptome. An einem bestimmten Punkt machte er seinem Ärger Luft: ‚Ich fühle mich immer schlechter, weil mir eine Sitzung in der Woche nicht reicht!' Er verstärkte seine Beschwerde noch, indem er auf eine junge Tante und einen Freund hinwies, die zwei- oder dreimal in der Woche zur Therapie gingen, obwohl sie weniger deprimiert schienen als er. Der Therapeut wandte ein, daß die Entscheidung für eine Therapiesitzung pro Woche auf seiner Einschätzung des Falles beruhte und daß das unter den gegebenen Umständen optimal sei. Sonst hätte er sich für mehr Sitzungen entschieden. Er bemerkte auch, daß sein Timing nicht im Einklang mit dem seines Klienten war, so daß beide sich in einer Sackgasse befanden. Wenn der Therapeut auf die Forderungen des Klienten eingegangen wäre, hätte er gegen sein eigenes klinisches Urteil gehandelt; hätte er auf seiner Einschätzung beharrt, hätte er die Forderung des Patienten außer acht gelassen.
>
> Um einen Weg aus der Sackgasse zu finden und die Bedürfnisse beider zu befriedigen, schlug der Therapeut vor, die wöchentlichen Sitzungen mit dem Therapeuten durch zwei andere ‚Sitzungen' zu ergänzen. Der Klient sollte zu Hause allein in ein Zimmer gehen, sich vorstellen, daß er mit dem Therapeuten spreche, und genau fünfzig Minuten lang alles auf einem Block notieren, was ihm einfiel, ohne etwas wegzulassen oder zu zensieren. Dann sollte er seine Notizen zur nächsten Sitzung mitbringen. Eine Woche später kam er mit einem dicken Stapel Notizen, die er dem Therapeuten aushändigte. Der Therapeut gab sie ihm sofort wieder zurück und forderte ihn auf, das, was er aufgeschrieben hatte, laut vorzulesen. Der Klient las die ganzen fünfzig Minuten lang ohne Unterbrechung durch dem Therapeuten vor. Wie zu erwarten war,

brachte der Klient zur nächsten Sitzung nur einige Seiten mit. ‚Mein Kopf war leer, mehr ist mir nicht eingefallen!'

Die Laune des Klienten verbesserte sich, und nach kurzer Zeit ließ er die ‚Phantom-' oder besser ‚Selbsthilfe'-Sitzungen sein, weil ihm nichts mehr einfiel. Er sprach nicht mehr davon, mehr als eine Sitzung pro Woche zu benötigen, weil es ihm allmählich besser ging. Die Besserung trat vermutlich deshalb ein, weil er spürte, daß sein Bedürfnis nach mehr Sitzungen akzeptiert worden war. Er hatte auch aufgehört, Aufzeichnungen seiner ‚Sitzungen' zu Hause zu machen und vorzulesen. Er hatte erkannt, daß ihn das daran hinderte, mit dem Therapeuten zu reden. Paradoxerweise hatte er weniger Sitzungen, je mehr Sitzungen er hatte." (Boscolo u. Bertrando 1994, S. 161–162)

Gegenwärtig ist der von uns bevorzugte systemische Einzeltherapiemodus der, daß die Therapien kurz sind in bezug auf die Anzahl der Sitzungen, aber lang in bezug auf die Gesamtdauer der Therapie. Unsere Vorliebe für eine solche „lange Kurzzeittherapie" hängt mit den folgenden Faktoren zusammen: Wir ziehen eine exploratorische Therapie einer „technischen" lösungsorientierten Intervention vor; wir haben eine langjährige Erfahrung mit einem familientherapeutischen Modell, das auf einer Sitzung pro Monat beruhte; wir sind am Menschen in seiner Ganzheit interessiert und nicht nur an seinen präsentierten Problemen und deren Lösungen; wir haben in unseren Forschungen über die Zeit eine interessante Korrelation zwischen Zeit und Wandel entdeckt; schließlich haben wir einen europäischen kulturellen Hintergrund, der sich darin manifestiert, daß wir teils pragmatisch, aber vor allem spekulativ sind.

Wir denken und arbeiten gerne in einem weitgesteckten Bezugsrahmen. Dadurch ist es uns möglich – je nach therapeutischer Situation – an der Lösung spezifischer Probleme zu arbeiten oder dem Klienten zu helfen, daß er Schwierigkeiten mit seiner Innen- und Außenwelt überwinden kann, die ihn daran hindern, einen zufriedenstellenden Zustand der Autonomie und Selbstachtung zu erreichen. In einigen Fällen besteht unser Ziel darin, dem Klienten zu helfen, ein Symptom innerhalb kurzer Zeit, im allgemeinen zwischen fünf und sechs Sitzungen, loszuwerden. Das präsentierte Problem (z. B. chronische Anorexie und Bulimie, unreife oder zwanghafte Persönlichkeit, schizophrene Persönlichkeitsstörung, Psychose) ist jedoch oftmals so gelagert, daß mehr Zeit und Konzentration dafür aufgewandt werden müssen, um Emotionen, Bedeutungen und Handlungen, die sich während der Sitzung entwickeln, zu explorieren, anstatt spezifische Techniken und Strategien anzuwenden, um bestimmte Verhaltensweisen zu verändern.

ZEIT UND WANDEL

„Die Zeit bestimmt die Vorgehensweisen, und durch ihren Umgang mit der Zeit bestimmt sich jede Vorgehensweise selbst. ... Obwohl jeder Therapieansatz seinen eigenen Zeitbegriff hat und oft eine unausgesprochene Position bezieht in bezug auf die Rolle der Zeit bei der Entstehung und Lösung menschlicher Probleme, gibt es keine Theorie, die eine wirklich umfassende Zeitperspektive auf die therapeutische Theorie und Praxis adäquat erfaßt." (Gibney 1994, S. 61 – Passage wurde für dieses Buch übersetzt)

Eine enorm wichtige Beziehung

Das Verhältnis zwischen Zeit und Wandel ist ein Thema, dem wir uns ausführlich in unserem Buch *Die Zeiten der Zeit* (Boscolo u. Betrando 1994) gewidmet haben. In diesem Buch behaupten wir, daß die Vorstellung des Therapeuten vom zeitlichen Aufwand, der für einen erfolgreichen Abschluß der Therapie notwendig ist, eine sehr wichtige praktische Auswirkung darauf hat, ob der Veränderungsprozeß gefördert, beschleunigt oder verlangsamt wird. Therapeuten, die Kurzzeittherapien bevorzugen, schaffen im allgemeinen einen therapeutischen Kontext, der den Abschluß einer Therapie in einem begrenzten Zeitrahmen erleichtert. Anderseits legen Therapeuten, die gewöhnlich Langzeittherapien machen, tendenziell die Bedingungen für eine ausgedehnte Therapie; sie sehen erst Jahre nach Beginn der Therapie beim Klienten Zeichen dafür, daß er in die Endphase eintritt, und die Sitzungen gehen in die Hunderte.

Offensichtlich hängt von den beiden Variablen – Zeit und Wandel – die letztere weitgehend von den Vorstellungen des Therapeuten davon ab, was er als Veränderung ansieht, wobei diese Vorstellungen je nach Theorie sehr stark voneinander abweichen. Beispielsweise arbeiten einige Therapeuten darauf hin, symptomatische Verhaltensweisen des Klienten zu verändern, während andere Therapeuten Veränderungen der epistemologischen Prämissen des Klienten erwarten und wieder andere die unbewußten Konflikte oder die Geschichte des Klienten und so weiter verändern möchten.

Cade u. O'Hanlon beschreiben in aller Kürze, was Therapeuten unterschiedlicher Schulen sehen und was sie nicht sehen:

„Verhaltenstherapeuten ‚entdecken' Verhaltensstörungen; Psychoanalytiker ‚entdecken' intrapsychische Probleme, die ihren Ursprung vielfach in der Kindheit haben; biologisch orientierte Psychiater ‚entdecken' Anzeichen neurologischer Störungen und Stoffwechseldefizite; strukturell/strategisch arbeitende Therapeuten ‚entdecken' hierarchische Ambiguitäten und Koalitionen; kontextuell ausgerichtete Therapeuten ‚entdecken' die Auswirkungen intergenerationeller Ungerechtigkeit und Ausbeutung; Kurzzeittherapeuten ‚entdecken' Denk- und Handlungsmuster, die sich eigendynamisch positiv verstärken. Jeder Therapeut kann in dem Modellgebäude arbeiten, in dem er die fundamentale Ursache für das Problem entdeckt hat (und kann dabei leider andere Modelle und Erklärungen mißachten oder auch verachten; das ist eine Tendenz, die in unserem Arbeitsfeld nicht ganz unbekannt ist)." (Cade u. O'Hanlon 1993, S. 50 – Passage wurde für dieses Buch übersetzt)

Wie im ersten Kapitel erwähnt, hatte Luigi Boscolo viele Jahre lang als psychodynamischer Einzeltherapeut gearbeitet, bevor er in den 70er Jahren begann, zuerst nach dem strategisch-systemischen MRI-Ansatz und dann nach dem systemisch-kybernetischen Modell Batesonscher Prägung mit Familien zu arbeiten. Die in der Familientherapie erworbene Erfahrung hatte einen starken Einfluß auf uns und führte dazu, daß wir unsere Techniken und unsere Philosophie der Therapie sowohl hinsichtlich der Therapieziele als auch hinsichtlich der zur Erreichung dieser Ziele notwendigen Zeit modifizierten. Im folgenden möchten wir einige Gedanken und Erfahrungen beschreiben, die uns am meisten beeinflußt haben:

1. Der Therapeut kann das Ziel haben, die präsentierten Probleme des Klienten zu lösen, wenn diese das Leben des Klienten zu sehr beeinträchtigen und dieser den dringenden Wunsch äußert, symptomfrei zu sein; diese Zielvorgabe setzt aber voraus, daß es keine Anzeichen einer zugrundeliegenden schweren Persönlichkeits- oder psychiatrischen Störung gibt. In solchen Fällen kann die Therapie kurz sein, und die auf die Lösung der präsentierten Probleme fokussierten Interventionen sind die wichtigsten Werkzeuge.

In Fällen, in denen die präsentierten Probleme nur die Spitze eines Eisbergs zu sein scheinen und deren oberflächliche Lösung nicht ausreicht, um die Schwierigkeiten des Klienten zu beseitigen, ist ein Therapieverfahren zu empfehlen, das sich mit dem Menschen in seiner Ganzheit, seinen Prämissen und seiner Biographie befaßt. Hier ist mehr Zeit erforderlich. Eine solche Therapie ist dadurch gekennzeichnet, daß Therapeut und Klient gemeinsam die Geschichte des Klienten explorieren und Perspektiven für dessen Zukunft entwickeln. Im Moment werden die meisten Einzeltherapien nach diesem Modell durchgeführt.

2. Einer unserer Leitgedanken ist der, daß sich Symptome in Kontexten entwickeln, in denen der Klient nicht fähig ist, seinem Verhältnis zu sich selbst und zu den signifikanten anderen einen Sinn zu geben. Ein extrem verworrener Kontext dieser Art ist bei Psychosen zu beobachten. Mit anderen Worten: Symptome können als Beziehungsprobleme aufgefaßt werden, die manchmal plötzlich verschwinden, wenn in der Therapie ein entscheidender Knotenpunkt im Beziehungsgeflecht des Klienten herausgearbeitet wird. Diese Art von sprunghafter Veränderung, die bereits in der Fachliteratur beschrieben worden ist, gehört zu den Hauptmerkmalen des systemischen Modells und ist Nahrung für unseren therapeutischen Optimismus (Boscolo u. Betrando 1994; Selvini Palazzoli et al. 1977).

3. Unser Optimismus, der aufgrund der guten und in kurzer Zeit erreichten Ergebnisse in der Familientherapie verstärkt worden ist, hängt auch mit der von uns vertretenen Vorstellung zusammen, daß Einzel- und Familiensysteme in sich die notwendigen Informationen tragen, wie sie sich selbst aus ihrem Dilemma befreien können. Ein Mensch in Schwierigkeiten ist wie ein gestauter Fluß. Man kann das Hindernis beseitigen und dann das Flußbett neu ausbauen (dieser Prozeß hat Ähnlichkeit mit einer psychodynamischen Therapie und erfordert viel Kraft und Zeit). Man kann auch den Block einfach beiseite räumen und darauf vertrauen, daß der Fluß in sich die notwendige „Information" trägt, um weiter ins Meer fließen zu können (dieser Prozeß hat Ähnlichkeit mit der systemischen Therapie). Dieses Grundprinzip ist jedoch nicht auf jeden Einzelfall anwendbar. Klienten mit schweren Persönlichkeitsstörungen oder Psychosen können innerlich so „entstrukturiert" sein, daß sie eine langfristige oder eine zeitlich offene Therapie beziehungsweise Unterstützung brauchen.

4. Unsere Untersuchung über Zeit und Wandel unterstreicht, wie wichtig es für den Therapeuten ist, daß er sich die zeitlichen Abläufe und den Rhythmus während einer Therapiesitzung und im ganzen Therapieverlauf bewußt macht. Die Koordination zwischen der individuellen Zeit des Therapeuten und der des Klienten, der therapeutische „Tanz" (Minuchin 1990), ist ein schwieriger und sensibler Prozeß, wenn beispielsweise der Klient (oder der Therapeut) eine zwanghafte oder manische Persönlichkeitsstruktur hat. Als Therapeut sollte man auch darüber Bescheid wissen, wie der Klient seine Zeit mit der der signifikanten anderen in seinem Leben koordiniert.

5. Bei den meisten Kurzzeittherapiemodellen liegt die Aufmerksamkeit des Therapeuten auf der Gegenwart und Zukunft des Klienten, wir beschäftigen uns jedoch mit dem ganzen Lebensbogen des Klienten. Besonders interessiert sind wir an den Zusammenhängen und Zwängen, die im Laufe der Zeit ausgerechnet zu der gegenwärtigen Geschichte geführt haben, die der Klient konstruiert. Eine andere Leitidee, die wir verfolgen und im dritten Kapitel dieses Buches näher beschreiben, ist die, daß der Therapeut die drei Zeitdimensionen – Vergangenheit, Gegenwart und Zukunft – in einer reflexiven Schleife miteinander verbindet, die der linear-kausalen deterministischen Sichtweise des Klienten, mit der dieser – anderen und sich selbst – seine Geschichte erklärt, genau entgegengesetzt ist.

Das Modell der „langen Kurzzeittherapie"

Ende der 80er Jahre fingen wir an, an einem Modell der systemischen Einzeltherapie zu arbeiten, das dem, was wir als die Bedürfnisse der meisten Klienten ansahen, entgegenkommen und auch unseren eigenen Wunsch befriedigen konnte, mit dem über zwei Jahrzehnte entwickelten systemischen Modell konsistent weiterzuarbeiten. Die optimale Therapiestruktur war unseres Erachtens eine zeitlich begrenzte Therapie mit maximal 20 Sitzungen und Sitzungsintervallen zwischen zwei und vier Wochen, so daß die Therapie höchstens eineinhalb Jahre dauern würde. Eine solche Therapie konnte man als kurz wie auch als lang bezeichnen: kurz in bezug auf die Anzahl der Sitzungen, das heißt in bezug auf die Zeit, die Therapeut und Klient miteinander verbringen, und lang im Hinblick auf den Zeitrahmen, in dem die Sitzungen stattfinden (der hier viel ausgedehnter ist als bei den meisten Kurzzeittherapiemodellen).

Unser Modell ist folgendermaßen: Am Ende der Beratungssitzung informiert der Therapeut den Klienten – in den Fällen, in denen eine Therapie angezeigt ist – darüber, daß die Therapie zwischen einer und maximal 20 Sitzungen (die Beratungssitzung eingeschlossen) dauern werde und die Sitzungen in Abständen zwischen zwei und vier Wochen durchgeführt würden. Darüber hinaus wird dem Klienten mitgeteilt, daß die Mehrzahl der Klienten im allgemeinen die Therapie früher beende, also vor der 20. Sitzung. Sollte der Klient nach der letzten Sitzung noch therapeutische Unterstützung benötigen, werde der Therapeut entscheiden, ob er dem Klienten weiterhelfen könne. Wenn diese Frage bejaht werde, würde man einen neuen Vertrag machen, der allerdings nicht unbedingt 20 weitere Sitzungen umfaßt.[9] Wenn sich der Therapeut außerstande fühlt, dem Klienten zu helfen, kann dieser an einen Kollegen verwiesen werden. Der Therapeut darf nicht den Klienten für den „therapeutischen Fehlschlag" verantwortlich machen, sondern sollte ihn sich selbst zuschreiben und sich sagen, daß kein Therapeut alle ihm übertragenen Fälle lösen könne.

Dieses Therapieverfahren ist „zeitlich begrenzt" auf 20 Sitzungen, aber es ist gleichzeitig „zeitlich offen", weil der Klient die Freiheit hat, die Therapie zu beenden, wann immer er das tun möchte. Dies ist ein Element der schon erwähnten Entpathologisierung und der positiven Sichtweise, die es dem Klienten erlaubt, aktiv und verantwortlich zu sein und seine Lebensentscheidungen kompetent zu treffen.

Weshalb begrenzen wir die Anzahl der Sitzungen? Zum einen sind wir sehr erfahren in der Durchführung von kurzen Familientherapien. In den 70er Jahren hatten wir die Anzahl der Sitzungen auf zehn begrenzt, und in der Mehrzahl der Fälle ereigneten sich die wichtigsten Veränderungen zwischen der siebten und neunten Sitzung. Darüber hinaus hat uns die Lektüre der Fachliteratur über kurze psychodynamische, kognitive und andere Einzeltherapiearten zu diesem Schritt ermutigt. Auch Freud führte zeitlich begrenzte Therapien durch. Seine Analysen waren oft in weniger als einem

---

9 Die ersten fünf Therapien wurden im Zeitrahmen von 20 Sitzungen erfolgreich beendet. Danach gab es einen Fall, bei dem der Klient nach der 20. Sitzung noch Unterstützung brauchte. Daraufhin wurde beschlossen, ein Schlupfloch in dem strengen Zeitrahmen zu schaffen.

Jahr abgeschlossen, einige waren sogar beträchtlich kürzer. (Seine an Sándor Ferenczi durchgeführte Analyse dauerte z. B. nur sechs Wochen.) Manchmal benutzte Freud Techniken, die man heutzutage dem strategischen Modell zuordnen würde. Wenn beispielsweise der Klient Einsicht in sein Verhalten gewonnen hatte, drängte Freud diesen, sich mit den phobischen Objekten direkt zu konfrontieren. Nach dem Zweiten Weltkrieg entwickelten einige Psychoanalytiker (z. B. Malan, Sifneos, Mann und Davanloo: siehe Malan 1976) vor allem in den Vereinigten Staaten und in Großbritannien verschiedene Arten der psychodynamischen Kurzzeittherapie, um damit auf die Bedürfnisse vieler Klienten zu reagieren, die in psychiatrischen Einrichtungen Hilfe suchten. Diese Therapien – die man Fokal- oder themenzentrierte Psychotherapien nannte – hielt man bei bestimmten Klienten und Problemen für geeignet, während die klassische Psychoanalyse bei anderen Fällen vorgesehen war.

Die psychodynamische Kurzzeittherapie hat – im Vergleich zu einer Langzeittherapie – folgende Merkmale: Der Therapeut ist aktiver; er interessiert sich für spezifische Themen oder Konflikte, mit denen er konfrontiert ist; er analysiert bevorzugt die Beziehungsmuster im Hier und Jetzt des therapeutischen Kontextes und nicht die Übertragungsphänomene (die Analyse der Übertragungen begünstigt tendenziell die Regression des Klienten); der Schwerpunkt der Therapie liegt auf der Gegenwart und nicht auf der Vergangenheit des Klienten. Andere Modelle von Kurzzeittherapien (unser Modell eingeschlossen) haben ähnliche technische Aspekte.

Gibney stellt fest:

> „... viele Ergebnisse der Therapieforschung ... machen auf zwei interessante Punkte aufmerksam. Erstens gibt es Hinweise, die nahelegen, daß eine Kurzzeittherapie so effektiv ist wie eine Langzeittherapie, und zweitens können die Ergebnisse der Kurzzeittherapie als dauerhaft angesehen werden." (Gibney 1994, S. 63 – Passage wurde für dieses Buch übersetzt)

Was die Länge der Abstände zwischen den Therapiesitzungen betrifft, beschreibt Selvini Palazzoli (1983/84) in ihrem Artikel „Die Notwendigkeit langer Abstände zwischen den Sitzungen", weshalb das erste Mailänder Team im familientherapeutischen Bereich damit anfing, Therapien mit einer Sitzung im Monat durchzuführen. Diese Verlagerung von einer Sitzung pro Woche zu einer Sitzung pro Monat wurde verständlicherweise bei den wenigen Familien vorgenommen, die aus Süditalien kamen und aus naheliegenden finanziellen und organisatorischen Gründen nicht in kürzeren Intervallen als einmal monatlich anreisen konnten. Erstaunlicherweise ging es diesen Familien in der Therapie besser als jenen, die einmal in der Woche kamen. Das Team beschloß daraufhin, alle Familien nur noch einmal im Monat zur Therapiesitzung kommen zu lassen. Die Therapieresultate waren erfreulich und veranlaßten das Team, die monatlichen Abstände bei allen ihren Fällen einzuführen.

Selvini Palazzoli (1983/84) stellte die Hypothese auf, daß durch die Begegnung zwischen Therapeut und Familie in einem der Familienmitglieder eine Veränderung ausgelöst werde, die durch einen Wirbel kybernetischer Kreisläufe zurückwirke auf das ganze System und alle Familienmitglieder erfasse. Dieser Prozeß brauche natürlich eine gewisse Zeit, bis das Familiensystem wieder sein Gleichgewicht erreicht habe. Der Abstand von einem Monat zwischen den Sitzungen wurde willkürlich als Zeitspanne angenommen, die notwendig war, um diesen Veränderungsprozeß in Gang zu setzen und abzuschließen. Wenn das nächste Therapiegespräch in einem kürzeren Zeitabstand stattfände, so spekulierte das Team, würden die Therapeuten negativ in den spontanen familialen Veränderungsprozeß eingreifen, der in der Sitzung zuvor eingeleitet worden sei (das ist der Grund, weshalb einige amerikanische Kollegen die Therapie à la Milanese als Therapie nach der „Schlag-zu-und-hau-ab-Methode" bezeichnet haben).

Viele Jahre lang führte Luigi Boscolo weiterhin seine wenigen Einzeltherapien auf der Basis von einer oder zwei Sitzungen pro Woche durch. Er war überzeugt, daß das Engagement des Klienten leide und die Entwicklung der therapeutischen Beziehung sich schwieriger gestalte oder unmöglich sei, wenn die Sitzungen weiter auseinander lägen. Es ist bekannt, daß Einzelklienten tendenziell eine starke Beziehung zum Therapeuten entwickeln und von diesem abhängig werden. In der Familientherapie dagegen haben die mit dem Therapeuten verbundenen Familienmitglieder bereits unter sich starke Bindungen, so daß es erträglicher und „sinnvoll" ist, lange Abstände zwischen den Sitzungen zu akzeptieren. Psychodynamisch ausgedrückt, war unsere Hypothese die, daß die dyadische Beziehung in der Einzeltherapie intensiver sei als die auf mehrere Personen verteilte Beziehung in der Familientherapie, weil bei letzterer die Übertragung auf mehrere Mitglieder verteilt und dadurch „gemildert" werde.

Doch im Laufe der Zeit wurde Luigi Boscolo immer neugieriger und wollte wissen, was passieren würde, wenn er auch in der Einzeltherapie lange Sitzungsintervalle einführte. Er stellte fest, daß in den meisten Fällen der Effekt das genaue Gegenteil von dem war, was er befürchtet hatte. Die Gedanken und Gefühle des Klienten in bezug auf den Therapeuten wurden intensiver, je weiter die vorangegangene Sitzung wegrückte und je näher der Termin der nächsten Sitzung kam.

Mit der Zeit wurde uns klar, daß in den Fällen, in denen die Probleme des Klienten nicht innerhalb der ersten paar Sitzungen gelöst wurden, der Klient sich zunehmend auf die Therapie einließ. Therapeuten, die sich auf Kurzzeittherapien spezialisiert haben (insbesondere Mann), stellen fest, daß die Klienten in solchen Fällen leicht vergessen, wie viele Sitzungen sie schon hinter sich haben. Es ist wichtig, daß der Therapeut den Klienten daran erinnert, wie viele Sitzungen er mit ihm schon durchgeführt hat, um zu vermeiden, daß das Ende der Therapie sich nähert, ohne daß Trennungsängste thematisiert worden sind (siehe das Fallbeispiel Susanna in Kapitel 5).

Mann hat ein Modell einer auf zwölf Sitzungen begrenzten Kurzzeittherapie entwickelt, die er als „zeitlich begrenzte Psychotherapie" bezeichnet. Dieses Therapieverfahren basiert auf einem psychodynamisch-erlebnisorientierten Modell. Mann sagt, daß bei dieser Art von Therapie

> „... die Überwindung der Trennungsangst als Exempel für die Überwindung anderer neurotischer Ängste benutzt wird, wenn auch in einer etwas abgewandelten Gestalt. Fehlschläge bei der Überwindung dieser Grundangst müssen sich zwangsläufig auf den zukünftigen Lebensverlauf eines Menschen auswirken und sein Adaptationsvermögen, das er mehr oder weniger erfolgreich einsetzt, beeinflussen. ... Alle Kurzformen der Psychotherapie, ob sich ihre Praktiker dessen bewußt sind oder nicht, lassen das Schreckgespenst Zeit neu aufleben. ... Eine Erklärung, weshalb der Zeit im therapeutischen Prozeß keine zentrale Bedeutung beigemessen wird, ... liegt im eigenen Vorsatz des Therapeuten, das Schreckgespenst Zeit zu verdrängen." (Mann, zit. in Hoyt 1990, S. 130 – Passage wurde für diese Buch übersetzt)

Manns Überlegungen decken sich mit unseren Vorstellungen, die wir aus der Beobachtung und therapeutischen Erfahrung gewonnen haben. Wenn sich nämlich der Klient nicht entschließt, die Therapie vor der 15. Sitzung zu beenden, und in die Schlußphase der Therapie eintritt, wird die Trennung vom Therapeuten zum Hauptthema, bei dem die Trennungsängste einen großen Raum einnehmen. In dieser Phase sind die Fertigkeiten und die emotionale Resonanz des Therapeuten von entscheidender Bedeutung, um das Trennungsproblem zu bewältigen.

Was die theoretische Vermittlung dieses Modells der „langen Kurzzeittherapie" in der Therapieausbildung anbelangt, sind wir etwas skeptisch. Wir halten es für unverzichtbar, daß ein Therapeut, der das Modell gewinnbringend anwenden möchte, bereits Erfahrung in seinem Beruf hat, daß er schon mit verschiedenen Zeitstrukturen in der Therapie gearbeitet hat und daß er nicht zuletzt flexibel ist und Selbstvertrauen hat.

Obwohl unsere Techniken und Theorien für uns wertvoll sind, weil sie unserem therapeutischen Handeln Sinnhaftigkeit verleihen, so sind sie doch nicht zwangsläufig für jeden Klienten geeignet. Hoyt sagt dazu:

> „Bei der Wahl der Behandlungsdauer ist es außerordentlich wichtig, daß man den Bedürfnissen des einzelnen Patienten zur gegebenen Zeit Rechnung trägt. ... Die ‚einmal festgelegte Dauer' sollte nicht zum Prokrustesbett werden, in das einige Patienten wunderbar hineinpassen, während andere unnötigerweise gestreckt oder gekürzt werden. ... Als Therapeut sollte man auch seine persönlichen Stärken und Schwächen kennen, sollte aber die eigenen Präferenzen oder Vorlieben nicht dem Klienten auferlegen und sich dabei auf die ‚Politik' oder den ‚Stil' der Therapie berufen." (Hoyt 1990, S. 125 – Passage wurde für dieses Buch übersetzt)

Diesen Überlegungen stimmen wir im wesentlichen zu. Wir meinen jedoch, daß die Therapieform, nach der wir arbeiten, die Lebenssituationen und Bedürfnisse der Mehrzahl unserer Klienten prinzipiell berücksichtigt. Wie schon erwähnt, entscheidet der Klient im Rahmen von 20 Sitzungen selbst, wann er die Therapie beenden möchte. Bei den Klienten, die mehr Zeit brauchen, schätzen wir ein, ob wir ihnen weiterhelfen können; wenn wir das nicht können, empfehlen wir ihnen, einen anderen Therapeuten zu konsultieren.

Wir müssen aber dazusagen, daß wir in einer Reihe von Fällen (z. B. bei schizophrenen Persönlichkeitsstörungen, Psychosen, sexuell oder körperlich mißhandelten Klienten und Klienten mit posttraumatischen Störungen) zeitlich unbegrenzte Therapien durchführen, die sehr lange dauern können. Eine unbefristete Therapie kann auch bei Klienten ratsam sein, die eher einen kontinuierlichen Beistand als Psychotherapie brauchen.

Der Therapeut

Die Person des Therapeuten

Die Theorie ist die Linse, durch die wir die Wirklichkeit um uns herum und in uns sehen. Sie wirkt sich darauf aus, wie man seine eigene Person im therapeutischen Prozeß sieht. Als Luigi Boscolo zum Beispiel als Psychoanalytiker arbeitete (siehe Kapitel 1), standen seine Person und seine Gefühle im Mittelpunkt des Interesses und wurden kontinuierlich in der Analyse seiner Gegenübertragungen reflektiert. Auch in den Supervisionen war die Person des Therapeuten das Objekt, das der Supervisor analysierte.

In den 70er Jahren, als Boscolo strategisch-systemische Therapien durchführte, veränderten sich seine Prioritäten. Wie es der Perspektive der Kybernetik 1. Ordnung entsprach, war seine Aufmerksamkeit aktiv auf das zu therapierende Familiensystem gerichtet und nicht auf die eigene Person und ihre Emotionen. In den Einzeltherapien, die er damals machte, lag sein Augenmerk ebenfalls auf den Problemen des Klienten und den problemorientierten Interventionstechniken – und nicht auf der Analyse der eigenen Person.

Als die Kybernetik 2. Ordnung und das konstruktivistische Denken – und damit die Selbstreflexivität – in den Vordergrund rückten, verlagerte sich seine Aufmerksamkeit wieder zurück auf das Individuum und dessen persönliche Einstellungen, Prämissen und Emotionen. Sein Interesse war zu jener Zeit auf das Verhältnis des Individuums zu seiner Außenwelt, vor allem aber zum eigenen Selbst und seiner Innenwelt gerichtet. Dies galt sowohl für die Person des Klienten als auch für die des Therapeuten.

Auch in diesem Punkt fanden wir Inspiration bei Bateson (1951, 1984, 1985), der überzeugt war, und das wurde immer wieder betont, daß der wichtigste Teil des Geistes das Unbewußte sei und das Bewußtsein wenig mehr als eine Begleiterscheinung (siehe Kapitel 1).

Als Anthropologe beschäftigte sich Bateson ausführlich mit der (bewußten und unbewußten) Innenwelt des Individuums, mit der Gewohnheitsbildung, mit Metaphern, künstlerischem Schaffen und pathologischen Zuständen, besonders mit der Schizophrenie. Was wir in seinen Schriften für außerordentlich relevant halten, sind seine Ansichten vom Unbewußten, die sich von Freuds Sichtweisen unterscheiden. Laut Bateson konstituiert sich das Unbewußte nicht aus Trieben (Instinktkräften), sondern aus Gewohnheiten und individuellen Prämissen, die in einem Prozeß des Deutero-Lernens erworben werden. Die Kenntnis des Therapeuten seines eigenen Selbst wird folglich zur Kenntnis seiner Prämissen, auch wenn eine lückenlose Kenntnis unerreichbar ist, weil kein Mensch sich seiner Prämissen jemals voll bewußt werden kann.

> „In Wahrheit ist unser Leben so beschaffen, daß seine unbewußten Komponenten ständig in all ihren vielfältigen Formen gegenwärtig sind. Daraus folgt, daß wir in unseren Beziehungen kontinuierlich Botschaften über diese unbewußten Materialien austauschen, und es wird auch wichtig, Metamitteilungen auszutauschen, durch welche wir einander sagen, welche Ordnung und Gattung des Unbewußten (oder des Bewußtseins) unseren Botschaften zukommt." (Bateson 1985, S. 193)

Bateson schätzte das wissenschaftliche Denken und war gleichzeitig von den Ausdrucksleistungen des Unbewußten, zum Beispiel in der Kunst, in Riten und in der Religion, fasziniert. Dem Unbewußten und seiner metaphorischen Sprache kam in seinen Schriften immer besondere Bedeutung zu.

> „Im Klischee-System der Angelsachsen wird gemeinhin angenommen, daß es irgendwie besser wäre, wenn das, was unbewußt ist, bewußt gemacht würde. Selbst Freud soll gesagt haben ‚Wo Es war, soll Ich werden', als ob eine solche Zunahme bewußter Erkenntnis und Kontrolle sowohl möglich als auch eine Verbesserung wäre. Diese Ansicht ist das Produkt einer nahezu vollkommen verzerrten Erkenntnistheorie und einer völlig verzerrten Auffassung davon, was ein Mensch oder irgendein anderer Organismus ist." (Bateson 1985, S. 192)

Ein Therapeut, der seine Arbeit ernst nehmen und nicht naiv vorgehen möchte, sollte sich eine tiefere Bewußtheit seiner eigenen Prämissen erwerben, das heißt die grundlegenden Annahmen herausfinden, die ihn in seinem Handeln leiten: Welche Anteile seines Handelns sind ihm von seinen eigenen sozialen und kulturellen Einstellungen diktiert, welche von den Prämissen seines Klienten (Person, Familie, soziale und kulturelle Voraussetzungen)? Inwieweit ist die therapeutische Beziehung von diesem Verhältnis zwischen verschiedenen Epistemologien (Prämissensystemen) bestimmt? Macht sich der Therapeut alle diese Faktoren bewußt, ist es ihm möglich, eine Perspektive der gemeinsamen Entwicklung zu wahren; folglich kann er die Reifikation von Beziehungen vermeiden und diese in ihrem jeweiligen Kontext betrachten, der sich unter dem Druck sozialer und persönlicher Veränderungen kontinuierlich weiterentwickelt.

In diesem Entwicklungsprozeß ist es notwendig, daß der Therapeut seine individuelle Zeit mit der des Klienten koordiniert, damit Raum bleibt für neue Perspektiven und er vermeidet, in einer einzigen Lesart der Geschichte des Klienten zu verharren. Damit dies möglich ist, muß der Therapeut die therapeutische Allianz pflegen und Empathie entwickeln, das heißt, die Fähigkeit und Sensibilität ausbilden, sich in die Perspektive des Klienten hineinzuversetzen. Um mit Borges' (1952) Worten über Shakespeare zu sprechen, muß ein guter Therapeut danach streben, „allen menschlichen Wesen gleich" zu werden.

Wie kann man sich aber im therapeutischen Alltag eine Bewußtheit seines eigenen Selbst erwerben? Mit den Jahren haben wir eine Antwort in der Dialektik der Teamarbeit gefunden. Bei diesem Arbeitsmodus schaffen wir ein Dreiparteiensystem aus Klient, Therapeut und Beobachtern. Die Aufgabe der Beobachter besteht darin, das therapeutische Handeln des Therapeuten zu untersuchen und ihm eine Außenperspektive zu geben, so daß er seine eigenen Anteile am therapeutischen System in bezug auf seine Einstellungen, Prämissen und Emotionen deutlicher sehen kann. Die Supervision kann direkt erfolgen, indem das Team durch den Einwegspiegel die Therapiesitzung beobachtet. Sie kann auch mittelbar durchgeführt werden, indem der Supervisor Bandaufzeichnungen von Therapiesitzungen oder die Falldarstellung des Therapeuten kommentiert. Unsere Ausbildungskandidaten stellen oft Fälle von Einzel- oder Familientherapien aus ihrer eigenen Praxis der Ausbildungsgruppe vor, die dann als Supervisionsteam agiert. Einige dieser Fallbeispiele sind sehr komplex, weil im Laufe der Zeit viele Verbindungen zwischen verschiedenen Experten und Einrichtungen entstanden sind. Die in der Gruppe entwickelten Ideen erzeugen ein „Muster, das verbindet" (Bateson 1985). Mit Hilfe dieser Gruppensupervision kann der Ausbildungskandidat, der den Fall präsentiert, aus seiner Zwangslage und Erstarrung befreit werden, die bis dahin sein Fallverstehen blockiert und seine therapeutischen Techniken begrenzt haben.

Eine Aufgabe des Teams besteht darin, Hypothesen zu bilden, die sowohl die Person des Klienten als auch die des Therapeuten betreffen. Hypothesen werden auch aufgestellt über die Gedanken und Gefühle des Therapeuten sowie über die Beziehung zwischen Therapeut und Klient. Diese Supervisionspraxis erinnert an die Analyse von Phänomenen der Gegenübertragung in der psychoanalytischen Supervision, mit dem Unterschied allerdings, daß die Rückmeldung des Teams unmittelbar ist und sich im Hier und Jetzt der Supervisionssitzung ereignet. Die Interaktion zwischen Therapeut und Klient wird überwacht von einer oder mehreren Personen auf einer anderen Reflexivitätsebene, die danach in die subjektiv gefärbte Reflexivitätsebene des Therapeuten integriert wird.

Der Therapeut ist immer in Gefahr, von der therapeutischen Beziehung „aufgesaugt" zu werden und damit die Distanz zu verlieren, die er braucht, um in Unterschieden denken zu können und professionelle Flexibilität zu gewinnen. In ihrem Buch *Menschliche Kommunikation* (1980) behaupten Watzlawick und seine Kollegen, daß die „Schonfrist" des Therapeuten, in der er noch leicht Veränderung bewirken könne, nicht unbegrenzt sei: Im Gespräch zwischen Therapeut und Klient kommt der Zeitpunkt, da keine neue Information mehr eingebracht wird, das heißt keine „Unterschiede, die einen Unterschied ausmachen", mehr geschaffen werden. Damit mündet die Therapie in eine *Sackgasse*. Durch die Intervention einer dritten Partei, sei sie Berater oder Supervisor, können Unterschiede oder neue Sichtweisen geschaffen werden, die die Blockade aufheben. Da die strategisch ausgerichtete Therapie sehr kurz und auf die präsentierten Probleme fokussiert ist, denkt sich der Supervisor im allgemeinen die am besten geeigneten Techniken aus, um den Klienten von seinem Symptom zu befreien. Doch im Rahmen unseres systemischen Modells, bei dem wir den Menschen in seiner Ganzheit betrachten, befaßt sich der Supervisor mit der von Therapeut und Klient gemeinsam durchgeführten Exploration der Geschichte des Klienten und des therapeutischen Systems im laufenden Prozeß.

Dadurch, daß sich das Team hinter dem Einwegspiegel über Gedanken und Emotionen austauscht, reflektiert es eine Vielfalt von Standpunkten. Daraus haben wir vor allem gelernt, daß wir, wenn wir als Einzeltherapeut allein arbeiten, die Unmittelbarkeit der Beziehung zum Klienten hin und wieder hinter uns lassen und Zuflucht nehmen müssen hinter einem imaginären Einwegspiegel, um die therapeutische Beziehung zu analysieren. In gewissem Sinne fördert unsere Ausbildung in systemischer Therapie einen Prozeß der Internalisierung und Introjektion des Teams und dessen „Stimmen".

Durch die Arbeit im Team lernt jedes Teammitglied mit der Zeit, sich innerhalb des Signifikanzsystems, in das Klient und Therapeut eingebettet sind, an verschiedenen Beobachtungspunkten zu postieren. Ein Teammitglied ist in jedem Augenblick Beobachter der mutmaßlichen Innenwelt des Klienten, der externen Beziehungen des Klienten, der Innenwelt des Therapeuten, der therapeutischen Beziehung und der Beziehung zwischen seinen eigenen kulturell geprägten Vorstellungen und denen des Klienten. Diese Arbeitsmethode, die wir in langjähriger Forschung, Ausbildung und familientherapeutischer Praxis entwickelt haben, begleitet uns auch dann, wenn wir allein mit einem Einzelklienten arbeiten.

Wie wir wissen, ist es bei anderen therapeutischen Modellen (allen voran die Psychoanalyse) eine unerläßliche Voraussetzung, daß der angehende Therapeut eine Lehranalyse gemacht hat. Obwohl das unser Modell nicht vorschreibt, vermittelt es doch durch die Arbeit im Team eine Erfahrung, die sich auf die Person des Ausbildungskandidaten „therapeutisch" auswirken kann.

> „Am Anfang brachte man den Ausbildungskandidaten bei, wie man als Therapeut technische Fähigkeiten entwickelt. Dadurch, daß im Team gearbeitet wurde, nahm die Ausbildung allmählich Züge einer Persönlichkeitsbildung an. In der systemischen Ausbildung haben die Ausbildungskandidaten auch die Möglichkeit, an ihrer persönlichen Entwicklung zu arbeiten, aber das liegt in ihrem eigenen Ermessen. (Es wird niemand dazu verpflichtet, und den Ausbildungskandidaten wird nicht einmal empfohlen, sich einer Persönlichkeitsentwicklung zu unterziehen.) Auf jeden Fall

beruht diese Option immer auf dem Hier und Jetzt der Ausbildungsgruppe.

Diese Gruppenaktivitäten ... begünstigen die Entstehung eines ‚kollektiven Geistes' (in Batesons Wortsinn), durch den sowohl die theoretische als auch die klinische Arbeit gedeihen, indem beide Aspekte zirkulär miteinander verbunden werden." (Boscolo, Cecchin u. Bertrando 1995, S. 757–758 – Passage wurde für dieses Buch übersetzt)

Während der Therapieausbildung, in der der Ausbildungskandidat sowohl mit einem realen Klienten arbeitet als auch das Rollenspiel übt, hat er die Möglichkeit, sich in einem größeren System zu plazieren. So belegt er zu verschiedenen Zeiten eine Position auf verschiedenen Systemebenen: auf der Ebene des (simulierten) Klienten, des Therapeuten, eines Teammitglieds und auf der Ebene eines Mitglieds einer Beobachtergruppe, das die Aufgabe hat, das Therapeutenteam zu beobachten, das wiederum den Therapeuten beobachtet, der hinwieder den Klienten beobachtet. Die „Realität", wie sie von diesen verschiedenen und auf unterschiedlichen Ebenen des Gesamtsystems angesiedelten Beobachtungspunkten aus erlebt wird, verändert sich nicht nur in bezug auf die eingenommene Position, sondern auch im Hinblick auf die dem einzelnen Mitglied zugewiesene Aufgabe. Die Aufmerksamkeit des Klienten liegt auf seiner eigenen Geschichte und auf den Erwartungen des Therapeuten. Die Aufmerksamkeit des Therapeuten liegt auf den Beschreibungen und Emotionen des Klienten, ebenso auf seinen eigenen Gedanken und Emotionen in bezug auf den Klienten. Die Aufmerksamkeit der übrigen Teammitglieder liegt auf dem sich entwickelnden therapeutischen Prozeß und speziell auf der Therapeut-Klient-Beziehung. Die Aufmerksamkeit der Beobachtergruppe schließlich liegt auf allen bisher erwähnten Momenten und ebenso auf dem Vorgang der Supervision, die das Therapeutenteam dem Therapeuten gibt. Dieser Prozeß, der in der Ausbildung kontinuierlich durchgespielt wird, trägt dazu bei, daß sich die Ausbildungskandidaten eine lineare und zirkuläre kausale Wirklichkeitsbetrachtung aneignen – in Batesons Begriffen: ein Wandel in der persönlichen Epistemologie der Ausbildungskandidaten –, die ihren eigenen Blick auf ihre innere und äußere Familie sowie auf ihre Außenwelt beeinflußt. Am Ende einer Therapieausbildung führen wir in regelmäßigen Abständen eine Umfrage unter Ausbildungskandidaten durch, um herauszufinden, ob sich dieser Lernprozeß tatsächlich auf ihr persönliches und berufliches Leben ausgewirkt hat. Sehr viele Ausbildungskandidaten berichteten, daß die Teamarbeit wirklich einen „therapeutischen" Effekt auf sie gehabt habe.

Wenn wir in der Einzeltherapie allein mit einem Klienten arbeiten, von Mensch zu Mensch, versuchen wir, die Situation durch die Augen unseres „internalisierten Therapeutenteams" zu sehen: Was könnten *sie* beobachten, wie würden *sie* über das denken, was im Augenblick vor sich geht? Diese Art des Denkens befreit uns vorübergehend von unseren kognitiven und emotionalen Bindungen an den Klienten und erlaubt uns, alternative Sichtweisen zu unserer eigenen zu entwickeln. Man könnte diesen Vorgang als verinnerlichte Außensicht bezeichnen oder, einfacher ausgedrückt: statt unser internalisiertes Team zu befragen, stellen wir uns ein externes Team hinter dem Einwegspiegel vor, das uns beobachtet und anschließend mit uns diskutiert. Vor diesem Hintergrund macht die systemische Sichtweise aus der Begegnung zweier Menschen, von Therapeut und Klient, eine gut besuchte Versammlung! Sie umfaßt alle „Gemeindemitglieder", die das Selbst des Therapeuten bilden: die signifikanten Figuren aus seinem persönlichen und beruflichen Leben sowie seine realen Kollegen (den überweisenden Arzt und die mit dem präsentierten Problem befaßten Spezialisten eingeschlossen). Zur Versammlung gehören auch die Personen aus der Außen- und Innenwelt des Klienten sowie die kulturell geprägten „Stimmen" des Klienten und des Therapeuten.

In diesem komplexen Prozeß sollte der Therapeut das Ziel verfolgen, seine individuellen Zeiten, Bedeutungen und Handlungen in Übereinstimmung mit dem Klienten zu bringen (der „therapeutische Tanz"), und in allererster Linie sollte er dem Klienten zuhören. Die Rückmeldung des Klienten, vor allem seine strukturanalogen Reaktionen, die der Therapeut beobachtet, leiten diesen und konstruieren so eine therapeutische Allianz. Harlene Anderson zeigt, wie wichtig diese Interaktion für den Klienten ist.

> „[Ein Patient] erzählte, daß er zu dem Schluß gekommen sei, es gebe zwei Arten von Therapeuten: Therapeuten, deren therapeutisches Handeln vorhersagbar sei, und Therapeuten, die unterhalten werden möchten. Im Zusammenhang mit vorhersagbaren Therapeuten erzählte er, wie Therapeuten, die die Geschichte des Klienten schon kennten und um sein Problem wüßten, an ihrem

Klientenbild festhielten ... und dabei übersähen, welchen Sinn die Geschichte für den Klienten habe. Er erzählte, daß er wisse, was diese Therapeuten ihn fragen würden und welche Arten von Antworten sie erwarteten. Er sagte, daß das langweilig sei, daß das im Grunde verletzend sei, daß es den Klienten innerlich sehr belaste und traurig mache. Er erzählte weiter, daß er traurig sei, daß Therapeuten nicht mehr Phantasie hätten und sich nicht kritischer mit dem auseinandersetzten, was um sie herum vor sich ginge. Er sprach auch von Therapeuten, die das Drama der Geschichten ihrer Klienten unterhaltsam fänden. Sie würden Einzelheiten wissen wollen und Fragen stellen, die das Drama besonders betonen würden. Und sie würden übersehen, was eigentlich für den Menschen von Bedeutung sei. Oder, in seinen eigenen Worten: ‚was es bedeutet, in einer Situation allein zu sein, weil allein sein das ist, was man wirklich ist.'" (Anderson, in Holmes 1994, S. 159 – Passage wurde für dieses Buch übersetzt)

Wir fragen unsere Klienten oft, ob die Fragen, die wir ihnen stellen, für sie einen Sinn ergäben und relevant seien. Wenn der Therapeut diese Frage an wichtigen Schnittpunkten im Gespräch stellt, kann der Klient signalisieren, ob die Spur, die der Therapeut verfolgt, für ihn von Bedeutung ist. Luigi Boscolo stellte einem Klienten während eines Seminars in Sydney einmal die folgende Frage: „Haben Sie aufgrund meiner Fragen den Eindruck, daß ich Sie irgendwie verstehe?" Ron Perry kommentiert:

„Beim systemischen Arbeiten kommt eine gute Frage aus dem Verstehen, das der Therapeut allmählich von dem System Klient entwickelt. Sie drückt auf vielfältige Weise Empathie aus. Wie sich aus Boscolos Frage ergibt, signalisiert eine gute Frage, daß sich der Therapeut mit den Anliegen des Systems in Einklang befindet, wenn die Fragen, die er stellt, für diese Anliegen relevant sind. ... Um eine solche Frage stellen zu können, muß der Therapeut in Kontakt mit dem System und seinem Innenleben sein. ... Die gute systemische Frage ist von behutsamer Empathie geleitet, und die Familie weiß, daß man sie bis zu einem gewissen Grad versteht, wenn der Therapeut so relevante sensible Fragen stellt." (Perry 1993, S. 70 – Passage wurde für dieses Buch übersetzt)

Wenn der Therapeut in einer kontinuierlichen Interaktion mit Klienten, Fachkollegen und Theorien steht, nimmt nicht nur sein Wissen zu; auch sein Spektrum als Mensch wird bereichert. So umfaßt das

Selbst des Therapeuten mit der Zeit die signifikanten „Stimmen" jener Menschen, mit denen er Kontakt hat: seine Familienangehörigen, Lehrer, Klienten. Dieser Prozeß ist in einer ständigen Entwicklung begriffen.

Macht in der therapeutischen Beziehung

Seit einiger Zeit diskutiert man im systemisch-relationalen Feld über das Problem der Macht in Familien- und therapeutischen Beziehungen; auf diese Debatte gehen wir im dritten Kapitel näher ein. Wir beschränken uns hier darauf, die Einstellungen verschiedener Modelle zur Macht in der Therapie kurz zu erwähnen; in diesem Punkt gehen die einzelnen Therapiemodelle weit auseinander. Eine allgemeine Auffassung zur Macht des Therapeuten (Jervis 1975) besagt, daß der Therapeut notwendigerweise eine *Macht*position in bezug auf den Klienten innehat und daß ihm diese Macht durch den Kontext verliehen wird. Selbst wenn er sich in die Position des Zuhörers begibt und dem Klienten maximale Ausdrucksfreiheit erlaubt, bleibt er immer derjenige, der das Gesagte sanktioniert, und deshalb hat er die Macht. Andererseits erhält der Therapeut vom Klienten zweifelsfrei die Erlaubnis, seine Macht auszuüben: Diese Position ist nicht vergleichbar mit der eines Klinikpsychiaters, der oft gezwungenermaßen Zwang über seinen widerständigen Patienten ausüben muß. Die verschiedenen Therapiemodelle gestehen dem Therapeuten explizit unterschiedliche Stufen der Macht zu.

In der Verhaltenstherapie, die psychoedukativen Varianten eingeschlossen, hat der Therapeut enorme Direktivbefugnisse (Falloon 1991). Er ist autorisiert, dem Klienten bestimmte Verhaltensweisen vorzuschlagen oder direkt vorzuschreiben, und dieser akzeptiert im allgemeinen. Doch nicht einmal in diesen Modellen erhebt der Therapeut den Anspruch, allwissend zu sein, und der Klient ist in seinem Handeln frei. Der Kontext, in dem diese Freiheit genutzt werden kann, wird ausdrücklich vom Therapeuten kontrolliert.

Die strategische Therapie, besonders wie sie von Jay Haley begriffen wird, gehört traditionell zu den Modellen, die den Machtbeziehungen in der Therapie am meisten Beachtung schenken. Nach Haley (1978a) hat der Therapeut die Verantwortung, eine wohlwollende Macht auszuüben, so daß der Klient die Position der *Unterlegenheit (one-down position)* zu akzeptieren vermag, was für die Behebung von Problemen notwendig ist. Verglichen mit der Verhaltenstherapie wird beim strategischen Ansatz die Macht nicht offen ausgeübt, sondern über Strategien („pseudokomplementäre Position"). Dadurch, daß indirekte Mittel angewandt werden, die die Position der *Überlegenheit (one-up position)* des Klienten nicht in Frage stellen, veranlaßt der Therapeut den Klienten, die Macht einer anderen Person zu akzeptieren.

Das strukturelle Modell (Minuchin 1990), das dem Thema Hierarchien und Macht sehr viel Aufmerksamkeit schenkt, gibt dem Therapeuten zwar weniger Macht, aber diese Macht wird auf viel deutlichere Weise ausgeübt, als es im strategischen Modell der Fall ist. Der Therapeut hat eine Vorstellung von den Strukturen, die der Klient idealerweise annehmen soll, und während der Therapiesitzung übt er offen in dem Maße Macht aus, wie dies zur Erreichung dieses Zieles notwendig ist.

Bei der psychoanalytischen Behandlung hat der Analytiker scheinbar wenig Macht; er versucht nicht, das Verhalten des Klienten zu dirigieren, sondern beschränkt sich darauf, die Verhaltensweisen, Gedanken, Phantasien und Träume des Klienten zu deuten. Doch die anscheinend passive Position des Analytikers sichert ihm eine Machtposition, die nur schwer herauszufordern ist, da sie niemals offen ausgeübt wird (siehe Haley 1978a).

Bei unserem Ansatz verhält sich der Therapeut gemäßigt direktiv. Manchmal hört er dem Klienten einfach zu, wie dieser seine Emotionen und Gedanken ausdrückt. Manchmal beschließt er, eine Hypothese zu verfolgen und dem therapeutischen Gespräch ein Richtung zu geben, indem er bestimmte Fragen stellt, Themen wählt und den Redewechsel bestimmt. Wir versuchen, mit dem Klienten zu kooperieren, indem wir einen Kontext des Deutero-Lernens schaffen, der es ihm erlaubt, sein Leiden und seine Rigidität abzulegen und neue Möglichkeiten und Lösungen zu finden. Da Wissen und Macht eng miteinander verknüpft sind (Foucault 1980), benutzen wir unser erworbenes praktisches und theoretisches Wissen (siehe Kapitel 1), um Fragen zu stellen, anstatt Schlüsse zu ziehen. Fragen geben dem Klienten die Möglichkeit, diese mit seinen eigenen Bedeutungen zu unterlegen.

Zu den therapeutischen Modellen, die den Therapeuten mit der geringsten Macht ausstatten, gehören die klientenzentrierte Psychotherapie von Rogers und die Konversationstherapie (Anderson u. Goolishian 1992; Holmes 1994) mit ihrer typischen „Position des Nicht-Wissens" von seiten des Therapeuten. Da, um es noch einmal zu sagen, Wissen und Macht eng miteinander verknüpft sind (Foucault), fordern Anderson und Goolishian mit ihrer „Position des Nicht-Wissens", daß der Therapeut die Konversation offenhalten und vermeiden müsse, sein eigenes Wissen zur Schau zu stellen, damit er nicht in die Position des Experten komme, das heißt in eine Machtposition; nur so sei der Klient frei genug, seine eigene Geschichte zu konstruieren.

Dieser radikalen Sichtweise können wir nicht beipflichten. Wie wir schon im ersten Kapitel gezeigt haben, existiert das unbewußte Wissen des Therapeuten – das Ungesagte –, das zwangsläufig die Geschichte, die der Klient konstruiert, mitgestaltet; darüber hinaus existiert das bewußte Wissen des Therapeuten, das aus Theorien und Erfahrungen stammt und die Hypothesenbildung prägt, die ein wichtiges Werkzeug unserer therapeutischen Arbeit darstellt. Einer bestimmten konstruktivistischen Denkrichtung zufolge sollte der Therapeut auf die Rolle des Experten – und damit auf seine Macht – verzichten; denn der Konstruktivismus negiert die Existenz absoluter Wahrheiten. Als Gegenargument kann angeführt werden, daß die konstruktivistische Sicht die Existenz absoluter Wahrheiten zwar nicht anerkennt, aber die Existenz von Wahrheiten (relativen Wahrheiten, konstruierten Wahrheiten) akzeptiert, die durch Konsens entstehen. Die Position des Experten ergibt sich durch Konsens einer Gemeinschaft. Die Tatsache, daß manche Menschen akzeptieren, daß andere Menschen die Rolle des „Therapeuten" annehmen (und dafür bezahlt werden), hat in der Tat einen pragmatischen Effekt. Wenn ein Therapeut die Rolle des Experten leugnet, dann heißt das, daß er die Möglichkeit, therapeutisch zu arbeiten, dementiert, und nicht, daß er neue Wege des therapeutischen Arbeitens beschreitet (Efran u. Clarfield 1992).

Empathie, eine positive Sichtweise und die therapeutische Beziehung

In Fachkreisen ist man sich einig, daß – unabhängig von der theoretischen Ausrichtung und Praxis – die Empathie ein wichtiger, wenn nicht gar wesentlicher Aspekt der Therapie ist. Doch einige Ansätze (darunter die strategische und Verhaltenstherapie) haben das Thema Empathie entweder vernachlässigt oder ihm wenig Bedeutung beigemessen. Jay Haley hält die Kontrolle der Beziehung durch den Therapeuten und nicht seine empathische Haltung für das primäre Merkmal einer Therapie.

Wie es oft mit Wertvorstellungen ist, die als selbstverständlich gelten, so ist auch Empathie nicht leicht zu definieren. Goldstein und Michaels (1985) zählen in ihrem diesem Thema gewidmeten Buch 16 verschiedene Definitionen auf, bevor sie Macarovs einfache und geradlinige Erklärung erwähnen:

> „1. Sich in die Rolle des anderen hineinversetzen, die Welt mit dessen Augen betrachten und sich alle seine Gefühle erfahrbar machen.
> 2. Sich Erfahrung aneignen im Deuten nonverbaler Kommunikation und im Interpretieren der zugrundeliegenden Gefühle.
> 3. Ein Gefühl des Sichsorgens vermitteln oder aufrichtig versuchen, urteilsfrei oder helfend zu verstehen." (Macarov 1978, S. 88 – Passage wurde für dieses Buch übersetzt)

Diese drei Punkte entsprechen unserer Denkart, wir würden allerdings unter Punkt 2. das Wort „Interpretieren" durch „Hinterfragen" ersetzen. Seit 15 Jahren erst deckt sich unser Ansatz in diesem Punkt mit Macarovs Position. Vorher vertraten wir ein strategisches Modell, das auf Kontrolle und dem instruktiven Aspekt der therapeutischen Beziehung beruhte und nicht auf dem empathischen Aspekt. Der Psychoanalyse ist zugute zu halten, daß sie das Konzept der Empathie analysiert und diesbezüglich tiefe Einsichten gewonnen hat. Mehrere Psychoanalytiker – vor allem Kohut (1973, 1979) und Schafer (1983) – haben der Empathie, die als Grundelement im Heilungsprozeß des Klienten galt, besondere Aufmerksamkeit gewidmet.

Neben der emotionalen Seite hat die Empathie auch einen beträchtlichen kognitiven Anteil. Schafer (1983) betonte, daß in der Therapie eine emotionale Situation entstehe, in der sowohl Klient als auch Therapeut das präsentieren, was er das „zweite Selbst" nennt, das ist ein Selbst, das nur in dieser therapeutischen Beziehung existiert. Das könnte eine Erklärung für Fliess' (1942) Beobachtung sein, nach der Psychoanalytiker in ihrer klinischen Arbeit mit Klienten oft sehr viel einfühlsamer und verständnisvoller seien als im alltäglichen Leben. In seiner Erklärung benutzte Fliess den Begriff „Arbeitsego des Analytikers".

In der systemischen Theorie akzentuiert man weniger die Unterscheidung, ob sich der Therapeut in der Therapiesitzung befindet oder ob er am Alltagsleben teilnimmt. Wichtig ist im systemischen Modell der *Kontext*. Für uns ist der therapeutische Kontext ein spezifischer Lebenskontext, in dem der Therapeut tendenziell eine Haltung des Verstehens und der Neugier einnimmt. Der Therapeut fertigt empathisch verstehend ein Modell vom Innenleben des Klienten an, und genau auf dieses Modell reagiert er. Selbst das empathische Verstehen des Therapeuten ist also geprägt von seinen Theorien und Prämissen, die dafür ausschlaggebend sind, auf welche Weise er beobachtet und sein Beobachtungsfeld absteckt. Doch auch wenn der Therapeut einen „Musterklienten" konstruiert, kann er immer noch das Drama und die Verletzungen des Klienten verstehen (und in einem positiven Licht sehen), ohne eine Bewertungshaltung einnehmen zu müssen.

Eine interessante Konzeption von Empathie gibt Harlene Anderson:

> „Wenn ich mit Menschen arbeite, fühle ich mich mit ihnen verbunden. Ich mag sie. Ich habe Freude an ihnen. ... Ich spreche in dem Zusammenhang oft von der ‚K'-Beziehung – Kontakt, Kollaboration und Konstruktion. ... Ich halte Empathie nicht für ein inneres Erleben des Therapeuten. Ich halte Empathie für etwas, das in der therapeutischen Beziehung liegt. Ich meine, wenn man einen anderen Menschen achtet, ihm zuhört, das zu hören versucht, was er möchte, daß man hört; wenn man versucht, dem einen Sinn zu geben, wovon der andere spricht – dann ist man in einer empathischen Situation." (Anderson, in Holmes 1994, S. 158 – Passage wurde für dieses Buch übersetzt)[10]

Bei unserer Analyse des Konzepts Empathie in der therapeutischen Beziehung halten wir Batesons Beiträge für erwähnenswert. Bateson analysierte mit den theoretischen Werkzeugen der allgemeinen Systemtheorie, der Kybernetik und der Kommunikationstheorie das Verhältnis des Individuums zu sich selbst, zu den anderen und zu seiner Umwelt. Dies ist ein zentraler Punkt seines Modells, der aber

---

10 Manche Therapeuten, insbesondere wenn sie Schizophrene behandeln (siehe Searles 1965), haben gegen diese idyllische Vorstellung von therapeutischer Beziehung vielleicht Einwände, weil man sich nicht mit jedem Klienten so wohl fühlt und auch nicht immer so positiv eingestellt ist.

von vielen Therapeuten – besonders Familientherapeuten –, die sich von seinen Gedanken haben inspirieren lassen, übersehen worden ist. Viele von ihnen ersetzten Psyche und Individuum einfach durch System und Familie. Doch in Batesons frühen Theorien war diese Dichotomie bereits überwunden durch die Idee, daß die *Kommunikation* die Elemente der Innenwelt des Individuums mit den Elementen seiner Außenwelt verbinde. Die Innenwelt wird als intrapersonelle Kommunikation verstanden, die Außenwelt als interpersonelle Kommunikation. Außerordentlich interessant sind Batesons Beschreibungen der intrapersonellen Kommunikation (d. h. der Selbstbeobachtung), der Kommunikation zwischen zwei Personen und der *Kommunikation über die Kommunikation* (d. h. Metakommunikation), die sich zwischen zwei Personen ereignen kann. Die Selbstbeobachtung, die auf intrapersoneller Kommunikation basiert, macht die Selbsttherapie praktisch unmöglich, weil der externe Standpunkt fehlt, wie ihn beispielsweise der Therapeut anbietet. Dasselbe gilt für die transkulturelle Erfahrung, die ein besseres Verstehen der eigenen Kultur erlaubt.

Die Kommunikation zwischen zwei Personen, wie sie auch in der Einzeltherapie stattfindet, hängt von deren allgemeinen Prämissen ab und von dem, was sich im Dialog entwickelt:

> „... wenn wir mit Zwei-Personen-Systemen arbeiten, findet eine neue Art der Integration statt: Wenn ich weiß, daß der andere Mensch mich wahrnimmt, und dieser weiß, daß ich ihn wahrnehme, dann wird diese gegenseitige Bewußtheit zu einem Bestandteil, der alle unsere Aktionen und Interaktionen bestimmt. In dem Augenblick, in dem eine solche Bewußtheit hergestellt wird, konstituieren er und ich eine Gruppe, die einen Rahmen setzt, und durch die Merkmale des laufenden Prozesses in diesem größeren Gebilde werden beide Individuen bis zu einem gewissen Grad kontrolliert. Auch hier wirken sich die gemeinsamen kulturellen Prämissen aus." (Bateson 1995, S. 208 – Passage wurde für dieses Buch übersetzt)

Folglich erlaubt der Dialog die Metakommunikation, die ein wesentlicher Faktor im therapeutischen Prozeß ist und die nach Bateson davon abhängt, wie und bis zu welchem Grade es jedem Teilnehmer am Dialog gelingt, sich der Wahrnehmung des anderen bewußt zu werden.

> „... daraus folgt, daß eine Fülle von Merkmalen, die dem anderen Individuum zugeschrieben werden, relevant geworden ist für die Gestaltung und Motivierung des Verhaltens des Signalgebers. Die Signale werden so gestaltet, daß sie zu den Vorstellungen des Signalgebers vom Empfänger passen. Von diesem Punkt an entwickelt sich verständlicherweise eine Reihe menschlicher Gewohnheiten und Merkmale – Introjektionen, Identifikationen, Projektionen und Empathie." (Bateson 1995, S. 210 – Passage wurde für dieses Buch übersetzt)[11]

Diese systemische Sicht der dyadischen Beziehung steht immer noch im Zentrum unserer Art, Therapie zu konzeptualisieren und durchzuführen. In dieser Perspektive sind grundlegende Aspekte der menschlichen (und therapeutischen) Beziehung erkennbar, die später in den Arbeiten konstruktivistischer und konstruktionistischer Autoren anders beschrieben und erklärt werden sollten.

Im Zusammenhang mit dem Thema therapeutische Beziehung und positive Emotionen des Therapeuten möchten wir noch das „Glücks"-Konzept erwähnen, das von dem italienischen Psychoanalytiker Giampaolo Lai eingeführt worden ist. Dieser schreibt:

> „Am allermeisten bin ich daran interessiert, daß die Dinge gut laufen, daß wir eine angenehme Konversation haben. Denn ich kann nach meinen subjektiven Kriterien natürlich nicht wissen, was für meinen momentanen Gesprächspartner ein gutes Gespräch, ein glückliches Gespräch ist. ... Und aus meiner Sicht ist es der Augenblick des Zusammenseins, was mich interessiert, was für mich schön ist, wo ich außerordentlich glücklich bin, oder aber, wenn man mit dem, was möglich ist, zufrieden sein muß, wo ich so wenig unglücklich wie möglich bin. Und bei meinem Gesprächspartner ist das vielleicht auch so, wenn er bei mir ist und ich versuche, eine angenehme Atmosphäre zu schaffen, wenn er auch versucht, sich bei mir gut zu fühlen oder doch so wenig schlecht wie möglich. Darüber freue ich mich sehr." (Lai 1985, S. 10–11 – Passage wurde für dieses Buch übersetzt)

Die Idee vom „Glück" des Therapeuten ist wichtig, weil ein „glücklicher" Therapeut wahrscheinlich eher in der Lage ist, seinem Klien-

---

[11] In dieser Aussage (Bateson schrieb sie im Jahr 1951) ist Maturanas Idee, daß es der Empfänger sei, der der Botschaft ihren Sinn verleihe, schon in embryonaler Form enthalten (Maturana u. Varela 1980).

ten zu helfen, als ein trauriger oder enttäuschter Therapeut. In Therapiesitzungen stellen wir uns oft die Frage: „Was kann ich tun, um mich wohler zu fühlen und meine Neugier und meine Kreativität anzuregen?"

Während das Konzept der Empathie in der Psychoanalyse intensiv analysiert und in der psychoanalytischen Behandlung von zentraler Bedeutung war, so waren das Konzept der „positiven Sichtweise" und die eng damit verknüpfte Idee der positiven Konnotation in der systemischen Familientherapie enorm wichtig. Bereits beim MRI-Modell der 70er Jahre bezog sich die *positive Sichtweise* nicht nur auf das Wesen der präsentierten Probleme, die als Symptome des Zusammenlebens und nicht einer psychischen Krankheit betrachtet wurden, sondern auch auf den Gebrauch therapeutischer Interventionen wie etwa die *positive Umdeutung (Reframing)* symptomatischer Verhaltensweisen. Dadurch rückte man die Ressourcen des Klienten in den Mittelpunkt und nicht seine Unzulänglichkeiten.

In den frühen 70er Jahren fügte das Mailänder Team das Konzept der *positiven Konnotation* von Verhaltensweisen aller Familienmitglieder – sowohl der Symptomträger als auch der Mitglieder ohne Symptome – hinzu. Anders ausgedrückt: Der Therapeut verknüpfte und konnotierte die Verhaltensweisen aller Familienmitglieder in einem positiven Sinne; dadurch gab er dem symptomatischen Verhalten eine Bedeutung im Kontext der Familienbeziehungen, akzeptierte das symptomatische Verhalten und gleichzeitig die Reaktionen der anderen Familienmitglieder. So wurde eine relationale Doppelbindung hergestellt: Einerseits versah man das Verhalten der Familienmitglieder mit positiven Konnotationen und verlangte von den Angehörigen, sich nicht zu verändern (Symptomverschreibung); andererseits ist der therapeutische Kontext an sich ein Kontext der Veränderung: so wurde ein therapeutisches Paradoxon geschaffen. Das Paradoxon wurde aufgelöst durch ein Gegenparadoxon: durch die Einführung des Faktors Zeit, von Zeitsequenzen, wie zum Beispiel: „Gehen Sie *unter den gegenwärtigen Umständen* diesen Weg weiter ..." (siehe Boscolo u. Betrando 1994).

Durch die positive Konnotation, mit der alle familialen Verhaltensweisen versehen wurden, bekamen die Familienbeziehungen und speziell die präsentierten Symptome, die als Ausdruck eines existentiellen Problems und nicht einer psychischen Krankheit gesehen wurden, einen Sinn. Aufgrund der relationalen Bedeutungen, die den Symptomen gegeben wurden, aufgrund der Akzeptanz dieser Symptome *unter den gegenwärtigen Umständen* und aufgrund der Reaktionen der Familienmitglieder auf diese Symptome wurde es der Familie möglich gemacht, sich akzeptiert zu fühlen, was für ihr therapeutisches Engagement förderlich war. Da Probleme in den meisten Fällen ein Ausdruck der Trennung von signifikanten anderen beziehungsweise der Individuation sind (und das gilt nicht nur für den Klienten), halten wir das positive Akzeptieren des Denkens und Handelns des (der) Klienten mit unserem Zusatz „unter den gegenwärtigen Umständen" bis zum heutigen Tag für eines der wichtigsten Merkmale unseres Therapiestils. Wir haben die Erfahrung gemacht, daß diese therapeutische Haltung sowohl dem Wunsch nach Zugehörigkeit als auch dem Ablösungsprozeß gerecht wird.

Neben Empathie, positiver Sichtweise und dem „unter den gegenwärtigen Umständen" möglichen Akzeptieren von Verhaltensweisen und Lösungen unserer Klienten beeinflußte noch ein anderes Element, das aus unserem schon früh erwachten Interesse an der Sprache herrührte, unsere therapeutische Praxis. Wenn man systemisches Denken als Therapiemodell einführen wollte, gehörte es mit zu den ersten Entscheidungen, daß man die in den Teamdiskussionen benutzte Sprache veränderte. Für Klienten wurde das Verb „zeigen" statt des Verbs „sein" benutzt. Folglich wurde ein Klient beispielsweise nicht mit der Feststellung beschrieben „Er ist aggressiv", sondern mit „Er zeigt Aggressionen". Durch dieses sprachliche Hilfsmittel wurde ein Verb vermieden, das eine inhärente Eigenschaft bezeichnet, und dafür ein anderes Verb benutzt, das eine durch den Beobachter registrierte kommunikative Handlung impliziert („zeigt" etwas: wem, warum?). Die Auslassung des Verbs „sein" half uns, problematische oder symptomatische Verhaltensweisen von einer moralischen oder linear-kausalen Warte aus zu sehen (Selvini Palazzoli et al. 1977).

Die Sensibilität gegenüber der Sprache wurde in unserer späteren therapeutischen Arbeit noch ausgeprägter. Mitte der 80er Jahre entwickelten wir ein immer stärkeres Interesse daran, die Sprache zu entpathologisieren, das heißt, klinische Begriffe möglichst zu vermeiden und statt dessen eine Sprache zu benutzen, die den Klienten aus der Rolle des „Sonderlings" oder „Abweichlers" entlassen konnte; das erleichterte die Entstehung von Beschreibungen und Geschichten, so daß „normale" Entwicklungsverläufe möglich werden konnten. Diese Denkweise hat Ähnlichkeit mit der Idee von Anderson und Goolishian, der zufolge das pathologisierende System, das heißt das problem-determinierte System, das den Patienten, die Familie und die diagnostizierenden Experten einschließt, durch therapeutisches Handeln „aufgelöst" wird. Umgekehrt impliziert eine auf klinischen Begriffen und Konzepten basierende Fachsprache die Möglichkeit, daß der Klient an einer Krankheit des Nervensystems leide, was ihn aus der persönlichen Verantwortung entlassen und die sogenannten sekundären Vorteile der Krankheit begünstigen könnte und außerdem die Gefahr einer selbsterfüllenden Prophezeiung in sich birgt.

Eine positive Sichtweise und ein entpathologisierender Dialog sind nur zwei Einzelaspekte einer generellen Haltung, den Klienten, seine Welt und seine Probleme sowie seine Stärken und Zukunftsperspektiven zu akzeptieren. Wir meinen, daß die Hauptquellen von Angst, Unsicherheit und deren symptomatische Manifestationen zu suchen sind in vergangenen und gegenwärtigen Beziehungen, in denen bestimmte Formen der Disqualifikation, Nichtbestätigung und Negation durch signifikante andere beim Individuum zu einem partiellen oder totalen Verlust seines Eigenrechts geführt haben. Wenn der Therapeut empathische Fähigkeiten hat, das heißt den Klienten[12] bedingungslos akzeptiert, ohne von diesem zu verlangen, daß er sich wie ein „guter Klient" benehme, dann kann diese Botschaft an sich schon signifikante therapeutische Effekte haben.

---

12 Selbstverständlich bedeutet „bedingungsloses Akzeptieren des Klienten" nicht, daß alle seine Verhaltensweisen akzeptiert werden, sondern daß er als Person akzeptiert wird. Manchmal muß der Therapeut einschreiten, wenn das Verhalten des Klienten für ihn oder andere gefährlich wird. In Extremfällen, etwa bei Mißhandlung oder Gewalttätigkeit, kann der Therapeut gezwungen sein, die Behandlung zu unterbrechen und forensische Maßnahmen zu veranlassen.

Ethische Aspekte

Seit einiger Zeit nimmt das Interesse an ethischen Fragen in der Therapie zu. Verdient gemacht hat sich hier besonders die feministische Bewegung, die sich der sensiblen Themen Ethik und Werte angenommen hat (Doherty u. Boss 1991; Hare-Mustin 1989).

In den ausgehenden 80er Jahren kritisierten einige Fachleute aus dem Gesundheitswesen, die es vorwiegend mit Menschen zu tun hatten, welche unter den Folgen körperlichen oder sexuellen Mißbrauchs litten, sowie einige Feministinnen den sogenannten „Justifikationismus" der systemischen Familientherapeuten. Mit „Justifikationismus" meinten diese Kritiker die systemischen Erklärungsmodelle, die auf einer zirkulär-kausalen Epistemologie basierten und die Tendenz hatten, die Anteile des Täters und des Opfers auf ein und dieselbe Stufe zu stellen. Im Verlaufe einer Familientherapie konnten die Familienmitglieder, einschließlich des Täters, zu der Überzeugung gelangen, daß ihr Verhalten aufgrund des Verhaltens der anderen gerechtfertigt sei, und sich durch den Therapeuten legitimiert fühlen. Diese Kritiker forderten, daß der Therapeut nach Aufdeckung des Mißbrauchs die Therapie unterbrechen und forensische Maßnahmen einleiten sollte, anstatt die „Familienspiele" zu verändern. Schwere Kritik wurde an Batesons Denkweise geäußert, weil er das Konzept der Macht nur marginal behandelt und die Macht simplifizierend zu einem epistemologischen Irrtum erklärt hätte. Bateson wurde vorgeworfen, systemisch arbeitende Therapeuten dahin gehend beeinflußt zu haben, daß sie den manchmal verheerenden Folgen von Machtausübung für die Opfer unsensibel gegenüberstünden. In den Augen der Kritiker war die Macht- (und Gewalt-)Beziehung eine asymmetrische Beziehung der Ungleichheit zwischen Täter und Opfer, die eine forensische Intervention notwendig machte, damit der Mißbrauch gestoppt werden konnte. Diese Art von Beziehung, so die Kritiker, werde besser beschrieben mit dem Modell der linearen Kausalität.

Paul Dell (1989) bestätigte in einem wichtigen Artikel die Berechtigung dieser Kritik am systemischen Denken mit seinem Machtkonzept und an der bevorzugten Praxis systemisch arbeitender Therapeuten, unter den drei Stufen des Wissens – *Beschreibung, Erklärung, Erfahrung* – die beiden Stufen der Beschreibung und der Erklärung vorzuziehen und die Stufe der Erfahrung (z. B. die traumatische Erfahrung eines mißhandelten Familienmitglieds) zu vernachlässigen. Nichols schreibt zu diesem Thema, indem er sich auf das berühmte Beispiel in Watzlawick et al. (1980) mit der nörgelnden Frau und dem passiven Ehemann beruft:

> „Familientherapeuten haben gelernt, Nörgeln und Passivität als zirkulären Prozeß zu sehen, aber sie müssen auch lernen, diese Aspekte als menschlich zu sehen. Nachdenkliche Kliniker sehen hinter dem Nörgeln die Pein und verstehen die Angst, die zur Passivität motiviert. Mit anderen Worten: Der Sichtweise des systemischen Denkers müssen wir die Haltung eines mitfühlenden Helfers hinzufügen." (Nichols 1987, S. 20 – Passage wurde für dieses Buch übersetzt)

Von den vielen diskutierten ethischen Themen ist eines der wichtigsten die Offenheit beziehungsweise Verschlossenheit des Therapeuten (Klarheit oder Verschwiegenheit) dem Klienten gegenüber; ein anderes wichtiges Thema ist die Möglichkeit der Manipulation des Klienten durch den Therapeuten. Diesbezüglich fordern Therapeuten, die das Konversationsmodell vertreten, nahezu völlige Offenheit. Diese Position erinnert an die humanistischen Therapieansätze (Carl Rogers, Rollo May). Sie plädieren auch für eine authentische Achtung vor dem Klienten und die Vermeidung jeglicher Manipulation. Harlene Anderson faßt die ethischen Grundsätze des von ihr vertretenen Modells wie folgt zusammen:

> „Eine ethische Haltung hat für mich damit zu tun, wie man sich in bezug auf den anderen positioniert, ihn existieren läßt, ohne ihn oder seine Geschichte zu entwerten. Menschen authentisch respektieren und es ihnen erlauben, Würde in ihrer Beziehung zum Therapeuten und in ihrem Leben zu erfahren und die Verantwortung für das eigene Leben zu übernehmen – das ist ein ethisches Fundament. In meinen Gedanken als Therapeutin offen und öffentlich sein, statt abgeschlossen und privat, und es dem anderen gestatten, daß er meine Sichtweisen und meine ethischen Grundsätze hinterfragt, und kontinuierlich über meine eigenen Wertvorstellungen und moralischen Prinzipien reflektieren – das ist ein ethisches Fundament." (Anderson, in Holmes 1994, S. 156 – Passage wurde für dieses Buch übersetzt)

In unserem Modell sieht man das Thema Offenheit etwas anders. Wir ziehen es vor, verschwiegen beziehungsweise verschlossen zu sein, statt offen und öffentlich. Wenn ein Klient sich nur sehr zögerlich öffnet und bestimmte Ereignisse oder Gedanken nicht enthüllen mag, kann der Therapeut den Klienten dazu ermuntern, darüber nachzudenken und später zu entscheiden, was er preisgeben möchte. So werden die Intimsphäre und die Entscheidungen des Klienten respektiert und die Möglichkeit geschaffen, daß es zwischen Therapeut und Klient Tabubereiche gibt (das ist bei den meisten menschlichen Angelegenheiten eigentlich der Normalfall).[13]

Im Gegensatz dazu akzeptieren wir voll und ganz Harlene Andersons Sichtweise, der zufolge es in der Therapie wichtig ist, eine authentische Achtung vor dem einzelnen Menschen, seiner Würde und seiner Vorstellung von Verantwortung für sein Leben zu haben. Wir handeln nach diesen Prinzipien in der Art, daß wir einen therapeutischen Kontext schaffen, in dem der Therapeut ein hohes Maß an Aufmerksamkeit, Empathie und Respekt walten läßt. Wir streben einen Dialog an, der weniger auf Antworten fokussiert ist als auf Fragen, denen der Klient seine eigenen Bedeutungen geben kann. Darüber hinaus versuchen wir, gemäß von Foersters ethischen Vorstellungen therapeutisch so zu handeln, daß die möglichen Optionen maximiert werden. In Übereinstimmung mit diesem Prinzip sind wir bemüht, die notwendige Distanz zu unseren Theorien und zu jeder anderen Idee zu wahren, die unsere Freiheit und Kreativität wie auch die des Klienten im Keim ersticken könnte.

Die bewußte Manipulation des Klienten durch den Therapeuten ist ein weiteres ethisches Problem von Relevanz. Unserer Ansicht nach handelt man ethisch, wenn man vermeidet, Menschen auf ein bestimmtes therapeutisches Resultat hin zu manipulieren, das heißt, die Ergebnisse der Therapie vorsätzlich festzulegen, indem man dem Klienten vorschreibt, wie er sich zu verhalten habe. In dieser Position fühlen wir uns vielen Kollegen verbunden, die nach einem konstruktivistischen, konstruktionistischen oder narrativen Ansatz arbeiten.

Watzlawick (Nardone u. Watzlawick 1994) dagegen hält es für ethisch, den Klienten auf die bestmögliche Art von den Problemen

---

[13] Wir haben oft festgestellt, daß Beziehungen (speziell Familienbeziehungen) verheerende Auswirkungen auf Individuen haben können, wenn diese unter rigiden Prämissen stehen, die nur die Wahl lassen zwischen völliger Offenheit (und damit gut zu sein) oder Abgeschlossenheit (und damit schlecht zu sein).

zu befreien, die ihn beeinträchtigen und die er auf seinen expliziten Wunsch hin loswerden möchte, auch wenn dabei ein gewisses Maß an Manipulation unumgänglich ist. Laut Watzlawick ist es generell unmöglich, in einer Beziehung nicht zu manipulieren, und die therapeutische Beziehung ist keine Ausnahme.

Diese Position wird auch von allen strategisch arbeitenden Therapeuten vertreten, die unsere impliziten Annahmen über ethische Prinzipien oft anzweifeln. Haley meint beispielsweise, daß es bei der ethischen Frage in der Therapie um die Polarität zwischen *Verbergen* auf der einen Seite und *Intimität und Teilhabe* auf der anderen Seite gehe:

> „Dem kann entgegengehalten werden, daß Individuation und totale Informationsteilhabe unvereinbar sind. Der Akt des gegenseitigen Verbergens zwischen Therapeut und Klient zieht eine Grenze zwischen ihnen und macht sie so zu Individuen." (Haley 1977, S. 202)

Haley erklärt des weiteren, wie schwierig es sei, in der Therapie über alles, was man tue, vollkommene Bewußtheit zu erlangen:

> „Seit man die Therapiesitzungen auf Videoband nachprüfen kann, ist es in den letzten Jahren immer klarer geworden, wie komplex der Austausch zwischen dem Therapeuten und einer oder mehreren Personen ist. Minütlich werden Hunderttausende von Informationsteilen in Wörtern, mit Körperbewegungen und Betonungen ausgetauscht. Sowohl dem Klienten als auch dem Therapeuten ist nur ein geringer Teil dieses komplexen Austausches bewußt." (Haley 1977, S. 203–204)

Da sich der Therapeut nur partiell der Ursprünge und Ziele seiner jeweiligen Handlungen bewußt ist (wir haben über das „Ungesagte" schon in Kapitel 1 gesprochen), ist es für ihn unmöglich, sich selbst gänzlich zu ergründen. Folglich läßt es sich nicht vermeiden, daß es ein gewisses Maß an unbewußter Manipulation in der Therapie gibt, genauso wie es ein gewisses Maß an Solidarität, Verführung, Kontrolle und so weiter gibt.

Mit der ihm eigenen Klarheit befaßt sich Haley auch mit den ethischen Themen der Verhaltensverschreibungen. Zur Verschreibung des Symptoms hat er folgendes zu sagen:

„Therapeutische Taktiken, die symptomatisches Verhalten fördern, sind nicht einfach Lügen. Wenn jemand in einer bestimmten Situation Angst hat und der Therapeut ihn dazu auffordert, in dieser Situation Angst zu empfinden, spricht der Therapeut nicht die Wahrheit. ... Dies ist eine wohlwollende Lüge, die aus ethischen und taktischen Gründen vorsichtig angegangen werden muß. ...

In dieser Situation geht es weniger darum, ob der Therapeut eine Lüge gebrauchte, als darum, ob er sich unethisch verhalte. Auch wenn er den Patienten zu dessen Vorteil täuscht: Ist es ethisch, einen Patienten zu täuschen? ... Man muß sich jedoch auch über die langfristigen Auswirkungen Gedanken machen, wenn jemand einen Fachmann als nicht vertrauenswürdig erfährt, was mehr Schaden anrichten kann als das Andauern eines Symptoms.

Mit diesem Vorgehen wird aber ein grundlegendes Problem aufgeworfen. Ist die Symptomverschreibung eine Täuschung des Klienten?" (Haley 1977, S. 206–207)

Wir möchten unsere Diskussion über Offenheit und Verschlossenheit des Therapeuten mit Viaro u. Leonardi (1990) abschließen, die den systemischen Therapieansatz der Mailänder Schule nach der Konversationstheorie untersucht und dabei zwei implizite Prinzipien identifiziert haben, denen die Therapeuten während des zirkulären Interviews folgten: dem *Prinzip der Normalität* und dem *Prinzip der Verschwiegenheit*. Gemäß dem Prinzip der Normalität werde alles, was in der Therapiesitzung gesagt werde, von einer Person gesagt, die eine normale Fähigkeit besitze, zu artikulieren, was sie sagen möchte, zu verstehen, was die anderen sagen, Entscheidungen zu treffen und so weiter. Während der ganzen Sitzung bleibe der Therapeut dieser Annahme treu, selbst dann, wenn eine Person unverständliche Dinge sage. In einem solchen Falle erkläre der Therapeut, daß die Person deshalb unverständliche Dinge sage, *um das eine oder andere mitzuteilen*. Psychische Krankheit werde nicht als Erklärungsmodus benutzt. Aufgrund des Prinzips der Verschwiegenheit sei es andererseits den verschiedenen Gesprächsteilnehmern möglich, nicht alles zu enthüllen, was sie dächten. Weder erwarte noch verlange man die totale wechselseitige Offenheit. Auch der Therapeut wahre Verschwiegenheit über seine Hypothesen und stelle nur solche Fragen, die indirekt mit seinen Hypothesen zusammenhingen (mehr darüber in Kapitel 3).

Die Philosophie der Therapie

Roy Schafer (1976) schlug eine Unterscheidung vor, die Northrop Frye (1957) schon für die Literaturkritik vorgestellt hatte. Er unterscheidet vier mögliche Sichtweisen von der Welt und vom Leben, die ebenso auf Personen in Therapie angewendet werden können und auf die Wirkung, die die Therapie auf diese Personen hat (oder haben könnte): die *komische, romantische, tragische* und *ironische* Sichtweise. Wir halten diese Unterscheidung für interessant und nützlich, um unser therapeutisches Modell in einen größeren Bezugsrahmen zu stellen und es von anderen Modellen abzugrenzen.

Die komische[14] Sichtweise macht eine klare Trennung zwischen „den guten Typen" und „den schlechten Typen" in einer Welt, in der die guten Typen ihre Ziele erreichen können, wenn erst einmal die (externen) Hindernisse, die ihnen den Weg zu den Zielen versperren, beseitigt sind. Da sich bei dieser Sichtweise jeder mit dem guten Helden beziehungsweise der guten Heldin identifiziert, ist sie eine optimistische Sichtweise, die jedem die Möglichkeit gibt, das vollkommene Glück zu erlangen. Nietzsche zitiert Sokrates: „Tugend ist Wissen; es wird nur gesündigt aus Unwissenheit; der Tugendhafte ist der Glückliche." (Nietzsche 1959, S. 95)

Bei der romantischen Sichtweise ist das Leben eine fortwährende Suche nach der Vollkommenheit. Man erreicht sie nur nach vielen Höhen und Tiefen, doch der Held beziehungsweise die Heldin kann die Hindernisse immer überwinden. In Schafers Analyse haben die komische und die romantische Sichtweise zwei gemeinsame Merkmale. Beide idealisieren die Endziele und die Heldenfiguren, die immer in absoluten Begriffen beschrieben werden. (Entweder ist immer alles positiv oder aber negativ.) Beide haben eine zyklische Zeitkonzeption. Egal wie groß die Hindernisse und wie gefährlich die Abenteuer sind, die Helden und Heldinnen gehen immer unbeschadet daraus hervor und stellen alles in ihrer ursprünglichen Reinheit wieder her. Sie können alles tilgen, was gewesen ist, und mit reinem Herzen wieder von vorne beginnen.

Im Gegensatz dazu sind bei der tragischen Sichtweise die unvermeidlichen Widersprüche und Intrigen des Lebens offenkundig.

---

14 Der Ausdruck „komisch" hat hier nichts zu tun mit Humor. Er bezieht sich auf die Unterscheidung zwischen Komödie und Tragödie: Ein Theaterstück, das keine Tragödie ist, also ein „glückliches" Ende hat, ist eine Komödie.

Im Sieg ist die Saat der Niederlage schon angelegt; im Glück existiert das Unglück schon im Keim. Oft sind die kategorialen Gebote, denen wir als Menschen gehorchen müssen, in sich widersprüchlich und führen zu ernsten inneren Verletzungen. Bei der tragischen Sichtweise ist die Zeit linear und unumkehrbar, und eine einmal getroffene Entscheidung ist unwiderruflich. Die tragische Sichtweise impliziert ein schmerzhaftes Akzeptieren von unvereinbaren Widersprüchen des Lebens. Nietzsche sagt: „Alles Vorhandene ist gerecht und ungerecht und in beidem gleichberechtigt." (Nietzsche 1959, S.70)

Die ironische Sichtweise impliziert ebenso die Akzeptanz von Widersprüchen, Ambiguitäten und Paradoxien des Lebens. Diese Akzeptanz ist jedoch nicht von dem gleichen Pathos der tragischen Sichtweise durchdrungen, die volle Anteilnahme und emotionale Intensität voraussetzt; die ironische Sichtweise dagegen setzt Distanz voraus. Das Spezifische an der ironischen Sichtweise ist, daß sie sich von einer bedingungslosen Unterstützung eines einzigen Standpunktes distanziert und erkennt, daß jeder Standpunkt relativ ist und anfällig dafür, ins Gegenteil verkehrt zu werden. Auch wenn diese Sichtweise humoristisch sein kann, so ist sie doch „etwas sehr Ernsthaftes" (Schafer 1976, S. 51) und bedeutet, daß man jederzeit bereit ist, die eigene Gewißheit in ein Vielleicht umzuwandeln.[15]

Schafer integriert vom psychoanalytischen Standpunkt aus die vier Sichtweisen in den analytischen Prozeß:

> „Die komische Sichtweise mit ihrer Betonung von Optimismus, Fortschritt und Linderung von Schwierigkeiten und die romantische Sichtweise mit ihrer Betonung der Suche nach Abenteuern sind in spezifischer Weise verwandt mit den heilenden, befreienden und alloplastischen Aspekten des analytischen Prozesses. Die tragische Sichtweise, die durch tiefe menschliche Verwicklung, einen auswegslosen und erhabenen Konflikt, durch Schrecken, dämonische Kräfte, Niedergang und Unsicherheit gekennzeichnet ist, und die ironische Sichtweise, die die distanzierte Aufmerksam-

---

15 Für Schafer ist die ironische Sichtweise die Kehrseite der tragischen Sichtweise. Oder, wie Nietzsche in seiner *Geburt der Tragödie* sagt: „.... ihr solltet l a c h e n lernen, meine jungen Freunde, wenn anders ihr durchaus Pessimisten bleiben wollt ..." (1959, S. 19)

keit gegenüber Ambiguität und Paradoxie sowie die Willkürlichkeit von Absolutheiten betont, sind in spezifischer Weise verwandt mit den Aspekten des Forschens, Betrachtens und Bewertens im analytischen Prozeß." (Schafer 1976, S. 55–56 – Passage wurde für dieses Buch übersetzt)

Nicht nur der analytische, sondern jeder therapeutische Prozeß kann in Begriffen dieser vier Sichtweisen gedeutet werden. Wir meinen, daß es auch bestimmte Therapieverfahren gibt, in dem die eine oder andere Sichtweise überwiegt.

Die „komische" Sichtweise ist typisch für viele Arten der Kurzzeittherapie, die auf das Symptom fokussiert und auf Problemlösung ausgerichtet sind. Alle diese Therapien gehen davon aus, daß durch die Beseitigung des unerwünschten Symptoms, Verhaltens oder einer rigiden Bedeutungszuschreibung zumindest ein potentieller Zustand des Wohlbefindens (vollständig) wiederhergestellt werden kann. Zu diesen Therapieverfahren zählen das MRI-Modell, andere strategische Therapien sowie das Ericksonsche Modell und im Prinzip alle Therapieformen, die von einem grundlegenden Optimismus geprägt sind, wie er traditionell im amerikanischen Geist tief verwurzelt ist.

Eine romantische Sichtweise ist charakteristisch für den Therapietyp nach C. G. Jung und für Bowens (1978) Therapie der Familiensysteme. In beiden Ansätzen begreift man die Therapie als permanente Suche und kontinuierliches Streben nach einem fernen und zumindest erstrebenswerten Ideal (Individuation und Selbstverwirklichung), auch wenn es in der Wirklichkeit nicht erreichbar ist.

Schafer schreibt Freuds Psychoanalyse (die in einer Gesellschaft und einer Generation ins Leben gerufen wurde, in der die Sicherheiten des 19. Jahrhunderts erschüttert wurden) eine tiefe Bewußtheit um die tragische Sichtweise zu. In diesem Modell werden sich Analytiker wie auch Analysand zunehmend bewußter, daß es unmöglich ist, die dem Leben inhärenten Widersprüche und Neurosen zu vermeiden.

Die ironische Sichtweise sei, wie Schafer behauptet, nicht nur typisch für die Psychoanalyse, sondern auch für Whitackers erlebnisorientierte Therapie (die von einigen als „Therapie des Absurden" bezeichnet wird; zit. in Giat Roberto 1991). In diesem Modell wird die psychische Krankheit als *modus vivendi* akzeptiert, der seine eigene Würde hat. Wir zählen unser Modell aus folgenden Gründen auch zu den Therapieverfahren, die eine ironische Sicht einnehmen. Es akzeptiert viele Sichtweisen von der Welt, auch widersprüchliche, was aber nicht als Resignation oder furchtbare Beschränkung empfunden wird. Außerdem ermutigt es Klient und Therapeut, Widersprüche als verschiedene Weltsichten oder als unterschiedliche Lebensstile anzuerkennen, die alle möglich sind, auch wenn sie sich nicht miteinander vereinbaren lassen. Diese Überlegungen hindern uns nicht daran, auch Therapien mit dem Schwerpunkt auf der komischen Sichtweise (wenn wir uns lediglich mit den Symptomen befassen) oder Therapien mit der Betonung der tragischen Sichtweise (wenn wir mit schweren Loyalitäts- und Machtkonflikten konfrontiert sind, etwa in Fällen von Inzest, Gewalttätigkeit oder bei Psychosen) durchzuführen.

3. Der therapeutische Prozeß

In diesem Kapitel diskutieren wir die Aspekte, die zum Prozeß der systemischen Einzeltherapie gehören. Zuerst besprechen wir ausführlich die unterschiedlichen Prinzipien (Hypothesenbildung, Zirkularität und zirkuläre Fragen), die seit den 70er Jahren unsere Durchführung von Therapiesitzungen leiten. Danach lenken wir unsere Aufmerksamkeit auf die einzelnen Therapiephasen (von der ersten Einschätzung des Klienten bis zur letzten Sitzung) und schließen das Kapitel mit detaillierten Ausführungen über die jüngsten anregenden Beiträge zu einigen linguistischen Aspekten (semantische, rhetorische und hermeneutische) des therapeutischen Dialogs.

Der Dialog

Wie wir schon im ersten Kapitel gezeigt haben, geht mit der Entwicklung von Narration und sozialem Konstruktivismus der sich immer stärker ausbreitende Gebrauch des Begriffs „Konversation" einher, mit dem die Gesamtheit des sprachlichen Austauschs zwischen Therapeut und Klient definiert wird. Die meisten Autoren, die diese Ideen vertreten, führen den therapeutischen Effekt auf die Konversation als solche zurück, ohne sich auf Hypothesen, Typologien oder Theorien des Therapeuten zu berufen. Wir haben bereits erwähnt, daß wir an dieser Denkrichtung interessiert sind und sie schätzen, aber auch Kritik daran anzumelden haben. Aufgrund unserer Überlegungen halten wir an dem bekannten und erprobten Begriff des therapeutischen „Dialogs"[1] fest und veranschaulichen im folgenden einige seiner Aspekte.

1 Der Vollständigkeit halber muß erwähnt werden, daß einige Autoren seit neuestem den Begriff therapeutischer „Diskurs" (Goldner 1993) verwenden.

Prinzipien bei der Leitung der Therapiesitzung

Wie zuvor erwähnt, spielen Hypothetisieren, Zirkularität, Neutralität sowie zirkuläre Fragen seit 1975 für uns eine zentrale Rolle bei der Leitung der Therapiesitzung (Selvini Palazzoli et al. 1981). Doch das Prinzip der Neutralität hat später weitere Entwicklungen durchgemacht, die dem Aufkommen des Konstruktivismus und der Kybernetik 2. Ordnung direkt zugeschrieben werden können. Einzeltherapiesitzungen folgen ebenfalls diesen Prinzipien, allerdings mit den notwendigen Angleichungen, die sich natürlicherweise aus den Unterschieden zum Kontext der Familientherapie ergeben.

Bei der Leitung der Sitzung ist die Hypothese das Instrument, mit dem das Gehörte und Beobachtete in einen Zusammenhang gebracht wird: „Die Hypothese an sich ist weder richtig noch falsch, sondern viel eher *mehr oder weniger nützlich.*" (Selvini Palazzoli et al. 1981, S. 126) Es ist wichtig, daß die Hypothese nicht reifiziert wird, sondern lediglich eine Annahme bleibt. In jüngster Zeit argumentieren einige Gruppen, die sich ursprünglich mit dem Mailänder Modell identifiziert haben und nun Anhänger des narrativ-konstruktivistischen Ansatzes sind (z. B. Andersen 1992, Anderson u. Goolishian 1992, Hoffman 1992), gegen die Aufrechterhaltung dieses Prinzips: Ihrer Meinung nach lasse es sich durch den Verzicht auf die Hypothesenbildung vermeiden, daß die Geschichte des Klienten mit Ideen, Typologien und Informationen vermischt werde, die der Therapeut[2] einbringt.

Wir sind dagegen der Meinung, daß die Hypothese eine hilfreiche Funktion ausübt, weil sie die Information, die Bedeutung und die Handlungen miteinander verbindet, die sich während des Dialogs im Koordinatensystem von Raum, Zeit und anderen Referenzpunkten, die wir in den vorangegangenen Kapiteln beschrieben haben, entwickeln. Wenn wir gefragt werden: „Wessen Hypothese ist es? Die des Therapeuten, die des Klienten oder die von beiden?", dann antworten wir wie folgt:

> „Hypothesen entstehen aus der wiederholten Interaktion zwischen Therapeut und Familie. In diesem Sinne schreibt ein ‚wahrer Batesonianer' Hypothesen weder dem Therapeuten noch den Klien-

---

[2] Anderson u. Goolishian (1992) haben den Begriff Hypothese durch den Begriff „Vor-Wissen" ersetzt, während Andersen (1995) für den Begriff „Vor-Erkenntnis" plädiert, der ursprünglich von Martin Heidegger geprägt worden ist.

ten, sondern beiden zu ... Wo oder was ist dann die Hypothese? Im Geist des Therapeuten oder sonstwo? In den 70er Jahren war man der Meinung, sie sei im Geist des Therapeuten, aber heute würden wir sie im Kontext der Interaktion ansiedeln." (Boscolo u. Bertrando 1994, S. 121–122)

Bei der Einschätzung von Hypothesen ist es wichtig, eine kritische Haltung einzunehmen, aber gemessen werden sie letztlich an ihrer Plausibilität und Beweiskraft, nicht an ihrem Wahrheitsgehalt. Der daraus resultierende und gleichermaßen wichtige Prozeß, in dem die Hypothesen laufend neu eingeschätzt und modifiziert werden, ist ebenso wesentlich, um die Diskussion um mehr Details und weitere alternative Sichtweisen zu bereichern. Dieser Ansatz schützt den Therapeuten auch davor, in die Falle der Reifikation zu laufen, das heißt, das Prinzip in die Form einer „wahren Hypothese" zu gießen und mithin eine Rigidität einzuführen, die jeglichen Dialog beenden würde.

Um die Plausibilität einer Hypothese einschätzen zu können, bedient sich der Therapeut des Prinzips der Zirkularität, mit anderen Worten: der verbalen und nonverbalen Rückmeldung des Klienten. Es lohnt sich, die ursprüngliche Definition dieses Konzepts zu wiederholen:

> „Unter Zirkularität verstehen wir die Fähigkeit des Therapeuten, sich selbst in seiner Befragung vom Feedback leiten zu lassen, ... wenn er um Informationen über ihr Verhältnis untereinander, d. h. über Unterschiede und Veränderungen, bittet." (Selvini Palazzoli et al. 1981, S. 131)

Aus der Sicht der Konversationsanalyse (Viaro u. Leonardi 1990) zeigt sich die Zirkularität darin, daß der Therapeut auf der Grundlage der – verbalen und strukturanalogen – Reaktionen des Klienten auf die gestellten Fragen eine Selbstkorrektur vornimmt und daß der Klient durch die weiteren Fragen und Umdeutungen (Reframings) des Therapeuten zur Selbstkorrektur veranlaßt wird.

Das dritte Prinzip, das der Neutralität, ist am schärfsten kritisiert worden. Dadurch, daß der Therapeut eine neutrale Haltung einnimmt, soll er davor bewahrt werden, Voreingenommenheiten dem Klienten oder den mit diesem in Beziehung stehenden Menschen gegenüber aufzubauen, sich zu einseitig auf spezifische moralische oder soziale Ansichten einzulassen und den Klienten in eine bestimmte Richtung zu beeinflussen. Das ist zweifellos eine schwierige Aufgabe. Genauso wie es nach dem ersten Grundsatz der menschlichen Kommunikation (Watzlawick et al. 1980) per definitionem unmöglich ist, nicht zu kommunizieren, so ist es unmöglich, im Augenblick des Handelns neutral zu sein. Der Therapeut kann zum Beispiel in jedem gegebenen Augenblick parteiisch sein, um entweder die Spontaneität zu wahren oder um die Gefahr einer festgefahrenen Situation zu überwinden, wobei er das Ausmaß seiner Neutralität im Hinblick auf die gerade zu bewältigende Aufgabe abwägt. Der letztgenannte Punkt kann nur im nachhinein beurteilt und bewertet werden. Bei Therapien, bei denen das Team mitarbeitet, weist die Gruppe manchmal auf Situationen hin, in denen der Therapeut seine neutrale Haltung verlassen hat. In anderen Fällen ist es der Therapeut selbst, der in der Rückschau auf die gehaltene Therapiesitzung solche Schwachstellen bemerkt und folglich deren Auswirkungen überwachen kann. Daraus können wir schließen, daß eine synchronische Sicht eine nicht-neutrale Haltung produziert, während eine diachronische Sicht eine neutrale Haltung unterstützt.

Es gibt natürlich Umstände, unter denen die Neutralität aufgehoben werden muß: Ein typisches Beispiel wäre, wenn der Therapeut feststellt, daß in einer Familie körperlich, sexuell oder psychisch mißhandelt wird. Selbst die klassische psychoanalytische Theorie, die der Neutralität eine wichtige Rolle zuschreibt, akzeptiert diesen Aspekt:

> „Die Empfehlungen zur Neutralität, auch wenn nicht immer befolgt, werden von den Analytikern im allgemeinen akzeptiert. Indessen können selbst die klassischsten Psychoanalytiker sich in bestimmten Fällen (besonders bei den Ängsten der Kinder, den Psychosen, bestimmten Perversionen) einer Situation gegenübersehen, in der eine absolute Neutralität nicht wünschenswert oder möglich ist." (Laplanche u. Pontalis 1973, S. 332)

Einige Autoren (einschließlich Campbell, Draper u. Crutchley 1991; Tomm 1994) haben eine alternative Sichtweise der Neutralität entwickelt. Sie schlagen vor, daß die neutrale Haltung nicht nur den in einem bestimmten System vorhandenen Menschen und Ideen gegenüber eingenommen werden sollte, sondern auch in bezug auf die vom Therapeuten bevorzugten Vorstellungen von Veränderung. Ein Therapeut kann unter Umständen die Tendenz entwickeln, nach Veränderungen oder sogar nach einer ganz bestimmten Art von Veränderung zu streben. Die korrekte Haltung des Therapeuten muß die sein, daß er selbst der Idee von Veränderung gegenüber neutral bleibt: „Bei der Neutralität gegenüber Personen vermeidet es der Therapeut, direkt oder indirekt für die eine oder die andere Seite Partei zu ergreifen." (Tomm 1994, S. 77)

Auch wenn diese Herangehensweise im Rahmen der Familientherapie entwickelt worden ist, kann sie unseres Erachtens ohne Einschränkung auf die Einzeltherapie angewandt werden. Wir möchten an dieser Stelle betonen, daß eine neutrale Haltung des Therapeuten keine strategische Entscheidung sein sollte, sondern eine wahre und aufrichtige Einstellung, die er sich erworben hat – und die er nicht vortäuscht.

Kritik am Konzept der Neutralität kam aus zwei Richtungen: (1) Stimmen wurden laut, insbesondere aus feministischen Kreisen, die in der Neutralität das Ergebnis einer konservativen und unpolitischen Haltung der systemischen Therapeuten sahen. (2) Und vor allem wurde kritisiert aus den stärker werdenden Reihen der Konstruktivisten und Kybernetiker 2. Ordnung. Mit dem Aufkommen der Kybernetik 2. Ordnung Mitte der 80er Jahre wurde die Unterscheidung zwischen Beobachter und Beobachtetem aufgehoben, und damit war das Konzept der Neutralität nicht mehr aufrechtzuerhalten: Die Theorien und Voreingenommenheiten des Beobachters würden zwangsläufig jeden Versuch der Beschreibung verderben. Cecchin (1988) führte in seiner Revision des Begriffs Neutralität den alternativen – und sehr erfolgreichen – Begriff „Neugier" ein:

„… benutzten wir ursprünglich den Begriff Neutralität für das Bestreben, es aktiv vermeiden zu wollen, irgendeinen Standpunkt richtiger als einen anderen zu finden. Auf diese Weise wurde Neutralität zu einer Orientierungshilfe für den Therapeuten/die Therapeutin in Richtung auf eine systemische Epistemologie. …
Zur Vermeidung der Gefahren der Übersimplifizierung des Begriffs Neutralität schlage ich vor, daß wir Neutralität als das Kreieren eines Zustands von Neugier auf seiten des Therapeuten/der Therapeutin beschreiben. Neugier führt zur Erforschung und Erfindung alternativer Sichtweisen und Bewegungen, und unterschiedliche Bewegungen und Sichtweisen bringen wiederum Neu-

gier hervor. Neutralität und Neugier bringen sich rekursiv in einen Kontext, der Unterschiede hervorbringt, ohne gleichzeitig eine bestimmte Position einzunehmen." (Cecchin 1988, S. 190–191)

Bezugspunkte für die Hypothesen des Therapeuten

Bei Workshops und Seminaren werden wir von Kollegen oft gefragt, auf welchen Elementen wir unsere Hypothesen und Interventionen aufbauten. Selbstverständlich beziehen wir uns bei der Hypothesenbildung zum einen auf die Theorie in ihrer Anwendung, und zum anderen wählen wir aus dem erworbenen Fundus an persönlicher und klinischer Erfahrung jene Elemente aus, die uns in irgendeiner Weise zu einem gegebenen Zeitpunkt passend erscheinen. Das ist jedoch nicht alles. Im folgenden beschreiben wir einige der Bezugspunkte, die unser Koordinatensystem darstellen, nach dem wir die genannten Elemente (entweder aus der Theorie oder der direkten Erfahrung) miteinander verbinden und diesen einen Sinn geben.

1. *Zeit.* Die Zeit stellt zusammen mit dem Raum eine der ersten Unterscheidungen dar, die der Therapeut trifft, wenn er persönliche Erfahrung, die Erfahrung des Klienten sowie die Erfahrung aus dem therapeutischen Prozeß organisiert. Man kann behaupten, daß sich räumlich-zeitliche Parameter aus einer Beschreibung nicht beseitigen lassen. Einen großen Teil unserer Forschungsarbeit haben wir darauf verwendet, daß wir die Bedeutung der Zeit in menschlichen Beziehungen (Boscolo u. Bertrando 1994) untersucht haben. Wir haben die „Zeiten der Zeit" erforscht, das heißt, jene Zeittypen, die sich auf das Individuum, die Familie sowie die sozialen und kulturellen Bereiche beziehen; wir haben auch deren Wechselbeziehungen und deren verschlungene Entstehung sowohl bei der „normalen" als auch der „pathologischen" Entwicklung erkundet. Wir haben detailliert beschrieben, wie notwendig es für eine harmonische Entwicklung eines Menschen ist, daß er seine innere und externe Zeit koordiniert und daß er seine individuelle Zeit mit der Zeit der Menschen, die die wichtigsten Beziehungen für ihn darstellen, und mit der sozialen Zeit, die man zum Beispiel bei der Arbeit oder zu Hause findet, koordiniert.

Der Verlust der Koordination, das heißt der Harmonie zwischen den Zeitkategorien, führt zu Leiden und „Pathologie". Dafür gibt es vielfältige Beispiele: Bei der Zellentwicklung im Körper kann es zum Verlust der Koordination zwischen Paaren und Gruppen von Krebs- und gesunden Zellen kommen; es kann zur Verlangsamung oder zum Zusammenbruch der Geschwindigkeit der individuellen Entwicklung kommen im Fall eines anorektischen Mädchens oder eines Psychotikers, die die Koordination mit der Zeit signifikanter anderer wie Familienmitglieder oder der Peergroup verloren haben;[3] und nicht zuletzt kann es Schwierigkeiten geben, die soziale Zeit und die Zeit der Arbeit miteinander zu koordinieren. In seinem Film *Moderne Zeiten* demonstrierte Charlie Chaplin auf unnachahmliche Weise, wie das schnelle und mechanische Arbeitstempo am Fließband zum Verlust der Koordination zwischen der persönlichen Zeit des Arbeiters und der Zeit der Maschine führt – mit katastrophalen Folgen. In der Familientherapie hat man es gelegentlich mit Situationen zu tun, wo der Verlust der Koordination aus einem Familienmythos herrührt, der in der Geschichte einer Familiengruppe wurzelt und dem sich einige Familienmitglieder unterworfen, während sich die anderen für die gesellschaftliche Zeit entschieden haben. Ein anschauliches Beispiel dafür ist der Fall Luciano M., der im Mythos des verlorenen und unerreichbaren Vaters gefangen ist (siehe Kapitel 5).

Bei unseren Untersuchungen versuchen wir, zu verstehen, ob der Zeithorizont des Klienten auf die Vergangenheit gerichtet ist (z. B. bei der Depression), ausschließlich in der Gegenwart eingeschlossen ist oder sowohl für die Vergangenheit als auch für die Zukunft offen ist. In manchen Fällen ist die Zeit des Klienten fragmentiert, wie etwa in Psychosen;[4] oder sie ist weitgehend in zurückliegenden traumatischen Erlebnissen eingesperrt, wie etwa bei posttraumatischen Neurosen und nach dem Verlust signifikanter anderer (wenn Trauer nicht adäquat verarbeitet worden ist); die Zeit des Klienten kann auch mit der Zeit der Mitglieder der Herkunftsfamilie koordiniert sein anstatt mit der gegenwärtigen persönlichen

---

3 Chronische Störungen sind nur ein Beispiel dafür, wie die individuelle Zeit sich zu verlangsamen oder zusammenzubrechen scheint: Wenn zum Beispiel ein junger Psychotiker sich zu Hause einschließt, nicht mehr zur Schule geht oder seine Arbeitsstelle aufgibt, sich Außenbeziehungen versagt und zum Einsiedler wird. In einigen Extremfällen scheint ein regressiver Prozeß einzusetzen, in dem typische Verhaltensmuster aus einer früheren Entwicklungsphase auftauchen.

4 Siehe den in unserem Buch *Zeiten der Zeit* (Kapitel 1) vorgestellten Fall Nancy B.

Zeit. Diese Situationen gehen oft einher mit Problemen der Identifikation, Trennung und damit, eine konturierte Identität zu erlangen. Die Zeit dieser Klienten verliert die Koordination mit der Zeitentwicklung der übrigen Familienmitglieder und der Peer-group, wobei die Auswirkungen vorhersehbar negativ sind.

Die synchronische und die diachronische Zeit sind für den Therapeuten zwei wichtige Bezugspunkte. Während der gemeinsamen Exploration der Biographie des Klienten hält der Therapeut vielleicht plötzlich inne, um über ein bestimmtes Moment (synchronische Zeit) nachzudenken, das zum Beispiel in Beziehung gesetzt worden ist zur Familiengeschichte oder zur Entwicklung der therapeutischen Beziehung und umgekehrt. Mit anderen Worten: Der Therapeut kann gemeinsam mit dem Klienten in der Zeit vor- und zurückgehen, während sie zusammen die Geschichte des Klienten erforschen oder ihre therapeutische Beziehung analysieren; dabei können sie bestimmte vergangene, gegenwärtige oder zukünftige Ereignisse und Bedeutungen „zoomen" und aus verschiedenen Blickwinkeln betrachten, was zur Rekonstruktion neuer Geschichten beiträgt. Im zweiten Teil des Buches, der klinischen Fällen gewidmet ist, präsentieren wir eine Reihe von Beispielen dieses Prozesses.

2. *Raum.* Nähe und Distanz sind zwei Raummetaphern, auf die wir in der therapeutischen Arbeit automatisch aufmerksam werden. Zunächst können wir einen inneren, persönlichen Raum unterscheiden, der in unserer Vorstellung und in unseren Phantasien außerordentlich vielfältig ist, der aber beispielsweise bei rigiden Menschen mit zwanghaften Störungen oder bei chronischen Angstzuständen eingeschränkt sein kann.

Darüber hinaus gibt es Beziehungsräume, in denen sich Menschen bewegen: Auch diese können sehr unterschiedlich gestaltet sein. Manche Menschen neigen dazu, in der Nähe ihrer Herkunftsfamilie (wie das oft bei Psychotikern der Fall ist) zu verharren, manche bleiben in ihrer gegenwärtigen Familie (z. B. bei symbiotisch verbundenen Paaren) gefangen, wieder andere suchen den Raum einer Peer-group (z. B. Drogenabhängige, die sich einer Gruppe von Gleichgesinnten anschließen, mit denen sie Gewohnheiten und Rituale teilen). Viele Klienten schwanken zwischen dem Raum ihrer Herkunftsfamilie und ihrer neuen Familie, oder sie vermeiden es, den Raum eines Familienmitglieds zu betreten (wenn beispielsweise ein Elternteil und ein Kind sich permanent ignorieren). Der Raum der therapeutischen Beziehung kann auch variieren: Ein Klient kann dem Therapeuten signalisieren, mehr Distanz zu wahren oder mehr Vertrautheit herzustellen. Andere Menschen dagegen leben in einem viel größeren Beziehungsnetz und sind ständig in Kontakt mit Familien, Freunden und Kollegen. Signifikante Fallbeispiele dafür sind Teresa S. (Kapitel 4), Olga M. (Kapitel 5) und Bruno K. (Kapitel 5).

Im Verlauf der Therapie werden die räumlich-zeitlichen Koordinaten dafür genutzt, die inneren Räume des Klienten und seine Beziehungen zu den Signifikanzsystemen (Herkunftsfamilie, erweiterte Familie, Arbeitskollegen usw.) zu explorieren. Es gibt tatsächlich eine spezifische Relation zwischen menschlicher Bindung und erlebten Raumdimensionen: Eine Person kennt vielleicht viele andere Menschen, hat aber mit jedem nur oberflächlich Kontakt (Riesmans „einsame Masse"); ein Klient beklagt sich zum Beispiel über Einsamkeitsgefühle, obwohl er einen großen Bekanntenkreis hat, weil die anderen Menschen um ihn herum Beziehungen untereinander aufbauen, nicht aber mit dem Klienten. In Extremfällen (z. B. beim autistischen Kind) bleibt das Individuum völlig allein; der Beziehungsraum ist dann so sehr eingegrenzt, daß er identisch wird mit dem inneren Raum des Menschen. In der Dynamik bestimmter Arten von jugendlichem Suizid ist ein Maß an Einschränkung des erlebten Lebensraumes erahnbar, durch die sich das Individuum in eine Ecke gedrängt fühlt, aus der es keinen Weg nach außen gibt.

Wir interessieren uns für das Verhältnis des Klienten zu seinem ihn umgebenden Raum, vor allem in bezug auf die Aspekte von Nähe oder Distanz, oder anders ausgedrückt: in bezug auf seine affektive Bindung an andere Menschen und an Dinge. Wir fragen unsere Klienten oft danach, wie eng oder distanziert ihre emotionalen Bindungen an signifikante Menschen sind, mit denen sie Kontakt haben. Dadurch, daß wir darüber hinaus eine diachronische Perspektive einnehmen, erforschen wir auch die Veränderungen im zeitlichen Raum ihres emotionalen Engagements. Es ist völlig klar, daß der Beziehungsraum mit dem Einsetzen von Symptomen großen Schwankungen unterliegen kann: Eine phobische Beziehung zu einem bestimmten Individuum oder spezifischen Umfeld kann den verfügbaren Raum eines Subjekts dramatisch einschränken; ebenso kann die allgemeine Angst vor dem Erwachsenwerden und der

Unabhängigkeit die Möglichkeiten verringern, sich als Subjekt in Raum und Zeit auszudehnen.[5]

Es gibt Menschen, die sich wie Bären benehmen, die aus dem Zoo entlaufen sind: Sie bewegen sich, als ob sie immer noch hinter Gittern und nicht imstande wären, die Fesseln ihrer Herkunftsfamilie abzulegen, obwohl man ihnen jegliche Gelegenheit und praktische Möglichkeit gibt, unabhängig zu werden. Wenn wir unseren Klienten helfen, ihre Ängste und Befürchtungen zu überwinden, bedeutet das, daß wir sie aus ihrer Beengtheit befreien, die sie daran hindert, von ihrem eigenen Raum Besitz zu ergreifen und frei mit der Zeit zu fließen. Wenn, wie manche annehmen, die „Gesundheit" mit Flexibilität verknüpft ist, dann gehört es zu unseren Therapiezielen, den Klienten zu helfen, daß sie sich aus ihren räumlich-zeitlichen Begrenzungen befreien, die ihr Leben einengen und die Entfaltung ihres Potentials verhindern.

3. *Affektive Bindung.* Der Mensch ist ein soziales Wesen, das den anderen Menschen braucht. Das ist auch eine wesentliche Bedingtheit vieler anderer Lebewesen. Harlow (1961) hat zum Beispiel beobachtet, daß neugeborene Affen, die mit einer Puppe als Ersatzmutter aufgezogen wurden, eine unvollkommene emotionale Bindung entwickeln, was verheerende Auswirkungen auf das zukünftige Verhalten der jungen Affen hatte. Emotionale Bindungen sind ein Grundpfeiler im Leben eines jeden von uns. Wir leben durch enge oder lockere emotionale Bindungen an Menschen, die für uns signifikant sind; das gilt insbesondere für die Herkunftsfamilie, die erworbene Familie sowie für Freunde und Objekte in unserem Umfeld. Bowlbys Theorie der affektiven Bindung (1976, 1983, 1984) hat deutlich gemacht, wie lebenswichtig es ist, daß der Mensch in einem frühen Alter erfährt, was der Aufbau oder der Verlust emotionaler Bindungen in menschlichen Beziehungen bedeutet. Die verschiedenen Arten von Bindungen zwischen Mutter und Kind (z. B. sichere, unsichere, unsicher-vermeidende, unsicher-ambivalente, unsicher-desorganisierte Bindungen, wie Holmes sie 1992 beschrie-

---

5 Das Gesagte erinnert an Erich Fromms Buch *Die Furcht vor der Freiheit* (1966), in dem er beschreibt, wie die Angst vor der Freiheit einen Menschen dazu führen kann, Abhängigkeit von einer Autorität zu suchen (zum Beispiel vom Führer einer Kultbewegung oder auch vom Therapeuten), oder wie diese Angst eine Nation in die Diktatur führen kann.

ben hat) haben tiefgreifende Auswirkungen auf die Entwicklung von zukünftigen emotionalen Bindungen. Wenn der Therapeut um solche Bindungen weiß und sie versteht, ist das enorm hilfreich, besonders in der Therapie von Psychotikern (Doane u. Diamond 1994).

Es ist ebenso signifikant, daß in dem von Wynne (1985) vorgeschlagenen epigenetischen Modell menschlicher Beziehungen diese wechselseitigen Bindungen auch für die Möglichkeit, Familienbeziehungen aufzubauen und Intimität zu entwickeln, wesentlich sind. Nach Wynne führt das Fehlen einer gesunden und fundamentalen Bindung zu ernsthaften Schwierigkeiten auf den epigenetisch höheren Stufen menschlicher Beziehungen, das heißt auf der Ebene der Kommunikation (das gemeinsame Teilhaben an kognitiven und emotionalen Erfahrungen), der gemeinsamen Problemlösung und der Gegenseitigkeit.

Neben emotionalen und affektiven Mustern von Nähe und Distanz, die das Verhältnis des Klienten zu sich selbst und zu den externen Bezugssystemen (zu Menschen, Dingen, Tieren usw.) kennzeichnen, muß der Therapeut besonders auf die Muster achten, die ihn selbst mit dem Klienten verbinden können.

4. *Zugehörigkeit*. Eine spezielle Form der Bindung, die man als Zugehörigkeit definieren kann, entsteht, wenn sich ein Mensch entwickelt und Beziehungen mit signifikanten Menschen oder Peergroups eingeht: mit der Mutter, der Familie, der Schule, mit Freunden, mit dem Staat. Das Zugehörigkeitsgefühl entwickelt sich innerhalb der Familie, die damit eine entscheidende Rolle bei der Entstehung dieses Merkmals spielt. In einer Familie ist es für die Mitglieder vielleicht einfach, ein ausgewogenes Zugehörigkeitsgefühl zu entwickeln, während in einer anderen Familie Zweifel oder auch gefährliche Beziehungsprobleme aufkommen können: „Werde ich von der Familie überhaupt akzeptiert? Wollte meine Mutter mich eigentlich haben? Lieben meine Eltern denn meine Schwester mehr? Sind sie wirklich glücklich mit mir?" und so weiter. Derartige Gefühle innerer Zerrissenheit können Zustände schwerer Angst, der Unsicherheit und geringer Selbstachtung hervorrufen. In einem solchen Familiensystem ist es der Psychotiker, der sich seiner Zugehörigkeit nie sicher ist und der aufgrund dieser Unsicherheit ein überwältigendes Bedürfnis, die Distanz zu den anderen zu kontrol-

lieren, entwickelt – bis zu dem Punkt, an dem er seine autistische Burg nicht mehr verläßt. Auf diese Weise errichtet der Psychotiker unüberwindbare Hindernisse zwischen sich und anderen Menschen, oder aber er versucht, eine vollkommene und total abgeschirmte Beziehung symbiotischer Art – im allgemeinen zu einem anderen Familienmitglied – aufzubauen.

Das in der Familie ausgebildete Zugehörigkeitsgefühl wird später ausgedehnt auf die Peer-group, die Schule, die Familiengeschichte oder das eigene Land. Der Versuch, seine Zugehörigkeit zu einer ethnischen Gruppe zu verteidigen, kann ernsthafte lokale oder allgemeine Konflikte oder sogar Kriege heraufbeschwören (der Bürgerkrieg nach dem Auseinanderbrechen Jugoslawiens ist ein typisches Beispiel dafür). Weniger weitreichende Probleme, die jedoch klinische Relevanz haben können, entstehen bei Einwanderern der ersten Generation, die gezwungen sind, in zwei oft völlig verschiedenen Kulturen zu leben; diese Situation stellt ihre Loyalität gegenüber ihren Eltern wie auch gegenüber ihrem neuen Land ernsthaft auf die Probe. Ein uns allen bekannter Konflikt markiert den Anfang einer Ehe, wenn die Zugehörigkeit auf die eigene Herkunftsfamilie beziehungsweise auf die des Ehepartners gerichtet ist. Wie viele Menschen Schwierigkeiten damit haben, diesen Konflikt zu bewältigen, zeigt sich daran, daß die Praxen von Einzel-, Paar- oder Familientherapeuten voll sind mit Klienten, die versuchen, ihre Wünsche nach Zugehörigkeit zur Herkunftsfamilie, zur neuen Familie und zum eigenen Selbst ins Gleichgewicht zu bringen. Bei der Entstehung (und Lösung) von Loyalitätskonflikten spielen die kulturellen Referenzmodelle eine fundamentale Rolle. Nach dem Zweiten Weltkrieg begann das patriarchalische Familienmodell zu zerbröckeln, was einherging mit der aufkommenden Frauenbewegung, dem Gebrauch von Verhütungsmitteln, dem Eintritt der Frauen in den Arbeitsmarkt und auf eine Reihe soziologisch relevanter Faktoren zurückzuführen war. Diese Veränderungen im sozialen Umfeld brachten es mit sich, daß die Zahl von alleinlebenden und unabhängigen Individuen stieg – vor allem Frauen erkannten, daß es akzeptabel war, nur zu sich selbst und zu seiner Familie zu gehören. Das gegenwärtige kulturelle Panorama bietet eine sehr breite Palette an Lebensmodellen. Manche Individuen haben diesen gesellschaftlichen Wandel als positiv und befreiend erlebt; bei anderen hat die

Möglichkeit der freien Entscheidung paradoxerweise einen lähmenden Effekt erzeugt, der sich in Angst, Schuldgefühlen und der Unfähigkeit, Probleme der Zugehörigkeit zu lösen, bemerkbar macht. Vor dem Hintergrund dieses vielschichtigen Bezugssystems (vom Individuum zum Paar, zur Familie bis zur Kultur) versucht der Therapeut, Verhalten, Emotionen, Probleme und Entscheidungen des Klienten zu „verstehen". Da der Therapeut seine Aufmerksamkeit immer nur auf einzelne Punkte richten kann, fokussiert er der Reihe nach die einzelnen Bereiche im Makrosystem des Klienten.

5. *Macht.* In den 80er Jahren nahm die feministische Bewegung innerhalb der Familientherapie an Bedeutung und Einfluß zu, was in den Vereinigten Staaten zur Entstehung eines Therapieverfahrens namens „feministische Therapie" führte. Diese Bewegung hatte einen wichtigen und positiven Effekt insofern, als sie unser Bewußtsein wachrüttelte für Probleme der Ungleichheit, die auf Geschlechtsunterschiede und soziale Konflikte aufgrund der Diskriminierung von Minderheiten zurückgingen.

Das systemische Modell Batesonscher Prägung ist sowohl von Feministinnen als auch von Leuten, die es professionell mit körperlich und sexuell mißhandelten Frauen und Kindern zu tun haben, am stärksten kritisiert worden. Die systemische Erklärung der Familientherapie wurde insofern als Rechtfertigung ausgelegt, als der Therapeut das Verhalten des Opfers mit dem des Täters in einen Zusammenhang brachte und mit Hilfe der zirkulären Kausalität Opfer und Täter auf eine Stufe stellte. Man erkannte die Ungleichheit – oder, genauer gesagt, die verschiedenen Grade der Macht – zwischen Opfer und Täter und entwickelte dadurch eine neue Perspektive; die Hypothese beziehungsweise die systemische Erklärung, der zufolge Opfer und Täter die gewalttätige Beziehung gemeinsam hervorbringen, wurde ernsthaft angezweifelt.

Bateson hielt das Konzept der Macht für einen epistemologischen Irrtum, und aufgrund einer zirkulär-kausalen Sichtweise war er überzeugt, daß kein Individuum über ein anderes Individuum einseitig Macht ausüben könne. In der Debatte, die sich systemische Therapeuten und ihre Kritiker über das Problem der Macht lieferten, führte Paul Dell (1986) die Unterscheidung ein zwischen der systemischen Erklärung, die die Elemente eines Systems als auf einer Ebene liegende miteinander verbindet, und der Erfahrung körperlicher und sexueller Mißhandlung, die eine Ungleichheit zwischen Täter und Opfer und deshalb eine linear-kausale Sichtweise impliziert.

Elsa Jones nimmt plausibel zu der Frage Stellung, was dabei herauskommt, wenn sowohl Batesons Konzept, nach dem einseitige Machtausübung nicht möglich ist, als auch Maturanas Vorstellung, daß eine instruktive Interaktion unmöglich sei, wodurch die Möglichkeit der direkten Machtausübung über einen anderen Menschen gewissermaßen in Abrede gestellt wird, unkritisch übernommen wird.

> „Es wäre jedoch absurd zu behaupten, das Opfer sei verantwortlich für die Handlungen des Folterers oder hätte in dieser Situation mit dem Folterer gleiche Verantwortung bzw. Macht oder gar – in der beliebten Umkehrung der Strategen der Familientherapie – der Folterer könne sinnvollerweise als Opfer des Opfers beschrieben werden. Ganz eindeutig haben sie nicht die gleiche Entscheidungsmöglichkeit und den gleichen Einfluß darauf, sich überhaupt in dieser Situation zu befinden oder die Beziehung zu beenden. Der Folterer hat eine größere Wahl, größeren Einfluß und mehr Macht bezüglich dessen, was mit dem Opfer geschehen kann, und darauf, ob er in dem Beziehungsfeld bleibt oder es verläßt." (Jones 1995, S. 163–164)

Dell (1989) hat darauf hingewiesen, daß das Problem der Macht von Therapeuten, die nach Batesons Theorie gearbeitet haben, unter den Teppich gekehrt worden sei, um danach in den Mittelpunkt gerückt zu werden. Dafür hat sich vor allem Michel Foucault eingesetzt, indem er einen Machtbegriff entwickelte, der unserem Verständnis von Macht in zwischenmenschlichen Beziehungen entspricht. Aus seiner Sicht sind Wissen und Macht eng miteinander verbunden; Macht ist für ihn ein zentrales Element insofern, als sie in Form von negativer Beeinflussung, Beschränkung oder Zwang ausgeübt werden kann, jedoch auch in kreativer und produktiver Weise. Foucaults Instrumente zur Identifizierung von Machtstrukturen sind die Analyse und die Dekonstruktion des Diskurses, mit deren Hilfe wir erkennen können, wie bestimmte Ideen, Handlungen oder Erzählungen dominant werden und andere Ideen, Handlungen oder Erzählungen verdrängen, die dann sekundär oder marginal werden. Das ist eine wichtige Erkenntnis für den Therapeuten, weil sie ihm hilft, sich im Zwiegespräch mit sich selbst bewußt zu machen, welchen Einfluß er ausübt, wenn er in der Therapie entscheidet,

> „... welche Erzählung dominiert, und zweitens daß sie [die Therapeutin] erkennt, wie sie selbst – genau wie ihre KlientInnen – von den dominierenden Erzählungen der gesellschaftlichen Strukturen, in denen wir alle leben, geleitet und unausweichlich beeinflußt wird." (Jones 1995, S. 159)

Mit einer größeren Sensibilität gegenüber dem Problem der Macht hat der Therapeut die Möglichkeit, seine Präsenz und seine Einflüsse in der therapeutischen Beziehung sowie in seiner Beziehung zum Klienten und zu dessen Signifikanzsystemen tiefer zu ergründen. Darüber hinaus können Hypothesen des Therapeuten zu Machtpositionen bestimmter Familienmitglieder und über die Weitergabe solcher Machtpositionen von einer Generation zur nächsten aufschlußreich sein und dem Klienten wie dem Therapeuten wichtige Informationen liefern.

Zum Verhältnis von Macht und Verantwortung stellt Fruggeri fest:

> „Die Schwierigkeit besteht für den Therapeuten nicht darin, daß er etwa zu mächtig ist oder unter der Macht zusammenbrechen könnte. Der Therapeut hat vielmehr die Aufgabe, die Verantwortung zu übernehmen für seine Macht an therapeutischen Gestaltungsmöglichkeiten im begrenzten Rahmen von Beziehungssystemen und gesellschaftlichen Gegebenheiten. ... Da die Macht nicht einseitig festgelegt ist, sind auch Gleichheit und Achtung des anderen Menschen nicht einseitig festgelegt. Beide Aspekte ergeben sich in einem interaktiven Prozeß, der voraussetzt, daß einer dem anderen Achtung entgegenbringt und daß dieses Angebot jeweils die gleiche Akzeptanz und Wertschätzung erfährt." (Fruggeri 1992, S. 47 – Passage wurde für dieses Buch übersetzt)

6. *Geschlecht*. Der letzte, aber nicht weniger wichtige Bezugspunkt bei unserer Hypothesenbildung bezieht sich auf das Geschlecht, das heißt auf die männlichen und weiblichen Rollenzuschreibungen. In mancher Hinsicht wird die Geschlechterrolle durch Machtpositionen (siehe oben) generiert, aber sie ist auch sehr eng mit der Identität der Person verbunden. Die Geschlechterrolle ist nicht einfach eine Frage des Zustandes mit unterschiedlichen Kon-

notationen, die vom Geschlecht des Beobachters abhängen; wie besonders die feministische Therapieschule gezeigt hat, kann die Entwicklung der Geschlechterrollen entweder harmonisch verlaufen und zur Ausbildung einer gesunden und ausgeglichenen Identität führen oder aber unwiderrufliche Konflikte mit ernsten Folgen für die Selbstachtung des Individuums verursachen und einschneidende persönliche Schwierigkeiten und Beziehungsprobleme mit sich bringen.

Als Therapeut muß man sich seine eigenen geschlechtsspezifischen Vorurteile wie auch die des Klienten bewußt machen, denn diese spielen manchmal eine entscheidende Rolle im therapeutischen Prozeß. Themen wie Sichverlieben, Konkurrenz, Abhängigkeit, Verführung, Feindseligkeit und so weiter tauchen früher oder später auf und werden Gegenstand des therapeutischen Gesprächs. Der Therapeut kann in seinem Bemühen um Objektivität sowohl von seinem Supervisor als auch vom Therapeutenteam unterstützt werden; bei uns sind üblicherweise Kolleginnen und Kollegen am therapeutischen Geschehen beteiligt, so daß der Therapeut beobachten und ausprobieren kann, was sich aus der männlichen und weiblichen Perspektive in der Therapie gerade ereignet. Wir haben immer wieder festgestellt, daß in den Fällen, in denen der Therapeut eine Kollegin aus dem Team einlädt, dem Klienten am Ende einer Therapiesitzung ihren eigenen Standpunkt mitzuteilen, die Sichtweise der Kollegin den größeren Einfluß auf den Klienten hat als die des Therapeuten; umgekehrt hat die Sichtweise eines männlichen Teammitglieds den größeren Einfluß auf den Klienten, wenn dieser von einer Therapeutin behandelt wird.

Zirkuläre Fragen
Das Konzept der „zirkulären Fragen" wird oft mit dem obenerwähnten Konzept der Zirkularität verwechselt. Der Begriff „zirkuläre Fragen" wurde geprägt, als der Therapeut im ursprünglichen Kontext der Familientherapie jedem Familienmitglied reihum Fragen zum Verhalten von zwei oder mehreren anderen Familienangehörigen stellte. Mit anderen Worten: Der Therapeut versuchte, eine Landkarte von der Familie in Therapie anzufertigen, die ein Netzwerk von miteinander verwobenen Beziehungen (zwischen Ideen und Emotionen wie auch zwischen Verhaltensweisen) war; die effektivste Art, eine solche Landkarte zu zeichnen, schien die zu sein, daß

man Fragen stellte, die Unterschiede beleuchten konnten. Mit diesen Fragen wollte man *Informationen* bekommen anstatt *Daten*: Bateson (1985, S. 581) war überzeugt, daß die Information „ein Unterschied ist, der einen Unterschied ausmacht", das heißt eine Relation sei, die sich auf diese Weise von einem Datum abgrenze.

Wir können diesen Prozeß weiterverfolgen und sagen, daß die durch zirkuläres Fragen gewonnene Information reziprok ist: Durch Fragen verändern sowohl der Klient als auch der Therapeut permanent ihr Verständnis auf der Grundlage der Informationen, die der andere anbietet. Zirkuläre Fragen ergeben neue Unterschiede und beleuchten unbekannte Verbindungen zwischen Ideen, Bedeutungen und Verhaltensweisen. Diese neuen Zusammenhänge können dazu beitragen, daß sich die Epistemologie der einzelnen Familienmitglieder verändert, das heißt, daß sich ihre persönlichen Prämissen, ihre unbewußten Annahmen (Bateson 1985) verändern. Zirkuläre Fragen werden zu einer Interventionsform, die für den systemisch arbeitenden Therapeuten vielleicht die wichtigste ist.

Zirkuläre Fragen wurden zuerst von Selvini Palazzoli et al. (1981) in ihrem Artikel „Hypothetisieren, Zirkularität, Neutralität" vorgeschlagen; hier beschreiben die Autoren auch einige Arten zirkulärer Fragen, die als besonders hilfreich erachtet wurden, um während der Therapiesitzung Unterschiede zu evozieren: Bei triadischen Fragen wurde eine Person gebeten, sich zu der Beziehung zwischen zwei anderen Familienmitgliedern zu äußern (Beispiel: „Wie reagiert der Vater, wenn sein Sohn ihn kritisiert?"). Fragen wurden gestellt zu den unterschiedlichen Verhaltensweisen von zwei oder mehreren Familienmitgliedern, ohne daß dabei die inneren Werte der Personen thematisiert wurden (Beispiel: „Von wem wird sie mehr unterstützt, wenn sie traurig ist, von der Mutter oder vom Vater?"). Die Therapeuten stellten Fragen zu Verhaltensänderungen vor oder nach einem bestimmten Ereignis in der Familie (Beispiel: „Fingen die Eßstörungen bei seiner Schwester vor oder nach Großmutters Tod an?"). Es gab hypothetische Fragen zu vorstellbaren Lebenssituationen (Beispiel: „Was würdet ihr Kinder machen, wenn eure Eltern sich scheiden ließen?"). Schließlich wurden Fragen gestellt, bei denen Familienmitglieder in bezug auf ein gegebenes Verhalten oder eine Interaktion eingestuft wurden (Beispiel: „Wer kann Mutti besser aufheitern, wenn sie niedergeschlagen ist?").

Sheila McNamee geht noch einen Schritt weiter und behauptet, daß zirkuläre Fragen der Prototyp einer konstruktionistischen Therapietechnik seien, da sie dazu beitragen würden, eine Vielfalt von Standpunkten zu erzeugen:

> „Das sozial-konstruktionistische Therapieverfahren wird veranschaulicht durch das Konzept des zirkulären Fragens, wie es vom Mailänder Team eingeführt worden ist. Zirkuläres Fragen beruht auf der Vorstellung, daß die Sprache ein Beziehungssystem sei. ... Die vielschichtigen Beschreibungen, die sich im Prozeß des zirkulären Fragens herauskristallisieren, legen die Grundlagen für neue Zusammenhänge (Beziehungen). [Daten], die der Therapeut nach dieser Fragemethode erhebt, werden schnell zu Informationen über Verbindungen von Menschen, Ideen, Beziehungen und Zeit. Folglich werden in diesem Kontext Informationen über *Muster* und *Prozeß* (und keine Produkte oder Ergebnisse) erzeugt.
>
> Dadurch, daß zirkuläre Fragen die Personen nicht dazu verpflichten, ihre einmal entwickelte Weltsicht (eingeschlossen die privilegierte professionell-psychologische Version) beizubehalten, können sie sich von den Geschichten oder der Denkweise verabschieden, nach denen sie tagtäglich zu leben und zu handeln pflegen. Zirkuläre Fragen öffnen den Horizont für alternative Beschreibungen, in denen oftmals die zahlreichen und im früheren Diskurs rivalisierenden Stimmen enthalten sind." (McNamee 1992, S. 195–196 – Passage wurde für dieses Buch übersetzt)

Zum Thema zirkuläre Fragen gibt es viele Untersuchungen, unter anderen von Hoffman (1987), Penn (1983, 1986), Tomm (1985, 1988a, 1988b, 1989, 1994), Deissler (1985), Fleuridas, Nelson u. Rosenthal (1986), Borwick (1990) sowie Viaro u. Leonardi (1990). Wir schauen uns hier die Ergebnisse einiger dieser Studien an.

Karl Tomm, der zu den ersten und wichtigsten Forschern gehört, die zirkuläre Fragen untersucht haben, teilte diese nach ihren Zielen und Merkmalen in verschiedene Kategorien ein. Wir beschränken uns hier auf seine erste Unterscheidung. Aufgrund der Überlegungen, zu welchem Zweck der Therapeut Fragen stellt, benennt Tomm zwei Kategorien zirkulärer Fragen: informative und reflexive Fragen. Mit informativen Fragen sollen in erster Linie Informationen gewonnen werden, während die reflexiven Fragen auf Veränderung ausgerichtet sind (die Zielsetzungen beider Fragetypen schließen sich gegenseitig aus, doch ihrem Wesen nach sind sie oft gemischt). Der Unterschied zwischen informativen und reflexiven Fragen liegt nicht so sehr in ihrer Formulierung als in ihrer zeitlichen Plazierung während des therapeutischen Dialogs: Ein und dieselbe Frage kann ihrem Wesen nach informativ oder reflexiv sein, je nach dem, wann sie gestellt wird (Tomm 1989, 1994).

Unter anderen Autoren haben Viaro u. Leonardi (1990) – der eine Therapeut, der andere Linguist – konversationstheoretisch eine interessante Deutung zirkulärer Fragen (und anderer Aspekte des therapeutischen Dialogs) geliefert. Nach ihrer Theorie ist die Therapiesitzung eine Spezialform der Konversation und unterliegt als solche allen allgemeinen Regeln, die eine Konversation konstituieren, sowie einigen anderen Regeln, die für das therapeutische Umfeld[6] gelten. Wir geben der Interpretation von Viaro u. Leonardi in diesem Kapitel einen besonderen Stellenwert, weil diese beiden Autoren unseres Erachtens eine differenzierte und sehr interessante Perspektive des therapeutischen Dialogs anbieten. Alle hier zitierten Autoren (wir eingeschlossen) betrachten zirkuläre Fragen und andere Ereignisse im therapeutischen Dialog vom Blickwinkel des Therapeuten aus, wodurch eine Beschreibung zustande kommt, die die Absichten des Therapeuten beleuchtet (das gilt besonders für Karl Tomm). Viaro und Leonardi dagegen bieten eine direktere Lesart der sprachlichen Interaktion an. Ihr Herangehen kommt von „außen", so daß man die *Wirkungen* der Sprechakte (Austin 1972) des Therapeuten und des Klienten auf eine Art und Weise sehen kann, die von den Intentionen und Vorurteilen des Therapeuten unbeeinflußt ist.

Bei zirkulären Interviewfragen unterscheidet man in diesem Kontext zwischen Fragen mit *finiten Alternativen* („Wem fühlst du dich näher, deiner Mutter oder deinem Vater?"), Fragen mit *infiniten Alternativen* („Was glauben Sie, würde Ihre Frau machen, wenn Sie sich scheiden ließen?") und *Ja-Nein*-Fragen, die selbsterklärenden Charakter haben.

Manche zirkuläre Fragen erfordern *Aussagen* vom Gesprächspartner, das heißt Berichte von konkreten Tatsachen; andere verlangen *Zuschreibungen*, das heißt, daß einem anderen Menschen be-

---

[6] Wir benutzen hier den Begriff „Konversation", wie er von Viaro u. Leonardi (1990) verwendet wird, doch, wie schon gesagt, ziehen wir den Begriff therapeutischer „Dialog" vor.

stimmte Gemütszustände oder Einstellungen zugeschrieben werden. Fragen des ersten Typs (Beispiel: „Wie reagiert deine Mutter, wenn dein Vater sie neckt?") thematisieren Verhaltensweisen, Fragen des zweiten Typs (Beispiel: „Was geht deiner Ansicht nach in deiner Mutter vor, wenn dein Vater sie neckt?") gehören definitiv dem Signifikanzbereich an.

Diese Unterscheidungen haben in gewisser Weise Ähnlichkeit mit denjenigen, die Luigi Boscolo Ende der 70er Jahre vornahm, nachdem er die Black-box-Theorie verworfen hatte. Der Fragetypus, wie er früher benutzt wurde und der auf Verhaltensbeschreibungen beruht: „Was *macht* Ihr Mann, wenn Ihre Tochter nicht essen will?", wurde um zwei weitere Fragetypen ergänzt: „Was *empfindet* Ihr Mann, wenn Ihre Tochter nicht essen will?" und „Wie *erklärt* sich Ihr Mann, daß Ihre Tochter nicht essen will?" Diese drei Fragetypen entsprechen drei Ebenen der menschlichen Kommunikation: Beschreibung, Erleben und Erklärung. Es bedarf keiner weiteren Erläuterung, daß zirkuläres Fragen auf verschiedenen Ebenen bei der Verknüpfung von Ereignissen, Emotionen und Bedeutungen neue Horizonte eröffnet, die die Weltsicht des Klienten bereichern und ihm einen Weg zeigen, seiner beengenden Rigidität zu entkommen.

Gleichgültig, ob sich zirkuläre Fragen auf Tatsachen oder menschliches Erleben beziehen, man braucht in jedem Fall präzise und spezifische Details und nicht nur allgemeine Informationen. Auf die Frage: „Wer ist die glücklichste Person in Ihrer Familie?" erhält man vielleicht die Antwort: „Meine Frau." Auf diese Antwort stellt der Therapeut weitere Fragen wie: „Warum ist Ihre Frau Ihrer Ansicht nach die glücklichste? Wie zeigt sie das? Können Sie mir ein paar Beispiele nennen, die zeigen, in welcher Weise sie die glücklichste ist?" und so weiter.

Es ist sicherlich deutlich geworden, daß die erste Frage eine Themen-Frage ist, da durch das Schlüsselwort „glücklich" ein Grundthema eingeführt wird (Glücklichsein/Unglücklichsein) und das Thema sofort eine Feindifferenzierung erfährt: Glück ist ein Zustand, den man mehr oder weniger ausgeprägt als andere Menschen erleben kann; es ist auch ein Zustand, der von anderen Menschen abhängt. Den Themen-Fragen folgen Spezifikationsfragen, mittels derer der Therapeut das Thema immer genauer festlegen und in die Beziehungsarena integrieren kann.

Ein anderer Fragetyp, mit dem wir häufig arbeiten, weil er sich für den Umgang mit den deterministischen Begrenztheiten in Klientengeschichten sehr gut eignet, ist die hypothetische Frage zur Vergangenheit, Gegenwart und Zukunft des Klienten. Es kommt oft vor, daß Klienten eine linear-kausale (d. h. deterministische) Sicht von zeitlichen Abläufen und von ihrer Biographie haben: Negative oder traumatische Ereignisse oder Beziehungen in der Vergangenheit sehen sie als Ursache für ihre problematische und instabile Gegenwart und erwarten, daß diese auch ihre Zukunft negativ beeinflussen werden. Natürlich könnte der Therapeut, würde auch er diese deterministische Perspektive einnehmen, seine Aufgabe nicht erfüllen und seinem Klienten nicht helfen. Wir sind überzeugt, daß es eine Wechselwirkung zwischen Vergangenheit, Gegenwart und Zukunft gibt und daß es deshalb möglich ist, durch die Erweiterung des Kontextes vergangener Geschichten, gegenwärtiger Realitäten sowie der Zukunftserwartungen und vor allem durch die Verwendung hypothetischer Fragen solche deterministischen Begrenztheiten zu durchbrechen, aufgrund derer die Geschichte des Klienten erstarrt ist, seine Gedanken und Emotionen gefesselt sind und seine Freiheit eingeschränkt ist (siehe Boscolo u. Bertrando 1994).

Zirkuläre Fragen in der Einzeltherapie:
Die „Vergegenwärtigung der Dritten Partei"

Das Thema zirkuläre Fragen ist ausführlich diskutiert worden, und in Therapie und Beratung[7] sind zirkuläre Fragen weiterhin eines der wichtigsten Instrumente (wenn nicht das wichtigste überhaupt). Die Technik des zirkulären Fragens findet immer mehr Verbreitung und kann vielleicht als der wichtigste Beitrag der Mailänder Gruppe betrachtet werden.

Außer zirkulären Fragen hat der Therapeut offensichtlich noch andere Werkzeuge zur Verfügung: Schweigen, Laute oder Worte, die Zweifel oder Zustimmung ausdrücken, Bestätigungen, Metaphern, Anekdoten, einfache Fragen („Wovon erzählen Sie mir denn heute?" oder „Wie fühlen Sie sich im Augenblick?"). Diese unterschiedlichen Ausdrucksformen werden weitaus häufiger in der

---

7 Die Technik der Hypothesenbildung und des zirkulären Fragens wird sehr effektiv in der Unternehmens- und Organisationsberatung eingesetzt.

Einzeltherapie benutzt als bei Familiengesprächen. Bei diesen ist der Therapeut aktiver und hauptsächlich damit beschäftigt, die Familienmitglieder durch verschiedene Arten von zirkulären Fragen, vor allem durch triadische, einzubeziehen. Die Fragen des Therapeuten haben den wichtigen Effekt, daß jedes Familienmitglied in die Position des Beobachters von Verhaltensweisen, Emotionen und Gedanken der anderen Familienmitglieder versetzt wird; durch ihre dichte Interaktion während der Therapiesitzung tragen sie dazu bei, daß sich die Komplexität individueller und familialer Angelegenheiten erhöht.

Auch in der dyadischen Beziehung, wie es die Einzeltherapie eine ist, kann der Therapeut zirkuläre Fragen sehr gewinnbringend einsetzen, vor allem durch die Technik der „Vergegenwärtigung der Dritten Partei". In der Familientherapie haben zirkuläre Fragen im allgemeinen und triadische Fragen im besonderen auch den Effekt, daß jedes Familienmitglied in die Position des Beobachters von Gedanken, Emotionen und Verhaltensweisen der anderen Familienangehörigen versetzt wird, wodurch eine Gemeinschaft von Beobachtern entsteht. Dieser Vorgang läßt sich auch in der Einzeltherapie herbeiführen: Eine signifikante Dritte Partei, die entweder zur Innen- oder Außenwelt („Stimmen") des Klienten gehört, wird präsentiert, so daß eine „Gemeinschaft" gebildet wird, die zur Entwicklung unterschiedlicher Sichtweisen beiträgt. Diese Technik zielt darauf ab, die egozentrische Perspektive des Klienten in Frage zu stellen: Dieser wird in einen Zustand der Reflexion versetzt und stellt Hypothesen auf, in denen auch die Gedanken und Emotionen anderer Menschen vertreten sind – und nicht nur seine eigenen.

Die Vergegenwärtigung der Dritten Partei ist eine der interessantesten und effektivsten Techniken, die wir in der Therapie[8] anwenden. Sie bedient sich einer wichtigen Funktion, die zirkuläre Fragen in der Einzeltherapie haben, daß nämlich Personen, die für den Klienten signifikant sind, in der Therapiesitzung gegenwärtig gemacht werden, so daß sich der räumliche, zeitliche und beziehungs-

---

8 Verschiedene Autoren haben beobachtet, daß kein Zweiergespräch ausschließlich auf die beiden anwesenden Personen beschränkt werden kann. Viele physisch abwesende Personen treten in das Spiel ein, die Sullivan (1953) als die „imaginären anderen" definiert.

mäßige Horizont des Dialogs erweitert. Dies kann auf verschiedene Arten geschehen:

1. Durch zirkuläre Fragen werden Personen in den Dialog eingeführt, die für den Klienten signifikant sind: „Was würde Ihre Mutter oder deren Freundin zu dem meinen, was Sie eben gesagt haben?" „Welchen Rat würde mir Ihr Vater in diesem Augenblick geben?" „Wenn die Person, die Sie gern haben, jetzt hier wäre, um Sie zu trösten, was würde sie zu Ihnen sagen?" Zirkuläre Fragen können sich auch auf „innere Stimmen" beziehen: „Wir alle haben unsere inneren Stimmen, aber wem gehört die Stimme, die Ihnen sagt, daß Sie sich destruktiv benehmen sollen?", „Es scheint, als seien die ‚Stimmen' in Ihnen ziemlich schwach. Stimmt das?"

Die Technik der Vergegenwärtigung der Dritten Partei als einer inneren „Stimme", einer „Kraft" oder einer „Idee", die auf den Klienten entweder in einem positiven oder negativen Sinne einwirkt, wird von uns häufig in der Therapie eingesetzt. Diese Technik, die wir beispielsweise bei Anorexie, Bulimie oder bei zwanghaften neurotischen Formen anwenden, beruht auf der Schaffung eines Beziehungssystems mit drei Elementen: dem Therapeuten, dem Klienten und der inneren „Stimme" oder „Kraft". Der Therapeut versucht, eine Allianz mit dem Klienten und gegen die „Stimmen", „Kräfte" oder „Ideen" einzugehen, die für die Symptome oder das Leiden des Klienten verantwortlich gemacht werden; dadurch wird eine Trennung zwischen Person und „Krankheit" vollzogen und der Prozeß der Entpathologisierung begünstigt. Michael White (White u. Epston 1994) arbeitet nach dem gleichen Prinzip, das er als „Externalisierung des Problems" bezeichnet.

2. Der Therapeut fordert den Klienten gelegentlich auf, sich direkt an den vergegenwärtigten anderen zu wenden, der durch einen leeren Sessel dargestellt wird: „Stellen Sie sich vor, Ihr Bruder sitzt in diesem Sessel und ist nicht damit einverstanden, was Sie eben gesagt haben. Was würden Sie ihm antworten?" Seltener kommt es vor, daß der Therapeut spontan eine Art Rollenspiel organisiert: Während der Therapeut entweder die Rolle des Klienten oder eines signifikanten Familienmitglieds des Klienten übernimmt, spielt der Klient die Rolle des Therapeuten oder sich selbst (siehe Fallbeispiele Bruno K. und Susanna C. in Kapitel 5). Das Rollenspiel ist im

allgemeinen von kurzer Dauer und wird von Therapeut und Klient gemeinsam nachbesprochen, wobei beide ihre Erfahrungen und Ideen über das gerade Geschehene mitteilen. Mit Hilfe dieses Verfahrens kann der Klient von einem anderen Blickwinkel aus mit einer Situation oder einer signifikanten Beziehung experimentieren und sich diese bildhaft vorstellen; vom Therapeuten verlangt diese Technik, daß er besonders sensibel und aufmerksam ist, was die Erwartungen des Klienten in bezug auf den anderen betrifft.[9]

3. Wenn wir mit einem Team arbeiten, das die Sitzung durch den Einwegspiegel beobachtet, dann kann der andere repräsentiert werden durch ein oder mehrere Teammitglieder, die am Ende der Therapiesitzung und in Anwesenheit des Therapeuten ihre Sicht der Dinge einbringen, die manchmal von der Sicht des Therapeuten abweicht (siehe Fallbeispiel Luciano M. in Kapitel 5).

Welches Vorgehen der Therapeut zur Vergegenwärtigung der Dritten Partei auch wählt, zirkuläre Fragen behalten ihre tragende Rolle: Sie schaffen Verbindungen. Beim zirkulären Fragen müssen Therapeut und Klient die Verbindungen jedoch in Abwesenheit – statt in Anwesenheit – der anderen Komponenten der Signifikanzsysteme des Klienten herstellen.

In diesem Sinne sind zirkuläre Fragen ein Hilfsmittel, mit dem der Therapeut in den Dialog des Klienten mit anderen signifikanten Personen eintritt, ohne daß er seine eigenen Vorstellungen explizit einbringt. Der Therapeut führt seine Vorstellungen implizit in Frageform ein, wobei mit dem intonierten Fragezeichen dem Klienten die Verantwortung übertragen wird, den Fragen des Therapeuten eine Bedeutung zuzuschreiben; das Fehlen eines intonierten Fragezeichens würde der Frage eine interpretative und beschreibende Dimension geben. Mit den Fragen des Therapeuten betreten viele Stimmen – die signifikanten Stimmen im Leben des Klienten – die Arena der Therapie. Weitere zirkuläre Fragen zu diesen vielen Stimmen setzen einen reflexiven Prozeß in Gang (den andere durch das anwesende reflektierende Team initiieren), der zu weiteren Unterschie-

---

[9] Die Personifizierung des anderen erinnert leicht an die Techniken der Gestalttherapie; deren Konzept besteht darin, daß Veränderung wirksamer ausgelöst wird, wenn man sich vorstellt, daß der vergangene (oder gegenwärtige) signifikante andere des Klienten in einem leeren Sessel sitzt. So kann der Klient direkt zu der Person sprechen anstatt über sie (Hoyt 1990, S. 128).

den führt, die einen Unterschied ausmachen. Folglich läßt sich auch in der therapeutischen Arbeit mit einer Einzelperson ein Gefühl von Gemeinschaft herstellen.[10]

Auch wenn jene Kollegen, die davon überzeugt sind, daß der Therapeut jederzeit offen und spontan sein müsse und niemals verschwiegen sein dürfe, unsere Auffassung vermutlich nicht wohlwollend aufnehmen, behaupten wir dennoch, daß es besser ist, wenn der Therapeut tendenziell eher verschlossen und verschwiegen ist als offen: Gewiß muß er Empathie und Teilnahme zeigen und seinem Klienten zuhören, aber seine eigenen Vorstellungen sollte er nicht offenlegen.[11] Unter diesen Voraussetzungen ist es in der Tat möglich, für den Klienten einen Kontext des Deutero-Lernens zu schaffen: Der Klient lernt aus den Antworten, die er selbst gibt. Auf die Antworten des Klienten stellt der Therapeut heute weitere Fragen, während er früher im allgemeinen nur die Antworten bereit hatte. Wenn wir akzeptieren, daß in den uns bekannten klinischen Fällen eines der fundamentalen Probleme die Rigidität des Klienten ist – das heißt, daß er für unterschiedliche Probleme immer wieder dieselben Lösungsansätze heranzieht –, dann impliziert das, daß er in vielerlei Hinsicht keine Fragen mehr an sich stellt und immer nach demselben Plan vorgeht, der ihm seine vorhersagbaren Antworten bestätigt. Die vielfältigen Sichtweisen, die der Therapeut durch seine Fragen hervorlockt, ermutigen den Klienten dazu, neue Ideen und Emotionen zu entwickeln, die ihrerseits die Ausbildung unbekannter Stufen der Neugier fördern und zu neuen selbstbestimmten Fragen führen.

10 Terry (1989) hat eine didaktische Methode entwickelt, mit der Ausbildungskandidaten der Familientherapie befähigt werden, die Beziehungssysteme von Klienten durch Einzelinterviews besser einzuschätzen. Den Ausbildungskandidaten wird empfohlen, der Reihe nach Fragen zu stellen, die von der monadischen bis zur dyadischen und triadischen Art gehen und so allmählich die Form echter zirkulärer Fragen annehmen. Auf diese Weise bewahrt der Ausbildungskandidat nicht nur eine systemische Perspektive, sondern akzeptiert auch die persönliche Perspektive des Klienten, was die Entwicklung einer positiven therapeutischen Beziehung erleichtert und begünstigt.
11 Eine Ausnahme von diese Verhaltensregel stellen gelegentliche Kommentare dar, die der Therapeut gewöhnlich am Ende der Therapiesitzung gibt, wenn er – zweifelnd oder bestätigend – eine seiner Hypothesen mitteilt, die ziemlich komplex sein können.

Mit einer Reihe zirkulärer Fragen können wir dazu beitragen, daß der Klient sagen (und mithin explorieren und erkennen) kann, wie eine andere Person ihn wahrnimmt, wie diese eine dritte Person wahrnimmt, wie diese eine dritte Person und eine andere Person in bezug auf den Klienten wahrnimmt, wie er sich selbst in bezug auf die anderen beiden wahrnimmt und so weiter. Auf diese Weise werden die Beziehungskreisläufe exploriert, in denen das Individuum eingebunden ist. Diese Kreisläufe können *selbstreflexiv* (der innere Dialog) oder *heteroreflexiv* (die realen oder virtuellen Beziehungen zwischen der Person und ihrem Kontext) sein. Die im therapeutischen Dialog gestellten zirkulären Fragen und die Hypothese des Therapeuten (über die Beziehung des Klienten zu sich selbst und zu seinen Signifikanzsystemen) haben den wichtigen – aber nicht alleinigen – Effekt, daß der Klient in eine Position versetzt wird, von der aus er einen hermeneutischen Zirkel betritt, in dem er seine eigenen Handlungen, Emotionen und Bedeutungen mit denen des Therapeuten in Verbindung bringt. Bis zu einem gewissen Grad hat der Therapeut einen Kontext geschaffen, in dem der Klient sich selbst und seine Signifikanzsysteme analysiert. Genau aus dieser Dynamik heraus entsteht eine Situation des Deutero-Lernens, die den Klienten zu neuen Entscheidungen und Lösungsansätzen führt. Goldner (1993) setzte einen ähnlichen Prozeß in Gang, indem er dem Klienten zirkuläre Fragen stellt und dabei Bezug nimmt auf „den Diskurs des anderen".

Die bisherigen Ausführungen sollen nicht den Eindruck erwecken, als ob die systemische Therapie ein stures Frage-Antwort-Spiel sei. War die Frage-und-Antwort-Technik zu Zeiten von *Paradoxon und Gegenparadoxon* (Selvini Palazzoli et al. 1977) und *Familientherapie – Systemtherapie, das Mailänder Modell* (Boscolo et al. 1990) noch der Grundstein der systemischen Familientherapie, wurde die Therapiesitzung später um eine Fülle weiterer Elemente angereichert. Die Konzepte sind komplexer geworden, weil interessierte Fachkolleginnen und -kollegen wichtige Beiträge zu deren Weiterentwicklung geleistet haben. Auch wurden durch Forschungen zur Sprache sowie zur Bedeutung des Erzählens und der aus der Literaturkritik entlehnten Konzepte der Dekonstruktion und Rekonstruktion neue Perspektiven eröffnet. Derzeit stehen Begriffe wie therapeutischer Dialog, Konversation oder Diskurs mit ihren unterschiedlichen Bedeutungen, die ihnen von verschiedenen Autoren

(Anderson u. Goolishian 1992; Hoffman 1988; Lai 1985) verliehen werden, für eine allgemeine Sichtweise der therapeutischen Beziehung: die eines interaktiven Tanzes, bei dem die Gesprächspartner reihum den Diskurs gestalten (siehe an späterer Stelle in diesem Kapitel).

Dekonstruktion und Konstruktion während der Therapiesitzung

Um die Gedanken und Handlungen des Therapeuten während der Therapiesitzung beschreiben zu können, haben wir auf ein Modell der Literaturkritik und der Textanalyse zurückgegriffen, bei dem der literarische Text entsprechend der Sensibilität und Bildung, dem Wissen und den Vorurteilen des Lesers dekonstruiert und rekonstruiert wird. Wir halten dieses Modell deshalb für unsere Zwecke geeignet, weil es den Prozeß des therapeutischen Dialogs, der im Grunde eine fortwährende Dekonstruktion und Rekonstruktion von Geschichten darstellt, effektiv und angemessen beschreibt. Wir können einen Vorgang der Mikro-Dekonstruktion-Rekonstruktion identifizieren, der sich in einem umgrenzten Abschnitt des Gesprächs zwischen Therapeut und Klient ereignet; wir können auch einen Vorgang der Makro-Rekonstruktion identifizieren, der sich gelegentlich (im Regelfall am Ende der Therapiesitzung) dann ereignet, wenn die verschiedenen „Fragmente" aus den vorangegangenen Dekonstruktionen zu einem Ganzen rekonstruiert werden.

Mit diesem Modell kann das vom Therapeuten angewandte Hypothetisieren und zirkuläre Fragen einfach und klar beschrieben werden. Das Prinzip der Dekonstruktion/Rekonstruktion ist dadurch charakterisiert, daß der Therapeut jene Elemente in einen Zusammenhang bringt, die sich im Dialog entwickelt haben; anschließend stellt er Hypothesen (Konstruktion) auf und verifiziert die Plausibilität der Hypothesen mittels zirkulärer Fragen, die ihrerseits wieder Antworten hervorbringen, die weitere Elemente beleuchten (Dekonstruktion), was zu einer neuen Runde des Hypothetisierens führt und so weiter. Wie schon gesagt, beinhaltet die Therapiesitzung außer zirkulären Fragen selbstverständlich noch andere Aspekte: Der Therapeut arbeitet mit Pausen, Lauten oder Worten, die Zweifel oder Zustimmung ausdrücken, mit Aussagen, Metaphern, Anekdoten, einfachen Fragen, dyadischen Fragen. Häufig benutzt der Therapeut, wenn er an der Reihe ist zu sprechen, die Technik der Mikro-Umdeutung (Mikro-Reframing), die teilweise das zusammenfaßt, was der Klient gesagt hat, und gleichzeitig die Vorstellungen des Therapeuten zu diesem Zeitpunkt integriert. Der Therapeut muß die Wirkung seiner Mikro-Umdeutung auf den Klienten sorgfältig beobachten, das heißt, er muß herausfinden, inwieweit der Klient seine Mikro-Umdeutung akzeptiert.[12] Es kann passieren, daß der Klient dasselbe macht, indem er das, was der Therapeut sagt, umgestaltet.

Wir möchten betonen, daß der Therapeut seine Mikro-Rekonstruktionen tendenziell mit einem fragenden Unterton anbietet; das gibt dem Klienten die Möglichkeit, seine Zustimmung oder Ablehnung oder, besser noch, seine persönliche Meinung und Deutung zu äußern. Wenn der Therapeut sorgfältig beobachtet, wie der Klient verbal und strukturanalog auf die ihm präsentierte Mikro-Rekonstruktion reagiert (Rückmeldung), kann er feststellen, ob der Klient die Botschaft „empfangen" hat, und einschätzen, welche mögliche Bedeutung der Klient der Rekonstruktion beimißt.

Manchmal schließt der Therapeut eine Sitzung mit einem ausführlichen Kommentar, einer Makro-Umdeutung (Makro-Reframing), mit der er die Informationen aus der Therapiesitzung rekapituliert und die einzelnen Elemente so miteinander verknüpft, daß sie im Idealfall für den Klienten signifikant sind und ihm neue Perspektiven aufzeigen können. Bei einigen Fallbeispielen im zweiten Teil dieses Buches (z. B. die Fälle Bruno K. und Susanna C. in Kapitel 5) präsentiert der Therapeut sehr ausführliche abschließende Rekonstruktionen, in denen er die jeweilige Biographie der Klienten rekapituliert und dabei ihre vergangene Lebensgeschichte mit ihrer gegenwärtigen Lebenssituation verbindet und realistische Zukunftsperspektiven entwirft. Wird die Sitzung vom Therapeutenteam durch den Einwegspiegel mitverfolgt, beteiligt sich das Team aktiv an der Rekonstruktion der Geschichte des Klienten; diese Rekon-

---

12 In den 80er Jahren bewerteten Viaro und Leonardi (1983, 1990) die Leitung der Sitzung durch die Mitglieder der ersten Mailänder Gruppe vom konversationstheoretischen Standpunkt aus. Dabei stellten sie fest, daß einige Therapeuten (vor allem Mara Selvini Palazzoli und Luigi Boscolo) dazu tendierten, öfter mit Zusammenfassungen und Umdeutungen zu arbeiten, andere (insbesondere Gianfranco Cecchin) fast ausschließlich die Fragetechnik benutzten. Daraus kann man schließen, daß die Wahl der Modalität bei der Gesprächsführung auch vom persönlichen Stil abhängt, den der Therapeut im Laufe der Zeit entwickelt.

struktion teilt der Therapeut dem Klienten mit, wobei ein oder mehrere Teammitglieder anwesend sein können.

Wir möchten an dieser Stelle daran erinnern, daß wir uns in unserer therapeutischen Arbeit nicht auf den sprachlichen Bereich beschränken und uns nicht nur mit Worten, Metaphern und Geschichten beschäftigen; wir betreten auch den Handlungsbereich und verschreiben dem Klienten bestimmte Rituale und Verhaltensweisen (Selvini Palazzoli et al. 1979). Die Verschreibung von Ritualen wurde in den frühen 70er Jahren entwickelt und in der Familientherapie häufig angewandt; Ritualverschreibungen stellen eine strukturierte Erfahrung dar und symbolisieren einen wichtigen und signifikanten Aspekt im Leben des Klienten. Sie haben sich manchmal als das entscheidende Moment in der Therapie herausgestellt, vor allem wenn es darum ging, einen Familienmythos an der Wurzel des Problems oder Leidens eines oder mehrerer Familienmitglieder aufzulösen oder unverarbeitete Verlusterfahrungen zu behandeln. In Selvini Palazzoli et al. (1977, 1979) und Boscolo u. Bertrando (1994, Kapitel 8) wird dieses faszinierende Thema im Detail behandelt.

In manchen Fällen wenden wir auch die Verschreibung von Verhaltensweisen an, vorzugsweise dann, wenn die Lösung von präsentierten Verhaltensproblemen das vorrangige Ziel ist oder wenn der Klient Worten gegenüber „immun" ist – wie etwa bei zwanghaften oder psychotischen Störungen.

Weitere Überlegungen zum therapeutischen Dialog

Ziemlich interessant ist die Arbeit von Viaro und Leonardi (1990), in der die beiden Autoren Sitzungen aus dem Kontext der systemischen Familientherapie vom konversationstheoretischen Standpunkt aus analysieren. Ihrer Theorie nach gehorcht das therapeutische Gespräch den Regeln, die in jeder Konversation wirksam sind: Der Sprecher nimmt einerseits an,[13] daß die anderen Gesprächsteilnehmer über die gleiche Sprachkompetenz verfügen wie er selbst, und er versorgt andererseits diese Gesprächsteilnehmer mit Informationen über Tatsachen, Emotionen und Einstellungen. Außer diesen allgemeinen Regeln ist das therapeutische Gespräch durch

---

13 Unter „Regel" verstehen wir konversationstheoretisch eine Reihe von gesprächsimmanenten Prinzipien, die in gewisser Weise den grammatischen „Regeln" ähnlich sind.

einige spezifische Regeln gekennzeichnet: zum Beispiel durch die *Direktivengebung* des Therapeuten. Prinzipiell hat der Therapeut die Entscheidungsbefugnis, wer an der Reihe ist zu sprechen, worüber er spricht und wie lange. Mit dem Augenblick, in dem die Therapiesitzung beginnt, erwirbt[14] sich der Therapeut das Recht, zu entscheiden, worüber – das heißt, über welche Themen – gesprochen wird, und zu bestimmen, wann das Thema gewechselt wird – um den Sprecher zu unterbrechen, die Sitzung abzubrechen oder sie zu schließen und so weiter.

Die Direktiven des Therapeuten können eindeutig und explizit sein, doch häufiger sind sie in Andeutungen versteckt oder werden – in Form eines Paradoxons – „indirekt" gegeben: Das hängt vom gegebenen Augenblick der Sitzung ab, vom Verhalten des Klienten und natürlich von der Entscheidung des Therapeuten. Diese Beschreibung (bzw. dieser Standpunkt) ist nur eine Teilansicht, in der sich eine gründliche Klärung des Beziehungsaspekts manifestiert, der dem Verhalten und der Entschlossenheit des Therapeuten entspringt. Wenn wir die Situation aber aus der Perspektive des Gegenübers betrachten, läßt sich das Verhalten des Therapeuten als eine Reaktion auf das Verhalten des Klienten beschreiben.[15] In diesem Fall charakterisiert die Direktivengebung nicht nur den Therapeuten, sondern auch den Klienten. Die drei geschilderten Sichtweisen repräsentieren drei Beobachtungspunkte: den Blickwinkel des Therapeuten, des Klienten und die Außenperspektive auf beide. Damit haben wir das Grundprinzip des systemischen Gedankens: Man plaziert sich als Beobachter an verschiedenen Punkten des Signifikanzsystems, dem man angehört, oder man nimmt, wie das bei der Einzeltherapie der Fall ist, die Perspektive des Beobachters/Therapeuten ein, die Perspektive des anderen als Beobachter und eine Außenperspektive auf deren Beziehung.

Was kann der Therapeut in jenen Fällen tun, in denen der Klient beschließt, die Fragen des Therapeuten nicht zu beantworten und/ oder seinerseits dem Therapeuten Fragen stellt? Diese Klienten

---

14 Natürlich gibt der Therapeut am Anfang der Sitzung nicht explizit die „Regeln" des Therapiegesprächs vor: Diese entwickeln sich allmählich, wenn der Therapeut das Gespräch nach bestimmten Kriterien führt und der Klient diese akzeptiert.

15 Hier paßt das Beispiel der nörgelnden Frau und des in sich zurückgezogenen Ehemannes aus *Menschliche Kommunikation* von Watzlawick et al. (1980).

machen das, was Viao und Leonardi (1990) als *Insubordination* bezeichnen. Solche Insubordinationen kommen häufig vor und können die Fähigkeiten selbst des erfahrensten Therapeuten ernsthaft auf die Probe stellen. Bei gehäuftem Auftreten von Insubordinationen kann die Rolle des Therapeuten tendenziell Schaden nehmen: Man denke nur an die fortgesetzte Insubordination psychotischer Klienten, die einen unerfahrenen Therapeuten leicht überrumpeln oder paralysieren können. Milton Erickson, Jay Haley, Paul Watzlawick und andere strategisch arbeitende Therapeuten haben uns gelehrt, daß der Therapeut die Insubordination seines Klienten neutralisieren kann und damit die Entstehung eines „Ringkampfes" nach Art einer symmetrischen Beziehung, was leicht in eine *Sackgasse* führen kann, vermieden wird.

Nichtkooperatives Klientenverhalten kann viele Formen annehmen: Fragen werden nicht beantwortet, es werden vorsätzlich falsche Antworten gegeben, Geheimnisse werden angedeutet, aber nicht gelüftet. In solchen Situationen kann die Insubordination dadurch neutralisiert werden, daß der Therapeut den Klienten auf das beobachtete Verhalten hinweist, in einem bejahenden, akzeptierenden Ton diesem Verhalten eine positive Konnotation gibt und dem Klienten genau dieses Verhalten verschreibt; dadurch läßt der Therapeut die Möglichkeiten für Veränderungen in der Zukunft offen. Er sagt zum Beispiel: „Ich habe den Eindruck, daß es Ihnen schwerfällt, sich zu öffnen (zu kooperieren/sich zu erklären/etwas sehr Intimes zu erzählen). Ich glaube, daß Sie *in diesem Augenblick* genau das tun, was Sie tun müssen, und daß es für Sie wichtig ist, die Dinge zu bedenken, bevor Sie sich mir anvertrauen oder mit mir kooperieren. Sie sehen, die Gründe ihrer Schwierigkeiten (Probleme) sind noch nicht ganz klar, und wenn Sie sich jetzt zwingen würden, sich anders zu verhalten, könnte das zu großer Angst führen und die Situation verschlimmern."[16] Mit solchen Erklärungen macht der Therapeut folgendes:

---

16 Eine andere Lesart der Insubordination würde das Konzept des Widerstands betonen. Aus systemischer Sicht ist Widerstand kein intrinsisches Merkmal des Individuums, sondern der Beziehung zwischen Menschen. Es ist das Hauptmerkmal der Ericksonschen Therapietechniken (wie die hier erwähnte), von denen die lösungsorientierten Therapiemodelle stark beeinflußt sind, daß die Bildung von Widerstand auf seiten des Klienten vermieden und eine kooperative therapeutische Beziehung gefördert wird.

1. Er nimmt dem Klienten gegenüber eine Haltung des Zuhörens ein.
2. Er respektiert und akzeptiert das gegenwärtige Verhalten des Klienten und legt Wert auf die Entstehung einer therapeutischen Allianz.
3. Er überträgt der Zeit (der Zukunft) die Aufgabe, die Situation zu verändern (siehe das Konzept der Ambitemporalität in Boscolo u. Bertrando 1994).

Die Therapiesitzung

Den therapeutischen Kontext herstellen

Was bedeutet es denn genau, einen therapeutischen Kontext herzustellen, der die Entstehung neuer Geschichten und neuer Entwicklungswege begünstigt? Diese wichtige Frage veranlaßt uns, über die Beziehung zwischen Therapeut und Klient sowie über die Elemente nachzudenken, die den therapeutischen Prozeß beeinflussen.

Eine notwendige, aber nicht hinreichende Bedingung für die Schaffung eines therapeutischen Kontextes, wie wir ihn verstehen, ist die, daß der Klient zumindest eine gewisse Motivation mitbringt, um Dinge zu verändern und um sich aus dem Problem herauszuarbeiten. Der Therapeut muß zunächst die Motivationslage des Klienten explorieren, denn ein therapeutischer Kontext kann ohne motivierten Klienten nur schwer hergestellt werden. Wie wichtig die Motivation des Klienten für die Therapie ist, wissen alle Therapeuten. Bezeichnenderweise unterscheiden die Therapeuten am Mental Research Institute (siehe Segal 1991) bei ihrer Klientel zwischen Passanten, die einen Schaufensterbummel machen, und Kunden: Mit einem schaufensterbummelnden Passanten läßt sich einfach keine Therapie durchführen.

Über die Motivation des Klienten hinaus ist es notwendig, daß der Klient ein Vertrauensverhältnis zum Therapeuten und zur Therapie entwickelt. In manchen Fällen ist die Motivation des Klienten bestenfalls als schwach zu bezeichnen, aber die Motivation derjenigen, die in gewisser Weise dafür verantwortlich sind (Familienmitglieder, Freunde, Fachärzte usw.), daß der Klient eine Therapie macht, kann um so stärker sein. Es ist nicht ungewöhnlich, daß Klienten zu uns kommen und „sich umschauen" und eher von der

Idee geleitet sind, sich eine Expertenmeinung oder einen fachmännischen Rat einzuholen als tatsächlich eine Therapie zu machen. In der ersten Einschätzungssitzung ist es enorm wichtig, daß der Therapeut die Überweisungsmodalitäten und die persönliche Motivation des Klienten analysiert.

An dieser Stelle muß erwähnt werden, daß „lange Kurzzeittherapien" (mit den in Kapitel 2 beschriebenen Merkmalen) nicht für jeden Klententyp geeignet sind. Bei manchen psychotischen Störungen (etwa der Schizophrenie) ist es zum Beispiel Wunschdenken, zu erwarten, daß das Problem mit nur 20 Therapiesitzungen in großen Abständen gelöst werden könne. Die gleiche Einschränkung gilt für die Fälle, in denen die von uns bevorzugte explorative Therapie nicht angezeigt ist, weil sich herausstellt, daß der Klient eine stützende Therapie mit offenem Ende braucht (siehe Fallbeispiel Olga M. in Kapitel 5).

Komplexer sind die Voraussetzungen für die Schaffung eines therapeutischen Kontextes auf seiten *des Therapeuten*. Diese sind, kurz gesagt, die folgenden:

1. Der Therapeut muß die Fähigkeit besitzen, dem Klienten gegenüber eine Haltung des Zuhörens einzunehmen. Das Zuhörenkönnen hat in der Einzeltherapie nachweislich mehr Gewicht als in der Familientherapie, weil der Therapeut in Familiengesprächen direktiver und aktiver ist.

2. Die Haltung des Zuhörens zeichnet sich eher durch Passivität aus als durch Aktivität. Darüber hinaus ist sie empathisch in dem Sinne, daß sich der Therapeut in die Position des Klienten versetzt und diesem Gefühle seiner emotionalen Teilnahme signalisiert (siehe Kapitel 2).

3. Die Neugier (Cecchin 1988) auf den Klienten und seine Geschichte sowie auf die Entwicklung des therapeutischen Prozesses an sich ist eine weitere wichtige Voraussetzung für die Schaffung des therapeutischen Kontextes. Mit seiner Neugier vermeidet es der Therapeut, sich in den redundanten und immer gleich ablaufenden Gesprächen, die in die Sackgasse führen, zu verstricken.

4. Wir haben schon kurz über die Fähigkeit des Therapeuten gesprochen, sich bei der Therapie „glücklich" oder zumindest so glücklich wie möglich zu fühlen (Lai 1985). Diese Ressource hilft dem Therapeuten, die eigene Arbeit und die des Klienten zu ak-

zeptieren (und spannender zu machen), was auf den Klienten positiv zurückwirkt. Bei der Arbeit sollte sich der Therapeut von Zeit zu Zeit die Frage stellen: „Was kann ich im Augenblick tun, um mich ‚glücklicher' zu fühlen, so daß ich meinem Klienten besser helfen kann?"[17] Wir möchten noch einmal betonen, daß das Zuhören, die Empathie, die Neugier und das positive Denken zu den wichtigeren atypischen therapeutischen Elementen gehören, die zum erfolgreichen Abschluß einer Therapie – besonders einer explorativen – beitragen.

5. Der systemisch arbeitende Therapeut interessiert sich für den inneren und äußeren Dialog seines Klienten und folglich auch für dessen Ideen, Äußerungen und Emotionen in bezug auf sich selbst, für die Systeme, zu denen der Klient gehört, sowie für das therapeutische System.

6. Es ist ein Charakteristikum des systemischen Modells, daß der Therapeut die Ereignisse aus der zirkulären und aus der linearen Perspektive sieht. Dies impliziert, daß ein Ereignis nicht mehr kausal als die Ursache eines anderen Ereignisses betrachtet wird, sondern als Vorgang, der in einem Netz wechselseitiger Beziehungen von Ereignissen und menschlicher Handlungen verankert ist (siehe Bateson 1985; Watzlawick et al. 1980). Natürlich ist die zirkuläre Sichtweise nicht nur für Ereignisse, die in der Welt des Klienten vorkommen, gültig, sondern auch für das, was in der Therapie geschieht. Das Prinzip der Zirkularität bei der Leitung von Therapiesitzungen beruht darauf, daß der Therapeut die Rückmeldung des Klienten, das heißt dessen verbale und nonverbale Reaktionen, beobachtet.[18] Um den Kreislauf zu vervollständigen, muß sich der Therapeut die Auswirkungen seiner eigenen Handlungen auf den Klienten bewußt machen und eine Perspektive von außen einnehmen, von der aus er die Interaktion beobachtet; dies führt dann zur Integration der drei beschriebenen Beobachtungspunkte und damit

---

17 Dadurch, daß der Therapeut zumindest ein angemessenes Niveau an Glücklichsein aufrechterhält, schützt er sich auch gegen das sogenannte Syndrom des Ausgebranntseins.
18 Die Tyrannei der an sich linearen Sprache führt im allgemeinen dazu, daß wir Ereignisse interpunktieren und – wie in diesem Fall – mit der Rückmeldung des Klienten anfangen. Batesons Beispiel des baumfällenden Mannes (siehe Kapitel 1) veranschaulicht sehr gut die Dialektik zwischen der linearen und der zirkulären Sichtweise.

zu einer wirklich koevolutionären Konzeption von Therapie. Alle Interventionen des Therapeuten beruhen auf Botschaften des Klienten, die ihrerseits wieder durch frühere Botschaften bedingt sind. Statt nur von einer zirkulären Sichtweise zu sprechen, könnte man den Begriff „Spirale" (Bateson 1984) verwenden, in dem auch der Faktor Zeit berücksichtigt ist. Das bedeutet, daß Ereignisse sich rückwirkend beeinflussen und in bezug auf ihren Ausgangspunkt jedesmal einen anderen Endpunkt erreichen; ein solcher Prozeß kann in Form einer Spirale dargestellt werden.

7. Der Therapeut muß darüber reflektieren, wie er mit dem Problem der Macht in der therapeutischen Beziehung und in seiner Beziehung zum Klienten und zu dessen Bezugssystemen sowie im Hinblick auf die Geschlechterrollen umgeht. Diese beiden Punkte sind schon früher in diesem Kapitel und in Kapitel 2 diskutiert worden.

8. Außerdem muß sich der Therapeut über die Tatsache im klaren sein, daß die von ihm vorgeschlagene Deutung einer Situation (wie jede andere Deutung auch) keine objektive ist, sondern die Handschrift seiner Vorurteile und Erfahrungen sowie seines theoretischen Hintergrunds trägt. Diese Bewußtheit ermöglicht es dem Therapeuten, ein gewisses Maß an Autonomie und Distanz seinen Deutungen gegenüber zu wahren, damit er Raum gewinnt für die eigene Kreativität.

Die Therapiesitzung leiten

Bei der Durchführung der Therapiesitzung besteht eines der Hauptziele darin, daß zwischen Klient und Therapeut ein Vertrauensverhältnis geschaffen und aufrechterhalten wird. Dies ist ein allgemeines Prinzip, das von Therapeuten unterschiedlicher theoretischer Ausrichtungen vertreten wird und ebenso von Therapeuten, deren Interesse an spezifischen Aspekten der therapeutischen Beziehung wie Direktivengebung, Gehorsam, Kooperation, Achtung, Vertrauen, Empathie und so weiter divergiert. Der Begriff „Vertrauen" ist wahrscheinlich der Begriff, über den im therapeutischen Feld am meisten Einigkeit besteht. In diesem Zusammenhang möchten wir daran erinnern, daß die Aufmerksamkeit, die der Therapeut der therapeutischen Beziehung schenkt, in der Einzeltherapie eine andere Form hat als in der Familientherapie. Hier ist der Therapeut aktiver und konzentriert sich auf die Interaktion zwischen den einzelnen

Familienmitgliedern; der „vielstimmige Dialog" ist mehr auf zwischenmenschliche und weniger auf intrapersonelle Beziehungen gerichtet. Bei der Einzeltherapie dagegen findet der Dialog zwischen zwei Personen statt, was voraussetzt, daß der Therapeut stärker am inneren Dialog des Klienten interessiert ist; diesen Dialog muß der Therapeut mit Hilfe der verbalen und nonverbalen Rückmeldung des Klienten entschlüsseln.

Darüber hinaus besteht bei der Einzeltherapie mehr Spielraum für das *Zuhören*, vor allem in den frühen Phasen einer Sitzung. Am Anfang einer Therapiesitzung ist der Therapeut im allgemeinen weniger aktiv, zumindest verbal gesehen; er überläßt dem Klienten die Wahl der Themen und lenkt mit minimalen sprachlichen und außersprachlichen Interventionen sowie mit aufmerksamer Teilnahme die Kommunikation.

Ein wichtiger Aspekt in der therapeutischen Beziehung ist das Schweigen (Andolfi 1994), das manchmal enorm wichtig sein kann, wichtiger noch als Worte. In der Familientherapie macht man keinen ausgiebigen Gebrauch vom Schweigen, weil das Schweigen des Therapeuten oder eines Familienmitglieds oft durch den Redebeitrag eines anderen Sitzungsteilnehmers durchbrochen wird. Nicht so in der Einzeltherapie, wo das Schweigen eine bedeutende Rolle spielt, obwohl wir persönlich dazu neigen, es zurückhaltend einzusetzen. Das Schweigen, insbesondere in den ersten Sitzungsphasen, soll den Klienten ermutigen, sich zu seinen Reaktionen auf die vorangegangene Sitzung zu äußern und seine Gedanken über Themen, die ihn interessieren oder beunruhigen, auszudrücken. In späteren Sitzungsphasen kann das Schweigen hilfreich sein, um Gemütsverfassungen oder Argumenten von besonderer Relevanz zusätzliches Gewicht zu verleihen. Es ist offensichtlich, daß die Bedeutungen, die das Schweigen annimmt oder kanalisiert, mit dem aktuellen Geschehen in der therapeutischen Beziehung zusammenhängt.

Ein Gespür dafür, Schweigen und Reden in einem ausgewogenen Verhältnis einzusetzen, ist eine der wichtigsten Qualitäten des Therapeuten. Es gibt Phasen, in denen der Klient wenig oder überhaupt nichts sagt und, um ein steriles und mechanisches Frage-Antwort-Spiel zu vermeiden, der Therapeut Geschichten oder Anekdoten erzählt (siehe Fallbeispiel Olga M. in Kapitel 5).

Ein weiterer Punkt, der bei der Leitung der Sitzung berücksichtigt werden muß, betrifft das Thema beziehungsweise die Themen, die im aktuellen therapeutischen Gespräch auftauchen. Hier ist der professionelle Hintergrund des Therapeuten sehr hilfreich, um die Sensibilität und den Blick zu entwickeln, die notwendig sind, um solche Themen zu identifizieren, die eine besondere emotionale Signifikanz und Relevanz im Leben des Klienten haben. Hat der Therapeut ein solches Thema identifiziert, exploriert er gemeinsam mit dem Klienten seine verschiedenen Aspekte.

Im allgemeinen kristallisiert sich nach der ersten Sitzungsphase ein signifikantes Thema heraus. Dieses Vorgehen hat eine gewisse Entsprechung in dem, was Anderson beschreibt:

> „Die Menschen haben oft so vieles zu erzählen, und ich unterbreche sie dann absichtlich nicht. Ich lasse sie alles erzählen, was sie erzählen möchten. Erstens möchte ich die Interessen und den Rhythmus des Klienten respektieren. ... Zweitens ist es eine Möglichkeit, daß ich das Gespräch nicht in die Richtung meiner eigenen Interessen lenke oder verdrehe und dabei übersehe, was für die Klienten wichtig ist, was sie mir eigentlich sagen möchten. Wenn etwas meine Neugier erweckt oder ein bestimmtes Wort oder eine Redewendung meine Aufmerksamkeit erregt, behalte ich es im Gedächtnis ... Das bedeutet nicht, daß ich passiv oder zurückhaltend bin, ... es heißt nur, daß meine Fragen und Kommentare durch den Klienten motiviert sind und nicht durch mein Vor-Wissen."
> (Anderson, in Holmes 1994, S. 157 – Passage wurde für dieses Buch übersetzt)

Dieses Zitat enthält einen wichtigen Punkt, dem wir jedoch nicht zustimmen. Die Vorstellung, „daß meine Fragen und Kommentare durch den Klienten motiviert sind und nicht durch mein Vor-Wissen", ist unseres Erachtens utopisch. Es ist unmöglich, von dem eigenen „Vorwissen" oder den eigenen Voreingenommenheiten[19] *nicht* beeinflußt zu sein. Wir hören zwar dem Klienten zu, aber wir lauschen auch unseren eigenen „Stimmen"; und unsere Lebenserfahrungen können wir auch nicht ignorieren. Dadurch, daß wir eine zirkuläre Sicht der Realität einnehmen, sind die Fragen und Kom-

---

[19] Heinz von Foerster (1982) behauptet sogar, daß das Vor-Wissen bereits auf der ersten Stufe der Datenerhebung wirksam sei und daß deshalb der Begriff „Datum" ersetzt werden solle durch das lateinische Wort „Captum", weil die Prämissen des Beobachters einen aktiven Beitrag zu jeder Wahrnehmung leisteten.

mentare des Therapeuten natürlich „durch den Klienten motiviert" und kanalisieren zwangsläufig die Vor-Bewußtheit und Hypothesen des Therapeuten, die ihm im Hier und Jetzt der Sitzung einfallen. Diese Hypothesen lassen sich vielleicht mit wichtigen Aspekten der Beziehungswelt des Klienten und mit der therapeutischen Beziehung an sich verbinden, aber sie haben auch Strukturanalogien zu Hypothesen (systemisch ausgedrückt sind sie „isomorph"), die in bezug auf andere Klienten gebildet wurden und dort eine positive Entwicklung gezeitigt haben. Um nicht in die Falle zu gehen, Hypothesen seien als Wahrheiten aufzufassen, müssen wir uns immer daran erinnern, daß Hypothesen lediglich ein Hilfsmittel darstellen, mit dem Beobachtungsdaten temporär in einer Weise zusammengefügt werden, die in diesem Moment als signifikant erachtet wird (Boscolo et al. 1990).

Die Haltung des Zuhörens, die der Therapeut den Erzählungen des Klienten gegenüber einnimmt, ist nicht passiv: Er stellt Zusammenhänge her zwischen dem, was bis dahin im aktuellen Gespräch oder in früheren Therapiesitzungen gesagt worden ist, und den persönlichen und sozialen Aspekten der Biographie des Klienten. Dabei fallen dem Therapeuten automatisch Fragen ein wie: „Was teilt der Klient mir eigentlich mit, oder welche implizite Frage stellt er mir im Augenblick? Wie verhält sich das zu den früheren Sitzungen (besonders zur letzten) und zum gesamten Therapieverlauf? Weisen die Worte und Ausdrücke des Klienten auf Regression, Stagnation oder Entwicklung hin?"

Das Fazit, das der Therapeut aus den hergestellten Zusammenhängen gelegentlich zieht, kann seinen Ausdruck finden in einer Idee, einer Metapher oder einer Hypothese, die der Therapeut dann in einer aus seiner Sicht angemessenen Form präsentiert (als Feststellung oder Frage); solche Ideen, Metaphern oder Hypothesen teilen dem Klienten implizit mit, welche Verbindungen der Therapeut hergestellt hat oder gerade herstellt. Die verbalen oder strukturanalogen Reaktionen des Klienten signalisieren, welche Bedeutungen der Klient den Äußerungen oder Fragen des Therapeuten zugeschrieben hat.

Externe Beobachter, die manchmal durch den Einwegspiegel oder am Bildschirm die Sitzung mitverfolgen, sind gelegentlich überrascht, mit welcher Scharfsicht und Erklärungskraft Therapeuten Fragen stellen und Interventionen neu definieren. Es handelt sich dabei nicht um bloße Intuitionen, die aus dem Nirgendwo auftauchen, sondern um die Früchte intensiver Vorarbeiten, die das Ziel verfolgen, verstreute Elemente zusammenzufügen. Der eigentliche Fokus der Aufmerksamkeit liegt natürlich auf den konkreten Vorgängen in der Therapiesitzung, auf dem Datenmaterial, das sich im Dialog mit dem Klienten entwickelt, und auf den Äußerungen, Metaphern und Emotionen des Klienten; andere Elemente bleiben tendenziell im Hintergrund. Was die Zeitperspektive betrifft, arbeiten wir vorzugsweise mit der Gegenwart des Klienten, die wir mit seiner Vergangenheit und Zukunft verbinden, wenn die Zeit dafür gekommen ist.

Zeiten und Rhythmen von Therapeut und Klient

Unsere Untersuchung zur Zeit in zwischenmenschlichen Beziehungen hat uns gezeigt, daß die Koordination zwischen individueller und sozialer Zeit eine notwendige Bedingung dafür ist, daß sich ein Individuum „normal" entwickelt und eine höhere Qualität seiner intrapersonellen Beziehungsstruktur erreicht. Um die individuelle Zeit mit der Zeit anderer Menschen koordinieren zu können, muß das Individuum über eine Reihe von zeitlichen Koordinationsmöglichkeiten verfügen, das heißt, es muß ausreichend flexibel sein. In der Manifestation eines psychiatrischen Problems in einer Familie sehen wir beispielsweise die Schwierigkeit, die Zeiten der Familienmitglieder zu koordinieren. Umgekehrt erfordert eine enge Beziehung eine enorme Fähigkeit, die Zeiten innerhalb der Beziehung zu koordinieren.

Diese Einsicht veranlaßt uns zu der Behauptung, daß die zeitliche Koordination zwischen Therapeut und Klient und die Rhythmen, in denen diese Koordination ihren Ausdruck findet, auch in der therapeutischen Beziehung ein gewichtiger Faktor ist. Einige Autoren (siehe Minuchin 1990) benutzen die wirklich treffende Metapher des „Tanzes", um damit die therapeutische Beziehung zu charakterisieren. Je flexibler die beiden Partner in ihren Rhythmen und Bewegungen sind, desto wahrscheinlicher ist es, daß sie zeitlich koordiniert sind und daß die Therapie eine positive Entwicklung nehmen wird.

Wir haben es gelegentlich mit Menschen zu tun, die in der Koordination ihrer eigenen Zeit nur wenig flexibel oder völlig unflexibel sind; dieser Mangel kann signifikante Beziehungsprobleme hervorrufen. Die extrem langsamen und kontrollierten Zeiten von Klienten mit schweren Depressionen oder ernsten zwanghaften Störungen (die deshalb ein großes Kontrollbedürfnis haben) können beispielsweise die langfristige Koordination des Therapeuten stark auf die Probe stellen, der sich gelangweilt oder enttäuscht fühlt und vielleicht eine kaum unterdrückte Reizbarkeit entwickelt. Der Therapeut kann auch absorbiert werden von Klienten, deren Rhythmus extrem schnell ist, wie es bei Menschen mit Angstzuständen, Problemen der Unsicherheit oder manischer Euphorie der Fall ist. Dem möchten wir hinzufügen, daß nicht alle Therapeuten die optimale Flexibilität haben, ihre eigenen Zeiten und Rhythmen mit denen ihrer Klienten zu koordinieren. Der Therapeut muß sich solche Grenzen bewußt machen, damit er es in Extremfällen vermeiden kann, Therapien mit Typen von Klienten[20] durchzuführen, deren Zeiten nicht zu seinen eigenen Zeiten passen.

Um mit dem Klienten tanzen zu können, müssen die Rhythmen des Therapeuten so gestaltet werden, daß sie in bestimmten Grenzen zu denen des Klienten passen. Zu den schwierigsten Fällen gehören hier natürlich Klienten mit Schizophrenie oder anderen Psychosen, bei denen die Bindung zwischen Klient und Therapeut so instabil ist, zwischen Entstehung und Auflösung schwankend, daß die im Therapeuten oft vorhandenen Gefühle von Sinnlosigkeit und Ohnmacht noch verstärkt werden.

Bei der Durchführung einer Therapiesitzung besteht ein weiteres, aber anders gelagertes Problem der zeitlichen Koordination: Zu welchem genauen Zeitpunkt im Dialog sollen Argumente eingeführt, akzeptiert und aufgegeben werden? Genauso wie die verfrühte Einführung eines signifikanten Themas den Widerstand des Klienten hervorrufen kann, so können Interesse und Aufmerksamkeit des Klienten am Dialog nachlassen, wenn der Therapeut einen signifikanten Punkt übersieht. Als Therapeut muß man sich entscheiden, ob das, was man selbst in einem bestimmten Augenblick für interessant hält, auch für den Klienten interessant ist. Die Identifikation der verbalen und strukturanalogen Rückmeldung des Klienten reicht nicht aus, um festzustellen, ob der Klient den Bot-

---

20 In manchen solcher Fälle kann eine medikamentöse Behandlung ratsam sein, da diese wesentlich zu einer „Normalisierung" des Rhythmus des Klienten beitragen kann.

schaften des Therapeuten eine Bedeutung beimißt und wie diese Bedeutung beschaffen ist. Aus diesem Grunde fragen wir den Klienten hin und wieder, ob unsere Fragen für ihn einen Sinn ergäben. Manchmal fragen wir den Klienten, ob er bestimmte Themen vorzuschlagen habe, auf die wir näher eingehen sollten. Wenn der Therapeut die Gedanken und Gefühle des Klienten berücksichtigt, erleichtert das die Entwicklung eines Vertrauensverhältnisses und vermeidet schwere Fehler in der zeitlichen Koordination, die den therapeutischen Prozeß behindern könnten.

Wenn der Therapeut zu lange bei bestimmten Argumenten oder Inhalten verweilt, kann das deren Wichtigkeit überbetonen und in gewisser Hinsicht andere signifikante Aspekte in den Schatten stellen. Ein solcher Gesprächsstrang kann sowohl für den Klienten als auch für den Therapeuten verführerisch sein. Ein wohlbekanntes Beispiel ist das Evozieren von Geschichten über die Abhängigkeit von der Mutter und die Konkurrenz mit dem Vater, was die Gefahr der Reifikation und der Abgeschlossenheit gegenüber Alternativgeschichten in sich birgt.

Wir haben darauf hingewiesen (Boscolo u. Betrando 1994), daß ein zu langes Verweilen bei vergangenen Geschichten und der damit verknüpften Deutung den gegenteiligen Effekt des gewünschten haben kann mit dem Ergebnis, daß der Klient davon überzeugt wird, aus seiner Vergangenheit könne eine andere Gegenwart als die gegebene nicht abgeleitet werden. Deshalb ist es bei der Exploration der Biographie des Klienten sinnvoll, den Kontext zu erweitern und Fragen zu stellen, vor allem hypothetische Fragen, die dadurch, daß verschiedene Vergangenheitsentwürfe aufgezeigt werden, die inadäquate deterministische Sichtweise des Klienten in Frage stellen. Im fünften Kapitel präsentieren wir ein Fallbeispiel, „Luciano M.: Gefangener eines Familienmythos", bei dem es nach mehreren Sitzungen erforderlich wurde, die Aufmerksamkeit von einem ziemlich interessanten Familienmythos wegzunehmen, um aus einer Sackgasse herauszukommen. Hier sind zwei Fehler gemacht worden: erstens bei der zeitlichen Koordination, weil das Thema Familienmythos zu früh eingeführt worden ist; und zweitens, daß wir uns so intensiv vom Familienmythos haben einfangen, ja sogar verführen lassen, daß wir ziemlich lange nicht davon losgekommen sind.

Der therapeutische Prozess

Nachdem wir nun die Entwicklung unserer Referenztheorie, unsere Vorgehensweise, die Konstruktion des therapeutischen Kontextes, die Prinzipien für die Leitung der Sitzung und die Konzepte der Dekonstruktion und Rekonstruktion geschildert haben, wenden wir uns dem therapeutischen Prozeß zu.

Wir konzentrieren uns auf das bereits im zweiten Kapitel beschriebene Modell der „langen Kurzzeittherapie", auf die Art von Einzeltherapie, die wir bei der Mehrzahl unserer Klienten anwenden, bei denen Einzeltherapie angezeigt ist. Klienten, für die diese Art von Therapie nicht geeignet ist (Klienten mit schweren psychotischen Störungen oder Klienten, die eher eine therapeutische Begleitung als eine Therapie brauchen), behandeln wir in einem offenen Kontext mit flexibleren Abständen zwischen den Sitzungen und ohne zeitliche Begrenzung. Bevor wir nun die verschiedenen Stadien unseres Einzeltherapieverfahrens schildern, befassen wir uns mit der ersten Sitzung, die von besonderer Bedeutung ist und – in mancher Hinsicht – anders als die nachfolgenden Sitzungen. In der ersten Sitzung geht es um die Einschätzung und Beratung des Klienten; unser Ziel ist dabei, zu bestimmen, ob eine therapeutische Indikation gegeben ist oder nicht und, wenn dem so ist, welches Therapieverfahren das angemessenste ist.[21]

Da wir unsere Wurzeln in der systemischen Familientherapie haben, bitten wir die Menschen, die zu uns kommen, am ersten Treffen mit der ganzen Familie teilzunehmen oder, wenn eine Paartherapie anvisiert wird, mit dem Partner. Manchmal lehnen unsere Klienten die Einladung, mit der Familie oder dem Ehepartner zu kommen, ab und kommen zum ersten Treffen lieber allein. Wir akzeptieren natürlich ihre Entscheidung. An der ersten Sitzung (Ab-

---

21 Leider ist die Anzahl der abgeschlossenen „langen Kurzzeittherapien" noch ziemlich gering (bis jetzt 18), so daß noch keine katamnestische Analyse durchgeführt werden kann; dies werden wir in einer Folgestudie nachholen. Im Augenblick sind unsere Ergebnisse ziemlich ermutigend, und sie verstärken unsere Erwartungen, daß dieses Modell der „langen Kurzzeittherapie" unsere bevorzugte Behandlungsmethode werden könnte. Wir hoffen, daß dieses Therapieverfahren auch von Kollegen in öffentlichen Gesundheitseinrichtungen und in Privatpraxen angenommen wird.

klärungssitzung) können deshalb teilnehmen: die Person, die um das Treffen gebeten hat (die nicht der „Indexpatient" sein muß)[22], die Familie mit oder ohne den Indexpatienten, die beiden Elternteile oder beide Ehepartner. Zum einen befassen wir uns mit Individuen, die unsere Hilfe suchen, um ihre eigenen spezifischen Probleme zu lösen, oder die sich einen ersten Eindruck von den Therapeuten verschaffen möchten, denen sie die Verantwortung übertragen sollen, ein Familienmitglied (den Indexpatienten) mittels einer Familien- oder Paartherapie zu verändern. Manchmal sind wir praktisch mit dem genauen Gegenteil konfrontiert: Die Familie nimmt einvernehmlich an der ersten Sitzung teil, steht aber in dem Augenblick, in dem die Therapie beginnen soll, nicht mehr zur Verfügung und bittet, daß die Therapie nur mit dem Indexpatienten durchgeführt werde. Alle diese Komplikationen gehören zu dem Kontext, in dem wir arbeiten. Unsere Einrichtung ist traditionsgemäß als „Zentrum für systemische Familientherapie" bekannt und hat erst vor kurzem ihren Namen geändert in „Zentrum für systemische Einzel-, Paar- und Familientherapie und -beratung". In jedem Einzelfall analysieren wir in der ersten Sitzung sorgfältig die Überweisungsmodalitäten, die Motivationen der Beteiligten und ihre Vorstellungen von Verantwortung, und zwar unabhängig davon, welche Vertreter des Familien- oder Paarsystems anwesend sind.

Wir beschreiben im folgenden, wie eine erste Sitzung mit einem Einzelklienten durchgeführt wird. In den Fällen, in denen wir trotz der Teilnahme der Familie an der ersten Sitzung eine Einzeltherapie anbieten, hat die zweite Therapiesitzung (das ist die erste mit dem Klienten allein) ganz ähnliche Merkmale, wie sie die erste Einzeltherapiesitzung hat, die wir nun skizzieren.

Die erste Sitzung kann bis zu eineinhalb Stunden dauern und ist vielfach länger als die Folgesitzungen, die im allgemeinen eine Stunde dauern. In der ersten Sitzung explorieren wir das Signifikanzsystem und wie sich dieses im Laufe der Zeit im Hinblick auf das präsentierte Problem entwickelt hat (siehe Kapitel 1). Wir möchten noch darauf hinweisen, daß der Prozeß des Abklärens (oder des Diagnostizierens) nicht anders abläuft als der therapeutische Pro-

---

22 Der Begriff „Indexpatient" wird in der Familientherapie benutzt und bezieht sich auf die Person in einem Familiensystem, die als Träger des Problems definiert wird.

zeß selbst: In dem Augenblick, in dem wir Informationen erfragen, gestalten wir sie auch (siehe Kapitel 2).

Zur ersten Sitzung haben wir die schriftliche Telefonnotiz vorliegen, die beim ersten Kontakt von einem Mitarbeiter oder einer Mitarbeiterin (nicht vom Therapeuten) angefertigt worden ist und die Informationen über die überweisende Stelle, die Familienmitglieder und das präsentierte Problem enthält.

Zwei Fragen muß der Therapeut in der ersten Sitzung zu beantworten versuchen: Was hat den Klienten dazu bewogen, gerade zu diesem Zeitpunkt Hilfe zu suchen? Weshalb hat er unser Zentrum oder einen bestimmten Therapeuten ausgewählt? Die Antwort auf die erste Frage ergibt sich gewöhnlich – aber nicht immer – in der ersten Sitzung, wenn die Biographie des Klienten und sein Lebenskontext exploriert werden. Um die zweite Frage beantworten zu können, muß der Therapeut die Hintergründe der Überweisung des Klienten an uns analysieren.

Die erste Frage lautet im allgemeinen: „Was hat Sie dazu bewogen, zu uns zu kommen?" oder „Gibt es etwas, worüber Sie sprechen möchten?", was den Klienten in die Position versetzt, seine Gründe zu nennen, weshalb er die Meinung eines Experten einholen möchte. Der Therapeut fragt nicht danach, welches Problem der Klient hat – im traditionellen therapeutischen Kontext würde er das tun: Eine solche Frage könnte sofort zu einer Abgrenzung zur Pathologie führen und einen therapeutischen statt einen beratenden Kontext konstruieren.

Das wichtigste Element unserer therapeutischen Arbeit ist die Exploration der Bedeutungen, die der Klient und die für ihn signifikanten anderen dem „Wie" und „Wann" von Ereignissen, Schwierigkeiten und den damit verbundenen Problemen zuschreiben. Untersucht wird auch das Verhältnis des Klienten zu seinen Bezugssystemen, das die Gestalt von Feindseligkeit, Verführbarkeit, Unstimmigkeit, Zustimmung, Unterstützung und so weiter haben kann. Daten dieser Art werden mittels einer Reihe von Fragen erhoben, die sich auf *Erfahrungen*, *Beschreibungen* und *Erklärungen* des Klienten beziehen sowie auf die signifikanten Personen, mit denen er in Beziehung steht.

Nachdem die Gegenwart und der Kontext, in dem der Klient lebt, exploriert worden sind, führt unser Interesse in die Vergangenheit – genauer: in die „Erinnerung der Vergangenheit"[23] –, um den „roten Faden" zu finden, der sich bis in die Gegenwart durch das Leben des Klienten zieht. Darüber hinaus versuchen wir, mit hypothetischen Fragen mögliche Vergangenheitsalternativen hervorzulocken, die den Entwurf möglicher Gegenwarts- (und Zukunfts-)Alternativen fordern und den Weg für neue richtungsweisende Perspektiven öffnen können.

Ein oder mehrere Themen werden sich schließlich im Laufe der Sitzung herauskristallisieren und die erste Frage, die sich der Therapeut gestellt hat, beantworten helfen. Um die zweite Frage beantworten zu können, untersuchen wir sorgfältig den Grund, weshalb der Klient zu uns gekommen ist, und die Begleitumstände, unter denen jemand zu uns kommt, wie auch frühere Kontakte des Klienten zu anderen Fachärzten. Es ist natürlich sehr hilfreich, wenn der Therapeut Informationen hat über frühere Diagnosen des Klienten, über vorausgegangene Therapien und besonders über die Art von Beziehungen, die sich zwischen diesen Spezialisten und dem Klienten entwickelt haben. Solche Informationen sind außerordentlich wertvoll, damit sich der Therapeut eine Vorstellung davon machen kann, welche Art von Beziehungen der Klient zu seinen Fachärzten hatte, damit er in der Therapie für den Klienten neue Aspekte einführen kann und damit er dem Klienten nicht die Antworten gibt, die dieser aus seinen früheren Behandlungen schon kennt.

Am Ende der Sitzung teilen wir dem Klienten unsere Einschätzung mit. Wenn die Indikation für eine Einzeltherapie gegeben ist und der Klient sich von seiner Problemlage her für eine über 20 Sitzungen laufende Therapie, für eine „lange Kurzzeittherapie", eignet, stellt der Therapeut den therapeutischen Vertrag vor:

> „Unser Therapieverfahren beruht auf maximal 20 Sitzungen, die aktuelle Sitzung eingeschlossen, die in Abständen zwischen zwei und vier Wochen abgehalten werden. Wir haben die Erfahrung gemacht, daß die Mehrzahl der Klienten beschließt, die Therapie vor der 20. Sitzung zu beenden: Manchmal fällt der Entschluß schon in der ersten Sitzung, manchmal erst in der zweiten Hälfte der Therapie. Wenn Sie mit Ablauf der vorgesehenen Sitzungen das Ge-

---

23 Zur Erklärung des Konzepts, daß wir nur in der Gegenwart leben, die Vergangenheit in unserer Erinnerung ist und die Zukunft in unseren Erwartungen liegt, siehe Boscolo u. Betrando (1994).

fühl haben, weitere therapeutische Unterstützung zu benötigen, machen wir eine erneute Einschätzung in der 20. Sitzung. Wenn ich dann an diesem Punkt überzeugt bin, meine therapeutischen Optionen ausgeschöpft zu haben, werde ich die Therapie nicht weiterführen. In diesem Falle können Sie sich frei entscheiden, ob Sie einen meiner Kollegen oder eine meiner Kolleginnen aufsuchen möchten. Wenn Sie damit einverstanden sind, wird ein Therapeutenteam durch den Einwegspiegel einige Ihrer Sitzungen mitverfolgen und diese auf Videoband aufzeichnen. *[Danach werden die finanziellen Dinge besprochen.]* Wenn Sie mit diesen Bedingungen einverstanden sind, können Sie sich jetzt gleich für die Therapie entscheiden, oder Sie können sich Bedenkzeit nehmen."

Die erste Sitzung reicht im allgemeinen aus, um zu einer Entscheidung zu kommen. In manchen Fällen (z. B. Bruno K., Kapitel 5) ist eine zweite Beratungssitzung notwendig. Anschauliche Beispiele für erste Sitzungen, die in vollem Umfang transkribiert wurden, sind die Fallbeispiele Buno K. und Giuliana T. (Kapitel 5).

Wir möchten noch einmal betonen, daß die erste Sitzung sowohl therapeutischen als auch diagnostischen Charakter hat: Sowohl die therapeutische Einschätzung des Klienten als auch die Therapie selbst sind wesentliche Bestandteile eines rekursiven Prozesses. Für den Therapeuten besteht die Möglichkeit, sich ein mehr oder weniger klares Bild davon zu machen, wie schwer die präsentierten Probleme sind und, vor allem, welche Ressourcen und Potentiale der Klient zur Verfügung hat. Der Therapeut geht bei seiner Einschätzung von der Biographie des Klienten aus, wobei er besonders auf dessen Persönlichkeitsstruktur, Rigidität oder Flexibilität und auf dessen Fähigkeit, sich mit Konflikten auseinanderzusetzen und Lebensprobleme zu lösen, achtet.

Obwohl wir diszipliniert versuchen, eine gewisse Distanz zu unseren Vorstellungen, die wir uns vom Klienten machen, und zu unseren Erwartungen an den möglichen Therapieverlauf zu wahren, haben diese zwangsläufig einen Einfluß auf den Klienten, durch dessen Rückmeldung die Erwartungen des Therapeuten modifiziert oder mehr oder weniger bestätigt werden können. Die Einsicht in diesen rekursiven Prozeß geht einher mit einem Vorbehalt in bezug auf die Therapiedauer, den wir als systemische Therapeuten allmählich entwickelt haben, anders ausgedrückt: mit unserem therapeutischen Optimismus.

Wir haben schon im zweiten Kapitel die Gründe dargelegt, weshalb wir uns für 20 Sitzungen in großen Abständen entschieden haben. Es ist jedoch wichtig, dem Klienten die letzte Entscheidung zu überlassen, wann er die Therapie beenden möchte; damit anerkennen wir seine Kompetenz und seine Fähigkeit, eine Krise auch in kurzer Zeit zu bewältigen.

Die erste Sitzung wie auch die Folgesitzungen laufen im großen und ganzen nach einem ähnlichen Muster ab. Wir beginnen jede Sitzung damit, daß wir den Klienten fragen, was er uns „heute" zu erzählen habe, und daß wir uns in die Haltung des Zuhörens begeben, wodurch der Klient in die Lage versetzt wird, seine Gedanken, Emotionen und Phantasien in bezug auf die letzte Sitzung, die therapeutische Beziehung und sein eigenes derzeitiges Leben zu entwickeln. Mit dem Fortgang der Sitzung wird der Therapeut zunehmend aktiv und exploriert gemeinsam mit dem Klienten eines oder mehrere Themen, die bis dahin im Gespräch aufgetaucht sind und eine gewisse Bedeutung für den Klienten haben. Zukunftsperspektiven des Klienten werden häufig gegen Ende der Sitzung anhand von Fragen, Metaphern, Anekdoten und so weiter thematisiert; manchmal gibt der Therapeut einen abschließenden Kommentar in Form einer Metapher oder Geschichte, in dem die Elemente der Sitzung so gebündelt sind, daß dem Klienten neue Perspektiven eröffnet werden. Ein solcher Kommentar beruht oftmals auf den Elementen, die sich während der Exploration eines Themas, das für das Leben des Klienten offensichtlich wichtig ist, herauskristallisiert haben (siehe Transkription der vierten Sitzung mit Susanna C., Kapitel 5).

Es gibt viele Therapieansätze, die den therapeutischen Prozeß in verschiedene Phasen einteilen. In unserem Therapiemodell unterscheiden wir: die Anfangsphase, in der die Themen auftauchen, die im Leben des Klienten am signifikantesten sind; die Hauptphase, in der diese Themen bearbeitet werden; und, vor allem bei den über 15 Sitzungen hinausgehenden Therapien, die Schlußphase, in der das Hauptthema häufig die Trennung vom Therapeuten ist. Hoyts Beobachtung (1990) ist auch unsere, daß nämlich der Makrokosmos des gesamten Therapieverlaufs den Mikrokosmos der einzelnen Therapiesitzung widerspiegelt: Genauso wie sich eine Sitzung in einzelne Phasen (Anfang, Hauptteil, Schluß) gliedern läßt, kann der gesamte Therapieverlauf unterteilt werden.

In der Schlußphase der Therapie können wir zwei Arten unterscheiden: In einem Fall wird die Therapie vor der 15. Sitzung abgeschlossen, im anderen Fall wird sie später beendet. In der ersten Fallgruppe ist die dritte Phase sehr kurz oder so gut wie nicht vorhanden. Hier gestaltet sich die Trennung vom Therapeuten als ein relativ reibungsloser Prozeß. In der anderen Fallgruppe dagegen ist die Schlußphase der Therapie gekennzeichnet durch die Intensität der Emotionen des Klienten, die mit dem drohenden Ende der Therapie zusammenhängen. Dieses Gefühlserleben kann eifrig verdrängt oder offen thematisiert werden, und es geht einher mit der Angst des Klienten, die Trennung nicht zu schaffen, oder, was seltener vorkommt, mit der expliziten Bitte, die Therapie fortzusetzen. Die Trennungsangst kann so groß werden, daß der Therapeut daran zweifelt, ob die Beendigung der Therapie überhaupt zu verantworten ist. In einer solchen Situation kann der Therapeut nach Einschätzung seiner eigenen Gefühlslage und seiner therapeutischen Ressourcen ein neues Therapieprogramm vorschlagen oder aber den Fall an einen Kollegen weitergeben, wie es der mit dem Klienten geschlossene Therapievertrag vorsieht.

Das erstaunliche Unvermögen mancher Klienten, sich an die Anzahl der bereits durchgeführten Sitzungen zu erinnern, ist ein ziemlich typisches Zeichen dieser Schlußphase; deshalb ist es wichtig, daß der Therapeut das Gedächtnis dieser Klienten auffrischt. In einem unserer klinischen Fälle zeigte die Klientin (Susanna C., Kapitel 5) eine zunehmende Angst, als die 20. Sitzung allmählich näher kam; diese Angst veranschaulichte sie ausdrucksvoll mit einem markanten Traum. In diesem Traum wanderte die Klientin auf dem Grat einer Bergkette und befand sich auf halbem Wege zwischen dem Haus ihres Vaters und der Praxis des Therapeuten, als die Angst sie überfiel, in den Abgrund zu stürzen; dabei fragte sie sich, weshalb sie sich überhaupt auf diese Reise begeben habe. Diesen Bericht gab die Klientin am Ende der 17. Sitzung. Der Therapeut unterbrach plötzlich ihre Erzählung und fragte sie: „Wissen Sie, die wievielte Sitzung wir heute haben?" Sie schien verdutzt zu sein, und auf die Frage des Therapeuten, die wievielte Sitzung sie wünschte, daß es wäre, antwortete sie: „Die 12." Der Therapeut sagte darauf: „Dann haben wir heute die 12. Sitzung beendet. Aber von der nächsten Sitzung an zählen Sie die Sitzungen mit." Die Reaktion der Klientin ließ eindeutig auf ihre Erleichterung schließen. Dieser Fall ist beim gegenwärtigen Stand der Dinge die einzige Ausnahme unserer Zwanzig-Stunden-Regelung.

In den anderen Fällen unterstreicht der Therapeut die Wichtigkeit der Auseinandersetzung mit dem Thema Trennung folgendermaßen: Er teilt dem Klienten mit, daß andere Klienten, die ihr Kontingent an Therapiesitzungen fast ausgeschöpft hätten, mit der 18. oder 19. Sitzung ihre Therapie abschließen wollten; diese würden sich mit ihrer Entscheidung einen „Kredit" verschaffen, der an irgendeinem Punkt im Leben der Klienten vom Therapeuten eingelöst werde. Dieses Trennungsritual selbst hat sich als therapeutische Maßnahme erwiesen, da es ein Weg ist, die therapeutische Beziehung zu beenden – und doch nicht enden zu lassen.[24]

DIE SPRACHE UND DER THERAPEUTISCHE PROZESS

Ein wichtiges Element im therapeutischen Prozeß, für das wir uns seit einigen Jahren besonders interessieren (Boscolo et al. 1993), ist die Sprache. Die Bedeutung der Sprache für die systemische Therapie wurde zwar nie übersehen, ist aber erst nach dem Aufkommen der Kybernetik 2. Ordnung und der konstruktivistischen Denkrichtung ernsthaft in den Vordergrund gerückt. Maturanas berühmte Aussage ist hier erinnernswert: „Realität entsteht in der Sprache durch Konsens." (Maturana u. Varela 1980) Damit wird die Sprache nicht nur zu einem Instrument des Wissens, sondern zur Matrix, auf der wir uns als menschliche Wesen erkennen. Wir zitieren Maturana u. Varela:

> „Sprache wurde niemals von jemandem erfunden, nur um damit eine äußere Welt zu internalisieren. Deshalb kann sie nicht als Mittel verwendet werden, mit dem sich eine solche Welt offenbar machen läßt. Es ist vielmehr so, daß der Akt des Erkennens in der Koordination des Verhaltens, welche die Sprache konstituiert, eine Welt durch das In-der-Sprache-Sein *hervorbringt*. Wir geben unserem Leben in der gegenseitigen sprachlichen Koppelung Gestalt – nicht weil die Sprache uns erlaubt, uns selbst zu offenbaren, son-

---

[24] Welche Bedeutung Mann (zit. in Hoyt) der Bewältigung der Trennungsangst in Kurzzeittherapien gibt, siehe Kapitel 2. Die Trennungsangst spiegelt sich in allen neurotischen Angstzuständen wider.

dern weil wir in der Sprache bestehen, und zwar als dauerndes Werden, das wir zusammen mit anderen hervorbringen. Wir finden uns in dieser ko-ontogenetischen Koppelung weder als ein bereits vorher existierender Bezugspunkt noch in bezug auf einen Ursprung, sondern als eine fortwährende Transformation im Werden der sprachlichen Welt, die wir zusammen mit anderen menschlichen Wesen erschaffen." (Maturana u. Varela 1987, S. 253–254)

Wenn „Realität" in der Sprache durch Konsens entsteht, dann können wir im Dialog mit dem Klienten dadurch, daß wir seiner Sprache (und mithin seiner Art und Weise, „Realität" wahrzunehmen und zu konzeptualisieren) und natürlich auch unserer eigenen Sprache Beachtung schenken, den Weg dafür bereiten, daß neue Bedeutungen und neue „Realitäten" entstehen. In diesem Sinne wird die Sprache zu einer Protagonistin im therapeutischen Dialog und bleibt nicht nur, wie es einmal war, ein Kommunikationsmittel, dessen Kraft man sich gewöhnlich nicht einmal bewußt ist. Wir haben deshalb eine neue Optik (und, so müßten wir passenderweise hinzufügen, ein schärferes Gehör) entwickelt, die Optik der Sprache, um Schlüsselwörter, verbale und strukturanaloge Ausdrucksweisen, Metaphern und sprachliche Redundanzen einzufangen und die Struktur von „Realität" zu erhaschen, wie der Klient sie konstruiert. Natürlich schenken wir die gleiche Aufmerksamkeit dem Sprachverhalten des Therapeuten und dessen Auswirkungen auf den Klienten.

Um diesen Prozeß zu beschreiben, greifen viele Autoren (auch wir) in jüngster Zeit auf Wittgensteins (1980) Theorie der Sprachspiele zurück, und im Rahmen des narrativen Modells, das auf die Entwicklung neuer Beschreibungen und neuer Geschichten ausgelegt ist, merkt Sluzki an:

> „Was wir Realität nennen, beruht im Grunde auf den Beschreibungen von Ereignissen, Menschen, Ideen, Gefühlen, Geschichten und Erfahrungen ... Die Beschreibungen wiederum entwickeln sich durch soziale Interaktionen, die ihrerseits durch diese Beschreibungen gestaltet werden." (Sluzki 1992, S. 19–20)

Über das traditionelle Charakteristikum des systemischen Therapiemodells hinaus – die Beobachtung der Organisations- und Beziehungsmuster von Klienten und ihrem Signifikanzsystem – ist unsere Epistemologie in jüngster Zeit um den Faktor Zeit in der Therapie erweitert worden (Boscolo u. Bertrando 1994) und wird nun um die Optik der Sprache bereichert. Im folgenden möchten wir darlegen, welche sprachlichen Elemente, die neuerdings im Rampenlicht des systemischen Ansatzes und auch anderer Therapieansätze stehen, wir im therapeutischen Kontext für außerordentlich relevant halten.

Rhetorik und Hermeneutik

Linguistisch betrachtet, ist die Therapie ein subtiles Spiel mit der Hermeneutik und der Rhetorik. Unter „Hermeneutik" verstehen wir die Arbeit des Interpretierens und Hypothetisierens, die ein Gesprächspartner in einem Dialog in bezug auf die Aussagen des anderen ausführt; unter „Rhetorik" verstehen wir die Konstruktion von Aussagen, die jeder Gesprächspartner in bezug auf den anderen herstellt. Im therapeutischen Dialog setzen Therapeut und Klient sowohl rhetorische als auch hermeneutische Mittel ein (wenn auch auf unterschiedlichen Bewußtheitsebenen), wie es de facto in jeder Form der Psychotherapie geschieht.

Man hat behauptet (Marzocchi 1989), daß in der analytischen Therapie der Klient der Rhetoriker sei und der Therapeut der Hermeneut (der Klient redet, und der Therapeut interpretiert die Worte des Klienten), während in der systemischen Therapie diese Beziehung genau umgekehrt sei: Der Therapeut sei der Rhetoriker (derjenige, der die Fragen stellt) und der Klient der Hermeneut (derjenige, der den Fragen Bedeutung verleiht). Die Fragen des Therapeuten delegierten implizit die Verantwortung der Interpretation, das heißt die Zuschreibung von Bedeutung, an den Klienten.

Die hier skizzierte Definition ist keine absolute. Für alle Therapieverfahren kann gesagt werden, daß die rhetorische/hermeneutische Arbeit wechselseitig zwischen Therapeut und Klient stattfindet. Beispielsweise kann sich der schweigsamste Analytiker nicht enthalten, gelegentlich Rhetoriker zu sein, sobald er nämlich eine Interpretation anbietet, die den Klienten in die Position versetzt, dem Gesagten eine Bedeutung geben zu müssen.[25]

---

[25] Spence (1982) hat gezeigt, wie in der Psychoanalyse eine „reziproke Beziehung" zwischen den freien Assoziationen des Patienten und der gleichmäßig schwebenden Aufmerksamkeit des Analytikers besteht: Wenn die Assoziatio-

Wir veranschaulichen nachstehend einige Aspekte der rhetorischen und hermeneutischen Analyse, wie wir sie bei der systemischen Einzeltherapie begreifen und umsetzen.

Rhetorik

Die Behandlung des Themas Rhetorik bezieht im allgemeinen ihr Stichwort aus der Aristotelischen Definition: „Die Rhetorik stelle also das Vermögen dar, bei jedem Gegenstand das möglicherweise G l a u b e n e r w e c k e n d e zu erkennen." (Aristoteles 1980, Rhetorik I/2, 1355b, S. 12) Therapeuten bestimmter Richtungen können als die „geheimen Überredungskünstler" – zum Beispiel die strategisch arbeitenden Therapeuten (Watzlawick, Weakland u. Fisch 1974) oder die Hypnotherapeuten (Milton Erickson und seine Nachfolger: siehe Lankton, Lankton u. Matthews 1991) – bezeichnet werden, die die Grundkonzepte der klassischen Rhetorik übernommen haben.[26]

Die griechische Rhetorik beschäftigte sich mit den Wirkungen, die durch das Sprechen erzielt werden können – anders ausgedrückt: mit dem Verhältnis zwischen Handlung und Sprache, das zu den zentralen Punkten der therapeutischen Beziehung gehört. Schon in der antiken Welt wußte man um die engen Beziehungen zwischen diesen beiden Aspekten der Kommunikation, und man hat auch die psychologischen Aspekte nicht übersehen. In diesem Sinne war die Rhetorik die erste Disziplin, die als Brücke zwischen Denken und Handeln fungierte; die Logik dagegen trennte Denken und Handeln. Die Kunst des guten Sprechens ist zweitrangig; von besonderer Relevanz (zumindest für uns) ist die Art und Weise, in der ein Diskurs (d. h. eine bestimmte Anordnung von Elementen im

---

nen des Patienten wirklich frei sind, dann muß der Analytiker in einer „aktiven und rekonstruktiven" Weise aufmerksam sein und sich darauf konzentrieren, den weitläufigen Gedankenfragmenten des Patienten einen narrativen Sinn und Kontinuität zu geben. Wenn der Patient andererseits aktiv einen strukturierten Diskurs aufbaut und damit die psychoanalytische Grundregel der freien Assoziation mißachtet, dann kann der Analytiker in seiner gleichmäßig schwebenden Aufmerksamkeit nachlassen.

26 Die zweite Gruppe benutzt das Paradoxon, die Symptomverschreibung und andere Verhaltensverschreibungen – also solche Interventionen, die den Klienten therapeutisch gezielt beeinflussen und manipulieren, um seine Symptome zu beseitigen.

Gespräch) in der Interaktion Emotionen auszulösen vermag, die mit bestimmten Bedeutungen verbunden sind. Kurz gesagt: Die Rhetorik weckt starke Emotionen, um die Handlungsweise des Zuhörers zu verändern.

Für unsere Zwecke ist das Element der Überredungskunst in der Rhetorik jedoch entschieden zweitrangig. Wir betrachten die Rhetorik als ein reines Hilfsmittel, mit Sprache so umzugehen, daß ein Kontext geschaffen wird, in dem neue Bedeutungen entstehen können. Die besondere Beachtung, die man den rhetorischen Aspekten therapeutischer Arbeit schenkt, erklären wir damit, daß viele allgemeine Aspekte der Rhetorik mit dem von uns praktizierten Therapieverfahren in Verbindung gebracht worden sind. Rhetorik ist in erster Linie die Kunst (oder das Handwerk, aber mit Sicherheit keine Wissenschaft), die sich aller Facetten eines Wortes oder einer Redewendung bedient und in der der Bedeutungsträger so wichtig ist wie die Bedeutung selbst (Barilli 1979).

Ein Punkt, in dem sich die Rhetorik und unsere systemische Therapie überschneiden, ist die Tatsache, daß *grundsätzlich* auf die Suche nach der Wahrheit verzichtet wird. Seit Protagoras ist die Rhetorik die Domäne, in der „der Mensch das Maß aller Dinge ist" und in der viele verschiedene Wahrheiten erlaubt sind, die von verschiedenen Standpunkten abhängen. Für den systemisch arbeitenden Therapeuten lebt der Rhetoriker in einem „Multiversum", in dem viele Varianten von Realität existieren.

Ein weiterer Berührungspunkt zwischen der systemischen Therapie und der Rhetorik ist das „Medium" (McLuhan 1964), mit dem der Therapeut arbeitet: das gesprochene Wort, der Diskurs. Seit der Antike analysiert die Rhetorik das Wort als *Handlung*. Genauer ausgedrückt: Die Hervorrufung der Handlung geschieht durch den Gebrauch einer metaphernreichen Sprache: Es ist kein Zufall, daß in der Antike (Aristoteles) und Jahrhunderte danach das Bild in der Metapher von Gelehrten der Rhetorik untersucht wurde und immer noch untersucht wird. An späterer Stelle in diesem Kapitel gehen wir näher auf das Thema Metaphern ein und befassen uns besonders mit jenen fast ausschließlich metaphorisch gebrauchten Wörtern, die wir als „Schlüsselwörter" definiert haben. Ähnlichkeiten und Unterschiede zwischen einem klassischen Rhetoriker und einem systemisch arbeitenden Therapeuten sind nun leichter erkennbar. In beiden Bereichen versuchen die Gesprächsbeteiligten, durch Sprache und Emotionen, die selbst durch Sprache erzeugt worden sind, eine Veränderung zu bewirken: Sowohl der Rhetoriker als auch der Therapeut arbeiten mit Worten und Metaphern. Doch anders als der Rhetoriker, der einen gegebenen Standpunkt verteidigen muß, sucht der systemisch arbeitende Therapeut im Dialog mit dem Klienten oder der Familie eine Reihe von Standpunkten, die niemals endgültig werden. Diese fortwährende Suche hat den Effekt, daß der Horizont der Klienten weiter wird, ihre Perspektiven zunehmen, neue Landkarten entstehen und neue Geschichten geschrieben werden. Frei nach Pirandello heißt das, daß Klienten in der Therapie als Bühnenfiguren betrachtet werden können, die einen Dramatiker suchen, mit dessen Unterstützung sie ein neues Stück, eine neue Handlung schreiben.

Es gibt eine klare Trennung zwischen Therapien mit einem lösungsorientierten Ansatz (z. B. strategische und Verhaltenstherapien) und der systemischen Therapie, die im Rahmen einer *Rhetorik der Unvorhersagbarkeit* angesiedelt werden könnte. In diesem Sinne ist die Rhetorik des systemisch arbeitenden Therapeuten Teil eines Explorationsprozesses, der sich grundsätzlich, aber nicht ausschließlich, auf Fragen im allgemeinen und auf zirkuläre Fragen im besonderen stützt.

Hermeneutik

Bei unserem Therapieverfahren ist ein wichtiger sprachlicher Zusammenhang der, den wir dem Klienten durch eine entpathologisierende und polysemantische Sprache vermitteln.[27] Im Gegensatz zu anderen Therapeuten, die dem Klienten tendenziell zu verstehen geben, daß sie die Wahrheit seines Symptoms oder Problems an der Wurzel begriffen hätten, teilen wir dem Klienten implizit mit, daß die absolute Wahrheit (für uns) nicht existiere und daß wir uns nur mit verschiedenen Sichtweisen der Dinge, mit unterschiedlichen Realitätsfärbungen befaßten. Mit dieser Einstellung können wir den

---

[27] Wir möchten hier die strukturanaloge Komponente der entpathologisierenden Sprache betonen, die in vielerlei Hinsicht wichtiger ist als der verbale Aspekt. Die Überzeugung, daß die Symptome des Klienten eher mit seinen Lebensproblemen zusammenhängen, als daß sie auf eine körperliche Krankheit zurückzuführen sind, teilt der Therapeut dem Klienten grundsätzlich durch den Klang seiner Stimme, seinen Gesichtsausdruck und seine Körperhaltung mit – und nicht durch verbale Kommunikation.

autoritären Anspruch, im Besitz des Wissens zu sein, aufheben und therapeutisch wirken: Dadurch, daß der Klient sich nicht verpflichtet fühlen muß, zu glauben, der Therapeut sei im Besitz der absoluten Wahrheit, hat er folglich die Freiheit, ebenso ohne absolute Wahrheit auszukommen. Denn niemand ist im Besitz der Wahrheit. Diese Position ist eine hermeneutische.

Natürlich impliziert die vorbehaltlose Annahme einer hermeneutischen Position in gewisser Weise eine Negation der empirischen Perspektive. Und ohne Blick auf die Empirie ist die Therapie nicht möglich. Zum Beispiel spielen wir gerne mit Hypothesen und bauen daraus alternative Welten. Doch aus dem von uns praktizierten Prinzip der Zirkularität folgt das eifrige Bemühen, unsere Hypothesen entweder zu verifizieren oder zu falsifizieren: Auch wenn wir manchmal nicht davon überzeugt sind, daß eine Hypothese „wahr" sein könnte oder „eine gegebene Realität reflektiert", glauben wir doch daran, daß die Hypothese zumindest für den Gesprächspartner einen gewissen Sinn haben müsse. Deshalb achten wir beim Verifizierungsprozeß kontinuierlich auf die verbalen und vor allem emotionalen Reaktionen des Klienten, wodurch es uns möglich ist, den Grad der Plausibilität unserer Hypothesen einzuschätzen. Diese Einschätzung kann darauf beruhen, daß der Klient signifikante Emotionen oder einen Zustand gesteigerter Aufmerksamkeit zeigt oder daß er mit den Äußerungen des Therapeuten explizit einverstanden ist.

Der Eckpfeiler hermeneutischer (und pragmatischer) Theorien ist genau der, daß nicht der Sender, sondern der Empfänger einer gegebenen Botschaft privilegiert wird: Bedeutung ist etwas, das der Empfänger der Botschaft zuschreibt. Das heißt mit Ecos Worten:

> „Alle diese Richtungen aber, ob sie sich nun als Rezeptionsästhetik, als Hermeneutik, als semiotische Theorien vom Ideal- oder Modell-Leser, ‚reader oriented criticism' oder als Dekonstruktion bezeichnen, untersuchen weniger den empirischen Vorgang des Lesens (mit dem sich die Soziologie der Rezeption befaßt) als die beim Lesevorgang – den man als notwendige Vorbedingung der Aktualisierung des Textes als solchem betrachtet – stattfindende Konstruktion (oder Dekonstruktion) des Textes.
>
> Zugrunde liegt allen diesen Richtungen folgende Annahme: Will man das Funktionieren eines (auch nichtverbalen) Textes erklären, so muß man sein Augenmerk nicht oder nicht nur auf die Erzeu-

gung dieses Textes richten, sondern auf die Rolle des Adressaten, der den Text versteht, aktualisiert, interpretiert, und auf die Art, wie der Text diese Mitarbeit des Adressaten voraussetzt." (Eco 1992, S. 27–28)

Diese Zeilen beleuchten, daß das, was allgemein als hermeneutisches Modell bezeichnet wird, sich in Wirklichkeit auf das Modell der Textanalyse bezieht. Doch dieses Modell läßt sich auch auf solche „Texte" anwenden, wie sie im therapeutischen Dialog entstehen. Es ist interessant, daß, so Eco, der Sprecher an der Interpretation des Textes mitwirkt: Der Text sagt seine eigene Verwendung voraus – und das gilt um so mehr für die „Textsorte", wie es die von Klient und Therapeut im Kontext einer Therapiesitzung geäußerten Worte sind. Jeder Therapieteilnehmer hat Intentionen, die der andere berücksichtigen muß. In der Sprache der Literaturkritik heißt das, daß jeder Klient seinen eigenen *Mustertherapeuten* (den Therapeuten seiner Wunschvorstellung) hat, dem er sich mit seinen Aussagen zuwendet; umgekehrt hat jeder Therapeut seinen eigenen *Musterklienten*, den er vor seinem geistigen Auge hat, wenn er sich therapeutische Interventionen ausdenkt.

Aufgrund dieser Position sollten wir in der Lage sein, behutsam mit der Möglichkeit umzugehen, daß den Äußerungen des Gesprächsteilnehmers willkürlich jede Bedeutung zugeschrieben werden kann. Es muß ein pragmatisches Prinzip geben, nach dem die Hypothesenbildung gewissen Einschränkungen unterliegt; wenn wir laut Eco die Hermeneutik auf die Spitze treiben, dann kann alles in irgendeiner Weise interpretiert werden. Wenn aber alles in irgendeiner Weise interpretierbar ist, dann wird nichts mehr interpretiert beziehungsweise ist nichts mehr interpretierbar. Diese grenzenlose Deutungskunst betreibt Eco selbst bis zum Punkt der Absurdität in seinem *Diario Minimo* (Eco 1963): Hier interpretiert er Manzonis historischen Roman *I Promessi Sposi* mit einer Symbolik, als ob das Werk des 19. Jahrhunderts nach den verschlüsselten und allegorischen Kategorien von Joyce' *Ulysses* verfaßt worden wäre!

Die Grenzen der Interpretation, die zweifellos notwendig sind, können mit Hilfe der Zirkularität, wie wir sie verstehen, gezogen werden. Der Therapeut stellt Hypothesen auf, teilt diese dem Klienten aber nicht direkt mit, sondern in Form von Fragen, die auf diesen Hypothesen basieren, so daß der Klient daraus seine eigenen

Hypothesen ableiten kann. Das erklärt, weshalb eine Klientin (Giuliana T., Kapitel 5) am Ende ihrer erfolgreichen Therapie auf die Frage des Therapeuten, wodurch die Veränderung in ihr bewirkt worden sei, folgende Antwort gibt: Nach einer Reihe fehlgeschlagener Versuche, die „Strategie" des Therapeuten zu verstehen, das heißt, herauszufinden, welches Ziel der Therapeut mit seinen Fragen verfolgte, habe sie irgendwann beschlossen, ihre Versuche, den Therapeuten zu verstehen, aufzugeben, und ihr Interesse wieder auf den Dialog und auf sich selbst gerichtet. Mit ihren eigenen Worten drückte sie aus, daß sie zu einer aktiven Teilnahme an der Therapie bewogen worden sei: Sie war also nicht die Empfängerin von Interpretationen oder Hypothesen, sondern die Produzentin ihrer eigenen Hypothesen und Deutungsversuche. Auf diese Weise unterstützt der Therapeut mit seinen Fragen den Klienten, seine Innenwelt zu erkunden und über sein individuelles Beziehungssystem zu reflektieren.

Der systemisch arbeitende Therapeut, vergleichbar einem Filmregisseur oder Bühnendichter, bietet dem Klienten permanent mögliche Geschichten an und trägt so zur Entstehung eines Beziehungskontextes bei, in dem der Klient selbst entscheidet, ob er diese Geschichten teilweise, ganz oder überhaupt nicht akzeptieren möchte. Die Geschichten, die wir dem Klienten in der Therapie erzählen, sind abgeleitet aus dessen Datenmaterial, gefiltert durch unsere Erfahrungen und Voreingenommenheiten und ausgeschmückt mit Metaphern aus unseren eigenen Wissensvorräten; danach ist es dem Klienten überlassen, ob er diesen Geschichten einen Sinn gibt. Manchmal sind unsere Interventionen wie kryptische Märchen, in denen viele Deutungen angelegt sind; manchmal geben wir Interventionen in Form eines Rituals, um so den Klienten zu verpflichten, sich persönlich damit auseinanderzusetzen. Das Fundament, auf dem wir unsere Interventionen gründen, stammt immer aus dem Datenmaterial, das der Klient uns anbietet und das der Therapeut als Beobachter entsprechend seiner theoretischen Ausrichtung und persönlichen Sensibilität selbstverständlich sichtet und auswählt.

Diese Art von Aktivität, die der systemisch arbeitende Therapeut entfaltet, macht den Klienten nicht zum passiven Teilnehmer, wie es bei aktiven Therapeuten anderer Richtungen gelegentlich vorkommt. Die Aktivität des systemisch arbeitenden Therapeuten erzeugt ihrerseits Aktivität im Klienten, und zwar dadurch, daß der

Therapeut, wo es angebracht ist, rhetorische Fragen verwendet statt direkter Aussagen (und impliziter Befehle), die die Passivität des Klienten tendenziell fördern.

Systemisch arbeiten bedeutet im wesentlichen, daß der Therapeut mit dem Klienten ein Labyrinth betritt, in dem Ideen, Emotionen und signifikante Personen wechselseitig miteinander verbunden sind und das von zwei Gesprächspartnern mit Hilfe des Mediums Sprache erforscht wird. In der systemischen Therapie rückt der Klient allmählich in den Mittelpunkt und entwickelt mit der Unterstützung des Therapeuten eine Sichtweise, die auf dem Erkennen von Zusammenhängen und Prozessen basiert. Darüber hinaus beruht die Denkweise des systemisch arbeitenden Therapeuten darauf, daß er lineare und kausale Zirkularität als komplementär betrachtet, daß er eine Vielfalt von Standpunkten für wichtig hält und daß er eher Fragen stellt, statt Antworten zu geben; der Langzeiteffekt dieser Denkweise besteht darin, daß der Klient lernt, wie er Dinge und Personen, Ereignisse und Bedeutungen miteinander in Beziehung setzen kann, was seinen strikt egozentrischen Blick auf das eigene Selbst und auf die ihn umgebende Realität löst. Gregory Bateson (1984, 1985), der die systemische Denkweise ins Leben gerufen und gestaltet hat, würde sagen, daß die auf diesen Prinzipien beruhende Therapie einen Kontext des Deutero-Lernens erzeugt, in dem der Klient lernt, wie man lernt und wie man „die Muster, die verbinden", miteinander verbindet.

Den therapeutischen Prozeß kann man auch anders beschreiben: Mit Hilfe von – vorwiegend zirkulären – Fragen schafft der Therapeut die Voraussetzungen, daß der Klient in einem selbstreflexiven Akt Hypothesen zu den möglichen Typologien seiner eigenen Erfahrungen aufstellt. Dadurch, daß der Klient diese möglichen Typologien (z. B. spezifische Aspekte der Beziehung zum Vater, zur Mutter oder zu sich selbst) erfaßt, kann er seine Position (und die des anderen) in seinem Signifikanzsystem, von dem er ein Teil ist, reflektieren. Auf diese Weise kann der Klient seine Sensibilität erhöhen und sich die Möglichkeit verschaffen, mit Ereignissen und Geschichten, die für ihn problematisch sind, zu experimentieren und diese aus verschiedenen Perspektiven zu verstehen zu versuchen – und er muß nicht in dem einmal erworbenen Blickwinkel verharren, der ihm einen rigiden und immer gleichen Umgang mit sich und anderen vorschreibt. Literarisch ausgedrückt könnte man sagen, daß sich der Klient von einer quälenden und belastenden Geschichte befreit und eine neue Geschichte beginnt, die ihm größere Freiheit, Autonomie und Unabhängigkeit bietet.

In diesem Prozeß ist es zweifellos wichtig, daran zu denken, daß wir als Therapeuten zu einem bestimmten Kulturkreis gehören. Unser theoretischer Ansatz ist zwar grundsätzlich weder direktiv noch vorschreibend, er hat aber dennoch seine eigenen Kriterien für „richtig" oder „falsch", „angemessen" oder „unangemessen", „gesund" oder „ungesund". Von diesen Wertvorstellungen müssen wir uns bewußt distanzieren, damit sie die Suche des Klienten nach einer Problemlösung nicht wesentlich behindern. Es gibt in der Therapie Momente, in denen wir aus ethischen, moralischen oder auch gesetzlichen Gründen verpflichtet sind, eine klare und unmißverständliche Position zu beziehen, unsere Verantwortung zu übernehmen und nach unseren Wertvorstellungen zu handeln, was uns in solchen Fällen keine andere Wahl läßt, als zu intervenieren. Wir denken dabei an Fälle schwerer Mißhandlung oder Manipulation von Klienten, besonders von Minderjährigen und einzelnen Personen (oftmals Frauen), die sich nicht allein wehren können. In solchen Fällen kann der Abbruch der Therapie und eine Benachrichtigung der zuständigen Behörden die einzig verbleibende Wahl sein. Auch die Fälle dürfen nicht vergessen werden, in denen die Verschlechterung des Zustandes eines Klienten – Realitätsverlust (z. B. bei psychotischen Störungen) oder erhöhtes Suizidrisiko – den Therapeuten zwingt, eine Zwangseinweisung in die Psychiatrie zu veranlassen.

In weniger schweren Fällen kann der Therapeut sein Verständnis und seine Hilfsbereitschaft dem Klienten gegenüber beiseite legen und diesen, auch schroff, mit seinen unannehmbaren Verhaltensweisen und Einstellungen konfrontieren, die ansonsten unausgesprochen bestätigt und vielleicht sogar verstärkt würden. Wir haben wiederholt betont, wie wichtig die typisch positive Sichtweise im systemischen Modell ist; das heißt nicht, daß wir das Verhalten der Klienten bedingungslos akzeptieren – wie das einige gemeint haben: Es kommt vor, daß ein Elternteil das Verhalten seines Kindes kritiklos akzeptiert oder sogar unterstützt, was dem Kind die Erfahrung vorenthält, Unterschiede bei der Beurteilung von Wertmaßstäben kennenzulernen – mit den negativen Konsequenzen, die man sich leicht vorstellen kann.[28] Die Kunst, einen therapeutischen Dialog zu führen, besteht in der Fähigkeit, einen Kontext zu schaffen, in dem die Klienten aus eigener Kraft zwischen einzelnen Wertvorstellungen, zwischen Positivem und Negativem, zwischen Gutem und Bösem unterscheiden lernen und in dem der Therapeut nur in ganz konkreten Situationen interveniert, in denen zwangsläufig Stellung bezogen werden muß.

Wie vielleicht schon bemerkt worden ist, führt das Spiel mit Rhetorik und Hermeneutik dazu, daß einige grundlegende Aspekte der Therapie neu bewertet werden. Wir halten unser Therapiemodell für besonders offen in dem Sinne, daß es beiden Akteuren im therapeutischen Dialog ein Höchstmaß an Freiheit sowohl in den Ausdrucksmöglichkeiten als auch im Interpretationsspektrum zugesteht. Vor diesem Hintergrund sehen wir die Vorstellung von Dialog, wie sie von Hans-Georg Gadamer sehr klar und eindrücklich dargestellt wird, für realisierbar an:

> „Wir sagen zwar, daß wir ein Gespräch ‚führen', aber je eigentlicher ein Gespräch ist, desto weniger liegt die Führung desselben in dem Willen des einen oder anderen Gesprächspartners. So ist das eigentliche Gespräch niemals das, das wir führen wollten. Vielmehr ist es im allgemeinen richtiger zu sagen, daß wir in ein Gespräch geraten, wenn nicht gar, daß wir uns in ein Gespräch verwickeln. Wie da ein Wort das andere ergibt, wie das Gespräch seine Wendungen nimmt, seinen Fortgang und seinen Ausgang findet, das mag sehr wohl eine Art Führung haben, aber in dieser Führung sind die Partner des Gesprächs weit weniger die Führenden als die Geführten. Was bei einem Gespräch ‚herauskommt', weiß keiner vorher. Die Verständigung oder ihr Mißlingen ist wie ein Geschehen, das sich an uns vollzogen hat. So können wir dann sagen, daß etwas ein gutes Gespräch war, oder auch, daß es unter keinem günstigen Stern stand. All das bekundet, daß das Gespräch seinen eigenen Geist hat und daß die Sprache, die in ihm geführt wird, ihre eigene Wahrheit in sich trägt, d. h. etwas ‚entbirgt' und heraustreten läßt, was fortan ist." (Gadamer 1960, S. 387)

---

28 Werden die Gedanken, Emotionen und Verhaltensweisen eines Individuums permanent und unterschiedslos mit denselben Konnotationen versehen, kann das außerordentlich schwere Konsequenzen haben - das gilt für positive wie auch für negative Konnotationen.

Sprache und Veränderung: Schlüsselwörter

Eine Verwendung von Sprache, die sich bei unserem Therapieverfahren als besonders wertvoll herausgestellt hat, ist die Benutzung von „Schlüsselwörtern". Dies sind Wörter, die durch eine große Bedeutungsvielfalt gekennzeichnet sind, wodurch der Therapeut die Möglichkeit hat, auf äußerst effektive Weise zwei oder mehr Bedeutungen ein und desselben Wortes zu evozieren. Vom Beginn jeder Sitzung an achtet der Therapeut sorgfältig auf den Wortschatz des Klienten (d. h. auf seine Art von Sprache), ebenso auf seine Gebärdensprache, seine Körperhaltung und den ganzen Komplex nonverbaler Kommunikation. Aufgrund dieser Fokussierung kann der Therapeut seine eigenen Worte und Emotionen so abwägen, daß er sie in den gemeinsam mit dem Klienten geschaffenen Kontext integrieren kann.

Der Therapeut wird so vollkommen in einen Dialog hineingezogen, der so offen wie möglich ist und in dem die Sprache ein auf Gegenseitigkeit beruhendes Handeln zweier Personen darstellt. In der Komplexität des Austausches entwickeln sich zahllose Netzwerke von Möglichkeiten, Handlungen und Bedeutungen. Diese Reziprozität kann beschrieben werden als das Ergebnis der Wirkung von Worten und Emotionen des Therapeuten auf den Klienten und, umgekehrt, der Wirkung von Worten und Emotionen des Klienten auf den Therapeuten. In den Äußerungen des Klienten, aber hauptsächlich in seiner strukturanalogen Kommunikation, findet der Therapeut den Weg zu den Bedeutungen, die der Klient den Interventionen des Therapeuten, seien es Fragen, Geschichten oder Metaphern, zuschreibt. Ein Gesicht, das sich aufhellt, ein Blick des Verstehens oder ein plötzliches Kopfschütteln können Signale dafür sein, daß neue Perspektiven im Entstehen begriffen sind.[29]

---

[29] Ähnliche Überlegungen hat Tom Andersen angestellt: „Viele Menschen suchen sorgfältig nach Worten, um sich auszudrücken. Sie suchen ständig nach den Worten, die für sie am bedeutungsvollsten sind. Ich stelle fest, daß ich zunehmend damit beschäftigt bin, mit ihnen über ihren Sprachgebrauch zu sprechen. Oft entstehen durch solch ein Gespräch fast unbemerkt Schattierungen und Nuancen in ihren Worten, und sehr oft trägt dieses ‚Nuancieren' ihrer Worte und ihrer Sprache dazu bei, daß sich eine Beschreibung, ein Verständnis oder eine Bedeutung verschiebt, die die Sprache zu klären versucht." (Andersen 1992, S. 64 – Passage wurde für dieses Buch übersetzt)

Wie schon wiederholt erwähnt, stellt der Therapeut während der Sitzung gewohnheitsmäßig Hypothesen über die sich entwickelnde therapeutische Beziehung und über die Beziehung zwischen dem Klienten und dessen Bezugssystem auf. Seit einiger Zeit befassen wir uns mit der Analyse der Sprache in der therapeutischen Beziehung und in der Beratung. In erster Linie untersuchen wir die Wörter und nonverbalen Signale, die im Dialog mit dem Klienten auffallen und denen der Klient eine persönliche Bedeutung zu geben scheint. Darüber hinaus beschäftigen wir uns mit den sprachlichen und lexikalischen Redundanzen, die im Verlaufe der Therapie im therapeutischen System zu beobachten sind (Boscolo et al. 1993), und greifen die treffendsten Wörter und Metaphern heraus.

Damit sagen wir nichts Neues: Texte über therapeutische Techniken haben schon immer darauf hingewiesen, wie wichtig es sei, auf die Sprache des Klienten in bezug auf Schichtzugehörigkeit, ethnische Gruppe und Herkunft zu achten. Diese Aspekte signalisieren jedoch eine neue Entwicklung in unserer Art von Therapie und Beratung, mit anderen Worten: ein neues Vorgehen, therapeutisches Vokabular zu analysieren, indem Wörter und Ausdrücke des Klienten in ihren unterschiedlichen Bedeutungen untersucht werden.

Wir halten unsere „Schlüsselwörter", in Verbindung mit dem Gebrauch von Metaphern, für wertvolle Instrumente der Sprachanalyse. Diese Wörter entfalten spezifische polysemantische Eigenschaften: Dadurch, daß sie viele verschiedene Bedeutungen tragen, können sie unterschiedliche und gegensätzliche Welten miteinander verbinden. Somit haben sie Brückenfunktion. Sie schaffen Zustände der Ambiguität, sie weisen auf Dinge hin, doch sie prangern nicht an; sie erzeugen gewissermaßen einen Kurzschluß zwischen den drei Ebenen Kognition, Emotion und Handlung (Boscolo et al. 1993). Da Schlüsselwörter polysemantisch sind und manchmal doppeldeutig, können sie in der Beziehung zwischen Klient und signifikanten Personen komplexe Szenarien evozieren sowie quälende oder traumatische Erlebnisse aus der Vergangenheit reaktivieren, die dem Klienten nicht mehr bewußt waren. Schlüsselwörter haben auch die Kraft der Neudefinition: Der Radius ihrer semantischen Reichweite gestattet es, daß unterschiedliche sprachliche Bereiche zusammengebracht werden. Diesen Vorgang möchten wir an einem Beispiel aus dem Kontext der Familientherapie veranschaulichen, das wir in unserem Artikel „Sprache und Veränderung" vorgestellt haben:

> „Im Gespräch mit einer Familie, in der ein symptombelastetes Mitglied – wie dies oft geschieht – sich aus dem gesellschaftlichen Leben zurückgezogen hat und zu einem ans Haus gefesselten Einsiedler geworden ist, könnten wir die übrigen Familienmitglieder fragen: ‚Wie erklären Sie sich die Tatsache, daß sie/er in Streik getreten ist?' und die/den Betroffene/n selbst: ‚Und warum haben *Sie* beschlossen, in Streik zu treten?'
> ‚Streik' ist ein mehrdeutiges, polysemantisches Wort, das ein breites semantisches Spektrum umfaßt, in dem zahlreiche mögliche Bedeutungen ins Spiel kommen. Das Wort wird mehrdeutig, weil es in einem klinischen Kontext gebraucht wird, wo ein Arzt normalerweise von ‚Krankheit' sprechen würde. ...
> Kehren wir zu unserem ursprünglichen Wort ‚Streik' zurück und untersuchen wir die Wirksamkeit seiner Konnotationen, wenn es im therapeutischen Gespräch anstelle von Wörtern wie ‚Symptom' oder ‚Krankheit' verwendet wird:
> 1. Das Wort ‚Krankheit' ist ein Etikett, das impliziert, das gesamte beobachtete Verhalten müsse als unabsichtlich betrachtet werden, während das Wort ‚Streik' die Konnotation eines freiwilligen, absichtlichen Verhaltens hat;
> 2. das Wort ‚Streik' hat definitionsgemäß die Konnotation einer Beziehung, da es an eine Handlung gegenüber einem anderen oder um eines anderen willen denken läßt;
> 3. durch die Benutzung des Wortes ‚Streik' verleiht der Therapeut dem Verhalten des Patienten gegenüber den Menschen, die für ihn wichtig sind, Bedeutung;
> 4. wie wir bereits gesehen haben, lassen die verschiedenen Signifikata (d. h. Konnotationen) des Wortes ‚Streik' eine Mehrdeutigkeit entstehen: Ein Streik kann gerechtfertigt oder unbegründet sein, er kann gegen oder für jemanden ausgerufen werden, um etwas zu erreichen oder zu verhindern, einer gerechten oder ungerechtfertigten Sache dienen usw.;
> 5. ‚Streik' impliziert einen anderen Zeithorizont als ‚Symptom' oder ‚Krankheit': ‚Streik' läßt an eine bestimmte Lebensperiode denken, während ‚Krankheit' (z. B. bei zyklischen oder chronischen Erkrankungen) sich auf einen unbestimmten Zeitraum beziehen kann." (Boscolo et al. 1993, S. 113–115)

Mit Schlüsselwörtern kann man auch im Kontext der Einzeltherapie arbeiten. In diesem Falle können sie dazu beitragen, daß der Klient neue Bedeutungssysteme kreiert. Als beispielsweise im Gespräch mit Giuliana T. (Kapitel 5) die Beziehungen der Klientin zu ihrer Herkunftsfamilie exploriert werden, führt der Therapeut an einem bestimmten Punkt die Idee ein, daß die Schwester der Klientin in ihren Vater „verliebt" sein könnte. Das Schlüsselwort „verliebt" mit seiner doppeldeutigen Konnotation im Kontext einer Beziehung zwischen Vater und Tochter entfacht in der Klientin eine heftige Reaktion, die dazu führt, daß sie die Grenzen im Netzwerk der Familienbeziehungen deutlicher und emotional ausgeprägter definiert.

Auf ähnliche Weise gewinnt im Fallbeispiel Francesca T. (Kapitel 5) ein Schlüsselwort, das der Therapeut in der zehnten Sitzung benutzt, entscheidende Bedeutung für den Fortschritt der Therapie. Der Therapeut verwendet das Wort „Hunger" (ein offensichtlich wichtiger Begriff im Leben der bulimischen Klientin) und gibt ihm die Konnotation „Hunger" nach Zuwendung. Diese Art „Hunger" hat die Klientin schon ihr ganzes Leben lang verspürt, und ihm ist es zuzuschreiben, daß sie eine Fortsetzung ihrer Therapie über die anfänglich vereinbarte Therapiedauer hinaus anstrebt, vielleicht bei einem anderen Therapeuten.

Therapeut: Es ist ungewöhnlich, wenn eine Klientin oder ein Klient die Vorstellung hat, niemals zu einem Ende zu kommen, ... und demnach ist es möglich, daß Sie in der Vergangenheit das Gefühl hatten, nicht genug Zuwendung oder Liebe bekommen zu haben ... und daß Sie in sich eine große Leere empfinden.
Francesca [nickt zustimmend]: Ja.
Therapeut: ... und daß Sie an dieser Stelle einen großen Hunger in sich haben, vermischt mit Schmerz; denn sehr oft ist der Schmerz mit dem Hunger vermischt.
[Francesca lächelt.]
Therapeut: Sie haben auch einen großen Hunger nach Ihrer Mutter, und der ist irgendwie so riesig, daß Sie glauben, ein ganzes Menschenleben zu brauchen, um Ihren Hunger zu stillen.
Francesca: Ja, das brauche ich.
Therapeut: Ihren Hunger stillen. Auf diese Idee sind wir gekommen, um uns selbst dieses wirklich merkwürdige Faktum zu erklären; denn es kommt selten vor, daß ein Klient meint, die Therapie müsse immer weitergehen.

Bei diesem Gedankenaustausch wird deutlich, wie das Wort „Hunger" allmählich eine Brückenfunktion bekommt zwischen dem Symptom der Klientin, ihrer existentiellen Situation in ihrer Herkunftsfamilie und ihrer Beziehung zum Therapeuten und zur Therapie grundsätzlich.

Wörter wie „Intensität", „Wärme", „Liebe" und „Hunger" gewinnen andere Konnotationen, wenn sie in einem Kontext zwischenmenschlicher Beziehungen gebraucht werden. Mit der Frage: „Wer ist in Ihrer Familie am warmherzigsten?" bringt man signifikante Unterschiede in den Diskurs und vielleicht auch in die Selbstwahrnehmung des Klienten. Zum Beispiel: „Ist Ihre Mutter warmherziger, wenn sie mit Ihrer Schwester oder mit Ihrem Bruder spricht?" Einen analogen Effekt erzielt man mit Gegensätzen: heißkalt, nachgiebig-hartnäckig, umkehrbar-unumkehrbar, offen-verschlossen und so weiter. Aus Unterscheidungen geht immer etwas Neues hervor, beispielsweise: „Wer ist der Nachgiebige in Ihrer Familie? Wer ist am hartnäckigsten? Geht es Ihnen bei einem hartnäckigen oder bei einem nachgiebigen Vater besser?"

Verständlicherweise sind Schlüsselwörter an sich ohne Wirkung, wenn sie aus dem diskursiven Kontext herausgelöst werden. Daraus schließen wir, daß es von der Art und Weise, wie bestimmte Wörter benutzt werden, abhängt, ob diese eine Wirkung oder einen therapeutischen Effekt haben. Von größter Bedeutung sind für uns zeitliche Konnotationen: „Seit wann ... bis wann?" Wenn wir einen Klienten fragen: „Seit wann ist Ihr Verhalten so?", dann impliziert das, daß dieses Verhalten einen Anfang hat, daß sein erstes Auftreten bestimmbar ist und daß das Verhalten klar definierbare Grenzen hat. Dann kann man weiterfragen: „Und wie lange, glauben Sie, wird dieses Verhalten andauern?" Diese Frage setzt die Annahme voraus, daß das Verhalten ein Ende haben und auf irgendeine Weise kontrollierbar sein wird und so weiter. Auch hier würde ein einziges Wort ausreichen, um die Bedeutung des Diskurses zu verlagern. Die Frage an eine anorektische Klientin: „Wann haben Sie beschlossen, mit dem Essen aufzuhören?" impliziert Macht und Kontrolle sowie Entschlußkraft im Hinblick auf Eßgewohnheiten. Die Frage „Wann kam Ihnen die Idee, nicht mehr zu essen?" impliziert Abhängigkeit oder auch Versklavung durch die Idee.

Wichtig ist, daß der Therapeut Schlüsselwörter nicht in einem moralisierenden Ton vorbringt; denn diese können Bereiche berühren, in denen der Klient besonders empfindlich ist. Wenn der Therapeut darauf bedacht ist, nicht den Sittenrichter zu spielen, dann beschwören Wörter, die der Klient als provokativ auffassen könnte – zum Beispiel „sich verlieben" und „heiraten" im Eltern-Kind-Kontext –, nicht die Gefahr herauf, daß die therapeutische Beziehung zerbricht. Erzeugt der Therapeut andererseits einen Kontext der Verurteilung, dann bekommen die Schlüsselwörter oft einen sarkastischen und stichelnden Beigeschmack; in einer solchen Situation können Interaktionen destruktiv werden. Kurz gesagt: Die Arbeit mit Schlüsselwörtern setzt voraus, daß der Therapeut die vom Klienten angebotenen Lösungen respektiert und, was noch wichtiger ist, den Klienten in seinem Wesen empathisch akzeptiert.

Denotation, Konnotation und Metaphern

Ein Merkmal von Schlüsselwörtern in der Therapie ist ihr starker metaphorischer Stellenwert. Wir definieren hier den Begriff „Metapher" spezifisch[30] als ein Wort oder eine Gruppe von Wörtern (ein Zeichen in der semiotischen Terminologie), die eine große Konnotationskraft haben.

Jedes Zeichen eines Signifikationssystems besteht aus zwei Elementen – dem Bedeutungsträger und der Bedeutung an sich –, die wie die beiden Seiten einer Medaille untrennbar miteinander verbunden sind. Die Beziehung zwischen der Bedeutung an sich und dem Bedeutungsträger ist aber nicht so strikt, wie es zunächst scheint: Sie ist nur in bestimmten Sprachvarianten unzweideutig, wie etwa in der Programmiersprache; in natürlichen Sprachen ist sie weitaus komplexer. Eco (1968) hat sehr effektvoll unterschieden zwischen der Denotation (eindeutige Entsprechung zwischen der Bedeutung und dem Bedeutungsträger) und der Konnotation (eine mehrfache Entsprechung zwischen den beiden Elementen):

> „Innerhalb eines gegebenen Kodes bezeichnet also ein Signifiant etwas, das signifiziert wird. Die Denotation ist direkt, eindeutig und wird vom Kode starr fixiert ... Die Konnotation erfolgt, wenn ein vorhandenes Paar aus Signifiant und Signifié als Signifiant für ein anderes Signifié fungiert. Diese Konnotation kann dann eine

---

30 Die Metapher kann als ein Grundprinzip der Sprache wie auch der Konzeption von Realität gesehen werden (siehe Cacciari 1991).

weitere Konnotation hervorrufen, wenn – aufgrund desselben Vorgangs – die vorhergehende Konnotation (selbst ein Paar aus Signifiant und Signifié) zum Signifiant eines anderen Signifié wird." (Eco 1968, S. 37–38; zit. nach Boscolo et al. 1993, S. 114)

Aus dem Gesagten geht klar hervor, daß Schlüsselwörter auf der Ebene der Konnotation ihre Wirkung tun. Je polyvalenter die verwendeten Begriffe sind, desto wahrscheinlicher ist es, daß sie therapeutisch wirksam sind.[31] Der Diskurs des Therapeuten sollte diese Konnotationen kanalisieren, wie wir es am Beispiel des Schlüsselwortes „Streik" veranschaulicht haben. So entsteht zwischen den unterschiedlichen Konnotationen der benutzten Schlüsselwörter ein Gleichgewicht im therapeutischen Diskurs. Dadurch werden die Klienten auch nicht gedrängt, sich für eine Bedeutung zuungunsten einer anderen zu entscheiden: Sie werden höchstens ermutigt, eine Wahl zu treffen.

Haley (1977) unterscheidet zwei Arten von Sprache, die digitale und die analoge Sprache, und beruft sich dabei auf die Kommunikationstheorie, die von der Palo-Alto-Gruppe übernommen wurde. Seine Unterscheidung hat vieles gemeinsam mit unserer Abgrenzung zwischen Denotation und Konnotation:

„Die Beschreibung menschlichen Verhaltens in digitaler Sprache eignet sich dann besonders, wenn es darum geht, daß ein Mensch die Umwelt gestaltet, zum Beispiel eine Brücke baut. Diese Sprache wird problematisch, wenn es darum geht, zwischenmenschliches Verhalten zu beschreiben. ...

Wenn eine Aussage mehrere Bezugspunkte enthält, handelt es sich nicht länger um ein ‚bit', eine quantifizierte Informationseinheit, sondern sie ist ‚analog', da sie Ähnlichkeiten zu andern Dingen enthält. Jede Aussage bezieht sich auf ein Geflecht anderer Aussagen. ... Konditionalsätze gehören dazu. Jede Aussage setzt den Rahmen für eine andere Aussage. Zu diesem Kommunikationsstil zählen auch ‚Spiele' und ‚Rituale' und die Künste. Das Analoge kann sprachlich ausgedrückt werden, in einem Vergleich oder in einem Bild, aber auch in Handlungen." (Haley 1977, S. 91–92)

---

[31] Wir können eine interessante Analogie herstellen zwischen dem Konnotationskonzept und Batesons (1985) Idee von dem „Unterschied, der einen Unterschied ausmacht": Man kann polysemantischen Wörtern die Kraft zuschreiben, Unterschiede - und deshalb auch Flexibilität - hervorzubringen.

Der metaphorische Sprachgebrauch in der Therapie wird von verschiedenen psychotherapeutischen Schulen befürwortet und ist inzwischen zu einem Kommunikationsstil geworden, bei dem das einfache Verweisen auf Tatsachen ersetzt wird durch das Evozieren von Bedeutungen. Die Metapher wird in der Therapie allgemein verwendet und hat ein vielschichtiges Erscheinungsbild; eine Metapher kann aus einem einzigen (polysemantischen) Wort bestehen, wie im Falle des Schlüsselwortes, aus einem Satz, aber auch aus einer komplexen allegorischen Erzählung. In der Therapie arbeitet man auch mit Analogien, wie zum Beispiel mit einer detaillierten Beschreibung einer Situation oder Episode aus dem Leben eines anderen Menschen, die Ähnlichkeit hat mit Erlebnissen des Klienten. Dieses Kommunikationsmittel wird bevorzugt eingesetzt von Therapeuten aus der Schule Ericksons, die eine Methodologie entwickelt haben, wie therapeutische Metaphern produziert werden (Lankton et al. 1991).

> „Die Verwendung von Analogien und Metaphern im Verlauf der Therapie scheint eine zentrale Bedeutung zu besitzen. Verschiedenste Therapierichtungen beschäftigen sich intensiv mit dem Gebrauch analoger Kommunikation. ...
> Die Aufgabe des Analytikers besteht darin, eigene Analogien mittels Deutungen anzuwenden und die Zusammenhänge zwischen den verschiedenen, vom Patienten geäußerten Bildern aufzudecken. ...
> Eine große Anzahl von Therapeuten erzählt den Patienten Witze. Viele haben eine ganze Anekdotensammlung für die Patienten bereit. Milton Erickson hat diese Methode am weitesten entwickelt. Er erzählt dem Patienten eine seinem Leben ähnliche Geschichte und sieht die therapeutische Veränderung in dem Wechsel in den Analogien des Patienten, die durch die ihm angebotenen Analogien ausgelöst werden." (Haley 1977, S. 93–95)

Im klinischen Fall Bruno K. (Kapitel 5) stellen wir ein Beispiel dieser Art vor. Der Therapeut greift ein metaphorisches Schlüsselwort heraus, das im Dialog mit dem Klienten wiederkehrt, das Wort „Reise" (vorwiegend im Sinne einer Lebensreise verstanden), und an einem bestimmten Punkt erweitert der Therapeut das Wort zur Allegorie, das die ersten drei Zeilen aus Dantes Göttlicher Komödie umfaßt: „Mittwegs auf unsres Lebens Reise ..." Auf diese Weise wird Brunos Reise parallel gesetzt mit Dantes Suche nach „Wegen", woraus sich ein wichtiger Austausch zwischen Therapeut und Klient entwickelt.[32]

Mit Wittgensteins Theorie der Sprachspiele könnte man sagen, daß Schlüsselwörter und Metaphern in unterschiedlichen Sprachspielen verwendet werden oder, besser gesagt, daß sie die Fähigkeit besitzen, den Übergang von einem Sprachspiel zum anderen zu fördern, indem sie sich an deren „Schnittstelle" setzen. In Wittgensteins Worten heißt das:

> „Systeme der Verständigung ... will ich ‚Sprachspiele' nennen. Sie sind dem, was wir im gewöhnlichen Leben Spiele nennen, mehr oder weniger verwandt; Kinder lernen ihre Muttersprache mittels solcher Sprachspiele, und hier haben sie vielfach den unterhaltenden Charakter des Spiels. – Wir betrachten aber die Sprachspiele nicht als die Fragmente eines Ganzen ‚*der* Sprache', sondern als in sich geschlossene Systeme der Verständigung, als einfache, primitive Sprachen." (Wittgenstein 1980, S. 121)

Oft sind die Klienten, die wir bei uns in Therapie haben, so blockiert, daß sie nur ganz bestimmte Sprachspiele – und keine anderen – spielen können. In solchen Fällen bekommen die Wörter und polysemantischen Sätze, die wir benutzen, die Funktion einer Brücke zwischen verschiedenen Sprachspielen. Die diesem Verfahren zugrundeliegende Hypothese lautet: Wenn der Klient es schafft, neue Sprachspiele zu spielen, dann kann er jener Art von Zwang entkommen, die sein Leiden perpetuiert. Das emotionale (und nicht nur kognitive) Experimentieren mit neuen Sprachspielen trägt deshalb dazu bei, daß sich die Prämissen und der Blick des Klienten auf die Realität verändern.

---

32 Der Gebrauch dieser komplexen Allegorie war möglich, weil der Klient besonders intellektuell und gebildet mit der Sprache umging. Wie immer, so trifft auch hier der Rat zu, sich auf die Sprache des Klienten einzustellen.

Teil II: Fallbeispiele

Im zweiten Teil unseres Buches stellen wir eine Reihe von Fallbeispielen vor, um unser therapeutisches Modell zu veranschaulichen. Auswahl und Reihenfolge dieser Fallbeispiele folgen epigenetischen Gesichtspunkten.

Im vierten Kapitel präsentieren wir Fallbeispiele größtenteils aus den späten 70er Jahren, bei denen wir nach einem vorwiegend strategisch-systemischen Ansatz arbeiteten. Dieses therapeutische Vorgehen wird heute tendenziell nur noch in einer sehr begrenzten Anzahl von Fällen angewandt, und zwar bei den Indikationen, die im ersten Teil des Buches genannt werden.

Das fünfte Kapitel ist systemischen Therapieformen gewidmet. Es ist deshalb so umfangreich, weil die therapeutische Arbeitsweise, die hier demonstriert wird, am ehesten unseren gegenwärtigen Prämissen entspricht. Alle beschriebenen Fälle wurden am Mailänder Zentrum für Familientherapie behandelt, die meisten davon im Rahmen unserer Forschungsarbeit über eine in sich geschlossene und auf maximal 20 Sitzungen beschränkte systemische Einzeltherapie. Die in diesem Kapitel ausgewählten Fallbeispiele verdeutlichen unterschiedliche Phasen und Aspekte des therapeutischen Prozesses. So wird in einigen Fällen der ganze Therapieverlauf nachgezeichnet, während bei anderen Fallbeispielen eine spezifische Phase (der Beginn oder das Ende) der Therapie herausgegriffen wird. Bei den übrigen Fällen werden bestimmte Aspekte des therapeutischen Prozesses beleuchtet: die Beziehung zwischen Therapeut und Klient bzw. Klientin, der Gebrauch der Sprache, die Vergegenwärtigung einer Dritten Partei während der Therapiesitzung.

4. Therapie nach einem vorwiegend strategisch-systemischen Ansatz

Teresa S.: Wechselfälle des Schicksals

Es war Anfang der 80er Jahre, als ein Mann bei uns anrief, um einen dringenden Termin für seine Frau Teresa zu machen, die seit zwei Jahren an allen nur denkbaren Phobien litt. Als man ihm einen Termin nannte, sagte er, daß es seiner Frau wegen ihrer übergroßen Ängste unmöglich sei, zu uns zu kommen, und daß Dr. Boscolo (der Arzt, den Teresas Psychiater empfohlen hatte) zu ihr nach Hause in einen 20 Kilometer von Mailand entfernten Ort kommen müsse. Die Sekretärin konnte den Anrufer schließlich davon überzeugen, daß Dr. Boscolo keine Hausbesuche mache, und der Mann war damit einverstanden, seine Frau zu uns zu bringen. Am Tag ihres Therapietermins wurde die Klienten mit dem Notarztwagen zu uns gebracht, weil sie Angst hatte, in einem Auto zu fahren, in dem es keine medizinische Überwachung gab. Wegen ihrer Angst vor Aufzügen mußte sie von ihrem Mann und einer Krankenschwester die Treppen hinaufbegleitet werden. Am Anfang der Sitzung schien sie extrem ängstlich zu sein und war kurz davor, in Panik auszubrechen. Ihre augenscheinlichste Phobie war Platzangst, aufgrund derer sie mehr als zwei Jahre lang in ihrer Wohnung gefangen war. Medikamente und psychologische Interventionen hatten keinerlei Erfolge gezeitigt. Doch selbst zu Hause war sie voller Ängste: Sie hatte Angst vor Keimen und vor allen möglichen Krankheiten, ebenso vor ihrer eigenen Aggressivität. Sie fürchtete sich beispielsweise davor, daß sie zu einem Messer greifen und ihren einzigen Sohn erstechen könnte. Als Vorsichtsmaßnahme veranlaßte sie, daß der Sohn zu seiner Tante mütterlicherseits und deren Ehemann zog, die im gleichen Haus zwei Stockwerke tiefer wohnten.

Im Verlauf der ersten Sitzung wurde deutlich, daß Teresa eine eigenartige Beziehung zu ihrer Schwester hatte. Diese war Apothekerin und eifersüchtig auf die Klientin, weil Teresa das Lieblingskind ihrer Mutter gewesen war und auch weil Teresas Mann als Ingenieur und erfolgreicher Industriemanager eine wichtige Rolle im gesellschaftlichen Leben spielte. Die Schwester war besonders neidisch, weil Teresa einen Sohn hatte und sie selbst nicht. Sie war verheiratet mit einem Ingenieur, der bei Teresas Mann angestellt war. Während der drei zurückliegenden Jahre war die Schwester in Psychotherapie.

Am Ende der ersten Sitzung schlug der Therapeut folgende Intervention vor:

Therapeut: Die Situation scheint mir klar zu sein. Ich nehme an, daß Ihre Krankheit vor drei Jahren anfing, weil Sie das Gefühl hatten, zuviel Glück im Leben zu haben, insbesondere im Vergleich zu Ihrer jüngeren Schwester. Sie haben einen berühmteren und attraktiveren Mann als Ihre Schwester, Sie haben einen Sohn, der in der Schule gut war, Sie waren das Lieblingskind Ihrer Mutter, Sie waren gesund, während Ihre Schwester eine Psychotherapie machen mußte, weil es ihr nicht gutging – all das hat in Ihnen tiefe Schuldgefühle entstehen lassen, die Sie seither korrigieren müssen, indem Sie sich in Ihre Wohnung zurückziehen und dafür sorgen, daß Sie viel mehr leiden als Ihre Schwester und ein Leben voller unkontrollierbarer Ängste führen.

[Die Klientin nickt fortwährend und schaut die ganze Zeit gespannt den Therapeuten an.]

Therapeut: Nun, ich kann Ihnen weitere Sitzungen anbieten, aber nur unter der Bedingung, daß Sie sich über einen längeren Zeitraum überhaupt nicht verändern. Der Grund ist der, daß ich nämlich befürchte, daß Sie sich mit ziemlicher Wahrscheinlichkeit nach ein paar Sitzungen besser fühlen werden, und ich mache mir Sorgen um Ihre Schwester. Ihre Schwester ist seit drei Jahren in Psychotherapie, und wenn Sie hierher kommen und es Ihnen bei all Ihren Symptomen nach zwei oder drei Sitzungen besser geht, dann könnte sie sich sehr aufregen, womöglich ihre Therapie abbrechen und mit vielen schweren Problemen konfrontiert sein.

[Teresa hebt zu Sprechen an und sagt in einem Ton des Protests, daß sie ein Recht auf Wohlergehen habe und daß sie vielleicht schon genug für ihr Glück bezahlt habe!]
Therapeut: Natürlich. Das verstehe ich schon, aber die Situation ist, wie sie ist. Sollten Sie sich bis zur nächsten Therapiestunde besser fühlen, dann werde ich die Zeitabstände zwischen unseren Sitzungen um einiges vergrößern müssen. Denn es ist so, wenn es Ihrer Schwester schlechtergeht, weil Sie sich besser fühlen, dann wird das für Sie unerträglich werden, und es wird Ihnen wieder schlechter gehen müssen, und zwar so, wie es Ihnen jetzt geht. Deshalb mein Rat: Wenn Sie sich zufällig ein bißchen besser fühlen sollten, dann geben Sie sich wenigstens alle Mühe, Ihrer Schwester nichts davon zu erzählen.

Nach dieser paradoxen Intervention fühlte sich Teresa allmählich besser. Zur zweiten Sitzung konnte sie schon im Auto mit ihrem Mann zu uns kommen, und am Anfang der Sitzung teilte sie mit unverhohlener Genugtuung mit, daß es ihr bessergehe und daß ihre Ängste stark abgenommen hätten. Sie versicherte dem Therapeuten jedoch, daß sie die Besserung ihres Zustandes vor ihrer Schwester durchaus verbergen könne. Nach nur vier Sitzungen waren Teresas Symptome praktisch verschwunden, und die Therapie wurde nach sieben Sitzungen beendet.

Dieser Fall ist typisch dafür, wie eine klassische strategische Intervention, durch die eine Situation umgedeutet wird, zusammen mit der Verschreibung des Symptoms zu einem spürbaren therapeutischen Erfolg führen kann. Interessanterweise rief später Teresas Schwester an und bat um Behandlung bei demselben Therapeuten. Doch dieser lehnte ihre Bitte ab mit der Begründung, daß sie bereits bei einem unserer Kollegen hier in Therapie sei und daß er es für das beste halte, wenn sie mit diesem über ihre Unzufriedenheit mit ihrer momentanen therapeutischen Situation spreche. In den folgenden zehn Jahren wurde Teresa zu einer begeisterten Fürsprecherin unseres Therapiezentrums und empfahl viele Klienten erfolgreich an uns weiter. Eines Tages rief sie den Therapeuten an, um einen ihrer Neffen bei ihm zur Therapie anzumelden. Spontan erkundigte sich dieser nach ihrem Befinden, und sie erzählte, daß es ihr gutgehe – aber ihre Schwester sei leider im Alter von 45 Jahren, etwa zwei Jahre nach Beendigung von Teresas Therapie, an Brustkrebs gestorben.

Eine naheliegende und faszinierende Hypothese könnte lauten, daß es einen Zusammenhang zwischen der völligen Genesung der Klientin und dem Tumor ihrer Schwester und deren Tod gab.

Giorgio B.: Wer therapiert hier wen?

Dieses Fallbeispiel ist ziemlich untypisch und beinhaltet eine Mischung aus verschiedenen Therapieansätzen. Die Therapie begann zwar mit einer klassischen Psychoanalyse, wobei der Therapeut die Wünsche des Klienten berücksichtigte, ging aber allmählich in eine vorwiegend strategische Therapie über. Dieser Kompromiß machte sich auch in der Dauer der Therapie bemerkbar. Gemessen an den Standards einer strategischen Therapie, handelte es sich bei diesem Fall um eine Langzeittherapie; doch gemessen an den ursprünglichen Erwartungen des Klienten, war es eine kurze Therapie.

Giorgio war 40 Jahre alt, verheiratet und Professor der Philosophie an einer norditalienischen Universität. Der Klient war von einem Freund geschickt worden, der vor zehn Jahren eine klassische Psychoanalyse bei dem Therapeuten abgeschlossen hatte. Der Freund, der von Giorgios Problemen wußte, hatte den Professor immer wieder gedrängt, bei seinem früheren Analytiker eine Therapie zu machen, weil er davon überzeugt war, daß dies für Giorgio eine große Hilfe sein könne. Giorgio machte einen Termin mit demselben Therapeuten und erschien allein zum Erstgespräch.

Giorgio teilte mit, daß er die Entwicklungen in der Psychoanalyse kenne und auch über die spezifischen theoretischen Ausrichtungen des Therapeuten informiert sei. Er wußte, daß der Therapeut früher psychoanalytisch gearbeitet hatte und dann zur systemischen Familientherapie übergegangen war. Der Klient erklärte jedoch, daß er keineswegs die Absicht habe, seine Familie in die Therapie einzubeziehen, und daß er eine psychoanalytisch orientierte Behandlung wünsche, wie sein Freund (den er über alles schätzte) sie bekommen hatte. Zuerst wollte der Therapeut die Arbeit mit Giorgio ablehnen, war aber gegen Ende der Sitzung doch neugierig und fühlte sich herausgefordert, so daß er schließlich Giorgios Anliegen nachgab.[1] Er schlug deshalb am Ende der ersten

---

1 Hier könnte man einwenden, daß der Therapeut nicht ganz ehrlich war. Es wäre vollkommen verständlich gewesen, den Klienten abzulehnen, was natür-

Orientierungssitzung eine Psychoanalyse mit drei Sitzungen pro Woche vor.

Als Giorgio dann zur ersten Therapiesitzung kam, ließ der Therapeut ihn wählen, ob er sich auf die Couch legen oder auf den Stuhl setzen wollte.[2] Ohne zu zögern, entschied sich der Klient für die Couch, und damit begann eine „merkwürdige" Analyse, die über mehrere Monate reibungslos durchgeführt wurde.

Der Therapeut, der die Rolle des Psychoanalytikers angenommen hatte und versuchte, auch als Analytiker zu agieren, konnte es trotz allem nicht verhindern, daß er sich theoretisch und praktisch von der systemischen Therapie beeinflussen ließ, nach der er schon viele Jahre lang tagein, tagaus gearbeitet hatte. Von Zeit zu Zeit sprach der Klient über seinen Eindruck, daß nämlich der Therapeut nicht orthodox genug sei und nicht ausreichend in die Tiefe gehe. Der Therapeut räumte ein, daß das durchaus möglich sei, daß er aber sein Bestes versuche. Zweimal kritisierte der Klient den Therapeuten in einem gereizten Ton und warf diesem vor, von der Psychoanalyse abzuschweifen. „Das ist schon möglich", antwortete der Therapeut. Um Giorgio zufriedenzustellen, gab der Therapeut sofort danach eine sowohl sprachlich als auch inhaltlich klassische Freudianische Deutung des Traumes, von dem der Klient kurz zuvor erzählt hatte.

Mit der Zeit entwickelte sich eine solide therapeutische Beziehung; das Bedürfnis des Klienten nach psychoanalytischer Therapie wurde schwächer und verschwand später ganz. Giorgio zeigte markante Veränderungen und wurde zunehmend neugierig darauf, seine Beziehung zu seiner Frau und seiner Familie zu erforschen. Noch vor Ablauf des ersten Therapiejahres reduzierte er die anfänglich drei Sitzungen pro Woche auf eine Sitzung und entschloß sich,

lich nichts an der Sache geändert hätte. Als Psychoanalytiker wie auch als systemisch arbeitender Therapeut ließ er sich von dem großen Vertrauen (positive Übertragung) leiten, das Giorgio in seinen Freund und dieser wiederum in den Therapeuten hatte. Also beschloß der Therapeut, daß dies ein mehr als gültiges Kriterium war, um der Bitte des Klienten nachzukommen. Das Vertrauen des Klienten war dann tatsächlich ein Meilenstein auf dem Weg zur erfolgreichen Therapie.

2 Der erste therapeutische Akt war die Einführung einer typischen Alternative des strategischen Ansatzes („ja, aber ...").

die Therapie im Sitzen fortzusetzen. Nach weiteren sechs Monaten beendete er seine Therapie zur Zufriedenheit beider Parteien.

Das Merkwürdige an dieser Therapie ist, daß sie als psychoanalytische Behandlung anfing und mit der Zeit in eine strategisch-systemische Einzeltherapie überging. Von einem strategisch-systemischen Standpunkt aus betrachtet, liegt eine Erklärung dieses therapeutischen Erfolgs darin, daß der Therapeut in bezug auf seinen Klienten eine Position von Unterlegenheit *(one-down position)* einnahm, indem er bis zu einem gewissen Grad Giorgios Bitte akzeptierte und somit die Entwicklung einer Vertrauensbasis förderte, die es dann dem Klienten erlaubte, nicht nur auf sich selbst zu hören, sondern auch darauf, was der andere zu sagen hatte. Natürlich ließen sich auch andere Hypothesen aufstellen. Eine psychoanalytische Deutung der Veränderung könnte sein, daß es dem Therapeuten durch seine Grundeinstellung im Laufe der Therapie möglich war, die Widerstände des Klienten zu überwinden.

Enrica S.: Die Dame, die nicht einkaufen gehen konnte

Beim ersten Treffen erzählte Enrica, eine ziemlich ängstliche 50jährige Frau, daß sie seit sechs Jahren an einer hartnäckigen Form von Platzangst leide, durch die sie daran gehindert werde, sich mehr als ungefähr 150 Meter im Umkreis von ihrem Haus zu entfernen. Wann immer sie versuche, diese Grenze zu überschreiten, werde sie von einer unerträglichen Angst erfaßt und müsse umkehren. Es ist bezeichnend, daß die am nächsten gelegenen Geschäfte etwa 200 Meter von ihrem Haus entfernt waren. Um einkaufen gehen zu können, mußte sie ihren Mann oder eines ihrer drei Kinder bitten, mit ihr zu gehen; aber auch in Begleitung verschwand ihre Angst vor dem Überschreiten der 150-Meter-Grenze nicht ganz.

Enrica lebte in einem Zustand der Behinderung. Sie hatte schon zweimal eine Psychotherapie angefangen, beide Male aber abgebrochen, und zwar mit der Begründung: „Es wurde immer nur über meine Vergangenheit und meine Familie gesprochen, aber meine Unfähigkeit, mich von meinem Haus weiter zu entfernen, blieb und ist ... immer noch dieselbe wie vorher." Oftmals fühle sie sich deprimiert wegen dieses Unvermögens und der erzwungenen Abhängigkeit von ihren Kindern, durch die deren eigene Lebensentfaltung und Unabhängigkeit beeinträchtigt sei. Diese Information machte Enricas Ziele und Erwartungen an eine Therapie sehr deutlich: „Befreien Sie mich von dieser Phobie!"

Am Ende der ersten Sitzung beschloß der Therapeut (Boscolo), nach einer Strategie vorzugehen, die sowohl behavioristisch als auch strategisch verstanden werden konnte. Er sagte Enrica, daß sie zur nächsten Sitzung in zwei Wochen ein paar Daten mitbringen müsse, um ein wirkungsvolles Programm aufzustellen, durch das sie von ihrer „Behinderung" befreit werden könne. An jeweils drei Tagen in den beiden vor ihr liegenden Wochen solle sie die Anzahl der Schritte zählen, die sie in alle vier Himmelsrichtungen gehen könne, bis sie die verhängnisvolle Grenze erreiche. Ihre Ergebnisse solle sie dann in ein eigens für diesen Zweck angelegtes Notizbuch schreiben. In der nächsten Sitzung würden sie dann gemeinsam die durchschnittlich zurückgelegte Entfernung aus den sechs Messungen errechnen, in der sie keine Angstsymptome gehabt habe. Dadurch, daß der Therapeut das Problem der Klientin sofort auf den Punkt brachte und unmißverständlich auf ihr Anliegen reagierte, schuf er schnell die Bedingungen für ein Vertrauensverhältnis; dieses war eine notwendige Voraussetzung dafür, daß die Klientin eine so ermüdende und monotone Aufgabe überhaupt ausführte.

In der zweiten Sitzung rechneten der Therapeut und die Klientin gemeinsam die durchschnittlich zurückgelegte Entfernung in Schritten aus. Enricas Aufgabe für die folgenden zwei Wochen bestand dann darin, daß sie jeden Vormittag in die Richtung der Geschäfte gehen und bei der errechneten Anzahl von Schritten haltmachen solle. Doch an jedem zweiten Vormittag solle sie ihre Angst überwinden und fünf zusätzliche Schritte in die eingeschlagene Richtung gehen. Der Therapeut betonte, daß sie sich nach diesen fünf Extraschritten wahrscheinlich immer noch relativ ruhig fühlen würde und durchaus versucht sein könnte, weiterzugehen. Doch sei es ihr absolut verboten, auch nur einen Schritt mehr zu tun; sonst nämlich müsse sie noch einmal ganz von vorne beginnen. In dieser Aufgabenverschreibung lassen sich deutlich Techniken des Dekonditionierens wie auch der strategischen Therapie erkennen. Die Aufgabe erinnert beispielsweise an das Durchleben einer „Tortur", wie sie für die Interventionen von Jay Haley und Milton Erickson (Haley 1977, 1978b) typisch ist, und auch an die „Rituale", die für die Interventionen nach dem strategisch-systemischen Therapieansatz der Mailänder Gruppe charakteristisch sind.

In der dritten Sitzung schien Enrica entspannter zu sein. Sie erzählte, daß der Angstzustand, vor dem sie sich bei den fünf Extraschritten gefürchtet habe, zu ihrer Überraschung nicht eingetreten sei und daß sie gegen die Versuchung, weitere Schritte zu gehen, habe ankämpfen müssen. Der Therapeut gab diesem Phänomen eine positive Bedeutung und trug der Klientin auf, die gleiche Aufgabe auch in den kommenden zwei Wochen fortzuführen. Am Anfang der vierten Sitzung gestand Enrica etwas verschämt – sie konnte aber ihre Freude nicht ganz verbergen –, daß sie die Aufgabenverschreibung des Therapeuten mißachtet habe. Sie habe sich nicht mehr zurückhalten können, bis zu den Geschäften weiterzugehen, weil ihre Angst fast völlig verschwunden gewesen sei. Dreimal sei sie bisher allein einkaufen gegangen. Die Therapie wurde nach der sechsten Sitzung erfolgreich beendet; Enricas Angstsymptom war vollständig verschwunden. Die Möglichkeit, die Therapie fortzusetzen, wurde offengehalten für den Fall, daß Enrica wieder therapeutische Hilfe bräuchte.

Ugo B.: Der schlaflose Kinderarzt

Hier lag ein echter Notfall vor, bei dem eine direkte Intervention auf das Symptom erforderlich war. Die Anregung zu dieser Art von Intervention, die bei diesem Fall angewandt wurde, geht auf Milton Ericksons psychiatrische Techniken (siehe Haley 1978b) zurück.

Ugo war Kinderarzt und arbeitete in einer Klinik auf einer Station für Frühgeburten. Sein spezifische Aufgabe in der Klinik, die zu früh geborenen Kinder zu behandeln, erforderte besondere Konzentration.

Der Klient kam in Begleitung seiner Frau zu uns. Er befand sich in einem Zustand schwerer Erregtheit, der auf eine tiefsitzende Angst schließen ließ, und berichtete, daß er seit einiger Zeit an einer hartnäckigen Schlaflosigkeit leide. Eine medikamentöse Behandlung sei nicht erfolgreich gewesen, und er habe seit etlichen Tagen überhaupt nicht mehr schlafen können. Er habe allmählich schon Farbhalluzinationen, die charakteristisch sind für Schlafentzug, und sei schon zum wiederholten Male nicht zur Arbeit gegangen. Ugo war entsetzt bei der Vorstellung, er könne seine winzigen Patienten ernsthaft verletzen, wenn er beispielsweise intravenöse Injektionen setzen oder andere Interventionen durchführen müsse, die eine ruhige Hand und äußerste Konzentration erforderten.

Seine Frau erzählte, daß sie selbst wie auch ihre beiden heranwachsenden Töchter durch verschiedene Äußerungen ihres Mannes hellhörig geworden seien, etwa durch die, daß er eine Katastrophe auf sich zukommen sehe, weil er vielleicht seinen Arbeitsplatz oder sogar seinen Verstand verlieren könne. Am Ende der Sitzung teilte der Therapeut dem Klienten mit, daß es eine sehr wirkungsvolle Methode gebe, mit einer solchen Situation umzugehen, und zwar eine, die keine Medikamente erfordere, sondern große Opferbereitschaft und einen starken Willen von seiten des Klienten. Ugo beteuerte energisch, daß er bereit sei, alles zu tun, um von seinen Höllenqualen befreit zu werden. Der Therapeut teilte Ugo mit, daß er sieben aufeinanderfolgende Nächte lang, also bis zur nächsten Sitzung die Woche darauf, unter keinen Umständen schlafen dürfe. „Ist das alles?", fragte der Klient ungläubig. „Aber ich schlafe doch jetzt schon nicht!"

Der Therapeut erwiderte darauf, daß es zweifellos einige kurze Abschnitte gegeben haben müsse, in denen Ugo eingenickt sei, und daß es einfach physiologisch unmöglich sei, mehrere Tage lang überhaupt nicht zu schlafen; denn sonst hätte er bereits ein typisches halluzinatorisches Syndrom entwickelt. Der Therapeut erklärte Ugo ruhig und genau, daß sich der Mensch in einem entspannten Zustand befinden müsse, um einschlafen zu können; und in Fachbegriffen fügte er hinzu: „... das ist ein Zustand, in dem der parasympathische, das heißt der vagotrope Tonus des Nervensystems vorherrscht ..." Genau dieser Zustand sei dem Klienten eine Zeitlang nicht möglich gewesen aufgrund seiner Erregtheit, die auf das kontinuierliche Vorherrschen des „sympathischen Tonus" zurückzuführen sei.

Die fachspezifische Erklärung schien die gewünschte Wirkung zu zeitigen. Der Klient sagte nämlich: „Ich verstehe. Ich werde mir alle Mühe geben, alle Nächte lang bis zur nächsten Sitzung nicht zu schlafen." Um Ugo bei seiner schwierigen Aufgabe zu unterstützen, schlug der Therapeut ihm vor, er solle die Zeit zwischen Mitternacht und Tagesbeginn in aufrechter Position verbringen oder im Zimmer auf und ab gehen, beim Gehen lesen oder vielleicht sogar an die frische Luft gehen und einen Spaziergang machen. Wenn er jedoch seinem Schlafbedürfnis nachgäbe, wäre seine ganze Mühe umsonst gewesen, und er müsse wieder ganz von vorne anfangen.

Der Klient kam zur nächsten Sitzung ohne Begleitung. Er war sichtlich entspannter und berichtete, daß er in der vierten Nacht um drei Uhr morgens der starken Versuchung, sich für ein paar Minuten auf das Sofa zu legen, nachgegeben habe und dann ungefähr zehn Stunden später wieder aufgewacht sei. Selbstverständlich habe seine Frau ihn nicht aufgeweckt. In der nächsten Nacht sei mehr oder weniger das gleiche passiert, und zum erstenmal seit Monaten fühle er sich langsam wieder ruhig und entspannt. Am darauffolgenden Abend habe er eine solche Ruhe in sich gespürt, daß er ausprobieren wollte, ob er auf Anhieb die ganze Nacht durchschlafen könne – was dann auch geschehen sei. Der Therapeut meinte, daß das zwar eine positive Entwicklung sei, von einem dauerhaften Erfolg aber noch nicht gesprochen werden könne. Der Therapeut trug dem Kinderarzt auf, seine Übung auch in der folgenden Woche zu wiederholen. In der dritten Sitzung erzählte der Klient, daß die Aufgabenverschreibung nicht notwendig gewesen sei, weil er von selbst wieder regelmäßig habe schlafen können. Da bei Ugo bis dahin keine schwerwiegenderen Probleme aufgetaucht waren, beschlossen Therapeut und Klient gemeinsam, die Therapie zu beenden.

5. Fallbeispiele für den systemischen Therapieansatz

GIULIANA T.: DAS LEBEN ALS KONTROLLE

Bei diesem Fallbeispiel stellen wir praktisch in vollem Umfang die erste von insgesamt 19 Therapiesitzungen mit dieser Klientin vor.

Giuliana war eine große, schlanke und hübsche 26jährige Frau und arbeitete als Übersetzerin in der Abteilung für Öffentlichkeitsarbeit einer großen Firma. Sie war von einem Arzt, der bei ihr chronische Anorexie und Bulimie diagnostiziert hatte, an uns verwiesen worden. Zu ihrer ersten Sitzung trug sie ein enganliegendes Kleid, das ihre Körperformen betonte, und während der Sitzung bewegte sie sich mit einer leicht verführerischen Note. Nach der formalen Einleitung fing sie an, ihre Symptome zu beschreiben.

Giuliana: Ich leide seit vielen Jahren an Bulimie. Als sie zum erstenmal auftrat – es war eine besonders widerliche Mischung aus Anorexie und Bulimie –, war ich 16. Diese Phase dauerte etwa ein Jahr. Dann hatte ich das Problem wieder, als ich 18 oder 19 war. Dieses Mal dauerte es einige Monate. Es begann jedesmal mit einer Diät, natürlich mit einer sehr strengen Kaloriendiät. Sobald ich dann ziemlich stark abgenommen hatte, bekam ich Heißhungeranfälle, regelrechte Bulimieattacken, und ich mußte mich übergeben. Und auch dieses Mal verschwand die Bulimie von selbst. Als ich dann 23 war, fing das Problem wieder an, und seit dieser Zeit bin ich es nicht mehr losgeworden. Es fing mit Anorexie an. Mein Gewicht ging sehr schnell von den bei mir üblichen 52 bis 54 Kilo runter auf 44 oder 45.
Therapeut: Sie sprechen jetzt von Episoden von Anorexie und von Bulimie …
Giuliana: Ja. Anorexie und Bulimie. Treten immer zusammen auf.

Therapeut: Sie sagen, treten immer zusammen auf. Aber fängt das Problem mit Anorexie an, und kommt später dann auch Bulimie dazu?

Giuliana: Für gewöhnlich fange ich eine sehr strenge Diät an und kontrolliere dabei sehr streng, was ich esse, und dann innerhalb kürzester Zeit ...

Therapeut: Gewinnt der Hunger die Oberhand.

Giuliana: Ja. Oder am Anfang ist es eigentlich ein körperliches Bedürfnis, aber später dann wird es zu einer Art Sucht nach Essen oder vielmehr nach bestimmten Arten von Essen. Ich bin nun seit geraumer Zeit in Behandlung bei verschiedenen Ärzten und Diätspezialisten und in Fachkliniken. Ich habe von allem etwas ausprobiert, vor allem das letzte Mal, als es mit 23 wieder anfing. Während dieser Zeit ging ich zu einer Psychologin, weil ich in einer Krise steckte. Mehrere Jahre lang hatte ich ein Verhältnis mit einem Mann, der viel älter war als ich, und ich wußte nicht, ob ich mit ihm Schluß machen oder die Beziehung fortsetzen sollte. Also holte ich mir psychologische Beratung, und nach ein paar Sitzungen fing ich dann eine Psychotherapie an. Während dieser Analyse begannen meine Probleme mit Anorexie und Bulimie von neuem. Wahrscheinlich kamen sie deshalb wieder hoch, weil ich sie immer ganz tief in mir versteckt halte.

Giulianas erste Schilderungen sind sehr intensiv und zeigen ihre Redegewandtheit. Sie spricht, als ob sie unter Druck wäre, hat eine leicht gekrümmte Haltung eingenommen und lehnt sich zum Therapeuten vor. Ihre Gedanken fließen frei, ihre Beschreibungen sind sehr detailliert. Im Verlauf der Sitzung gewinnt man den Eindruck, daß in ihren Beschreibungen der Einfluß ihrer Psychotherapien und ihrer umfangreichen Lektüre psychologischer Literatur durchschimmert. Am Ende dieses Abschnittes führt Guiliana zwei wichtige Personen ein: den Mann, mit dem sie ein Verhältnis hatte, und den Psychotherapeuten.

Der Therapeut wird ständig vor die Wahl gestellt, welches Thema er aus den von der Klientin angebotenen Alternativen weiterverfolgen soll. An dieser Stelle zu Beginn der Sitzung entscheidet sich der Therapeut, Giulianas Liebesleben auszuklammern und sich statt dessen mit ihren drängenden aktuellen Problemen zu befassen und damit, was sie zu deren Lösung bereits unternommen hat. Deshalb wendet er sich den Therapien zu, die die Klientin schon versucht hat.

Therapeut: Wie lange hat Ihre Psychoanalyse gedauert?
Giuliana: Nun, ich war ein paar Jahre lang, glaube ich, bei dieser Psychologin. Dann änderte ich mein Leben. Ich hatte unter anderem beschlossen, allein zu leben, während ich in Analyse war. Ich zog in eine andere Stadt, um für mich zu sein, und dort ging ich zu einer anderen Psychologin. Ich fing eine Behandlung bei dieser neuen Psychologin an, deren Namen ich zufällig in einem Zeitungsartikel über Bulimie entdeckte. Und sie hat mir tatsächlich eine ganze Zeitlang geholfen.
Therapeut: Wie lang hat diese Therapie gedauert?
Giuliana: Nun, schon eine ganze Weile, und letztes Jahr hörte ich einfach auf. Sie dauerte etwa drei Jahre.
Therapeut: Also waren Sie zusammengenommen fünf Jahre lang in Therapie.
Giuliana: Ja. Dann versuchte ich es auf anderen Wegen: Biofeedback, Meditation, ich probierte einfach alles aus, um dieses Problem in den Griff zu bekommen. Doch das Grundproblem besteht darin, daß ich, wenn ich nur mein Eßverhalten kontrollieren müßte, mit dieser Angst, mich mein ganzes Leben lang unter Kontrolle halten zu müssen, durchaus leben könnte. Im Moment kontrolliere ich mich sehr stark und bin genaugenommen fast anorektisch. Ich meine in dem Sinn, daß ich sehr wenig esse; einige Nahrungsmittel sind tabu. Ich weiß genau, wenn ich diese Nahrungsmittel esse, habe ich am Schluß wahrscheinlich eine Bulimieattacke, also lasse ich solche Nahrungsmittel völlig weg. Und ich lebe kontrolliert. Aber mich unter Kontrolle zu halten ist nicht leicht, und außerdem, nun, ich weiß, daß es nicht so ist, wie es sein sollte.
Therapeut: Und was passiert, wenn Sie die Kontrolle verlieren?
Giuliana: Dann fange ich an, Süßigkeiten zu essen, wirklich Unmengen davon. Es hängt davon ab, wo ich gerade bin. Wenn ich in der Nähe eines Supermarktes bin, gehe ich rein und kaufe alles an Süßigkeiten, was der Supermarkt hat. Wenn ich in der Nähe einer Konditorei bin, kaufe ich Süßkram in der Konditorei. Wie auch immer, es sind immer süße Sachen: Plunderstückchen,

Kekse, Pudding, Eis und so weiter. Wenn nichts dergleichen in meiner Nähe ist, dann esse ich auch eine Dose Mais oder was immer ich im Hause finde.

Therapeut: Wenn Sie einen Heißhungeranfall haben, welche Mengen essen Sie dann, wie viele Kilogramm essen Sie an einem Tag?

Giuliana: Furchtbar viel, weil ich esse und mich dann übergebe und dann immer wieder weiteresse.

Therapeut: Schätzen Sie mal – mehr oder weniger.

Giuliana: Ich weiß nicht. Ich kann einen ganzen Kuchen essen und eine Packung Kekse und mich dann übergeben, danach kann ich ein Kilo Eis essen, eine Packung Kekse und einen weiteren Kuchen und mich dann wieder übergeben, danach kann ich ein Rührei und ein Brötchen essen ... Ich kann Ihnen nicht genau sagen, welche Mengen es sind, aber es ist furchtbar viel, weil ich dann einen Anfall um den anderen habe, das heißt, ich habe nicht jeden Tag einen Anfall ... im Moment geht es mir seit mehreren Tagen gut. Am Samstag hatte ich zum Beispiel eine Attacke nach zehn anfallfreien Tagen.

Therapeut: Nehmen Sie auch mal Abführmittel?

Giuliana: Nein. Weil, verstehen Sie, am Tag danach fühle ich mich immer krank, weil ich an einem bestimmten Punkt körperlich wirklich abbaue.

Therapeut: Verdienen Sie genug, um all die Kosten für das Essen aufzubringen, oder sind Sie dabei auf finanzielle Unterstützung angewiesen?

Giuliana: Nun, am Anfang meistens schon, als ich noch nicht arbeitete, weil ich noch zur Schule ging, da halfen mir natürlich meine Eltern. Dann fing ich an zu arbeiten und hatte mein eigenes Einkommen. Inzwischen versuche ich, ohne ihre finanzielle Hilfe zurechtzukommen.

Es ist schon ungewöhnlich, eine so dichte und detaillierte spontane Beschreibung des Dramas zu bekommen, in dem sich ein anorektisch-bulimischer Mensch befindet; es ist eine Beschreibung der Siege und Niederlagen im Kampf darum, permanent Nahrungsaufnahme und Körpergewicht unter Kontrolle zu halten und darüber hinaus die für das Leben eines Betroffenen typischen Zwangsvorstellungen zu überwachen. In dem obigen Abschnitt läßt sich eine Parallele ziehen zwischen Giulianas Gier nach Essen (die einsetzt, sobald sie ihre

Wahl an „gefährlichen" Nahrungsmitteln nicht mehr kontrollieren kann), ihrem In-sich-Hineinschlingen und Erbrechen sowie ihrer Beziehung zu den verschiedenen Fachärzten, die sie sich erst aussucht und dann wieder aufgibt.

Sie scheint Schwierigkeiten zu haben, eine langfristige Beziehung zu einem Therapeuten bzw. einer Therapeutin aufzubauen, bei dem bzw. der sie sich entspannen und gehenlassen kann. Diese Beobachtung ist für den Therapeuten enorm wichtig, weil sie ihm schon im Anfangsstadium der Therapie eine Entscheidungshilfe dafür liefert, welche Art von therapeutischer Beziehung für die Klientin am effektivsten sein könnte. An diesem Punkt erkundigt sich der Therapeut nach Giulianas Familie.

Giuliana hat eine um ein Jahr jüngere Schwester namens Antonella. Diese hat einen Hochschulabschluß in Politikwissenschaften und arbeitet in der Marketingabteilung eines Fernsehstudios. Antonella hat ein paar unglückliche Beziehungen mit Männern gehabt und gerade mit ihrem Verlobten Schluß gemacht, mit dem sie vier Jahre lang zusammen war. Wegen der Auflösung ihrer Verlobung befindet sie sich derzeit in einer „schrecklichen Depression". Sie ist eine Zeitlang in Therapie gewesen und lebte bei ihrer Familie. Giulianas jüngerer Bruder Luca war damals 23, studierte Politikwissenschaften und war verlobt. „Alles geht bei ihm glatt ... er ist außerordentlich ausgeglichen." Der Vater war 50 Jahre alt und Generaldirektor einer großen Bekleidungsfirma, bei der er auch Mitinhaber war. Die Mutter war 48 und hat als Schmuckdesignerin viele Jahre lang in ihrer Werkstatt zu Hause gearbeitet. Die Beziehung zwischen Giulianas Eltern ist immer sehr gespannt und konfliktgeladen gewesen.

An einem bestimmten Punkt beginnt Giuliana, über ihren ehemaligen Verlobten zu reden.

Therapeut: Sie haben mir erzählt, daß sie Hilfe gesucht hätten wegen ihrer Heißhungerattacken.
Giuliana: In Ordnung, ich werde Ihnen sagen, wie das genau war. Kurz bevor meine Therapie bei der Psychologin zu Ende war, lernte ich einen Mann kennen, bei dem ich mich sehr wohl fühlte. Auch er war in einer ziemlich komplizierten Situation, aber seine Probleme waren eben konkret. Er mußte Unterhalt für ein Kind bezahlen und hatte eine ziemlich komplizierte Liebesge-

schichte hinter sich. Sein gesellschaftlicher und finanzieller Hintergrund war ein völlig anderer als meiner, schon etwas niedriger. Er hat eine sehr beruhigende Art, und jedenfalls fühlte ich mich bei ihm wohl; deshalb fingen wir an, uns Gesellschaft zu leisten. Es kam mir so vor, als ob ich bei ihm gesünder sei. Inzwischen habe ich über all das gründlich nachgedacht. Natürlich ist es normal, daß, wenn man im Kopf mit einer Sache besonders beschäftigt ist, dann ist für die andere Sache kein Platz mehr. Man muß sich mit einer neuen Situation befassen, und irgendwie schafft man es, bestimmte Dinge unter Kontrolle zu halten. Und vor allen Dingen, wenn man verliebt ist, zeigt man sich von seiner besten Seite, deshalb konnte ich mich auch zügeln. Abgesehen von der Tatsache, daß ich keine Lösung für mein Problem fand, nicht einmal mit Hilfe der Therapie, die ich zuvor gemacht hatte, wuchs in mir langsam das Gefühl, daß ich in einer Art Sackgasse war. Manchmal ging es mir gut, manchmal nicht. Ich hatte einen guten Tag und dann zwei schlechte, eine Attacke oder zwei, aber nicht immer – manchmal ließen die Anfälle etwas nach, und es gab Zeiten, in denen die Attacken selten waren, und Zeiten, in denen eine Attacke der anderen folgte. Ich habe es nicht geschafft, daß es mir wirklich besserging, nicht einmal in mir drin. Und deshalb, nun, beschloß ich, die Therapie abzubrechen. (Ich bin immer diejenige gewesen, die die Entscheidungen getroffen hat.) Nach ein paar Monaten entschlossen wir uns dann, zusammenzuziehen – natürlich, weil ich darauf beharrte – schrecklich, nicht wahr? – und ...

Therapeut: Weil Sie darauf beharrten?

Giuliana: Ja, die Entscheidungen treffe immer ich. Er war sehr zudringlich. Er fühlt sich zu mir sehr hingezogen, und er ist sehr besitzergreifend und eifersüchtig. Er sagt mir, daß er mich schön und intelligent finde. Er ist 15 Jahre älter als ich, bißchen klein, aber sehr nett und auch sehr großzügig. Er lebt bei seiner Mutter mit seiner 5jährigen Tochter, die er von einer anderen Frau hat. Wir haben angefangen, das Haus herzurichten, das wir für uns gefunden haben, und natürlich sind mit der Zeit noch andere Probleme aufgetreten. Ich war unter Druck wegen anderer Dinge, und dann fing ich an, wieder krank zu werden. Es kamen Dinge zum Vorschein, die vorher nicht sichtbar waren, bestimmte Seiten der Persönlichkeit, vielleicht Schwierigkeiten mit dem gegenseitigen Verständnis. Nun, es ist für ihn auch nicht leicht, diese Art von Sache zu verstehen, weil ...

Therapeut: Sexuell?

Giuliana: Sexuell, gut, innerhalb meiner Grenzen, weil ich nie ... das heißt, ich habe bis jetzt immer ein ganz normales sexuelles Verlangen gehabt, wie jeder andere Mensch auch, aber, ich würde sagen, ich bin völlig unfähig, einen Orgasmus zu haben. Doch ...

Therapeut: Sie hatten noch nie einen Orgasmus?

Giuliana: Nun, nicht beim Penetrieren.

Giulianas Beziehung zu anderen Menschen und zur Außenwelt ist anscheinend ausnahmslos und unnachgiebig von dem Problem überlagert, ihre Nahrungsaufnahme zu kontrollieren. Sie beschreibt ihre Beziehung zu ihrem Geliebten und Freund so, als ob er eine Art Medizin für sie wäre, um Heißhungerattacken abzuwehren: „... wenn man im Kopf mit einer Sache besonders beschäftigt ist, dann ist für die andere Sache kein Platz mehr. Man muß sich mit einer neuen Situation befassen, und irgendwie schafft man es, bestimmte Dinge unter Kontrolle zu halten." Kurz vor ihrer Entscheidung, mit ihrem Geliebten und Freund zusammenzuziehen, hat sie beschlossen, ihre Therapie abzubrechen, weil sie keinerlei Besserung ihres Zustandes gesehen hat. Es ist, als ob sie aufgehört hätte, die „therapeutische Medizin" zu nehmen, und sie sich statt dessen der „Medizin Geliebter und Freund" zugewandt hätte. Sie selbst hat immer die Entscheidungen gefällt, die Beziehungen angefangen und beendet. Giuliana scheint das Opfer einer existentiellen Rastlosigkeit zu sein, die sie dazu führt, Nahrungsmittel, Fachärzte und Männer zu konsumieren, ohne daß sie sich jemals gesättigt fühlt und ohne daß sie Frieden in sich selbst findet. Sie hat anscheinend besondere Schwierigkeiten damit, eine Vertrauensbeziehung zu einem Menschen aufzubauen, und sie bricht offensichtlich immer aus Beziehungen aus, um zu vermeiden, daß sie kontrolliert wird. Diese Rastlosigkeit zeigt sich auch in der Art und Weise, wie sie ihre Gedanken und Gefühle ausdrückt. Man hat das Gefühl, als ob sie in einer turbulenten See treibe, in der alles unbeständig ist. Von einem diagnostischen Standpunkt aus ließe sich Giulianas Fall durchaus als eine Borderline-Persönlichkeitsstörung betrachten, und, wie noch zu sehen sein wird, hat er vieles gemein mit den Fällen von Hysterie, wie sie von Freud beschrieben werden.

Der Therapeut und Giuliana kehren zum Thema Familienbeziehungen zurück.

Therapeut: Finden Ihre Schwester und Ihr Bruder es in Ordnung, wenn Ihr Vater Ihnen Geld gibt, oder haben sie etwas dagegen?
Giuliana: Nein, sie haben nichts dagegen. Aber inzwischen hat sich die finanzielle Situation etwas verändert, weil die Firma meines Vaters, wie alle anderen Firmen auch, zur Zeit eine Rezession durchmacht. Deshalb sagte mein Vater zu mir: „Hör mal, wenn ich dir kein Geld gebe, ist es auch deshalb, weil die Zeiten im Moment nicht rosig sind."
Therapeut: Mit anderen Worten, eine Zeit der Krise ...
Giuliana [unterbricht]: Genau! Aber er sagte auch zu mir: „Wenn du willst, gebe ich dir Geld, damit du deine gesundheitlichen Probleme in Ordnung bringen kannst, für alles andere muß du halt selbst sorgen." Aber ich bin damit einverstanden – ich meine das wirklich so. In letzter Zeit bin ich richtig glücklich darüber, weil ich weiß, daß ich kein Geld ausgeben kann, weil ich kein zusätzliches Geld habe, also muß ich mich irgendwie am Riemen reißen. Es ist entsetzlich schwer. Ich muß mit aller Macht daran arbeiten, mich unter Kontrolle zu halten, aber das ist immer noch besser, als krank zu sein. Andererseits schaffe ich es, mich über Wasser zu halten, ohne besondere körperlichen Beschwerden zu haben. Verstehen Sie, was ich meine? Ich habe noch nie eine andere Krankheit gehabt – toi, toi, toi. Alles, was ich je hatte, war eine Kolik irgendwann.
Therapeut: Wie ist die Beziehung zwischen Ihren Eltern?
Giuliana: Sie haben immer nur Streitigkeiten, und vor vier Jahren machten sie eine besonders konfliktgeladene Phase durch. Es war wirklich dramatisch, und sie haben uns immer mit hineingezogen, und danach, ich ...
Therapeut: Hatten Sie die erste Attacke?
Giuliana: Ja, ja, es war genau damals. Ich hatte diesen dauernden Schlamassel mit meinen Eltern, und zu dieser Zeit hatte ich beschlossen, allein zu leben und mit meinem Freund Schluß zu machen, und das alles zusammen war ein riesiger Berg von Problemen. Da ich schon eine Reihe von Problemen hatte und diese auch noch obendrauf gesetzt wurden, konnte ich das einfach nicht bewältigen, und ich konnte es nicht aushalten.

Therapeut: Und vor dieser Situation, was könnte Ihre Eßstörungen verursacht haben?

Giuliana: Nun, alles, was ich weiß, ist folgendes. Von dem, woran ich mich erinnern kann – und meine Erinnerungen gehen leider nur zurück bis zu der Zeit, als ich sieben oder acht war –, an das, was vor dieser Zeit lag, erinnere ich mich praktisch überhaupt nicht mehr ... mhm, ich hatte einen ganzen Sack voll mit riesigen Ängsten und Anfälle von Deprimiertheit, eine wirklich schreckliche Deprimiertheit. Ich kann mich erinnern, daß ich früher eine allergische Form von Asthma hatte, was dann von selbst wieder wegging so etwa um die Zeit, als ich 13 war, ohne desensibilisierende Behandlung. Ich bin sicher, das war psychosomatisch. Ich erinnere mich an schreckliche Angstattacken, vor allem nachts. Ich glaube nicht, daß es bei einem sechsjährigen Kind so ganz normal ist, wenn es mitten in der Nacht aufwacht und schreit: „Ich will nicht sterben!" Ich war sehr deprimiert. Ich weiß, daß ich sehr deprimiert war. Ich war als Kind sehr einsam. Ich spielte immer allein. Ich hatte sehr wenige Freunde. Obwohl ich in Situationen mit anderen Kindern sehr pfiffig sein konnte, war ich immer sehr einsam. Ich kann mich noch daran erinnern, daß ich in der Zeit, als ich noch ein Kind war, immer unmäßig gegessen habe, und außerdem habe ich viele schlechte Erfahrungen gemacht, auch schlimme Liebesaffären gehabt, und vielleicht hat das alles noch sein übriges getan ...

Therapeut: Haben Sie viele Liebesaffären gehabt?

Giuliana: Schon einige, würde ich sagen ... ja, ich würde sagen, viele.

Therapeut: Läuft das im allgemeinen so ab, daß die Männer Sie gewinnen, oder sind Sie diejenige, die erobert?

Giuliana: Nein, im allgemeinen bin ich diejenige, die erobert.

Therapeut: Also sind immer Sie es, die die Botschaft aussendet – richtig?

Giuliana: Ja, ich glaube. Ja, ich denke schon.

Therapeut: Sie beschließen: „Den mag ich", und dann lassen Sie ihm die Botschaft zukommen.

Giuliana: Nun, ich würde sagen, ich bin der Frauentyp, den Männer umwerben. Aber ich bin immer die, die aussucht, selbst ... mhm ... ich weiß nicht, ich bin nicht ganz sicher, aber ich halte es für ziemlich unwahrscheinlich, daß ein Mann bei mir Glück hätte, wenn ich ihn nicht attraktiv fände.

In diesem letzten Abschnitt sucht der Therapeut nach möglichen Zusammenhängen zwischen Giulianas Symptomen und verschiedenen Ereignissen in ihrem Leben, insbesondere in ihrem Familienleben. Im Hinblick auf die *zeitliche Koordination* in einer Therapiesitzung (siehe Boscolo u. Bertrando 1994, Kapitel 5) – das ist der geeignete Moment, in dem sich der Therapeut nach „sensiblen Themen" erkundigt – beginnt die vorsichtige Exploration erst gegen Ende der Sitzung, nachdem eine Atmosphäre von Kooperation und Vertrauen aufgebaut worden ist. Der Therapeut sieht einen Zusammenhang zwischen Giulianas letzter und schwerster Episode von Bulimie (die chronisch geworden ist) und dem Beginn einer Phase, in der sich ihre Eltern fortwährend gestritten haben. Giuliana beschreibt eine Kindheit voller Einsamkeit, Deprimiertheit und Angst, die in einem Zusammenhang mit den ersten beiden Episoden von Bulimie stehen kann.

Später in der Sitzung erwägt der Therapeut die Möglichkeit, daß Giuliana in ihrer Kindheit vielleicht sexuell mißbraucht worden ist. In Fällen wie dem der Klientin ist das durchaus keine Seltenheit. Darüber hinaus bringt Giulianas Bericht über ihre Unfähigkeit, den sexuellen Höhepunkt zu erreichen, und über ihr Bedürfnis, in den Beziehungen zu Männern die Kontrolle auszuüben, den Therapeuten auf die Idee, daß es in dieser Hinsicht traumatische Ereignisse in Giulianas Vergangenheit gegeben haben könnte.

Giuliana: Der Mann, mit dem ich im Moment gehe, ist 13 Jahre älter als ich, und ich bin ihm sehr treu.
Therapeut: Liebt er Sie?
Giuliana: Ja, er ist ein sehr guter Mensch, der mich sehr geliebt hat und der mich immer noch liebt, obwohl er meine Probleme kennt. Er ist ein sehr guter Mensch.
Therapeut: Wie denken Sie nach sechs Jahren Therapie und Psychoanalyse über diese Situation? Was haben Ihre Therapeuten Ihnen gesagt?
Giuliana: Beim letzten Therapeuten mußte ich zu Beginn einige Tests machen. Bei diesen Tests kam eine dramatische Situation heraus, und zwar die eines Menschen, der praktisch auf der Kippe zum Suizid stand *[lacht]*, eines Menschen mit einer schweren Depression. Im Grunde genommen ist es wirklich schwierg für mich, einzuschätzen, inwieweit ich von dieser Art von Bezie-

hung profitiert haben könnte, vor allem deshalb, weil ich immer dieses ganz merkwürdige Gefühl hatte – das Gefühl nämlich, den Therapeuten irgendwie betrügen zu können, ihn das sagen lassen zu können, was ich hören wollte, und auch selbst immer das sagen zu können, was ich gerade wollte, und er mir dennoch glaubte. Natürlich bin ich bei dieser Art von Betrug diejenige, die verliert, weil alles für mich nachteilig ist. Ich erreiche gar nichts.

Die Offenbarung, die Giuliana in der ersten Sitzung über die Beziehungen zu ihren Therapeuten macht, ist signifikant. Es ist ein Geständnis und gleichzeitig eine Warnung vor ihrem Bedürfnis, ihren Therapeuten zu manipulieren und zu kontrollieren. Sie beschreibt, wie sie in Liebesbeziehungen zuerst verführt und dann kontrolliert. Giuliana erweckt den Eindruck einer Katze, die mit der Maus spielt. Ihr Bedürfnis, den anderen zu kontrollieren, scheint sie zwar vor ihrer Angst vor engen Beziehungen zu schützen, hinterläßt aber in ihr ein Gefühl von Vereitelung, von Leere und Unzufriedenheit. Sie hat die bittere Erkenntnis, daß sie „bei dieser Art von Betrug diejenige [ist], die verliert, weil alles für mich nachteilig ist".

Giuliana zeig in ihrem Eßverhalten ein ähnliches Muster. Wenn sie ihre Nahrungsaufnahme kontrollieren kann (anorektische Phase), geht es ihr gut; doch wenn sie ihr Eßverhalten nicht kontrollieren kann (bulimische Phase), bekommt sie schreckliche Angstzustände, die an Panik grenzen. Diese Angstzustände werden dadurch gemildert, daß sie sich ins Erbrechen flüchtet. Es ist interessant, Giulianas anfängliche Botschaft an den Therapeuten, welche Art von Beziehung er in der Therapie mit ihr erwarten könne, zu vergleichen mit ihrem Kommentar am Ende der Therapie.[1] Am Ende der letzten Sitzung (es war die 19.) fragte der Therapeut Giuliana, was sie für den Grund halte, weshalb sich ihr Zustand eindeutig gebessert habe und ihre Symptome verschwunden seien. Giuliana schaute dem Therapeuten in die Augen und sagte mit einem bedeutungsvollen Lächeln, daß sie von der allerersten Sitzung an versucht habe, seine Strategie zu durchschauen. Dies sei bei anderen Therapeuten

---

[1] Es ist bei uns üblich, am Ende einer Therapie ein paar Minuten der Frage zu schenken, welche Momente der Klient für die wichtigsten im Verlauf seiner Therapie und in bezug auf Veränderung seiner Situation hält.

leicht gewesen, aber diesmal habe es ihr nichts genützt. Mit der Zeit habe sie aufgehört, „mir den Kopf zu zerbrechen, um herauszufinden, was Dr. Boscolo denkt". Sie machte eine Pause und zeigte dann, als ob sie plötzlich eine Eingebung gehabt hätte, mit dem Finger auf den Arzt und rief: „Aha! Jetzt verstehe ich. Liegt das eigentliche Geheimnis für meine Veränderung nicht darin, daß Sie mich nicht wissen ließen, was Sie dachten? Ich versuchte immer wieder zu verstehen, ohne Ergebnis, und jetzt geht es mir gut. Wenn ich verstanden hätte, wäre ich vielleicht wieder da, wo ich angefangen habe."

Man könnte diese Äußerungen als einen Kommentar über die Neutralität des Therapeuten sehen, die es der Klientin ermöglicht hat, ihre eigenen Lösungswege zu finden.

Giuliana: Es gibt noch etwas anderes, was ich Ihnen erzählen möchte. Ich schreibe viel. Ich schreibe Geschichten. Als ich noch im Gymnasium war, habe ich ziemlich gute Sachen geschrieben. Ich habe sogar etwas veröffentlicht. Hin und wieder lese ich meine Geschichten wieder. Bei vielen dieser Geschichten kommt es mir so vor, als ob da noch eine andere Person in mir wäre. Sehr oft habe ich dieses Gefühl, zwei Personen zu sein. Manchmal passiert es, wenn ich aufwache, daß es mir so vorkommt, als ob da noch ein anderes Ich auf dem Kissen liege, ein böses Ich. Genau diese Person kommt dann heraus, wenn es mir nicht gutgeht.
Therapeut: Diese Person, die in Ihnen ist, die andere ...
Giuliana: Es ist das andere Gesicht.
Therapeut: Was meinen Sie damit, wenn Sie „böse" sagen?
Giuliana: Den bösen Teil von mir ... für mich ist es der böse Teil von mir.
Therapeut: Wann hat diese Vorstellung bei Ihnen angefangen?
Giuliana: Oh, vor Jahren, vor vielen Jahren ... ich weiß nicht. Hören Sie, als ich ein kleines Kind war ...
Therapeut: Ist das eine Spontanidee von Ihnen, oder kam sie während der Therapie zutage?
Giuliana: Nein, sie kam nicht während der Therapie zutage. Ich verbinde mit ihr eine Episode, die sich ereignete, als ich noch sehr jung war. Als ich ein kleines Kind war, fürchtete ich mich sehr vor der Dunkelheit, vor Teufeln und vor Gespenstern. Ich kann

mich erinnern, daß ich an einem bestimmten Punkt die fixe Idee hatte, vom Teufel besessen zu sein, weil ich mich manchmal sehr häßlich aufgeführt habe. Es kam mir jedenfalls so vor, als ob ich mich häßlich aufgeführt hätte, weil etwas in mir war, das mich zu einem solchen Verhalten veranlaßte. *[Sie lacht.]* Ich erinnere mich auch an schreckliche Wutanfälle, und meine Mutter schaute mich dann entsetzt an *[sie ist immer noch amüsiert]* und sagte: „Was sagt sie da?" Ich erinnere mich, als ich zum erstenmal vor der ersten Kommunion zur Beichte ging, da hatte ich schreckliche Angst, weil ich nicht sicher war, ob ich auch alles gesagt hatte. Ich sagte zu mir: „Meine Beichte ist nicht mehr gültig. Ich bin verdammt."

Therapeut: Haben Sie sich wie eine oder zwei Personen gefühlt? Haben Sie Stimmen gehört?

Giuliana: Nein. So war das nicht.

Therapeut: Hatten Sie das Gefühl, mehr als eine Person in sich zu haben?

Giuliana: Nun, wissen Sie, diese Art von Unterhaltung ist ziemlich komisch, weil ich eine Menge darüber gelesen habe. Ich denke gerade daran, als ich die Universität besuchte, bevor ich zur Dolmetscherschule ging, studierte ich ein paar Jahre lang geisteswissenschaftliche Fächer, und ich hatte Professor Fornari in Psychologie. Ich war fasziniert. Ich las viele Bücher und so weiter. Ich hatte auch etwas über Schizophrenie gelesen, aber das ist anders als das, was ich empfinde, weil ich immer den Bezug zur Realität habe.

Therapeut: Könnten wir dieser zweiten „Person" einen Namen geben?

Giuliana [lacht]: In Ordnung, wenn Sie wollen, aber ich wüßte nicht, wie ich sie nennen sollte, ich kann nicht einmal an einen Namen denken *[sie ist immer noch amüsiert].*

Therapeut: Wann war es, als Sie das letzte Mal ein Gespräch mit dieser anderen Person hatten?

Giuliana: Gestern morgen. Ich hatte eine außerordentlich merkwürdige Sinneswahrnehmung. Es war, als ob dieses Gesicht da wäre, dieses Gesicht neben mir, und es war mein Gesicht, aber es sah aus, als ob es verzerrt wäre, die Augen reduziert auf bloße Schlitze; es war so, als ob ich aufgedunsen wäre, wie wenn ich esse und mich übergebe und dann aufgedunsen bin wegen der Wasseransammlung im Körper. Es war mir mehrere Tage lang gutgegangen, und wenn es mir gutgeht, kommt es oft vor, daß ich Alpträume habe. Ich träume dann, daß ich etwas gegessen habe. Ich wache dann in einem schrecklichen Angstzustand auf, und ich sage: „Oh verdammt, jetzt habe ich bis heute widerstanden, und nun habe ich mich vollgefressen." Dann sage ich: „Welche Erleichterung, es war nur ein Traum." So wachte ich gestern morgen nach einem dieser Träume auf, und ich hatte das Gefühl, als ob diese Erscheinung direkt neben mir wäre und versuchte, mich zu erwürgen, und tief in mir drinnen dachte ich: „In Ordnung, komm heraus! Komm heraus! Dann werden wir sehen, wer der Gewinner ist!" Wissen Sie, was ich meine? Weil ...

Giuliana beschreibt sich so, als ob sie in zwei Teile geteilt wäre, in einen guten und einen bösen Teil. Manchmal kommt es einem so vor, als ob sie mit einer anderen Giuliana kommuniziere, als ob sie ihr Doppelgesicht neben ihrem eigenen Gesicht sehe. (Die Klientin gibt ein weiteres Beispiel für diese Geteiltheit, wenn sie nämlich aus ihrem Traum erwacht und das Gefühl hat, eine andere Person neben ihr versuche, sie zu erwürgen.) Hier denkt der Therapeut an die Möglichkeit, Giuliana könnte eine multiple Persönlichkeitsstruktur haben. Diese in Fachkreisen umstrittene Diagnose erfreut sich momentan in den Vereinigten Staaten großer Beliebtheit. Die Klientin ist jedoch immer auf der Hut vor möglichen Motiven des Therapeuten und eventuellen diagnostischen Einordnungen. Es scheint, als ob sie annehme, daß er bei ihr nach Symptomen für Schizophrenie sucht. Unter Berufung auf ihr psychologisches Wissen versichert sie ihm, daß es keine Schizophrenie sei. Anders ausgedrückt: Giuliana begibt sich hier in die Rolle der Kotherapeutin!

Therapeut: Ich stelle fest, daß Sie sehr hastig sprechen. Sprechen Sie immer so schnell?
Giuliana [lachend]: Ja, ich habe immer ...
Therapeut: Kommt das daher, daß Sie schon immer ein großes Bedürfnis gehabt haben, über Dinge zu sprechen?
Giuliana: Ja, ich habe schon immer ein großes Bedürfnis gehabt zu sprechen.
Therapeut: Ist das bei Ihnen zu Hause auch so?

Giuliana: Ich habe schon immer viel geredet. Als ich noch ein Kind war, sagten die Leute, daß ich redete wie ein Wasserfall.
Therapeut: Ist das ein Bedürfnis von Ihnen?
Giuliana: Ja. Ich habe etwas in mir, das ich rauslassen muß. Das ist die Sinneswahrnehmung, die ich habe. Oft ...
Therapeut: Sie haben das Gefühl, etwas rauslassen zu müssen. Wenn Sie reden wie ein Wasserfall, ist da irgendwie die Tendenz vorhanden, die Aufmerksamkeit der anderen Menschen auf sich zu ziehen ...?
Giuliana: Ja. Ja. Ich weiß, daß ich egozentrisch bin.
Therapeut: Wenn Sie mit anderen Menschen zusammen sind, zum Beispiel bei der Arbeit. Sie ...
Giuliana [unterbricht]: Ich bin das Zentrum der Aufmerksamkeit ... das Zentrum der Aufmerksamkeit.
Therapeut: Ich weiß nicht. Für mich sieht das aus wie ein Zeichen von Unsicherheit. Sie sprechen so viel, weil es sonst für Sie unerträglich wäre, daß Leute ...
Giuliana [beendet den Satz für den Therapeuten]: ... mich nicht bemerken könnten.
Therapeut: Sie nicht bemerken könnten? Ist es das?
Giuliana: Ja, ich bin sicher, daß es das ist. Ich bin immer ... ich habe schon immer eine gewisse Polarität in meiner Persönlichkeit gehabt. Ich bin schon immer sehr unsicher gewesen, auch über mein Aussehen, auch weil ich als Kind sehr faul war. Meine Schwester dagegen war sehr gut in Sport. Ich war fauler. Ich mußte immer zu allem gezwungen werden. Ich kann mich erinnern, als ich etwa 15 war oder so, da pflegte mein Vater zu mir zu sagen: „Wenn du keinen Sport treibst, wirst du dick werden. Jetzt bist du noch in Ordnung, aber später wird es dir leid tun." Das hat mich in Bewegung gesetzt. Ich fing an, Sport zu treiben – momentan mache ich Bodybuilding. Ich entwickelte einen großartigen Körper. Ich hatte überall Muskeln, und das gab mir ein gewisses Gefühl von Sicherheit. Und ich bin mir immer unsicher darüber gewesen, wie wohl mein Gesicht aussieht. Ich hatte sogar eine Gesichtsoperation, um meine Nase und mein Kinn korrigieren zu lassen, weil ich ein fliehendes Kinn hatte und eine etwas lange Nase. Niemand hat das jemals bemerkt, aber ich war paranoid deswegen. Ich war ganz sicher, daß mich niemand wegen dieses physischen Defekts gern hatte.

Hier agiert Giuliana wieder als Kotherapeutin und zeigt stolz ihre diagnostischen Fähigkeiten. In ein paar schnellen Reaktionen nimmt Giuliana dem Therapeuten praktisch die Worte aus dem Mund und stellt die Diagnosen „Egozentrik", „Verlangen, das Zentrum der Aufmerksamkeit zu sein" und „Polarität in der Persönlichkeit". Sie erkennt schnell und präzise, welche Gedanken der Therapeut gerade im Hinterkopf hat. Manchmal scheint sie auf die Fragen des Therapeuten in einer Weise zu antworten, als ob sie gerade eine mündliche Schulprüfung ablegte und versuchte, den Lehrer davon zu überzeugen, daß sie die beste Schülerin sei. Der Therapeut verhält sich so, daß Giuliana aufgrund seiner Äußerungen nicht über ihr eigenes Verhalten zu reflektieren beginnt; er bewertet und interpretiert ihr Verhalten nicht, um keine unproduktive Wachsamkeit in ihr zu erwecken, die doch nur zu einer ihrer vielen Erklärungen über das eigene Verhalten geführt hätte.

An einer Stelle kommt Giuliana wieder auf ihre Schwester zu sprechen und erzählt, wie sie und ihre Schwester ausgesehen haben. Im Alter von 15 sei sie von ihrem Vater wegen ihres Aussehens kritisiert worden, was sie dazu veranlaßt habe, Korrekturen vorzunehmen. Sie erinnert sich auch daran, daß sie von einer Abneigung gegen ihr Aussehen besessen gewesen sei und sich deshalb einer Schönheitsoperation unterzogen habe. Danach beschreibt sie ihre Beziehung zu ihrer Schwester und ihrem Bruder. Sie und ihre Schwester hätten seit jeher eine freundschaftliche Beziehung zueinander gehabt, obwohl sie insgeheim neidisch aufeinander gewesen seien. Beide seien auf ihre Weise schön. Giuliana ist groß, blond und hat blaue Augen. Ihre Schwester sei klein, habe schwarze Haare und dunkle Augen, sie sei eine Schönheit im klassischen Sinn. Die beiden Schwestern seien tendenziell ängstlich und depressiv, doch der Bruder besitze alle positiven Eigenschaften. Er sei extrovertiert und sehr beliebt. Diese Unterschiede im Wesen der Geschwister könnte dem Umstand zuzuschreiben sein, daß die Schwestern in die Konflikte und offenen Auseinandersetzungen der Eltern hineingezogen worden sind, während Luca aus all dem draußen blieb und zu jedem Familienmitglied ein gutes Verhältnis entwickeln konnte. Dann erkundigt sich der Therapeut nach Giulianas Eltern.

Therapeut: Nun, Ihre Eltern ... Wie sehen Sie Ihre Mutter?
Giuliana: Meine Mutter hatte eine Menge Probleme – unter anderem auch psychische. Sie kommt aus einer netten Familie, die aber

ernsthafte Schwierigkeiten hatte. Mein Großvater hatte, als er noch relativ jung war, einen Hirnschlag und war danach am ganzen Körper gelähmt. Die Folge war, daß sich die Familie, die ziemlich wohlhabend gewesen war, plötzlich in finanziellen Schwierigkeiten befand und meine Großmutter sich um vier Kinder und einen völlig gelähmten Mann kümmern mußte. Außerdem mußte meine Mutter, als sie dann verheiratet war, wegen der Tätigkeit meines Vaters mit ihrer eigenen Familie durch ganz Italien von Ort zu Ort ziehen; deshalb war sie immer weit weg von ihren Verwandten. Sie hatte oft ein Gefühl der Unsicherheit.

Therapeut: Wie ist Ihre Beziehung zu Ihrem Vater?
Giuliana: Es ist eine wahre Katastrophe ...
Therapeut: Ist es schon immer eine Katastrophe gewesen?
Giuliana [lacht]: Nun, ja, in den letzten 14 Jahren, ja.
Therapeut: Als Sie noch ein Kind waren, fühlten Sie sich da Ihrem Vater oder Ihrer Mutter näher?
Giuliana: Nun, von einem bestimmten Standpunkt aus erkenne ich inzwischen, daß ich meiner Mutter näher war, aber, wissen Sie, es sind bestimmte Dinge passiert, an die ich mich nicht mehr erinnern kann. Ich erinnere mich noch, wie mein Vater mich zum erstenmal auf eine Reise mitnahm; aber die Geschichte wurde mir später erzählt, weil ich sie völlig aus meinem Gedächtnis gelöscht hatte. Meine Schwester sagt, daß sie sich an alles erinnere und daß sie sich an folgende Episode sehr gut erinnere: Mein Vater hatte eine Affäre mit seiner Sekretärin, und er nahm mich mit, als sie Ski fahren gingen. Im Winter nahm er mich mit zum Ski fahren und im Sommer zum Boot fahren. Ich erinnere mich überhaupt nicht mehr daran.
Therapeut: Wie alt waren Sie damals?
Giuliana: Ich war ungefähr fünf oder sechs. Ich erinnere mich nur noch daran, daß sich meine Mutter irgendwann von ihm trennte, und sie brachte uns nach Mailand zu meiner Großmutter, und später dann haben sie wieder zusammengelebt und sind in eine andere Stadt gezogen, weil mein Vater Mitinhaber in einem neuen Unternehmen geworden war. Mein Vater ist ein außergewöhnlicher Mensch im Geschäftsleben – er ist wirklich erfolgreich. Er ist auch gesellschaftlich sehr angesehen. Ich vermute mal, daß meine Mutter sehr viele Probleme mit ihm hatte und

eigentlich nie so richtig glücklich gewesen ist. Sie war sehr eifersüchtig, und er war ein regelrechter Frauenheld.

Therapeut: Hatte Ihre Mutter auch Affären ...?

Giuliana: Nein. Meine Mutter absolut nicht. Sie ist meinem Vater immer treu gewesen. Ich möchte mein Leben darauf wetten, weil sie einfach nicht der Typ von Mensch ist, der so etwas macht ... oder nicht einmal daran denkt!

Therapeut: Können Sie sich erinnern, ob Sie in der Vergangenheit, vor langer Zeit, einmal in Ihren Vater verliebt waren?

Giuliana: Ich glaube, ich war immer in meinen Vater verliebt. Ich gebe es offen zu. Ich habe kein Problem damit, das zuzugeben.

Therapeut: Und sind Sie immer noch in ihn verliebt?

Giuliana: Nein, wahrscheinlich nicht mehr. Nein, nicht mehr. Ich würde sagen, vor allem seit ich in diesen älteren Mann verliebt bin, daß sich alles verändert hat. Ich habe meinen Vater immer mehr verehrt als geliebt, ihn verehrt, zum Glück ...

Therapeut: Und wie hat Ihr Vater Sie gesehen?

Giuliana: Ich bin in vielerlei Hinsicht eindeutig immer der Liebling gewesen, auch wenn er ein Mensch ist, der seine Gefühle vielleicht nicht mit Umarmungen und Küssen ausdrückt, aber ... ich war der Liebling.

Therapeut: Hat Ihre Mutter das gestört?

Giuliana: Meine Mutter?!? Nein, nein, ich glaube nicht. Nein! Auch weil das so ist ...

Therapeut: Hat sie es nicht einmal bemerkt?

Giuliana: Nun, vielleicht hat sie es bemerkt. Sie sagte: „Du weißt, daß du deinem Bruder und deiner Schwester gegenüber vorgezogen wirst", also ...

Therapeut: Und Ihre Schwester zum Beispiel ...

Giuliana [unterbricht]: Ja, meine Schwester hat das sehr gestört.

Therapeut: Hat sie sich gestört gefühlt durch das, was zwischen Ihnen und Ihrem Vater war?

Giuliana: Ja. Ja, hat sie.

Therapeut: Hat Ihre Schwester Ihre Mutter oder Ihren Vater vorgezogen?

Giuliana: Mhm. Ich glaube, sie hat meine Mutter vorgezogen, auch deswegen, weil sie zu der Zeit in der gleichen Firma wie mein Vater arbeitete und sie zu ihm sagte: „Papa, wenn du eine Affäre mit deiner Sekretärin hast, sag es mir, weil das eine schreckliche Situation für mich ist. Jeden Tag fragt Mama mich danach aus. Wenn du eine Affäre mit dieser Person hast, sag es mir gleich, weil ich dann nicht mehr bei dir in der Firma arbeiten möchte." Und er schwor immer von neuem, daß dies nicht wahr sei. Dann ließ meine Mutter ihn beschatten und Fotos von den beiden machen, wie sie Hand in Hand spazierengingen, und mithin *[lacht]* konnte er es nicht länger leugnen. Meine Schwester war darüber besonders aufgebracht. Sie sagte: „Ich hätte Mama nichts davon gesagt. Natürlich hätte ich nichts dagegen unternommen, aber ich hätte mich aus dieser entsetzlichen Situation befreit, das heißt, ich hätte es, so gut es ging, vermieden, daß ich dazwischen stehe."

Therapeut: War Ihre Schwester auf der Seite Ihres Vaters ...?
Giuliana: Ja. Es ging ihr sehr schlecht, weil sie das Gefühl hatte, betrogen worden zu sein.
Therapeut: Vielleicht war Ihre Schwester auch in Ihren Vater verliebt?
Giuliana: Nein. Schauen Sie, ich möchte sagen, daß das Wort Liebe im klassischen oder ödipalen Sinn hier nicht paßt, auch nicht für meinen Fall. Es war mehr eine Art Verehrung, als ob er etwas Mythisches, ein Abgott gewesen sei. Er ist ein erfolgreicher Mann, der über alle anderen hinausragt, jemand, der immer das Richtige tut, der immer recht hat. Außerdem ist er ein sehr jugendlicher Typ. Er treibt viel Sport – er segelt und jagt.
Therapeut: Er scheint ein faszinierender Mann zu sein ...
Giuliana: Er spielt Tennis. Er ist wirklich attraktiv. Aber er ist auch sehr schroff und nicht sehr gesprächig. Er redet überhaupt nicht viel.
Therapeut: Er scheint ein sehr interessanter Menschentyp zu sein.
Giuliana: Ja, sehr interessant.

In diesem langen Abschnitt fragt der Therapeut detailliert nach den Beziehungen zwischen den Eltern sowie zwischen den Eltern und ihren Kindern. Die Geschichte, die dabei zutage kommt, erinnert an die klinischen Fälle aus Sigmund Freuds Praxis. Da ist der von einem Mythos umgebene, jugendliche und sportliche Vater, der gesellschaftlich sehr erfolgreich ist. Die drei Frauen – Mutter und zwei Töchter – haben eine seit langer Zeit bestehende Beziehung der Haßliebe zu ihm. Sie sind entsetzt über seine Untreue mit anderen Frauen. Er ist nicht besonders häuslich und erliegt sehr schnell den weiblichen Reizen. Die Mutter scheint eine unsichere Frau zu sein, die mit ihrem Mann in einem fortwährenden Konflikt liegt und – erfolglos – versucht, ihn zu beeinflussen und zu kontrollieren. Sie sucht die Unterstützung ihrer Töchter und versucht, diese in ihre ambivalente Beziehung zu ihrem Mann hineinzuziehen. Giuliana, das Lieblingskind ihres Vaters, scheint sich der Vorstellung hinzugeben, sein ein und alles zu sein; aber es ist eine Illusion, weil sie permanent von siegreichen Rivalinnen aus dem Feld geschlagen wird. Vielleicht steckt in ihr das Gefühl, verführt und verlassen zu werden, und in ähnlicher Weise verführt und verläßt auch sie die Männer, denen sie begegnet.

Der Kontrast zwischen Giulianas Worten der Bewunderung für ihren Vater und der Art und Weise, wie sie (unmittelbar darauf) ihren gegenwärtigen Partner beschreibt, ist bemerkenswert: „Ich würde sagen, vor allem seit ich in diesen älteren Mann verliebt bin, daß sich alles verändert hat." Giuliana und ihre Schwester sind sich darin ähnlich, daß beide zur Angst und Depression neigen. Ihr Vater ist kein sehr liebevoller Mensch und ein „Ausreißer"; ihre Mutter ist ängstlich, oftmals depressiv und sucht Unterstützung bei den Töchtern, statt diese zu unterstützen. Die drei Frauen erwecken weniger den Eindruck einer Mutter mit Töchtern, sondern wirken eher wie drei Schwestern, die durch ihre gemeinsame Schwierigkeit vereint sind, eine stabile und befriedigende Beziehung zum anderen Geschlecht zu erlangen. In diesen Hypothesen ist der Umstand berücksichtigt, daß Giulianas Erinnerungen und Beschreibungen ihre eigenen Deutungen sind und als solche gefärbt sind durch frühere psychotherapeutische Behandlungen, durch ihre Lektüre von Fachliteratur und durch ihre Beziehung zu ihrem gegenwärtigen Therapeuten. Die Sitzung wird nun fortgesetzt mit der Erforschung von Familienbeziehungen.

Therapeut: Ist Ihre Schwester Ihrer Mutter immer näher gewesen?
Giuliana: Ja, ich glaube schon.
Therapeut: Und Ihr Bruder?
Giuliana: Mein Bruder hat Partei für meine Mutter ergriffen, wenn er das Gefühl hatte, daß sie im Recht war. Wenn mein Vater Streit anfing, ergriff er Partei für sie, aber er konnte auch zu ihr sagen: „Mama, hör auf damit, du gehst einem wirklich auf die Nerven. Du machst doch aus einer Mücke einen Elefanten."

Therapeut: Wie geht Ihr Vater mit seinem Sohn um?
Giuliana: Er respektiert ihn ... ja, ich würde sagen, er respektiert ihn.
Therapeut: Ist er auch ein bißchen stolz auf dieses Kind?
Giuliana: Nun, mein Vater gehört zu der Art von Mensch, der nie so richtig seinen Stolz auf uns zeigt. Er sagt immer: „Ihr seid Parasiten. Ihr seid wie die Zigeuner. Bewegt euch, und schafft etwas. Nur weil ihr Geld habt, glaubt ihr ..." und so weiter. Er hat nie groß seine Gefühle zeigen können – nur als wir kleine Kinder waren.
Therapeut: Versuchte er, Sie zu motivieren ...?
Giuliana: Ja. Ich bin sicher, daß dieses starre Verhalten seine Wurzeln in seiner schweren Kindheit hat, weil er wirklich eine schwere Kindheit hatte. Er mußte schon in sehr jungen Jahren arbeiten, um seine Familie zu unterstützen und auch um seinem Bruder (der heute Arzt ist) das Medizinstudium zu ermöglichen. Also deshalb hat er eine so verschlossene Art. Wenn er einmal losläßt und seinen Gefühlen freien Lauf lassen möchte, zum Beispiel jemandem den Arm um die Schulter legen oder jemandes Hand halten, dann sieht das so lustig aus. Es wirkt komisch *[lacht]*. Als ich ihn auf dem Foto Hand in Hand mit seiner Sekretärin sah, mußte ich lachen. Es sah für mich einfach komisch aus.
Therapeut: Wie war er zu Ihnen und Ihrer Schwester, als Sie beide ins Teenageralter kamen und anfingen, sich für Jungen zu interessieren?
Giuliana: Er war immer sehr streng, vor allem wenn wir abends weggingen. Zum Beispiel sagte er immer: „Ihr könnt so spät nicht mehr weggehen." oder „Ihr müßt um elf zu Hause sein." Ich glaube, er machte das, weil er eifersüchtig war.

Die Information, daß Giulianas Vater eine schwere Kindheit hatte und schon sehr früh seine Herkunftsfamilie finanziell unterstützen mußte, stellt seine Auffassung von Pflichtbewußtsein und seinen schroffen Umgang mit seiner Familie in ein neues Licht. Auch Giulianas Mutter hatte aufgrund der tragischen Lähmung ihres Vaters ein ziemlich schweres Leben in ihrer Herkunftsfamilie. Nach ihrer Heirat konnte sie wegen der häufigen Umzüge, die durch die beruflichen Veränderungen ihres Mannes bedingt waren, kein enges Verhältnis zu ihrer Herkunftsfamilie aufrechterhalten. Das Leben war für beide Elternteile in den jeweiligen Herkunftsfamilien schwer gewesen, und es blieb auch in ihrer eigenen Familie schwierig. Die Kinder haben offensichtlich die Rollen der Tröster und der Vermittler angenommen. Die beiden Töchter scheinen dies auf ihre persönlichen Kosten getan zu haben mit der Konsequenz, daß der Prozeß ihrer Individuation und Trennung von der Familie mit großen Problemen verlaufen ist.

Im nächsten Abschnitt geht der Therapeut der Idee nach, ob Giuliana als Kind möglicherweise sexuell mißbraucht worden ist. Dieser Problembereich wird bei Fällen von Bulimie und Ablösungsstörungen oft genauer untersucht.

Therapeut: Ist es möglich, daß es in Ihrer Kindheit Situationen gab, in denen Sie sexuell belästigt worden sind?
Giuliana: Nein, nicht als ich noch ein Kind war; da war nur das übliche mit anderen Kindern, wie zum Beispiel: „Du ziehst deine Unterhose runter, und ich ziehe mein Unterhemd aus." und dann halt Doktor spielen. Ich habe eine sehr unangenehme Erinnerung daran, wie ich als Teenager das erste Mal Geschlechtsverkehr hatte, und auch an die Person, mit der ich es tat, weil ich glaube, daß er ein besonders schwieriger Mensch war. Ich scheine eine Schwäche dafür zu haben, mir immer chaotische Menschen auszusuchen. Auf jeden Fall war er ein Junge, der meines Erachtens psychotische Probleme hatte. Er war streitsüchtig und hatte jede Menge paranoider Ideen. Er war davon überzeugt, daß er in seine Cousine verliebt sei und daß wir beide uns nicht lieben dürften, weil er bestimmte Dinge in sich habe, alberne, einfach absurde, paranoide Ideen. Auf jeden Fall habe ich eine schlechte Erfahrung mit ihm beim Sex gemacht – ich hatte auch Schmerzen.
Therapeut: Schmerzen?
Giuliana [schaut sich im Einwegspiegel an]: Ja, es tat sehr weh, und noch lange Zeit danach war ich überzeugt, daß ich zerstört worden war.
Therapeut: Finden Sie unseren Spiegel gut?
Giuliana: Ja, weil ich es gewöhnt bin, mich im Spiegel anzuschauen – ich habe immer Ballett gemacht.
Therapeut: Haben Sie Ihren Körper gern?

Giuliana: Ja. Ich habe meinen Körper gern, wenn ich mich unter Kontrolle habe, wenn ich diszipliniert esse.
Therapeut: Und wenn Sie nicht diszipliniert essen, denken Sie dann weiter über Ihren Körper nach, daß Sie ihn ruinieren ...
Giuliana: Ja. Ich bin dann richtig entsetzt. Ich habe schreckliche Angst. Im Grunde genommen bin ich sehr besorgt darüber, daß ich die Pille nehme. Ich habe einen Horror davor, fett zu werden.
Therapeut: Und wenn Sie sich ein bißchen gehenlassen, ist es dann so, als ob Sie in einen Zerrspiegel schauten?
Giuliana: Ja, es ist, als ob ich in einen Zerrspiegel schaue: „Oh Himmel, ich bin ja wahnsinnig dick! Schauen Sie sich das an – was für ein Bauch! Unglaublich!"
Therapeut: Wie erklären Sie sich die Tatsache, daß ausgerechnet Sie und nicht Ihre Schwester mit Bulimie zu tun haben?
Giuliana: Wissen Sie, seit Jahren versuche ich das herauszufinden. Ich versuche seit Jahren zu verstehen, weshalb ich es bin, die dieses Bedürfnis hat, Essen hinunterzuschlingen und danach alles wieder auszuspucken. Ich verstehe es nicht, weil beide von uns dieselben schwierigen Situationen durchgemacht haben. Ich weiß es nicht. Ich suche schon lange nach einer Antwort. Vielleicht mache ich den Fehler, daß ich immer nach dieser Antwort suche und dabei hoffe, daß andere sie mir geben werden.

Dieser letzte Satz erinnert an das, was Jay Haley in seinem Buch *Gemeinsamer Nenner Interaktion* (1978a) über seine Erfahrung mit der Psychoanalyse schreibt: Lange Zeit versuche der Patient immer wieder, zu verstehen, was der Therapeut über ihn denkt, und er hoffe ständig, in der Zukunft einige Antworten zu erhalten. Nachdem der Patient diese Tortur eine lange Zeit durchgemacht habe, gebe er auf und fühle sich besser. Wir halten diese Aussage für anregend und überlegenswert, auch wenn wir meinen, daß sie nicht ausreichend entwickelt ist und die Komplexität des Prozesses der Veränderung nicht erklärt.

Die Frage des Therapeuten nach einem möglichen sexuellen Mißbrauch in Giulianas Kindheit ergibt zwar keine weiteren therapeutischen Erkenntnisse, veranlaßt die Klientin aber, über ihre schmerzhafte Erfahrung (Dyspareunie) beim ersten Geschlechtsverkehr zu sprechen und über ihr prägendes Erlebnis, für immer beschädigt zu sein.

Die ungewöhnliche Frage des Therapeuten, weshalb ausgerechnet Giuliana und nicht ihre Schwester mit Bulimie zu tun habe, impliziert, daß Bulimie nicht als eine Krankheit betrachtet wird, sondern vielmehr als eine Erfahrung, die mit den Fakten des Lebens verknüpft ist. Diese Sichtweise spiegelt den Prozeß der Depathologisierung in der Therapie wider.

Therapeut: Sind Sie zufrieden mit Ihrem Leben? Denken Sie über Ihre Zukunft und Ihr Alter nach?
Giuliana: Nein, ich denke nicht ans Alter. Ich denke über all die Zeit nach, die ich mit Essen und Erbrechen vergeudet habe. Aber ich denke auch: „Schau, obwohl ich Bulimie habe, habe ich es geschafft, alle diese Dinge zu bewerkstelligen." Ich denke darüber nach, daß ich ziemlich wichtige Ziele in meinem Leben erreicht habe; denn ich habe eine gute berufliche Laufbahn und eine gute Stelle, ich habe eine Universitätsausbildung, die dabei auch noch sehr interessant ist. Ich habe bis jetzt die Möglichkeit, ausgiebig Sport zu treiben, ich kann meine Sachen selbst regeln, und ich habe ein nettes Liebesleben. Das alles – unabhängig von der Tatsache, daß ich Probleme habe – aber es gibt immer Probleme. Ja, es ärgert mich wirklich, daß ich so viel Zeit verschwendet habe.
Therapeut: Wissen Ihre Kolleginnen und Kollegen von Ihrem Problem?
Giuliana [unterbricht]: Ich habe schreckliche Angst, ich habe wirklich schreckliche Angst davor, daß sie es herausbekommen.
Therapeut: Sie wissen nicht, daß ...
Giuliana: Das wäre wirklich das letzte! Wenn sie wüßten, daß ich Bulimie habe, das ist ...
Therapeut: Macht sich denn die Bulimie bemerkbar bei Ihrer Arbeit? Sie sind fähig, Ihre Arbeit sehr gut zu machen ...
Giuliana: Ja, ich mache meine Arbeit sehr gut.
Therapeut: Ist Ihr Arbeitgeber zufrieden mit Ihrer Arbeit?
Giuliana: Ja. Gott, sie müssen zufrieden sein. Sie sind wirklich sehr zufrieden. Ich habe bei meiner Arbeit praktisch am Nullpunkt angefangen, weil es in dieser Firma vorher gar keine Marktforschungsberichte gab, und mein Chef und ich entwickelten diese gemeinsam.

Therapeut: Wie kommen Sie mit Ihrem Chef zurecht?
Giuliana: Gut. Ich halte ihn für einen sehr geistreichen Menschen, und ich glaube, daß es gerade jetzt nicht gut wäre, wenn ich in der Firma in ein schiefes Licht käme; denn meine Arbeit ist das einzige in meinem Leben, das wirklich mir gehört – sie ist etwas, in dem ich aus eigener Kraft erfolgreich bin. Wenn jemand versuchte, mir da reinzupfuschen, oder wenn ich mir selbst etwas vermasseln würde, dann würde das bedeuten, daß ich ohne irgend etwas dastünde, das sicher ist in meinem Leben. Also halte ich an meiner Arbeit sehr fest.
Therapeut: Sie kamen mit Ihrer Mutter hierher, aber Sie haben darum gebeten, mit mir alleine zu sprechen ...
Giuliana: Ja, ich mache so etwas lieber alleine. Ich hatte sie gebeten, wegen der moralischen Unterstützung mit mir zu kommen [lacht].
Therapeut: Moralische Unterstützung?
Giuliana: Ja, ich sagte zu ihr: „Komm doch mit mir, weil ich Angst habe."
Therapeut: Angst?
Giuliana: Ja.
Therapeut: Angst wovor? Davor, mit mir zu reden?
Giuliana: Ja, ich weiß nicht. Ich hatte Angst. Ich fühlte mich unbehaglich.
Therapeut: Was erhoffen Sie sich von einer Therapie?
Giuliana: Ich möchte den Grund herausfinden, weshalb ich Bulimie habe, und vielleicht geht sie ja weg, wenn ich den Grund herausfinde.
Therapeut: Wie kamen Sie auf unsere Klinik?
Giuliana: Ich bat meine Schwester, die in Therapie ist, ihren Psychologen zu fragen, ob er einen Spezialisten für Bulimie kenne, der mir wirklich helfen könne, weil ich krank bin und die Nase davon voll habe. Ich kann so nicht weitermachen. Ich kann so einfach nicht weitermachen, als ob ich nicht ganz bei Trost wäre, daß ich zu einer Unzahl von Therapeuten gehe, die auf bestimmten Gebieten sicherlich sehr kompetent sind – aber ich möchte aufhören zu suchen und jemanden finden, der sich wirklich mit Bulimie auskennt. Deshalb fragte sie ihren Psychologen, und der rief mich persönlich an und sagte: „Hören Sie, ich weiß, daß diese Klinik auf diesem Gebiet arbeitet. Rufen Sie dort an. Ich weiß

nicht, ob Sie einen Termin bekommen, aber versuchen Sie es einfach." Obwohl ich auf einen Termin lange warten mußte, bin ich nun hier. Ich wollte aufhören, von einem Ort zum anderen zu pilgern *[lacht]*, hierhin und dorthin, von einem Ort zum anderen. Ich weiß, daß das etwas ist, was von mir abhängt. Ich möchte endlich auf den Grund der Sache kommen, damit ich versuchen kann, mir zu helfen.
Therapeut: In Ordnung. Jetzt möchte ich zu meinen Kollegen im anderen Raum gehen und mit ihnen ein paar Gedanken austauschen.
[Nachdem er in den Therapieraum zurückgekommen ist]: Wir haben darüber gesprochen, was Sie uns heute erzählt haben. Wir brauchen ein Gespräch mit Ihnen und Ihrer ganzen Familie *[er gibt Giuliana einen Terminzettel].* Die nächste Sitzung haben wir dann am ... *[gibt ihr einen Termin einen Monat später].*

Im letzten Teil des Gesprächs in dieser Sitzung geht es um die positive Beziehung, die Giuliana zu ihrer Arbeit hat (frei von Angst und Konflikten, eine Quelle von Sicherheit und Erfüllung), um die Wahl eines Therapeuten und um ihre Erwartung an die Therapie. Giulianas letzte Äußerungen waren: „Ich weiß, daß das etwas ist, was von mir abhängt. Ich möchte endlich auf den Grund der Sache kommen, damit ich versuchen kann, mir zu helfen." Obwohl diese Aussage zusammengeht mit Giulianas Bedürfnis nach Kontrolle, offenbart sie auch ihre positive Einstellung, sich selbst helfen zu können und sich auch helfen zu lassen.

Diese Sitzung war nur die erste Etappe auf einer Reise, die die Klientin neugierig machen, sie faszinieren und erschrecken konnte; doch auch der Therapeut konnte angespornt und seine Neugier geweckt werden. Die Situation war so, als ob man anfange, ein Buch zu lesen, von dessen Lektüre man eine Bereicherung seines Lebens erhofft, weil in ihm neue und vielleicht lebbare Spielarten der menschlichen Existenz entworfen werden.

Auf dieser ersten Wegstrecke erforscht der Therapeut vorwiegend das primäre Signifikanzsystem, das heißt die Familie.[2] Der

---

[2] Auch in Fällen, in denen der Klient nicht in seiner Herkunftsfamilie groß geworden ist (wenn er zum Beispiel in einem Heim aufgewachsen ist), ist es immer möglich, eine primäre Gruppe zu identifizieren, zu der er gehört hat. Einer

Mensch wird in ein System hineingeboren, in dem er eine Sprache lernt und sich auch die ersten Muster und verschiedenen Rollen im menschlichen Zusammenleben aneignet. Es ist von großer Bedeutung, daß wir in der Familie unsere Identität und unsere Gefühle von Sicherheit (oder Unsicherheit) entwickeln. Die Familie ist für jedes Individuum das einzige System, dessen Strukturen über die Zeit hinweg unverändert bleiben: Ein Sohn bleibt immer ein Sohn, eine Tochter bleibt immer einer Tochter. Die Beziehungen in allen anderen Systemen (die Gruppe der Zeitgenossen, die Paarbeziehung, Arbeitsverhältnisse und andere soziale Systeme) sind dagegen vergänglich. Der Familienname ist das Symbol der Zugehörigkeit zu einem unzerstörbaren System, wie Laing (1974) betont, wenn er von der „verinnerlichten Familie" spricht. Was man introjiziert, sind nicht partielle Objekte, sondern vielmehr die Beziehungen zwischen den Menschen, die die Familie für einen repräsentieren.

Die symbolische Familie als ein dauerhaftes System ist auch eine Quelle von Zwangslagen und Paradoxien. Man gehört zwar zur Familie, muß sie aber verlassen. Sie bleibt jedoch immer das Basissystem, in dem man seine Identität annimmt und wo die Menschen leben, die für einen wichtig sind; es ist das System, wohin man in Krisenzeiten zurückkehrt. Die Familie kann eine therapeutische Funktion haben, sie kann aber auch eine Quelle für die Entstehung von Ängsten sein, wenn die familialen Beziehungen zweideutig oder chaotisch sind. Es ist bezeichnend, daß die meisten Symptome und Probleme in der Zeit der Adoleszenz auftreten, in der Phase also, in der sich der junge Mensch von der Familie löst und unabhängig von ihr wird.

Bei dieser wie auch bei anderen Einzeltherapiesitzungen zeigt sich, daß die Autoren durch ihre praktischen Erfahrungen in der Familientherapie und ihren spezifischen familientherapeutischen Theorieansatz geprägt sind. In der Einzeltherapie versucht der Therapeut, eine Balance zu schaffen zwischen den Sichtweisen des Individuums von seiner Innenwelt und seiner Außenwelt, insbesondere von der Familie. Schritt für Schritt erforscht der Therapeut mit dem Fortgang der therapeutischen Arbeit die „verinnerlichte Familie" seines Klienten. Dabei ist jedoch darauf zu achten, daß der Bo-

---

der Autoren des Buches hat Beratungsarbeit in Israel gemacht, wo die Herkunftsfamilie ein Subsystem der größeren Kibbuzfamilie ist.

gen nicht überspannt und die Therapie nicht einseitig auf die Herkunftsfamilie verlagert wird. Im allgemeinen schenkt man in der ersten Sitzung der Herkunftsfamilie besondere Aufmerksamkeit, um einen Überblick über den wichtigsten Beziehungskontext zu bekommen, in dem die Persönlichkeit des Klienten geformt worden ist. Vor diesem Hintergrund entwickelt sich dann die weitere therapeutische Arbeit. Der Therapeut behält die Informationen über die Herkunftsfamilie seines Klienten während des Therapieverlaufs im Hinterkopf, um sie gegebenenfalls zu modifizieren und anzureichern, während er gleichzeitig das Prinzip des „Flirtens" mit Hypothesen verfolgt, diese aber nicht „heiratet". Später ist dann der Dialog zwischen Therapeut und Klient mehr auf die Gegenwart und Zukunft des Klienten gerichtet, wobei die Beziehungen des Klienten außerhalb seiner Familie und zu seinem eigenen Selbst immer eingehender erforscht werden.

Die erste Sitzung bzw. ersten Sitzungen finden bei der Familientherapie, wenn es sich einrichten läßt, mit der ganzen Familie (das sind alle Familienangehörigen, die zusammenleben) statt. Doch eine der wichtigsten nachfolgenden Interventionen besteht darin, daß man individuelle Sitzungen mit den Subsystemen der Familie durchführt, um die Ablösung und Individuation der einzelnen Familienmitglieder zu fördern. So liegt bei der Einzeltherapie das anfängliche Interesse des Therapeuten oftmals auf dem primären Signifikanzsystem des Klienten, und erst im Verlauf der Therapie wird die Beziehung des Klienten zu anderen Systemen aus Personen, Gedanken und Interessen in den Mittelpunkt gerückt.

Dieses Vorgehen muß im Rahmen einer sich allmählich entwickelnden Interaktion zwischen Therapeut und Klient gesehen werden. Wir wissen zwar, daß die Familie eine wichtige Instanz ist, müssen aber vermeiden, daß die starken Familienbindungen noch intensiviert werden.[3] In dieser Hinsicht kann der Therapeut, der

---

3 In einigen Fällen (wie etwa im Fall einer chronischen Psychose, bei der sich mit der Zeit eine Trennung zwischen dem Patienten und seiner Familie ergibt) ist es jedoch wichtig, auf die Entwicklung von Familienbindungen hinzuarbeiten, das heißt, ein dem Patienten fremd gewordenes Gefühl von Familienzugehörigkeit wieder aufzufrischen. Wir haben schon oft Familien erlebt, bei denen ein Angehöriger erst die Zustimmung der übrigen Familienmitglieder einholen muß, wenn er die Familie verlassen möchte. Sonst kann die Ablösung von der Familie unmöglich erscheinen.

auf die zwischen ihm und dem Klienten gewachsene Bindung vertraut, seinem Klienten mit der Zeit helfen, seine unterbrochene Reise fortzusetzen, das familiale Festland zu verlassen, den Ozean zu überqueren und an neuen Küsten anzulanden, wo er sein Potential schließlich entfalten kann.

Bruno K.: „Mittwegs auf unsres Lebens Reise ..."

Bruno, ein Psychotherapeut aus den Niederlanden, rief vor zwei Jahren bei uns an und bat um eine Paartherapie. Gegen Ende seiner Analyse (das mit dem Beginn seiner Ehe zusammenfiel) wurde er von seiner Analytikerin an uns verwiesen, weil es schon bald Reibereien in seiner Ehe gab. Der Anlaß für Brunos Ersuchen um eine Paartherapie war auch plausibel: chronische Rückenschmerzen, die ihn ab und an quälten. Bezeichnenderweise gab seine Analytikerin, als er sie auf seine Probleme ansprach, ihm unsere Adresse und teilte ihm dabei mit, daß er jetzt einen Therapeuten brauche.

Die Paartherapie mit Bruno und seiner Frau war in drei Sitzungen abgeschlossen. In diesen Sitzungen erzählte der Klient, daß der größte Teil ihrer Reibereien darauf zurückzuführen sei, daß sich seine Frau in alles einmische, wodurch er sich von ihr dominiert fühle. Die Paartherapie war erfolgreich. Die Ehepartner schlossen Frieden, und auch Brunos chronische Rückenschmerzen schienen nachzulassen. Genau in dieser Zeit wurde Brunos Frau Emanuela zu ihrer beider Freude schwanger.

Etwa vier Monate später bat Bruno um ein Einzelgespräch mit dem Therapeuten. Der Grund dafür war, daß Bruno wieder Rückenschmerzen hatte und das Bedürfnis verspürte, Klarheit in seine Vorstellungen von seiner Lebenssituation zu bringen. In der ersten Sitzung fing Bruno an zu erzählen, daß die Paartherapie für sie beide sehr hilfreich gewesen sei und daß seine Frau sehr glücklich über seine Entscheidung sei, eine Einzeltherapie bei ihrem vormals gemeinsamen Therapeuten zu machen. Unmittelbar danach wechselte er das Thema und sprach von seinem psychosomatischen Symptom, das sich wieder bemerkbar mache. Er sprach sehr ausführlich und beschrieb die vielen Jahre, in denen er unter Rückenschmerzen gelitten habe, so daß er Hilfe bei verschiedenen Spezialisten gesucht habe. Die von Bruno konsultierten Orthopäden, Radiologen,

Physiotherapeuten und Akupunkturisten seien alle zu dem Schluß gekommen, daß sein Problem eine psychosomatische Störung darstelle.

Als der Therapeut Bruno fragte, weshalb er nicht seine Analytikerin konsultiert habe, wiederholte Bruno, was ihm gesagt worden war: „Jetzt ist es das beste, daß Sie von der Mutterfigur weggehen und sich der Vaterfigur zuwenden."

Als Bruno in seiner Eigenschaft als Psychotherapeut gefragt wurde, was er von der Überweisung seiner Analytikerin halte, erwiderte er, daß er der gleichen Meinung sei wie sie. „Zu meiner Mutter hatte ich eine klare und unkomplizierte Beziehung, und ich glaube, daß ich dieses Problem gelöst habe. Es ist die Beziehung zu meinem Vater, die für mich immer noch ungeklärt ist. Ich glaube, daß Sie mir dabei helfen können." In seiner Beschreibung seines Familienhintergrundes betonte Bruno die ungewöhnliche Charakterstärke seines Vaters. Dieser war vom einfachen Arbeiter zu einem wichtigen Firmenchef aufgestiegen. Nachts hatte er für sein Studium gearbeitet und es in kurzer Zeit geschafft, seinen Universitätsabschluß in Volkswirtschaft zu erlangen und sich Stufe um Stufe in seinem Unternehmen hochzuarbeiten. Obwohl Bruno als Unternehmensberater und Psychotherapeut tätig war, hatte er das Gefühl, noch weit von den Zielen entfernt zu sein, die sein Vater einst erreicht hatte.

Bruno war 38 Jahre alt und das jüngere von zwei Kindern. Seine 40jährige Schwester war Grundschullehrerin. Sie hatte vor etwa zehn Jahren geheiratet und war Mutter zweier Kinder. Bruno erinnerte sich, daß er der Liebling seiner Mutter war und daß er und sein Vater kein besonders enges Verhältnis hatten. Er führte diese Distanz zum Teil auf das reservierte Wesen seines Vaters zurück.

Bruno sah jung aus für sein Alter. Er war etwas kleiner als der Durchschnittsmann, hatte einen vollen Haarschopf wie ein Künstler und eine weiche Stimme. Er sprach ziemlich langsam, so, als ob er vor dem Sprechen meditierte.

Bruno: In der Sitzung mit meiner Frau war es, als ob Sie, um mit Ihrer Metapher zu sprechen, ins Schwarze getroffen hätten, als ob Sie eine Verbindung gefunden hätten zwischen der Verschlimmerung meiner Rückenschmerzen und unseren sich herauskristallisierenden Lebensumständen. Etwas hat sich sicherlich verändert. Ich zweifle nicht mehr an meiner Beziehung zu meiner Frau, deshalb hat die Verbindung, die Sie hergestellt haben, einen sehr positiven Effekt gehabt. Eine Zeitlang war auch mein Rücken besser. Aber jetzt habe ich wieder Rückenschmerzen ... Letzte Nacht hatte ich einen Traum. Ich sah meinen Vater und neben ihm einen behinderten Menschen. Mit meinem Rücken komme ich mir vor wie ein Krüppel. Ich habe das Gefühl, daß mein Rücken krumm ist und daß er einem schwankenden Hauptmast eines Segelbootes gleicht, das aus diesem Grunde langsam ist und sich so gut wie nicht bewegt. Ich wollte auch deshalb wieder hierher kommen, um ein paar Ideen zu sammeln, was ich nach der Geburt meines Kindes machen soll ... Ich habe viel darüber nachgedacht.

Therapeut: Wie sieht Ihr Leben im Moment aus? ... Ist mit Ihnen und Ihrer Frau alles in Ordnung?

Bruno: Nun, wegen der Schmerzen fühle ich mich in sexueller Hinsicht blockiert, aber die Beziehung ist gut.

Therapeut: Welchen Eindruck haben Sie von Ihrer Frau mit ihrem dicken Bauch?

Bruno: Das hat verschiedene Wirkungen. Einerseits ist es sehr schön, zu sehen, wie unser Kind wächst, und andererseits ist es schon etwas merkwürdig, wie es eine Frau verändert ...

Therapeut: Hören Sie sich den Herzschlag des Kindes an?

Bruno: Ja *[strahlt]*. Wenn ich mit ihr darüber spreche, fühle ich mich voller Kraft und Energie. Ja, es ist schön. Zum erstenmal in meinem Leben habe ich durch dieses Kind, das bald geboren wird, das Gefühl, etwas Heiliges zu berühren. Ja, etwas, das sehr intensiv und stark ist, etwas, das Teil der Lebensgeschichte eines jeden Menschen ist. Aber ich verstehe nicht, weshalb die Rückenschmerzen wieder da sind.

Die erneuten Rückenschmerzen können mit verschiedenen Faktoren zusammenhängen. Eine Ursache könnte darin liegen, daß der Klient den Kontakt mit dem Therapeuten wieder aufnehmen wollte, um eine Einzeltherapie zu beginnen. In diesem Fall würde das Symptom Brunos Bitte an den Therapeuten rechtfertigen. Manchmal kommt es vor, daß bei einem Klienten, dessen Fall anscheinend erfolgreich abgeschlossen worden ist, ein Symptom wieder auftaucht, was dann zur Wiederaufnahme der Therapie führt. Das sind

Fälle, bei denen eine Dauerabhängigkeit vom Therapeuten vorliegt, die durch das Symptom verschleiert wird. Brunos Geschichte ist durchaus vereinbar mit einer derartigen Hypothese. Er hat bereits eine Einzelanalyse und eine Paartherapie gemacht; er kommt hierher, um eine Einzeltherapie zu beginnen, und teilt mit, daß er unter anderem zurückkommen wolle, um „ein paar Ideen zu sammeln, was ich nach der Geburt meines Kindes machen soll". Diese Bitte um „Präventivtherapie" könnte auf eine persönliche Unsicherheit hinweisen oder auf eine tendenzielle Abhängigkeit, das heißt auf ein chronisches Bedürfnis nach Therapie.

Therapeut: Sind die Röntgenbilder in Ordnung? Haben Sie zum Beispiel einen Bandscheibenvorfall oder ...?
Bruno: Nein. Nein, ich habe eine starke Muskelanspannung ... und ich habe das Gefühl, als ob in meinem Rücken ein Kampf stattfinde, als ob sich mein Körper genau hier anspannte *[er zeigt mit seinen Fingerspitzen auf die Lendengegend].* Manchmal ängstigt mich das.
Therapeut: Was meinen Sie mit „ängstigt mich das"?
Bruno: Weil ich ständig mit meinem Körper beschäftigt bin. Es ist, als ob dieser Rücken Macht über mich hätte, die Macht, mich unsicher zu machen, mich unwohl fühlen zu lassen, als ob etwas nicht stimme, etwas, das unberechenbar und unheimlich ist.
Therapeut: Schränkt das Ihre körperliche Aktivität konkret ein?
Bruno: Ja, weil ich zum Beispiel nicht länger als eine halbe Stunde spazierengehen kann, weil dann mein Rücken anfängt weh zu tun. Und es ist ein Jammer, ich gehe so gern spazieren. Meine Frau und ich waren an Ostern eine Woche in Venedig und ... ich hatte Schmerzen.
Therapeut: Schränken die Schmerzen Sie noch in anderer Hinsicht ein?
Bruno: Sie schränken mich ein, wenn ich meinen Körper bewege. Ich kann mich nicht frei bewegen. Ich muß aufpassen, und manchmal werde ich steif ...
Therapeut: Haben Sie Gleichgewichtsprobleme? Fallen Sie hin?
Bruno: Nein, so dramatisch bin ich dadurch nicht eingeschränkt. Ich bin eher in psychischer Hinsicht eingeschränkt ...
Therapeut: Die Schmerzen sind also wirklich zur Qual geworden!

Bruno: Ja, sie sind zur Qual geworden.

Therapeut: Wenn ich Sie richtig verstanden habe, spüren Sie diesen Schmerz, diesen Krampf, diese Muskelanspannung, nachdem Sie eine halbe Stunde lang spazierengegangen sind, vorher aber nicht; Sie fallen nicht hin und so weiter. Ist es hauptsächlich eine psychische Reaktion?

Bruno: Ja, ja. Es wird immer stärker.

Therapeut: Ist es wie eine Obsession?

Bruno: Ja. Wenn ich mir meinen Körper vorstelle, sobald ich an meinen Rücken denke, fühle ich mich wie ein Krüppel. Es ist fast schon eine fixe Idee. Ich bin krank und habe es satt. Jetzt geht das schon eine ganze Weile so – mehr oder weniger seit ich geheiratet habe –, daß ich so dahinlebe und ständig in Behandlung bin.

Therapeut: Wenn dieses Problem plötzlich verschwände, würde sich dann Ihr Leben verändern? Ein bißchen oder stark? Würde es gleich bleiben? Das heißt, hindert dieses Problem Sie daran, auf Ihre Zukunft zuzugehen? Beeinträchtigt es Ihre Pläne oder das, was Sie tun?

Eigenartigerweise geht der Therapeut nicht auf den Zusammenhang ein, den Bruno zwischen seiner Heirat und seinen Rückenschmerzen herstellt. Möglicherweise haben ihn die kurzfristige Besserung von Brunos Rückenschmerzen nach der Paartherapie und die Lösung des Konflikts zwischen den Ehepartnern dazu veranlaßt, diesem Punkt weniger Bedeutung beizumessen. Vielleicht geht der Therapeut auch einer anderen Hypothese nach. Rückblickend betrachtet, hätte es sehr interessant sein können, gemeinsam mit dem Klienten den Zusammenhang zwischen seinen Rückenschmerzen und seiner Heirat eingehend zu untersuchen. Wie gleich zu sehen ist, geschieht dies zwar noch – aber nur am Rande.

Therapeut: Ihre Rückenschmerzen könnten Ihnen ja auch nützlich sein in bezug auf Ihre Frau, und zwar insofern, als sie Sie davon befreien, auf mögliche Wünsche Ihrer Frau einzugehen. Denkbar ist auch, daß durch Ihre Rückenschmerzen die Aufmerksamkeit Ihrer Frau ein bißchen auf Sie gelenkt wird und weniger auf das Baby. Diese Qualen erlauben es Ihnen vielleicht, im Moment das bestmögliche Leben zu leben. *[Bruno lacht.]*

Der Ausdruck „diese Qualen" kann noch für vieles andere stehen. Wenn Bruno zum Beispiel zu seiner Frau sagte: „Warum bin ich nicht glücklich? Weil mir mein Rücken weh tut", dann könnte seine Frau nicht von ihm erwarten, daß er Dinge tut, die er wegen seiner Rückenschmerzen verständlicherweise nicht tun kann. Die Bemerkung des Therapeuten, die auf die sekundären Vorteile von Brunos Symptom anspielt, ist eher unspezifisch als zweideutig. Der Klient kann in diese Bemerkung alle erdenklichen Bedeutungen hineininterpretieren.

Brunos Lachen ist vielleicht nicht nur das Lachen des Klienten, sondern auch das des Kotherapeuten.

Therapeut: Wenn es in meiner Macht als Therapeut stünde, Ihr Symptom auf der Stelle zum Verschwinden zu bringen, würde ich es nicht tun ... Ich würde versuchen, es besser zu verstehen.
Bruno [hamletgleich]: ... Vorteile ... Nachteile ...
Therapeut: Sie könnten von einer noch größeren Angst überfallen werden. Sie könnten Ihren Orientierungssinn verlieren, in dem Sinne: „Was kann ich mit meinem Leben anfangen?" Sie könnten entdecken, daß der Hauptmast zwar keinen Schaden mehr hat, dafür aber ein neues Problem auftaucht: „Das Schiff bewegt sich jetzt zwar, aber in welche Richtung soll es fahren?" Sie müßten Entscheidungen treffen: ob Sie etwa Holland oder Italien ansteuern, verheiratet sein möchten oder nicht, eine Psychotherapie machen möchten oder nicht. Es könnten auch von außen Erwartungen an Sie herangetragen werden, wohin das Schiff fahren soll. Vielleicht möchte Ihre Frau, daß das Schiff in eine bestimmte Richtung fährt ...
Bruno: Nach Mailand.
Therapeut: Und im Moment können Sie noch sagen: „Ich kann nicht, weil der Mast kaputt ist."[4]
Bruno: Ich fühle mich auch so ... ein bißchen, als ob ... gelähmt in dem Sinne, wo ... ich habe das Gefühl, in einem Zustand der Lähmung zu sein.

---

4 Eine Freudsche Lesart würde hier eine evidente „Kastrationsangst" betonen. Der Symbolcharakter des etwas krummen, schwankenden Mastes deutet auf das phallische Symbol und die Angst vor Kastration hin. Dieses Symbol findet sich auch in Brunos Traum, wenn er sich als „Krüppel" neben dem aufrechten, großen, starken Vater sieht.

In vielen Äußerungen Brunos zeigt sich eine Neigung zur Ambivalenz und zum zwanghaften Grübeln: ob er sein Schiff zum Beispiel nach Holland oder Italien lenken soll, ob er einen Therapeuten oder eine Therapeutin wählen soll, ob er sich als Psychotherapeut oder Unternehmensberater begreifen soll.

Therapeut: Es könnte auch sein, daß sich Ihre Rückenschmerzen aufgrund Ihrer sitzenden Tätigkeit verschlimmern. Sie sind Psychotherapeut, folglich sitzen Sie sehr viel. Ihr Dilemma könnte sein: „Mag ich dieses Leben als Psychotherapeut, oder mag ich es nicht? Soll ich sitzen bleiben oder aufstehen und etwas anderes machen?" Ich weiß nicht, zum Beispiel als Berater arbeiten; ein Berater verbringt weniger Zeit sitzend.
Bruno: Ich mache jetzt schon genug Beratungsarbeit.
Therapeut: Oder Sie machen etwas anderes.
Bruno: Dies scheint mir eine sehr gute Spur zu sein.
Therapeut: Welche?
Bruno: Diejenige, der wir im Moment folgen. Ich mache drei Dinge: Beratung in einem Kreditinstitut, Ausbildung in Psychotherapie in Holland und ein wenig Therapie und Beratung hier in Italien. Obwohl das Reisen mich etwas stört, ist es immer noch besser, als Geschäftsführer in einem Unternehmen zu sein. Ich liebe meine Freiheit, besonders jetzt, so daß ich mehr Zeit dem Baby widmen kann. Ich bin fast 40 Jahre alt, und ich habe wenig Lust auf Veränderung.

Hier kann ein Problem Brunos sein, daß er sich zwischen Kind und Arbeit entscheiden muß. Zu seinen Enttäuschungen im Leben gehört, daß er weder national noch international berühmt ist. Seinen Mangel an beruflichem Erfolg kann er damit rechtfertigen, daß er sich sehr viel Zeit für sein Kind nimmt. Man möchte jedoch annehmen, daß er dann wieder enttäuscht ist, weil er sich zuwenig Zeit für seine berufliche Karriere genommen hat. In dieser Hinsicht erleidet er Schiffbruch.

Bruno: Es gibt noch eine andere Überlegung hinsichtlich meiner Arbeit. Ich bin zufrieden, daß ich in Holland ein bekannter Psychotherapeut bin. Aber in Italien kennt mich niemand. Deshalb gibt es da einen Widerspruch ... man könnte sagen: „Weshalb

entscheide ich mich nicht?" ... Es wäre unmöglich. Diese Beschreibung einer statischen Situation ist sehr treffend.
Therapeut: Sie sagten, daß Sie fast 40 Jahre alt seien ...

Marzocchi (1989) spricht von einem „Metaphernschatz", den jeder Therapeut entsprechend seiner persönlichen Bildung und Erfahrung zur Hand hat. An bestimmten Punkten im Therapiegespräch wird er durch die sich in der Unterhaltung mit dem Klienten ergebenden Gedanken dazu angeregt, einige dieser Metaphern zu benutzen. Als Bruno eine Bestandsaufnahme von seinem Leben macht und sagt, daß er fast 40 Jahre alt sei, fällt dem Therapeuten der Anfang von Dantes Göttlicher Komödie ein: *„Nel mezzo del cammin di nostra vita ..."* [„Mittwegs auf unsres Lebens Reise ..."][5] Diese Zeile markiert den Beginn einer inneren Reise, die der Dichter antritt und die ihn dazu bringt, Vergangenheit und Zukunft miteinander zu verbinden.

Therapeut: In diesem Moment fällt mir der Anfang der Göttlichen Komödie ein: *„Nel mezzo del cammin di nostra vita mi trovai per una selva oscura che la dritta via era smarrita."* [„Mittwegs auf unsres Lebens Reise fand / In finstren Waldes Nacht ich mich verschlagen, / Weil mir die Spur vom graden Wege schwand."][6] Dante Alighieri war 33, als er dies schrieb ...
Bruno: Das Wort *„selva"* – was bedeutet das?
Therapeut: *„Selva"* bedeutet Wald oder Forst; das heißt, ich befand mich in einem dunklen Wald *„che la dritta via era smarrita"* [„Weil mir die Spur vom graden Wege schwand."], weil ich vom Hauptweg, vom richtigen Weg also, abgekommen bin.

Dantes Metapher scheint die wesentlichen Elemente des angesprochenen Themas in sich zu vereinen: die Bewußtheit um das eigene Alter und um die Vergänglichkeit sowie das Unbehagen über die Stagnation im eigenen Leben und die Unkenntnis, welche Richtung man seinem Leben geben soll. Diese elementare Metapher ist ein Bild vom Leben als Reise und als Suche nach dem eigenen Selbst und der eigenen Autonomie. Bruno ist von dieser Metapher anschei-

---

5 Dante: Göttliche Komödie, deutsch von Friedrich Freiherr von Falkenhausen. (1974) Frankfurt am Main (Insel Verlag), 1–36, S. 15.
6 Ebd., 1–36, S. 15.

nend ziemlich beeindruckt. Der Therapeut staunt, als Bruno auf seine Ausführungen, daß die Rückenschmerzen den Sinn haben könnten, ihn zum Einhalten zu bewegen, bevor er über seine Zukunft eine Entscheidung fälle, sagt: „Dies scheint mir eine sehr gute *Spur* zu sein." (Das Wort, das Bruno benutzt, ist „*strada*", das im Italienischen auch „Straße", „Weg", „Pfad" bedeutet.) Brunos Gebrauch von „*strada*" und der Satz „Ich bin fast 40 Jahre alt" haben im Therapeuten vielleicht eine Saite zum Klingen gebracht, die ihn dazu veranlaßt hat, Dantes Metapher aus seinem Wissensvorrat auszuwählen. Natürlich muß die benutzte Metapher dem geistigen Niveau des Klienten angemessen sein. Wäre das geistige Niveau des Klienten ein anderes gewesen, hätte der Therapeut vermutlich an andere Metaphern gedacht.

Therapeut: Ein Schlüssel zu einer symbolischen Lesart der *Göttlichen Komödie* liegt in der Tatsache, daß Dante Alighieri sein Werk als eine Art Selbsttherapie schrieb. Es war für ihn eine Möglichkeit, seine Wünsche, Ängste und seine starken Bindungen an Florenz auszudrücken, von wo er fliehen mußte und wohin er nie mehr zurückkehren durfte. In Dantes Beschreibung der Hölle sind tatsächlich einige Personen verantwortlich für seine Vertreibung aus dieser Stadt. Man könnte auf die Idee kommen, daß Dante sich Vergil als Reisegefährten und Therapeuten ausgesucht hat, weil es damals noch keine Therapeuten gab.
Bruno: Das ist interessant. Ich kam hierher und war wie ein Mensch, der einen dunklen Wald betritt, ohne Licht ... aber jetzt ist im Wald ein Licht erschienen, aber das reicht noch nicht aus ... ich weiß nicht, wonach ich greifen soll. Um auf die Vorteile zurückzukommen, von denen Sie gesprochen haben, ist es eher so, daß diese Rückenschmerzen mich zurückhalten.
Therapeut: Ja, aber sie erlauben Ihnen, sich zu besinnen, nachzudenken, bevor Sie ins Licht treten, wie es Dante Alighieri am Schluß tut – er gelangt ins irdische Paradies.
Bruno [in selbstkritischem Ton]: Ich denke mehr über meinen Rücken nach als über diese interessanteren Dinge ...

Diese Antwort kann auf zwei Arten interpretiert werden. Sie kann zum einen bedeuten: „Ich, Bruno, bin weder so introspektiv noch so klug wie Sie oder Dante Alighieri. Ich denke über banalere Dinge wie gewöhnliche Rückenschmerzen nach, und ich werde niemals Ihre Ebene der Selbsterkenntnis erreichen können!" Wenn diese Deutung zuträfe, wäre die literarische Metapher kontraproduktiv gewesen und hätte den betroffenen Menschen niedergeschmettert. Zum anderen kann Brunos Antwort ein Lob an den Therapeuten sein, der dem Klienten geholfen hat, ein Lichtlein im „dunklen Wald" zu finden, wie Vergil es auch mit Dante gemacht hat. Der Satz „aber jetzt ist im Wald ein Licht erschienen" kann bedeuten, daß Bruno sich auf seine Reise gemacht hat.

Therapeut: Wenn Sie eine Bestandsaufnahme von Ihrem Leben machen würden, wären Sie dann zufrieden? Was würden Sie in der Zukunft machen wollen?
Bruno: Da sind zwei Dinge in meinem Leben. Das eine war sehr gut für mich – nämlich diese Frau zu heiraten und das Baby zu haben. Das andere befriedigt mich nicht. Ich habe schon eine Menge gemacht und habe viel Erfahrung, und jetzt arbeite ich freiberuflich als Berater, arbeite als Therapeut, bilde andere aus ... aber ich habe nie etwas geschaffen, das Bestand hat, zum Beispiel eine Schule gegründet.

Brunos Zufriedenheit über seine Entscheidung, zu heiraten und ein Kind zu haben, ist zumindest teilweise auf zwei Sitzungen in seiner Paartherapie zurückzuführen und hier insbesondere auf den Gebrauch einer Metapher für ein Hochzeitsritual, das dem Paar als Abschluß der zweiten Therapiesitzung verschrieben wurde. Bruno sprach damals von seinen Ängsten in bezug auf seine Heirat. Von Anfang an sei er mit seiner Frau nicht gut zurecht gekommen. Seiner Aussage nach habe seine Frau versucht, sich eine dominante Position in ihrer Ehe zu verschaffen. Bruno hat es in seinem Leben mehr mit Frauen als mit Männern zu tun gehabt: In Holland arbeitete er unter der Leitung der Direktorin und Besitzerin eines Zentrums für Psychotherapie, in Italien hat er eine Analyse bei einer Therapeutin gemacht, und in seiner Kindheit hatte er ein sehr inniges Verhältnis zu seiner Mutter. Jetzt möchte Bruno anscheinend sein Problem mit der Beziehung zu seinem Vater und zu Männern allgemein lösen. Seine an den Therapeuten gerichteten nonverbalen Botschaften, in denen er eine gewisse Wertschätzung und fast den

Wunsch nach Zuneigung ausdrückt, scheinen diese Hypothese zu bestätigen.

Es ist allerdings nicht klar, inwieweit es sich hier um Brunos eigene Gedanken handelt oder inwieweit seine Ausführungen beeinflußt sind durch seine Lehranalyse, seine persönliche psychotherapeutische Behandlung und durch die Mitteilung, die seine Therapeutin ihm bei der letzten Sitzung mit auf den Weg gegeben hat: „Es wäre jetzt besser, Sie würden zu einem Therapeuten gehen."

Nach zwei Sitzungen einigten sich Bruno und der Therapeut darauf, daß die Therapie systemisch und nicht psychoanalytisch ausgerichtet sein und 20 oder weniger Sitzungen in Abständen von einem Monat umfassen solle. Bruno hatte jedoch die Tendenz, so zu handeln und zu kommunizieren, als ob er in einer psychoanalytischen Therapie sei. Er begann oft die Sitzung mit der Erzählung eines Traumes und ließ auch durchblicken, daß er die Kommentare des Therapeuten über ihre therapeutische Beziehung schätze. Allerdings gab Bruno zwischen den Zeilen – und oft auch explizit – zu verstehen, daß ihm die Aufforderungen des Therapeuten, über seine aktuellen Beziehungen und möglichen Zukunftsentscheidungen zu sprechen, nicht gefielen.

Therapeut: Sie sind als Ehemann und Vater zufrieden, aber Sie scheinen beruflich unzufrieden zu sein. Haben Sie das Gefühl, daß Sie nicht genug Geld verdienen?
Bruno [lächelnd]: Nun, es würde mir nichts ausmachen, mehr zu verdienen.
Therapeut: Würden Sie gerne mehr Geld verdienen?
Bruno: Ja.

Hier exploriert der Therapeut das Wertesystem des Klienten und stellt die Hypothese auf, daß die Erwerbskapazität in Brunos Wertvorstellungen eine wichtige Rolle spiele und daß es einen Zusammenhang geben könne zwischen der Höhe seines Einkommens und seinem Wertgefühl. Die Antwort des Klienten kann als eine schlichte Bestätigung gesehen werden oder aber auf eine Differenzierung hinführen – wie sich zeigen wird. Es ist in Therapien oft hilfreich, wenn man der Frage nachgeht, welche Bedeutung der Klient dem Geld in bezug auf zwischenmenschliche Beziehungen beimißt.

Therapeut: Wenn Sie Ihrem Vater und Ihrer Mutter erzählten, wieviel Sie verdienen ... Wäre zum Beispiel Ihr Vater zufrieden, wenn er wüßte, wieviel Sie verdienen.
Bruno: Mhm ... da kommt mir ein Bild in den Sinn ... Sie kennen doch die Menschen, die von Tür zu Tür gehen und etwas verkaufen – heutzutage gibt es die nicht mehr – statt dessen, früher einmal ... nun ... das ist die Art von Vorstellung, die er von mir anscheinend hat. Er interessiert sich nicht für Geld.
Therapeut: Ein ziemlich negatives Bild ...
Bruno: Ja, genau.

Durch Brunos Zweifel an seinem eigenen Wert und an den Zielen, die er „mittwegs auf seines Lebens Reise" schon erreicht hat, wird die Neugier des Therapeuten geweckt. Dieser untersucht daraufhin die Zusammenhänge zwischen Brunos Zweifeln und der möglichen Beurteilung seiner bis dahin erreichten Ziele durch die Eltern. Der Therapeut arbeitet hier mit der Technik der Vergegenwärtigung einer Dritten Partei und stellt dabei eine Reihe zirkulärer Fragen.

Therapeut [schaut auf zwei leere Stühle]: Wenn Ihr Vater und Ihre Mutter hier säßen und ich sie fragte: „Was halten Sie von Bruno – von dem, was er erreicht hat im Leben und was er gegenwärtig macht?", was würden die beiden sagen? Wären Sie an ihren Antworten interessiert?
Bruno: Wäre ich an ihren Antworten interessiert? Natürlich wäre ich das.
Therapeut: Eher an der Antwort Ihres Vaters oder an der Ihrer Mutter?
Bruno: An der meines Vaters. Ich weiß, daß meine Mutter sagen würde, daß meine Entscheidungen in Ordnung seien, wenn ich glücklich damit wäre.
Therapeut: Wenn ich zu Ihrem Vater sagte: „Ihr Sohn ist jetzt fast 40 Jahre alt. Er ist Therapeut und Unternehmensberater, und er ist verheiratet ...", was würde er sagen? Wie würde er Sie beurteilen?
Bruno: Er würde sagen ... nun ... „Er könnte mehr machen. Er könnte etwas anderes machen."
Therapeut: Und was würden Sie sagen?

Bruno [mit ernster Stimme]: Ich würde sagen: „Wie das? Du hast dich doch nie wirklich dafür interessiert, was ich gemacht habe."

Hier wird deutlich, wie wichtig und notwendig die elterliche Anerkennung für Bruno ist und wie er sich sichtlich gegen die Distanz wehrt, mit der sein Vater ihn behandelt hat. Bruno scheint hinreichend Anerkennung von den Frauen in seinem Leben bekommen zu haben, angefangen bei seiner Mutter, was ihm aber offensichtlich nicht genügt. Seine Legitimation als Mann muß der Klient von seinem Vater oder einem Vaterersatz bekommen.

Bruno: Dann würde er zu mir sagen: „Wie kommt es, daß du immer noch mit deinem Kollegen arbeitest? Warum machst du dich nicht selbständig?" Meine Mutter statt dessen ... *[lächelnd]* sie glaubt an meine Fähigkeiten und würde sagen, daß ich noch ein anderes Potential hätte.
Therapeut: Ein Potential, das Sie bis jetzt nicht gezeigt haben?
Bruno: Ja.
Therapeut: Es scheint, als ob es da noch mehr Erwartungen an Sie für Ihre Zukunft gibt ...?
Bruno: Ja, das stimmt. Alle beide haben Erwartungen an mich. Sie erwarten von mir, daß ich etwas schaffe, was sie und auch mich glücklich macht.
Therapeut: Sind Ihre Eltern glücklich darüber, daß Sie eine italienische Frau geheiratet haben?
Bruno: Ja, sie freuen sich darüber.
Therapeut: Es sieht so aus, als ob es hier eine gewisse Übereinstimmung gebe. Die Eltern sind glücklich, und Sie sind es auch. Heute haben Sie am Anfang gesagt, daß Sie glücklich darüber seien, diese Frau geheiratet zu haben und ein Kind zu erwarten. Könnte das das Licht sein, das im dunklen Wald erschienen ist? Der Beginn Ihrer Reise ins irdische Paradies?

Die Äußerungen Brunos lassen unmißverständlich erkennen, daß er mit seinen Eltern immer noch stark verbunden und noch nicht unabhängig von ihnen ist. Einerseits drückt er seinen Unmut darüber aus, von seinem Vater nicht anerkannt zu werden, andererseits scheint er aber die elterlichen Erwartungen zu teilen. Er ist partiell mit sich zufrieden, und seine Eltern sind es auch. Alle sind glücklich darüber, daß er geheiratet hat und mit seiner Frau ein Kind erwartet. Doch die Prüfungen des Lebens sind noch nicht zu Ende. Er muß noch immer über seine berufliche Laufbahn nachdenken, obwohl er eigentlich schon viel im Leben gemacht hat.

Der Therapeut erweitert durch seine Fragen den Kontext und eröffnet verschiedene hypothetische Szenarien, wobei er es weitgehend vermeidet, ein Werturteil über Brunos Gedanken und Entscheidungen durchschimmern zu lassen. Obwohl der Therapeut stellenweise „belehrend" wirkt, lassen seine rhetorischen Fragen dem Klienten doch soviel Autonomie, diese zu interpretieren oder ihre Bedeutung zu spezifizieren. Um die positive Sichtweise des Klienten zu erhalten, nimmt der Therapeut mit seiner letzten Frage die Metapher von Dantes Reise wieder auf.

Bruno: Dieses Problem gibt es nicht mehr. Sie sagen nicht mehr: „Wenn du einmal heiratest ... wenn du einmal Kinder hast ..."
Therapeut: Es scheint Sie zu beunruhigen, in Ihrem Leben etwas zu machen, von dem Ihre Eltern schließlich sagen könnten, daß sie glücklich darüber seien. Von wem würden Sie diese Aussage der Wertschätzung am liebsten hören?
Bruno: Von meinem Vater.
Therapeut: Sie könnten Ihrem Vater erzählen, daß Sie durch Ihre Rückenschmerzen daran gehindert würden, Ihre Lebensprojekte durchzuführen ... daß Sie ein Problem hätten.

Der Therapeut gebraucht wieder die Metapher, diesmal unter dem Aspekt der Rückenschmerzen, was sich hier auf Brunos Ambivalenz bezüglich der Ziele, die er erreichen „sollte", und der Erwartungen seiner Eltern (die teilweise auch seine eigenen sind) beziehen kann. Diese Ambivalenz läßt sich in den beiden Gegensätzen ausdrücken, zwischen denen Bruno kontinuierlich hin und her schwankt: „Ich kann" und „Ich kann nicht". Die Idee des Therapeuten, daß Bruno zu seinem Vater sagt: „Gerade jetzt kann ich nicht", verfolgt das Ziel, daß der Klient eine andere Art der Vater-Sohn-Beziehung entdeckt, und zwar eine, in der der Sohn seine Schwäche zugeben und der Vater diesen besonderen Augenblick im Leben seines Sohnes akzeptieren kann. (Von einem psychodynamischen Standpunkt aus kann man von einer „korrigierenden emotionalen

Erfahrung" sprechen, wenn sich der Therapeut wie ein bejahender und akzeptierender Vater verhält, dessen Art sich von dem Vatertypus unterscheidet, wie der Klient ihn wahrnimmt. Siehe Alexander und French, 1948.)

Bruno: Ja, ich könnte das sagen ... aber ich würde das nicht tun ... ich weiß nicht ... wenn ich mir vorstelle, mit ihm über dieses Problem zu sprechen, dann kann ich mich selbst nicht mit diesem Problem identifizieren ... es ist eigenartig ... ich weiß nicht ... es würde mir ein anderes Bild von meinem Selbst geben. Und außerdem ist es nicht so, daß mein Vater etwas sagen könnte, das ... wissen Sie, es ist etwas in mir ... ja, etwas in mir ...
Therapeut: Wollen Sie damit sagen, daß dieser äußerliche Konflikt, die Beurteilungen, von denen Sie sprechen, in Ihnen drin sind?
Bruno: Ja. Es ist nicht so, als ob ich dorthin ginge und er sagte ...
Therapeut: Wollen Sie damit sagen, daß es nicht der reale Vater ist, sondern vielmehr der internalisierte Vater?
Bruno: Ja.

Wenn der Therapeut auf die Möglichkeit anspielt, daß man nicht nur auf äußere, sondern auch auf „innere" Stimmen höre, das heißt die Bedeutung der internalisierten Familie und des internalisierten Vaters erwähnt, nickt Bruno nachdrücklich. Vor dem Hintergrund, daß Bruno einerseits der Klient und andererseits der primär psychodynamisch orientierte Psychotherapeut ist, überrascht den Therapeuten diese Reaktion nicht. Von Zeit zu Zeit verlagert dieser den Blickwinkel seiner Analyse von der inneren Welt des Klienten auf konkrete Verhältnisse. Der Therapeut reflektiert dabei kontinuierlich sowohl seine eigenen Sichtweisen als auch die seines Klienten, um zu vermeiden, daß diese als *Wahrheiten* betrachtet werden.

Therapeut [schaut auf die beiden leeren Stühle]: Wenn Ihre Mutter und Ihr Vater hier wären und ich Sie bitten würde, die beiden zu beurteilen, was würden Sie sagen?
Bruno: Ich bewundere meinen Vater sehr. Er, der Sohn eines Arbeiters, arbeitete tagsüber und studierte nachts. Er machte eine unglaubliche Karriere. Er schloß sein Universitätsstudium erfolgreich ab und wurde ein wichtiger Geschäftsmann. Meine Mutter unterstützte ihn sehr und brachte ziemlich viele Opfer für ihn.

Therapeut [mit Nachdruck]: Zwei Helden, zwei Riesen. Sie sind der Sohn zweier Riesen. Es ist schwer, der Sohn von Helden und Riesen zu sein. Ich frage mich, was Sie dazu bewegt hat, zu mir zurückzukommen. Vielleicht war es die Hoffnung, daß sich im Gespräch mit mir etwas entwickeln würde, das Sie aus dieser *Sackgasse* in Ihrem Leben herausführt.
Bruno: Ja.
Therapeut: Sie sind an einem toten Punkt. Sie haben von einem Traum berichtet, in dem ein behindertes Kind vorkommt, das neben seinem Vater steht. Gerade jetzt stelle ich mir vor, wie es zum letztenmal in Ihrer Therapie um einem Traum geht, den Sie mir nach der Geburt Ihres Kindes erzählen könnten. In diesem Traum sehe ich Sie neben Ihrem fröhlichen Kind, das vor Lebenskraft strotzt und glücklich darüber ist, an der Seite eines stolzen Vaters zu sein. Im Hintergrund sehe ich den Großvater väterlicherseits, der sich endlich richtig freut.
Bruno [leicht gerührt]: Ich weiß nicht wieso, aber jetzt spüre ich ein „Ja" in mir.

Die Eltern nehmen hier Konturen an durch Brunos Reaktionen auf die zirkulären Fragen, die ihm zu seiner „vergegenwärtigten Familie" gestellt werden. Der Therapeut definiert die Eltern als zwei Helden oder zwei Riesen, deren Leben schwer nachzuahmen sei. Unmittelbar nach seiner Bemerkung, daß es schwer sei, der Sohn von Helden zu sein, fragt der Therapeut seinen Klienten, ob sein Entschluß, die Therapie bei ihm wieder aufzunehmen, durch die Hoffnung motiviert sei, aus seiner existentiellen *Sackgasse* herauszukommen. Nach Brunos Ja entfaltet der Therapeut ein mögliches Zukunftsszenario, in dem er den Klienten am Ende seiner Therapie einen hypothetischen Traum erzählen läßt, in dem seine Ängste und sein Gefühl der Unterlegenheit zerstreut sind. Brunos Antwort und vor allem seine emotionale Reaktion weisen darauf hin, daß er in seinem tiefsten Innern berührt worden ist.

Therapeut [nach einer Pause]: Sind Sie heute gekommen, um mit mir zu reden, mich zu konsultieren oder um Therapie zu machen?
Bruno: Nach unserer letzten Sitzung wollte ich Ihnen einen Dankesbrief schreiben, weil ich davon ausging, daß wir uns nicht mehr sehen würden. Doch in den vergangenen Monaten habe ich zu-

nehmend ein Gefühl von Unsicherheit und wachsender Zerstreutheit. Also dachte ich, komme ich hierher, um mit Ihnen zu klären – wie ich aus dieser *Sackgasse* herauskomme – und weniger um Therapie zu machen. Ich habe in der Vergangenheit schon so viel an mir gearbeitet.

Therapeut: Was hat Ihre Frau davon gehalten, daß Sie zu mir zurückkommen?

Bruno: Oh, sie fand das gut. Unsere Beziehung ist jetzt bestens, und sie freut sich sehr auf die Geburt unseres Kindes. Sie sagte zu mir: „Geh zum Arzt. Er wird dir bestimmt helfen."

Therapeut [lächelnd]: Also Ihre Frau hofft, daß ich Ihr Rückgrat aufrichte?

Bruno [lacht]: Das würde sie glücklich machen! Ich möchte noch dazusagen, daß ich gerne noch ein weiteres Mal kommen würde.

Therapeut: Ich werde mich jetzt mit meinen Kollegen beraten.

[Der Therapeut verläßt das Zimmer. Nach einer langen Pause kommt er zurück.]

Therapeut: Meine Kollegen hatten von Ihnen den Eindruck, als ob Sie Atlas seien, der die Welt auf seinen Schultern trägt. Sie sehen Sie als einen Menschen, der seit einer langen Zeit zwei Riesen, Ihre Eltern nämlich, auf seinen Schultern trägt. Dieses Gewicht wiegt so schwer, daß es Ihr Rückgrat verbogen hat. Den Kollegen fiel auf, daß Ihre Last durch Ihre Heirat und die Schwangerschaft Ihrer Frau nicht leichter geworden ist. Wir hätten uns nicht gewundert, wenn genau das Gegenteil eingetroffen wäre!

Bruno: Das braucht Zeit ...

Therapeut: Die Kollegen akzeptieren den Traum, den ich mir als Abschluß Ihrer Therapie vorstellen könnte und den ich Ihnen erzählt habe. Den Traum, den Sie mir erzählten und in dem Ihr Vater mit einem behinderten Kind erscheint, deuten die Kollegen so, daß Sie hier auch eine Vaterrolle einnehmen und im Grunde Ihres Herzens Angst davor haben, ein Kind zu bekommen, das den Erwartungen des Großvaters nicht entsprechen könnte. Wenn das Kind, das jetzt unterwegs ist, vollkommen wäre, würde das Ihr Problem mit den Erwartungen Ihrer Eltern lösen. Die Zeugung eines vollkommenen Kindes würde Sie als einen authentischen Erwachsenen auszeichnen. In diesem Sinne könnte der behinderte Mensch in Ihrem Traum der symboli-

sche Ausdruck Ihrer tiefen Angst davor sein, ein Kind zu zeugen, das den gestellten Erwartungen ebenfalls nicht entsprechen könnte ... Damit schließen wir die heutige Sitzung. Ich habe mit meinen Kollegen auch über Ihre Bitte gesprochen, eine weitere Sitzung anzuschließen. Wir sind alle damit einverstanden, *[überreicht Bruno eine Terminkarte]* hier ist der Termin für Ihre nächste Sitzung.
[Bruno hat dem Therapeuten konzentriert zugehört und kaum wahrnehmbar genickt. Als ihm eine zweite Sitzung angeboten wird, entspannt er sich und macht einen sehr zufriedenen Eindruck.]

Der letzte Kommentar von seiten des Therapeutenteams basiert auf den folgenden Elementen aus der Therapiesitzung: auf dem Traum, den Bruno erzählt, auf dem hypothetischen Traum, den der Therapeut in die Abschlußsitzung der Therapie verlegt, und auf Brunos Gefühl, sich in einer *Sackgasse* zu befinden und den Erwartungen seines Vaters nicht zu genügen. Der Therapeut beginnt seine Ausführungen mit der Metapher von Atlas, der das Gewicht der Welt auf seinen Schultern trägt, und schließt mit der Deutung des hypothetischen Traumes, der am Ende der Therapie stehen könnte: Dadurch, daß Bruno ein vollkommenes Kind für seinen Vater zeugt, kann er schließlich als ein Erwachsener mit den erforderlichen Qualifikationen betrachtet werden und folglich aus seiner *Sackgasse* herausfinden. Inhalt und Sprache dieser Intervention sind auf den Klienten zugeschnitten, indem die wesentlichen Elemente aus der Therapiesitzung, das Wissen und die Kenntnisse des Klienten (der auch Therapeut ist) sowie die Praxis der systemischen Therapie in die Überlegungen einbezogen werden.[7]

Durch die *Reductio ad absurdum* in der Beziehung zwischen Großvater, Sohn und Enkelkind können neue Emotionen und Bedeutungen hervorgebracht werden, die schließlich zur Lösung der existentiellen Krise des Klienten beitragen können. Am Anfang einer Gesamtanalyse der Sitzung könnte die Beobachtung ste-

---

[7] Der Kommentar am Ende der Sitzung enthält einige Elemente, die auch in der psychodynamischen Therapie angewandt werden könnten. Nichtsdestoweniger werden diese in den typischen Rahmen des systemischen Ansatzes eingeführt. Der Kommentar könnte als eine klassische Intervention der Umdeutung betrachtet werden.

hen, daß der Therapeut mit Themen arbeitet und häufig Metaphern benutzt. Mit anderen Worten: Der Therapeut identifiziert das, was Lai (1985) als „Motiv" bezeichnet. Er bezieht sich in seinen Äußerungen kontinuierlich auf das „Motiv", und der Klient reagiert darauf. An einem bestimmten Punkt werden drei Motive identifiziert: der Rücken des Klienten, die Lebensreise und die Vaterschaft. Wie die Töne in einem Musikstück um ein Motiv kreisen, so dreht sich das therapeutische Vorgehen mit seinen Metaphern um die einmal identifizierten Motive. Auf diese Weise konstruieren Therapeut und Klient gemeinsam eine Geschichte, in die beide Seiten emotionale und kognitive Elemente einbringen. Die Geschichte beginnt mit Brunos Rückenschmerzen, die in Zusammenhang stehen mit seinem Gefühl, in einer *Sackgasse* zu sein. Der Therapeut bietet eine Sichtweise von Brunos Symptom an, der zufolge dieses eher positiv als negativ zu bewerten ist, da es dem Klienten Zeit gibt, um über sich und seine Zukunft nachzudenken. Den Klienten scheint diese Umdeutung ziemlich zu berühren, und er erwägt die Möglichkeit, die Elemente zu erforschen, die für seine Krise verantwortlich sein könnten.

In gewissem Sinne teilt der Therapeut Bruno mit, daß dieser in seiner Entwicklung noch nicht so weit fortgeschritten sei und erst sein Gefühl, in der *Sackgasse* zu stecken, klären müsse, um dem Schiff die Erlaubnis zur Weiterreise erteilen zu können. Der Klient glaubt, daß er zur Klärung seiner Gedanken nur eine helfende Hand oder vorübergehend den Beistand des Therapeuten brauche, um auf den Weg seiner Entwicklung zurückzukommen. Bruno ist ein ausgezeichneter Klient für eine dichte und bedeutungsvolle Therapiesitzung, nicht nur deshalb, weil er außerordentlich intelligent und sensibel ist, sondern auch deshalb, weil er schon eine lange Therapie hinter sich hat und ebenso professionelles Wissen in diesem Bereich mitbringt.

Die in der Sitzung entwickelten Gedankenkonstruktionen und das Sprachniveau sind ziemlich anspruchsvoll und reflektieren die Kapazität beider Teilnehmer. Interessant ist die Anzahl der Themen, die hier angesprochen und in den späteren Sitzungen intensiver behandelt werden. Man bekommt den Eindruck eines komplexen Dialogs, der in weniger als einer Stunde die Hauptthemen im Leben des Klienten zusammenfaßt. Dieser Dialog ist typisch für eine Beratungssitzung, die für sich allein steht und auf die Bitte des Klienten eingeht, eine „Klärung" und keine Therapie zu bekommen. Die Bootmetapher zieht sich durch das Gespräch, und man könnte sagen, daß diese Einzelsitzung wie eine Reise mit einem Schiff ist, das von beiden Beteiligten gesteuert wird, wobei jeder sein fachliches Können und sein seemännisches Wissen einbringt. Der Therapeut hat seinen Schatz an Metaphern, und der Klient hat einen eigenen Wissensfundus. Sie arbeiten zusammen, und das Schiff bewegt sich – Bruno allein würde das nicht schaffen, aber gemeinsam sind Therapeut und Klient dazu imstande.

Die zweite Sitzung

Bruno: Es gibt zwei Dinge, über die ich gerne sprechen möchte. Ich war in Holland, wo ich ein Seminar machte, und ich war auch bei meinen Eltern. Ich dachte über die Geschichte mit meinem Vater nach, über die wir letztes Mal gesprochen haben, nun, über dieses Gleichsetzen meiner Person mit dem, was er von meiner beruflichen Entwicklung hält ... ich hatte das Gefühl, einen Weg zurückzugehen, den ich schon einmal gegangen bin. Bei meiner Wanderung in diese Richtung kamen alte Wunden zum Vorschein. Als ich bei meinen Eltern war, träumte ich von so vielen Dingen, die ich bereits hinter mir gelassen hatte, und von der Gefahr, das Thema meiner Beziehung zu meinem Vater wieder auf den Tisch zu bringen. Das ist das eine. Das andere ist, daß in diesen vergange zwei oder drei Wochen mein Rücken wieder schlimmer geworden ist. Ich habe stärkere Schmerzen, und ich fühle mich weniger standfest auf meinen Füßen. Es scheint im Moment alles schiefzugehen. Ich ließ einige Untersuchungen machen. Es gibt eine leichte Verschiebung meines Rückgrats nach links, und um mich wieder ins Gleichgewicht zu bringen, haben sie mir eine Senkfußeinlage mitgegeben *[er zeigt auf seinen rechten Schuh]*.

Therapeut: Was glauben Sie, ist der Grund, weshalb es Ihrem Rücken schlechtergeht?

Bruno: Einerseits hat es, glaube ich, damit zu tun, daß wir letztes Mal über meinen Vater gesprochen haben. Dadurch bin ich auf meine Analyse zurückgekommen, und ich hatte gedacht, sie bewältigt zu haben. Andererseits habe ich mich an einer physiologischen Erklärung festgebissen. Ich kann nicht mehr unterscheiden, wieviel von meinem Rückenproblem psychisch bedingt oder mental ist und wieviel davon physiologisch ist.

Therapeut: Was ich noch über das Schmerzsyndrom im unteren Rückenbereich weiß, ist das, daß schwer zu sagen ist, was biologische Ursachen hat und was von anderen Dingen kommt. Mit anderen Worten: Es läßt sich kaum unterscheiden, was psychisch bedingt ist, was somatisch ist und was psychosomatisch ist.

Bruno: Ich denke ständig darüber nach, was denn eigentlich schlimmer werden könnte, wenn ich diese Symptome nicht hätte, aber ich bin bis jetzt zu keinem Schluß gekommen.

Therapeut: In welcher Verfassung sind Sie heute hierhergekommen?

Bruno: In ziemlicher Verzweiflung. *[Er korrigiert sich.]* Eigentlich, ich würde sagen, etwas verzweifelt.

Welche Überraschung! Der Therapeut bzw. das Therapeutenteam hat nach Brunos erster Sitzung zumindest eine Abschwächung des Symptoms erwartet, wie das nach den ersten beiden Begegnungen mit dem Ehepaar der Fall gewesen ist. Diese Erwartung beruht auch auf der Einschätzung, daß die Sitzung mit Bruno gut gewesen sei. Durch die Verschlimmerung von Brunos Rückenschmerzen sind nun wieder alle Aspekte zur Disposition gestellt. Man kann sich folgendes fragen: Ist Brunos derzeitiger Zustand ein Zeichen dafür, daß er die indirekten Vorteile seines Symptoms nicht aufgeben kann, und zwar aus Gründen, die bis dahin nicht klar sind? Ist Brunos Zustand ein Zeichen dafür, daß er von Therapeuten abhängig ist, zu denen er tendenziell eine „endlose" Beziehung aufbaut? Ist Brunos Zustand ein Zeichen dafür, daß er die Übertragung zu seiner überweisenden Analytikerin noch nicht verarbeitet hat; sind seine Schmerzen schlimmer geworden, weil seine frühere Analytikerin ihn nicht wieder zur Therapie angenommen hat, sondern ihn statt dessen zu einem Therapeuten geschickt hat? Vielleicht gibt es auch andere und einfachere Erklärungen. Denkbar wäre, daß Bruno sich schwertut, normale chronische Beschwerden, derentwegen man im allgemeinen keine Psychotherapie macht, zu akzeptieren und damit zu leben. Eine andere Erklärung wäre, daß der Therapeut den Fehler begangen hat, schon in der Beratungssitzung Brunos Verhältnis zu seinen Eltern explizit anzusprechen, als ob der Klient bereits in Therapie sei, statt die Sitzung als eine rein exploratorische anzulegen. Eine dritte Möglichkeit wäre, daß Brunos Rückenprobleme eine Funktion in der Beziehung des Ehepaares haben insofern, als die Schmerzen im Vordergrund stehen und somit Ehekonflikte nicht thematisiert werden. Brunos Rückenschmerzen könnten auch die Funktion haben, daß seine Frau ihre Aufmerksamkeit, die momentan dem neugeborenen Kind zuteil wird, auf ihn richtet.

Therapeut: In welcher Hinsicht sind Sie verzweifelt? Sind Sie zum Beispiel hierhergekommen, um Ihr Leben in meine Hände zu legen mit der Bitte: „Tun Sie etwas, um mir zu helfen" – meinen Sie das in diesem Sinne? Oder sind Sie verzweifelt in dem Sinne, daß Sie keine Hoffnung mehr haben, ich könnte doch etwas unternehmen?

Bruno: Nein. Ich habe Hoffnung.

Therapeut: Aber glauben Sie daran, daß ich etwas tun kann, um Ihr Problem zu lösen?

Bruno: Ja. Wir können ein paar Dinge klären, so daß ich klarere Gedanken bekomme ... Zum Beispiel, was im vergangenen Februar geschah, als ich mit Emanuela von hier wegging: Die Dinge mit ihr wurden geklärt, und es gab nichts mehr darüber zu diskutieren. Das Gespräch über meinen Vater ließ wieder Wunden aufbrechen, die geschlossen waren, oder zumindest dachte ich das ...

Therapeut: Darf ich Ihnen jetzt sagen, was ich vermute. Als Sie berichteten, daß Ihre Rückenschmerzen seit dem letzten Mal schlimmer geworden seien, war ich sehr überrascht, weil ich erwartet hatte, daß sie nach der letzten Sitzung besser geworden wären. Mir fällt dazu die Hypothese ein, daß Sie mit der Sprache Ihres Körpers – das heißt durch die Verschlimmerung Ihrer Rückenschmerzen – folgendes mitteilen: „Es geht mir schlechter. Lassen Sie mich nicht allein. Ich möchte meine Reise zusammen mit Ihnen fortsetzen, weil ich nicht ohne Hilfe gehen kann. Ich möchte gemeinsam mit Ihnen gehen" – wissen Sie, wie Dante und Vergil. Und um sich an mich anlehnen zu können, müssen Sie irgendeinen Grund vorweisen, und der besteht darin, daß Ihre Rückenprobleme stärker werden. Ich weiß nicht, ob meine Deutung der Situation für Sie nachvollziehbar ist.

Bruno [nach einem langen Schweigen]: ... Aber ... das ist nicht rational, ich könnte eigentlich nicht sagen, daß ich immer noch daran arbeiten möchte ...

Therapeut: Wenn wir einmal das Problem mit Ihren Rückenschmerzen beiseite lassen und fragen, wie Sie Ihr Leben jetzt sehen, glauben Sie, daß Sie Hilfe brauchen? Das heißt, glauben Sie, daß Sie die Art von Problemen haben, die eine Therapie notwendig machen?
Bruno [nach einem verlegenen Schweigen]: ... Nein.
Therapeut: Also haben Sie ein Gefühl der Sicherheit, daß Sie imstande sein werden, Ihren Weg im Leben fortzusetzen? Brauchen Sie einen Vergil, der Sie begleitet?
Bruno: Nein. Die Sache hat zwei Seiten ... einerseits habe ich nicht das Gefühl, eine Therapie zu brauchen, aber andererseits spricht mein Körper eine andere Sprache, und er sagt mir: „Das ist nicht wahr. Du brauchst jemanden, der dir den Rücken stärkt." In diesem Sinne kam ich hierher und habe Unterstützung gesucht ... ohne mein Rückenproblem ... wenn ich mich wohl fühlen würde, bin ich nicht ... nicht sicher ... ob ich noch einmal gekommen wäre.

Die Situation beginnt sich zu klären, indem der Klient explizit mitteilt, daß er nicht um eine Psychotherapie ersucht hätte, wenn er keine Rückenschmerzen gehabt hätte. Da aber die Schmerzen an verschiedenen Stellen im Körper empfunden werden und flächig sind, haben schon alle anderen Spezialisten (Orthopäden, Physiotherapeuten und der Akupunkturist) auf die psychische Bedingtheit der Symptome hingewiesen. Mit Brunos letzter Aussage wird nun ein paradoxes Element in seinem Wunsch nach Unterstützung eingeführt: Er bittet um eine Psychotherapie, um ein psychosomatisches Problem zu lösen, ohne sich aber auf die Psychotherapie einzulassen! Tatsächlich zeigt seine Reaktion auf die vorangegangene Sitzung, daß diese nutzlos, wenn nicht sogar schädlich gewesen ist! Es ist nun interessant zu erfahren, wie der Psychotherapeut diese paradoxe Situation auflöst. Betrachtet man diese Situation im nachhinein, läßt sich folgendes dazu sagen: Obwohl der Klient explizit darum bittet, von seinen Rückenschmerzen befreit zu werden, beschließt der Therapeut bereits nach dem ersten Gedankenaustausch, an der „Person" und ihren Konflikten zu arbeiten. Hätte der Therapeut gespürt, daß die Beseitigung des Symptoms hier von vorrangiger Bedeutung ist, dann hätte er sich für eine Intervention aus dem strategischen Therapieansatz entschieden.

Therapeut: Letztes Mal sagten Sie einen Satz, der einen starken Eindruck bei mir hinterließ. Sie sagten: „Ich sollte bekannt sein. Ich sollte anerkannt sein für die Arbeit, die ich mache." Als Führer einer Bewegung bzw. als jemand, der etwas Bedeutsames geleistet hat, anerkannt zu sein ist etwas, das Sie Ihrem Gefühl nach aber nicht erreicht haben. Ist es denkbar, daß Ihre Rückenschmerzen Ihnen helfen, einen noch stärkeren Schmerz, eine narzißtische Wunde, oder vielmehr eine Enttäuschung darüber zu vermeiden, daß Sie die Ziele nicht erreichen können, die Sie Ihrem Gefühl nach erreichen sollten? Sie haben letztes Mal in diesem Zusammenhang von Ihrem Vater gesprochen, weil Ihr Vater unglaubliche Ziele in seinem Leben erreicht hat.

Bruno: Hier sind vielleicht zwei Themen zu diskutieren. Eines ist das, was Sie gerade angesprochen haben, und das andere ist das, Vater zu sein ... als Sie gerade geredet haben, dachte ich, wenn ein Kind geboren wird ... ist es schwierig ... ist es wie ein Bild, das sich so oder so entwickelt. *[Er macht Bewegungen, als ob er zwei verschiedene Bilder auf der Vorder- und Rückseite eines Blattes anschaue.]*

Therapeut: Ich stelle manchmal fest, wenn ich Sie so beobachte, wie Sie sprechen und sich ausdrücken, daß ich den Eindruck bekomme, Hamlet hier vor mir zu haben. Wissen Sie, Hamlet, wie er einen Totenkopf hält und sagt: „Sein oder Nichtsein, das ist hier die Frage." „Schlafen, träumen", es ist, als ob Sie ständig in einem Zwiespalt seien. „Gehen oder stehenbleiben?" vielleicht. *[Beide Männer lachen.]* Vorwärtsgehen oder stehenbleiben? Eine Therapie machen oder doch keine Therapie machen?

Der Therapeut versucht nicht sofort, aus der *Sackgasse*, das heißt aus der paradoxen Situation, in die sein Klient ihn gebracht hat, herauszukommen, indem er zum Beispiel fragt, was er, der Klient, ihm raten würde zu tun. Er kehrt statt dessen zu einem Thema zurück, das zuvor schon behandelt worden ist, und stellt dadurch die Suche nach einem Weg aus einer Situation ein, die absurd hätte werden können. Diese Entscheidung erscheint dem Therapeuten zum gegebenen Zeitpunkt als die „bestmögliche Wahl". Im Rückblick erscheint sie zweifelhaft, weil sie die Entwicklung eines symmetrischen, einander entgegengesetzten Verhältnisses zwischen Klient und Therapeut begünstigt (Konfrontation). Je deutlicher der Klient mitteilt, daß er keine Psychotherapie brauche, desto analytischer arbeitet der Therapeut. Wenn der Klient etwas verwirrt sagt: „Hier sind vielleicht zwei Themen zu diskutieren", reagiert der Therapeut leicht aufgebracht. (Die Videoaufnahme zeigt, daß der Therapeut seine Irritation nur schwer verbergen kann.) Er listet eine Reihe von Problemen seines Klienten auf und erwähnt auch die grundlegende Frage, ob der Klient eine Therapie machen wolle oder nicht. Man kann hier die Hypothese formulieren, daß die Reaktion des Therapeuten zu einem Großteil durch die vorhersehbare „Qual" verursacht sei, sich in einer paradoxen Beziehung zu befinden, in der seine Kompetenz nicht anerkannt wird; und das passiert ausgerechnet nach einer aus der Sicht des Therapeuten „guten" ersten Sitzung, von der er eine positive Entwicklung beim Klienten erwartet hat. Ein weiterer Grund, weshalb der Therapeut in eine symmetrische Beziehung eintritt, kann in seinem verletzten Stolz liegen, weil er von einem Klienten bzw. Fachkollegen kritisiert worden ist. Doch die humorvolle Wende, die der Therapeut durch den Vergleich seines Klienten mit Hamlet einleitet, stoppt die symmetrische Eskalation und beruhigt die Situation, wie das gemeinsame Lachen beweist.

Bruno: Ja, das ist wahr. Ich bin mir bewußt, daß ich manchmal eher eine Rolle spiele, als daß ich klare Worte spreche. Ich bin etwas verwirrt. Ich war drei Jahre lang in Therapie bei meiner Analytikerin Dr. Verdi, und dann redete ich mir ein, daß ich genug hätte. Doch später ging ich zu ihr zurück, weil ich ein Problem hatte mit meiner Frau, und dann schickte sie mich zu Ihnen.
Therapeut: Somit haben Sie hier in Italien ein neues Paar Eltern gefunden. Etwas wie Ihren Vater und wie Ihre Mutter ... Sie sind schon eine lange Zeit in Therapie, zuerst bei Dr. Verdi, dann sind Sie hierher gekommen.
Bruno: Und jetzt frage ich mich, wonach ich eigentlich suche ...? Sie hat mir empfohlen, zu Ihnen zu gehen.
Therapeut [lächelnd]: Sie hat Ihnen also empfohlen, hierher zu gehen ... wie wenn eine Mutter sagt: „Gehe zu Papa. Jetzt spreche mit ihm über deine Probleme."
Bruno: Ja, weil ... ja, das stimmt. Sie hatte die Idee, daß etwas in meiner Beziehung zu Emanuela nicht stimme. Wir kamen hierher, und das, was Sie uns sagten, hatte eine gewaltige Wirkung.

Ich habe Ihre Botschaft so verstanden: Ich bin am Ende meiner Lehr- und Wanderjahre angekommen, und jetzt kann ich meine Reise selbst gestalten. Das hatte eine gewaltige Wirkung ... Doch jetzt verstehe ich nicht, wonach ich eigentlich suche. Es kommt mir vor, als ob ich Hilfe suchte wegen dieses Symptoms ... Ich könnte sagen: „Ich kann nicht ohne Hilfe gehen." ... Ich weiß nicht. Ich weiß nicht, was ...

Wir sind wieder da, wo wir angefangen haben. Der Klient sagt: „Es kommt mir vor, als ob ich Hilfe suchte wegen dieses Symptoms", weil er glaubt, seine Beziehungs- und Lebensprobleme bereits gelöst zu haben. Dennoch offenbaren die letzten Gesprächspassagen sein grundlegendes Gefühl von Unsicherheit, sein Bedürfnis nach Bestätigung durch andere und seine Abhängigkeit von den Urteilen anderer Menschen. Ungeachtet der Tatsache, daß Brunos Auftreten auf einen sanften, höflichen und nicht aggressiven Menschen schließen läßt, gibt er klare Botschaften, daß er für seine Ideen kämpft. Die folgende Frage wird typischerweise in einer ersten Therapiesitzung gestellt und impliziert, daß das Thema noch einmal ganz von vorne behandelt werden muß.

Therapeut: Was hätten Sie in Ihrem Leben gerne anders, was würden Sie verändern wollen?
Bruno: ... Ich wäre gerne ein guter Vater ... aber das ist keine Veränderung.
Therapeut: Nehmen wir einmal an, daß heute nacht ein Wunder geschähe und daß sich morgen alles, was Sie wirklich anders haben wollten, verändert hätte, was hätte sich dann verändert? *[Es entsteht ein langes Schweigen, und es scheint, als ob der Therapeut auf eine Antwort warte, die jedoch nicht kommt.]* Oder mit anderen Worten: Was müßten Sie ändern, damit Sie zufrieden sind? Müßten Sie zum Beispiel in ein anderes Land ziehen: Holland oder Italien? Müßten Sie bei Ihrer Arbeit Veränderungen vornehmen? Oder bei Ihren persönlichen Beziehungen? Was müßte sich verändern?
Bruno [nach einer langen Pause]: Nun ... das ist eine schwierige Frage.
Therapeut: Denken Sie darüber nach. Nehmen Sie sich Zeit.
Bruno: Nun, ich könnte nur das wiederholen, was ich schon gesagt habe – daß ich nicht zufrieden bin mit meiner Arbeit, aber es ist schwer zu sagen, was ich eigentlich möchte – eine feste Ar-

beitsstelle haben oder lieber reisen, ob ich das tun möchte, was ich jetzt mache, oder ob ich andere Interessen entwickeln möchte. Ich hätte gerne eine Schule gegründet, ein Institut, aber ... das ist nicht leicht.

Das lange Schweigen, das der Frage des Therapeuten nach dem hypothetischen Wunder folgt, die lange Pause, bis Bruno auf die Ausführungen des Therapeuten reagiert, und der Inhalt von Brunos Antwort (die nur wiederholt, was schon viele Male erwähnt worden ist) sind Beweise für die therapeutische *Sackgasse*. Therapeut und Klient scheinen auf unterschiedlichen Wellenlängen zu agieren.

Therapeut: So glauben Sie also, daß eine gewisse innere Qual da ist, eine existentielle Qual?
Bruno: Ja, man könnte es so bezeichnen ... vielleicht ist es auch wegen meines Alters ... um als freiberuflicher Akademiker etwas zuwege zu bringen, braucht es viele Jahre ... Wenn ich das, was ich momentan mache, für eine feste Anstellung aufgäbe, wäre das eine Entscheidung, die man am anderen Tag nicht revidieren könnte ... nichtsdestoweniger fühle ich mich an diesem Punkt in der Falle ...
Therapeut: Sind Sie verwirrt?
Bruno: Ja.

In diesem Abschnitt spürt man den Versuch, vor allem von seiten des Therapeuten, aus der *Sackgasse* herauszukommen, um den Teufelskreis zu durchbrechen, in dem sich Therapeut und Klient befinden. Mit der folgenden Frage, die sich von allen bisherigen Fragen unterscheidet, eruiert der Therapeut, ob und wie Bruno in der Rolle des Therapeuten das therapeutische Verhältnis mit dem Klienten Bruno beenden würde. Der Therapeut versucht hier, aus einer Situation der sich wiederholenden symmetrischen Eskalation auszusteigen, indem er den Klienten aus der früher erwähnten paradoxen Beziehungsfalle heraustreten läßt.

Therapeut: Wenn Sie jetzt einen Patienten in Ihrer Situation vor sich hätten, was würden Sie tun? Würden Sie das Gespräch sofort beenden und die Beziehung abbrechen, oder würden Sie wei-

termachen und ihm eine Therapie anbieten, oder würden Sie ihn zu einem anderen Therapeuten schicken?
Bruno [steht auf und setzt sich auf einen danebenstehenden Stuhl]: Ich setze mich jetzt hierher, weil es mir da leichter fällt, über mich zu sprechen. *[Er zeigt auf den Platz, wo er gesessen hat.]*
Therapeut: Gut. Machen Sie das. *[Bruno lacht.]* Wenn Sie wollen, lasse ich Sie jetzt reden. Ich kann mich auf Ihren bisherigen Stuhl setzen und die Rolle wechseln und als Patient agieren, oder ich kann bleiben, wo ich bin, und Beobachter sein. Sie entscheiden ...

Ganz unerwartet setzt sich Bruno auf einen anderen Stuhl. Er scheint sich über seine plötzliche Eingebung zu freuen, die ihn dazu motiviert, die Rollen von Klient und Fachkollege zu trennen. Vielleicht hat ihn die vorangegangene Sitzung auf diese Idee gebracht, als der Therapeut auf zwei leere Stühle gezeigt hat, um Brunos Eltern zu vergegenwärtigen; oder die Lektüre über das Rollenspiel hat den Klienten zu dieser Handlung angeregt. Der Therapeut seinerseits „bietet mit" und läßt Bruno die Wahl zwischen zwei möglichen Szenarien: In einem Fall würde der Therapeut die Rolle des Klienten annehmen, wie etwa bei der Übung des Rollenspiels in der Therapeutenausbildung, im anderen Fall würde er die Rolle des Therapeuten und Beobachters beibehalten und Bruno die Doppelfunktion des Therapeuten und Klienten überlassen.

Man kann hier zwei Überlegungen anstellen. Erstens kommt der Therapeut aus der symmetrischen Position heraus, indem er die Entscheidung des Klienten, sich auf einen anderen Stuhl zu setzen, akzeptiert und vor allem, indem er Bruno die Wahl anbietet zwischen zwei Rollen, die er als der Therapeut übernehmen kann. Beide Rollen, Klient oder nur Beobachter zu sein, implizieren komplementäre Positionen.[8] Zweitens hat Bruno in der Rolle seines eige-

---

8 In den Siebzigern hätte man gemäß Jay Haley und in der Terminologie jener Zeit dies als eine „pseudokomplementäre" Handlung des Therapeuten bezeichnet, die es ihm erlaubt hätte, der Position des Klienten um eine Nasenlänge voraus zu sein, während der Klient in der Illusion gelassen wird, die Kontrolle in der therapeutischen Beziehung zu haben. Heutzutage sehen wir das aus einer anderen Perspektive. Inzwischen liegt der Schwerpunkt in der therapeutischen Beziehung eher darauf, dem Klienten zuzuhören und mit ihm zusammenzuarbeiten, als daß der Therapeut direkt oder indirekt Kontrolle über die Beziehung zu dem Klienten ausüben möchte.

nen Therapeuten die Möglichkeit, daß er Emotionen und Sinnzusammenhänge sowohl aus seinen beiden Rollen wie auch von seiten seines wirklichen Therapeuten miteinander verbinden kann.

Es ist eine Situation, die an Pirandellos Dramatik des Scheins und Seins erinnert. In der Rolle des Therapeuten beobachtet Bruno sich selbst in der Rolle des Klienten, doch gleichzeitig wird er von seinem wirklichen Therapeuten beobachtet. Diese Situation ist vergleichbar – therapeutisch aber weitaus wertvoller – mit der, wenn ein Klient die Videoaufzeichnung einer seiner Sitzungen anschaut, um den Therapeuten in seiner Rolle als Beobachter zu beobachten. Eine solche Aufgabe, bei der der Klient sowohl den Therapeuten als auch sich selbst aus verschiedenen Blickwinkeln beobachtet, kann zu blitzartigen Erkenntnissen und Ideen führen.

Bruno: Lassen wir ihn frei. Es ist besser so *[zeigt auf den leeren Stuhl]*. Meinem ersten Eindruck nach, den ich von ihm habe, ist da etwas, das ihn in ein Grab hineinzieht, und zwar von hinten. Er möchte sich aufrichten und ... ich sage Ihnen, was mir dazu einfällt ... und dann erzählte er mir, als er bei Dr. Verdi in Therapie war, hatte er am Anfang die Vorstellung von seinem Vater, der sich direkt vor ihm [Bruno als Kind] aufrichtet, das Kind kann noch nicht aufstehen, und seine Mutter geht weg, und dieser Vater, der starr stehenbleibt, und dieser kleine Junge versucht, sich aufzurichten, und versteht nicht, was sein Vater von ihm möchte und wohin er gehen soll, und wie sich der Klient heute immer noch in dieser Situation befindet. Er weiß nicht, daß er sich aufrichten kann! Es kommt ihm so vor, als ob er vor einem Riesen stehe, der sich da aufgebaut hat und nicht bewegt. Die eine Sache ist die, sich zu erheben, um das aber zu tun, wenn man klein ist, da besteht die Gefahr, daß einem das Rückgrat bricht. Und das ist die Vorstellung, die ihn hinunterzieht. Also was soll ich tun? ... Ich sollte ihn ein Stück weit bei seiner Suche begleiten ... er sucht etwas, das er schließlich schon hat, aber er hat Zweifel, die er noch zerstreuen muß, wie Sie sagten, ob sie existentieller Natur sind oder nicht ... Ich glaube, daß ein Patient, der Sie oder mich fragt: „Was kann ich tun, um ...?" nicht genügend Ideen hat, wie er aus seiner Zwangslage herauskommen kann. Mir fällt noch eine andere Hypothese ein. Vielleicht braucht er auch einen anderen Mann, der ihn an die Hand nimmt und sagt: „Das hast du gut gemacht. Jetzt nehme ich dich an die Hand und zeige dir eine neue Situation."

Therapeut: Würden Sie das als Klient von Ihnen als Therapeut verlangen?

Bruno: Ja, dieser Patient *[er zeigt auf den Platz, auf dem er vorher gesessen hat]*.

Therapeut: Sie sagen: „Er sucht nach einem Mann, nach einem Mann, der ihn führen solle."

Bruno: Und der sagt: „Das ist nicht die einzige Situation, die im Leben existiert. Es gibt noch eine andere."

Therapeut: Wie interpretieren Sie die Botschaft, die Sie als Therapeut bekommen?

Bruno: Er ist verzweifelt und erwartet von mir, daß ich seine Hand nehme.

Therapeut: Und tendieren Sie dazu, ihm Ihre Hand zu geben? Haben Sie die Absicht, ihm zu helfen?

Es ist signifikant und auch ziemlich überraschend, daß sich der Klient im Rollenspiel auf das Thema seiner Beziehung als Kind zu seinem Vater konzentriert, über die er zuvor gesagt hat, daß er sie in seiner Analyse bereits verarbeitet habe. Genau in dieser Sitzung hat Bruno die Arbeit des Therapeuten kritisiert, weil dieser das Thema angesprochen hat, und gesagt, daß dadurch alte Wunden wieder aufgebrochen seien und sich deshalb vielleicht seine Rückenbeschwerden verschlimmert hätten. Hier nun stellt Bruno nicht nur die Vater-Sohn-Beziehung in den Mittelpunkt, sondern wiederholt auch noch die Ansichten, die der Therapeut in der vergangenen Sitzung geäußert hat.

In diesem Abschnitt gewinnt man den Eindruck, daß sich der Klient das Recht nimmt, dem Therapeuten den „direkten Weg" aufzuzeigen, wie Vergil es mit Dante Alighieri gemacht hat. Diese Umkehrung der Rollen in der therapeutischen Beziehung kann auch mit Brunos Doppelrolle – als Klient und Kotherapeut – zusammenhängen, durch die die Beziehung auf mehrere Ebenen verlagert werden kann: auf die Ebene der Therapie, der Ausbildung und der Supervision!

Bruno: Er erwartet etwas von mir, das sein Vater ihm nicht gegeben hat. Ich sollte die Funktion seines eigenen Vaters übernehmen.

Therapeut: Wem hat sein Vater die Hand gereicht? Wem hat sein Vater sie gereicht, wenn nicht ihm? *[Zeigt auf den Stuhl, den der Patient frei gelassen hat.]* Hat er die Hand seiner Frau gereicht? Seiner Tochter? Oder überhaupt niemandem?

Bruno [scheint gerührt und streckt seine rechte Hand aus]: Er hat sie niemandem gereicht, weil es eine Hand war voller Traurigkeit und Härte. Er hat seinen Sohn auf diese Weise geschützt. Er hat ihn dadurch geschützt, daß er ihm seine Hand nicht gereicht hat ... Auch er wollte Hilfe haben. Dieser Vater hat um Hilfe gebeten, und gleichzeitig war er voller Wut ... Er wollte Hilfe von seinem Sohn haben.

Therapeut: Wie kommt es, daß sein Sohn ihm die Hand nicht gereicht hat? Ist es denkbar, daß der Sohn sie ihm nicht gereicht hat, weil er diesen Vater gar nicht wahrgenommen hat, weil der Sohn zum Beispiel seiner Mutter die Hand gereicht hat? Oder hat er vielleicht seiner Mutter beide Hände gereicht?

Bruno: Ja ... aber dieser Mann war auch sehr starr. Er hat sich nie auf die Stufe runtergebeugt, wo er seinen Sohn hätte erreichen können.

Therapeut [scherzhaft]: Sein Sohn hätte sich runterbeugen sollen ...

Bruno [deutet mit der Hand die Größe eines Kindes an und lächelt]: Aber ich war klein!

Therapeut: Wie denken Sie als Therapeut über die Zukunft Ihres Klienten, der sich nun an diesem Punkt seines Leben befindet? Beabsichtigen Sie, ihm die Hand zu reichen? Oder würden Sie sie ihm nicht reichen, weil es vielleicht nicht hilfreich wäre, weil er dadurch abhängig bleiben könnte?

Bruno: Nein, er wird nicht abhängig bleiben. *[Er berührt seine Stirn.]* Jetzt bin ich etwas verwirrt, weil Sie die Sache erwähnten, ihm eine Hand zu reichen ... Dieser Patient hat seinem Vater nie die Hand gereicht. Dieser Patient hat immer nur das Gegenteil angenommen.

Therapeut: Vorhin habe ich die Hypothese geäußert, daß er die Hand seinem Vater deshalb nicht gereicht habe, weil er sie seiner Mutter gereicht hat.

Bruno: Vielleicht hat er Angst davor *[zeigt auf den Stuhl des „Patienten"]*, daß sein Kind ein Junge werden könnte. Vielleicht weiß er nicht, wie er die Hand einem Jungen reichen soll.

Therapeut: Wenn Ihr Kind auf der Welt ist, wird es eine Zeit geben, in der es, wie das alle kleinen Kinder tun, der Mutter die Hand hinstreckt und nicht Ihnen. Vielleicht fühlen Sie sich dann ausgeschlossen *[lächelnd]*. Vielleicht haben Sie dann eine Art von „Wochenbettdepression", wie Väter sie durchmachen, wenn ihr Kind geboren wird. Vielleicht fühlen Sie sich auch so, wie Sie es bei Ihrem Vater vorhin beschrieben haben, ein bißchen einsam, weil das Kind nicht Ihnen die Hand hinstreckt.

Bruno: Vielleicht.

Therapeut [zeigt auf den leeren Stuhl]: Es könnte durchaus sein, daß er tief in seinem Innern spürt, daß er an einem toten Punkt angekommen ist, daß die Zeit an einem bestimmten Punkt in seinem Leben stehengeblieben ist. Ich spreche von der emotionalen und psychischen Zeit in dem Sinne, daß er an einer Situation hängt, die in Zusammenhang steht mit seiner Herkunftsfamilie. Da die chronologische Zeit immer weitergeht, ist er zwar biologisch erwachsen geworden, aber in seinem Inneren ist noch etwas ungelöst.

Bruno [mit tieferer Stimme und langsamer]: Aber er hat seine Hände entdeckt. Er hat mir erzählt, daß er früher in seinen Händen kein Gefühl gehabt habe, aber jetzt habe er seine Hände entdeckt. Er spüre allmählich ein Gefühl von Wärme ... In der Vergangenheit hat er sogar das Gefühl gehabt, überhaupt keine Hände zu haben, aber jetzt hat er sie ... Jetzt braucht er jemanden, der ihn hochzieht. *[Er macht eine Bewegung, die aussieht, als ob er dem „Patienten" beim Aufstehen helfe.]*

Therapeut: Ja, aber was denken Sie gerade jetzt in Ihrer Rolle als Therapeut? Glauben Sie, daß er es braucht, bei Ihnen weiterzumachen, oder nicht?

Bruno [in Gedanken]: Ja, er braucht mich, um aus diesen Zweifeln herauszukommen; das ist, wie wenn er in einen Spiegel schaut und sieht, was in seinem Inneren ist ... Vielleicht kann das ihm helfen ...

Therapeut [steht auf]: Ich werde mich jetzt mit meinen Kollegen beraten.

Bruno: In Ordnung. Entschuldigung, soll ich mich wieder auf meinen Stuhl setzen oder hier bleiben?

Therapeut: Sie können sich wieder auf Ihren Stuhl setzen. Sie können jetzt Ihre Rolle verlassen. *[Er verläßt das Zimmer.]*

In diesem Abschnitt bekommt der Dialog zwischen Bruno, in der Rolle des Therapeuten, und dem Therapeuten mehr Prägnanz und Tiefe. Der Inhalt des Dialogs ist der gleiche wie in früheren Gesprächen, doch der Wahrnehmungsrahmen ist ein anderer. Zeitweise wirkt Bruno tief bewegt, vor allem wenn er über die Einsamkeit seines Vaters und über ihre wechselseitige Schwierigkeit, sich einer Beziehung des gegenseitigen Vertrauens zu öffnen, spricht und ebenso wenn er erwähnt, daß er seine Hände entdeckt habe. Auch der Ton des Therapeuten weist auf eine intensivere emotionale Beteiligung hin. Im Kommentar, der dieser Gesprächspassage vorausgeht, wird die Hypothese bzw. die Vermutung aufgestellt, daß der Klient durch seine Umkehrung der Rollen in der Klient-Therapeut-Beziehung indirekt den Kurs vorgebe, dem der Therapeut folgen solle. Liest man aber den obigen Ausschnitt vor allem im Hinblick auf Emotionen, dann könnte man fast an eine hypnotische Beziehung denken, die durch den konstruierten Drei-Parteien-Dialog zwischen Klient, Kotherapeut und Therapeut gefördert wird. Der Therapeut praktiziert jedoch keine Hypnose.

Es ist bemerkenswert, daß der Therapeut dreimal versucht, Bruno in seiner Rolle als Kotherapeut zu einer Stellungnahme zu bewegen, ob er die Therapie mit seinem „Klienten" fortsetzen würde oder nicht. Erst beim drittenmal reagiert Bruno verbindlich und bejaht die an ihn gestellte Frage, wodurch er die notwendigen Voraussetzungen für die abschließenden Ausführungen des Therapeuten legt.

[Der Therapeut betritt wieder das Zimmer.]
Therapeut: Das Gespräch mit meinen Kollegen hat ergeben, daß wir eine Einzeltherapie bei Ihnen für angezeigt halten. Ich selbst mache Therapien, die maximal 20 Sitzungen umfassen, wobei die einzelnen Sitzungen im Abstand von zwei bis drei Wochen durchgeführt werden. In diesen 20 Sitzungen wären die beiden zurückliegenden Sitzungen enthalten. Viele Klienten beenden die Therapie schon vor der 20. Sitzung. Wenn der Klient in der 20. Sitzung das Gefühl hat, daß er noch weitere Unterstützung braucht, dann wird die Therapiesituation neu überdacht. Wenn ich zu dem Schluß käme, daß meine Ressourcen erschöpft sind, könnte ich die Therapie nicht fortsetzen, und in diesem Falle wäre es dem Klienten freigestellt, zu einem anderen Therapeuten zu gehen. Die meisten Einzelsitzungen finden ohne das

Therapeutenteam statt, und wenn der Klient die Erlaubnis gibt, werden die Sitzungen aufgezeichnet. *[Die finanziellen Bedingungen werden festgelegt.]* Wenn Sie die Therapie fortsetzen möchten, können Sie uns das jetzt sagen oder sich Zeit nehmen und darüber nachdenken.
Bruno: Nein, ich habe mich schon entschlossen weiterzumachen.
[Der Therapeut macht einen Termin für die nächste Sitzung.]

Fortsetzung des Falles
Von der dritten Sitzung an beklagte Bruno sich nicht mehr über seine Rückenschmerzen. Er verhielt sich weiterhin wie ein Klient in einer analytischen Therapie und begann jede Sitzung mit der Erzählung eines oder mehrerer Träume, die er in ein Notizbuch geschrieben hatte. In der fünften Sitzung verkündete er freudig die Geburt seines Sohnes, auf den eine Zeitlang seine ganze Aufmerksamkeit als Mann und stolzer Vater gerichtet war. Bruno sprach nur selten über die Beziehung zu seiner Frau, was darauf schließen ließ, daß er die Konflikte in diesem Bereich gelöst hatte. Das Hauptthema der Therapie, wie es oftmals in Brunos Träumen zum Ausdruck kam, war sein Selbstvertrauen, vor allem in bezug auf mich, und die Konfrontation mit anderen Männern, insbesondere mit bedeutenden und renommierten Männern, von denen er nach eigenen Aussagen akzeptiert und geschätzt werden wollte.

Um der Entstehung einer symmetrischen Beziehung vorzubeugen, arbeitete der Therapeut nach einer Mischform aus systemischer Therapie und psychoanalytischem Ansatz – was seinem therapeutischen Habitus nicht entsprach; er sah aber, wie wichtig es war, daß er die Beiträge des Klienten akzeptierte.

Bis heute hat Bruno 14 Sitzungen hinter sich, wobei die 12. Sitzung aus jetziger Sicht anscheinend die wichtigste war. Diese Sitzung begann mit Brunos ziemlich schwachem Protest wegen der ostentativen Verspätung des Therapeuten (20 Minuten); Unpünktlichkeiten dieser Art waren außerdem nicht ungewöhnlich. Nach seinem Entschuldigungsritual fragte der Therapeut den Klienten, weshalb er seinen legitimen Protest wegen der Verspätung in einem so unterwürfigen Ton vortrage und seinen Ärger nicht offen zum Ausdruck bringe. Bruno fing sofort an, seinen Traum von letzter Nacht zu erzählen, in dem es um eine vertraute Szene aus seiner Kindheit ging und mit dem er Angst vor der Selbstbehauptung assoziierte, was dem, was sich gerade in der Sitzung abspielte, ähnlich war.

Durch die Analyse dieses Traumes und durch einige von Brunos jüngeren Erinnerungen an die Vergangenheit wurde der Therapeut dazu ermuntert, ein neues Szenario in Brunos Leben zu entwerfen. Bruno hatte als Kind, was die Beziehung zu seiner Mutter betraf, anscheinend die Illusion, auf einem Podest zu stehen. Er realisierte nicht, daß seine Mutter mit ihrem Ehemann durch tiefe Gefühle der Zuneigung und großer Bewunderung verbunden war. Brunos Schwester und der Vater hatten ebenfalls ein herzliches und verständnisvolles Verhältnis zueinander. Die fehlende Verbindung zwischen Brunos Hand und der Hand des Vaters, das zentrale Thema der zweiten Sitzung, war wahrscheinlich auf ein mangelndes Interesse des Vaters an seinem Sohn zurückzuführen. Obwohl Bruno sich dessen nicht bewußt war, schien diese Situation sein Selbstwertgefühl und sein Selbstvertrauen ausgehöhlt zu haben. Es war, als ob die Illusion, auf einem Podest zu stehen, und die „Wirklichkeit" einer kalten Welt aufeinandergeprallt seien, und nach Ansicht des Therapeuten war es genau diese Situation, die Bruno in der Therapie zu lösen versuchte.

Als der Therapeut diese Überlegungen anstellte, wurde Bruno zuerst bleich, als ob er einen Schock erlebt hätte; dann wurden seine Augen und sein Gesicht rot, und er brach in gequältes Schluchzen aus, dem ein langes Schweigen von beiden Seiten folgte. Die Stille wurde schließlich von Bruno mit einem Seufzer der Erleichterung und folgender Aussage durchbrochen: „Wir sind endlich an der alles entscheidenden Stelle angelangt!" In den folgenden Sitzungen machte Bruno einen heitereren und sichereren Eindruck, und er hatte nicht mehr den nachdenklichen Gesichtsausdruck wie früher.

Luciano M.: Gefangener eines Familienmythos

Dieser Fall hat seine Wurzeln in der Geschichte der Familie M. Der Vater unseres Patienten Luciano war Facharbeiter in einem Betrieb gewesen und hatte eine völlig neue Art der Webmaschine erfunden. Unverzüglich präsentierte er seine Erfindung der Firmenleitung, die ihn jedoch auslachte und ohne Umschweife wegschickte. Da Herr M. aber überzeugt war, daß seine Erfindung eine Zukunft habe, kündigte er seine Stelle bei besagter Firma und gründete zusammen mit ein paar anderen Arbeitern eine Werkstatt, um seine Erfindung auszuprobieren.

Der Versuch war erfolgreich, und schon bald bestellten Kunden aus aller Welt die Webmaschine. Innerhalb kurzer Zeit wurde aus der Werkstatt eine Fabrik, die kontinuierlich expandierte, bis schließlich Niederlassungen in einigen anderen Ländern eingerichtet werden mußten. Der Erfolg des Webmaschinenpatentes machte seinen Erfinder in der ganzen Gegend bekannt. Er wurde zu einem Mythos, und nach seinem allzu frühen Unfalltod im Alter von 35 Jahren wurde dieser Mythos noch zusätzlich ausgeschmückt und übertrieben.

Als Herr M. starb, war seine Tochter Maria acht Jahre alt und sein Sohn Luciano vier. Die Firma war auf die Ehefrau von Herrn M. und seine ältere Schwester übergegangen. Letztere brachte das Unternehmen energisch in ihre Kontrolle und war zum Zeitpunkt von Lucianos Therapie noch immer dessen Generaldirektorin. Der Firmenbesitz wurde aufgeteilt, wobei die Kinder von Herrn M. jeweils 35 Prozent der Firmenanteile bekamen und ihre Mutter nur 5 Prozent. Die Dividende aus diesen Anteilen reichte aus, um der Familie einen hohen Lebensstandard zu sichern.

Lucianos Schwester war mit einem jungen Mann verheiratet, der es schon sehr bald in dem Familienunternehmen zu einer hohen Position gebracht hatte. Maria und ihr Mann wohnten in einer neu erbauten Villa. Nicht weit davon weg sollten Luciano und seine Mutter eine Doppelvilla bewohnen, aber momentan lebten alle zusammen in einer Wohnung.

Als Luciano mit der Therapie begann, war er 24 Jahre alt. Sein Problem hatte drei Jahre zuvor mit einer Reihe von Panikanfällen begonnen. Der erste Anfall ereignete sich auf einer Reise nach England und zwang Luciano zur Umkehr. Seit damals tauchten seine Symptome immer wieder auf und hielten ihn davon ab, auf Reisen zu gehen oder sich sehr weit von zu Hause zu entfernen.

Luciano war einer der Hauptaktionäre der Firma seines Vaters, und er ging dort auch regelmäßig zur Arbeit, hatte aber für sich noch nicht die geeignete Position in dem Unternehmen schaffen können. Seine Tante drängte ihn, sich aktiver im Betrieb einzubringen, und sie war es auch, die wegen Luciano einen Arzt kontaktiert hatte, der sich seinerseits mit uns in Verbindung gesetzt hatte. Wir

Als Luciano mit der Therapie begann, war er 24 Jahre alt. Sein Problem hatte drei Jahre zuvor mit einer Reihe von Panikanfällen begonnen. Der erste Anfall ereignete sich auf einer Reise nach England und zwang Luciano zur Umkehr. Seit damals tauchten seine Symptome immer wieder auf und hielten ihn davon ab, auf Reisen zu gehen oder sich sehr weit von zu Hause zu entfernen.

Luciano war einer der Hauptaktionäre der Firma seines Vaters, und er ging dort auch regelmäßig zur Arbeit, hatte aber für sich noch nicht die geeignete Position in dem Unternehmen schaffen können. Seine Tante drängte ihn, sich aktiver im Betrieb einzubringen, und sie war es auch, die wegen Luciano einen Arzt kontaktiert hatte, der sich seinerseits mit uns in Verbindung gesetzt hatte. Wir beschlossen dann, diesen Fall gemeinsam zu begleiten, und die erste Sitzung fand in Anwesenheit von Lucianos Mutter statt.

Luciano war ein hübscher junger Mann mit langem, gepflegtem Haar, der des öfteren lächelte und bei uns den Eindruck erweckte, als ob er ein permanentes Gefühl der Verlegenheit zu verstecken versuche. Der Therapeut fand, daß er ein gewinnendes Wesen hatte und sich so als „ordentlicher junger Mann" präsentieren wollte, der jeden mochte. Doch von den Menschen in der Stadt, in der Luciano lebte, wurde er nicht sonderlich geachtet; denn diese schätzten die Schaffenskraft und den männlichen Wettbewerb und verachteten ihn mehr oder weniger versteckt wegen seiner Unentschlossenheit und Angst. Lucianos Verhalten glich eher dem eines Adoleszenten als dem eines reifen Mannes. Er erzählte, daß er sich eher seiner Tante verbunden fühle, und von seiner Mutter berichtete er nichts Gutes, obgleich er mit ihr zusammen in einer Wohnung lebte. Nach dem Tod von Lucianos Vater hatte seine Mutter es gewagt, sich gegen die Forderungen ihrer mächtigen Schwiegermutter und Schwägerin aufzulehnen. Sie hatte beschlossen, ihr eigenes Leben zu leben, anstatt im Gedenken an ihren Mann ihr Leben im Familienclan zu verbringen. Anfangs lebte Lucianos Mutter bei ihrer Schwiegermutter, verließ diese aber schon bald, um mit ihrem Einkommen aus der Firma ein unabhängiges Leben ohne finanzielle Sorgen zu führen. Nach Aussagen des Klienten kümmerten sich die Frauen aus der Familie seines Vaters nicht sonderlich um seine Mutter, hatten aber anscheinend bei ihm die Rolle der Mutter übernommen. Da Lucianos Mutter nun wieder allein lebte, war sie frei genug, eine neue Beziehung zu einem anderen Mann, einem bekannten Industriellen aus der Gegend, einzugehen, mit dem sie ziemlich glücklich zu sein schien. Ihr Partner war Witwer und hatte ebenfalls Kinder, zu denen Luciano ein fast brüderliches Verhältnis entwickelt hatte. Dennoch hatte es den Anschein, als ob er seiner Mutter permanent vorwerfe, den Kindern ihres Partners mehr Aufmerksamkeit zu schenken als ihm.

In den ersten beiden Sitzungen ging es hauptsächlich darum, diese komplexe Familiengeschichte zu rekonstruieren, und zwar mit Hilfe von Lucianos Mutter, die an der ersten Sitzung teilnahm, und seiner Schwester, die bei der zweiten Sitzung dabei war. Die Schwester drückte immer wieder und unmißverständlich ihre Enttäuschung über die (vermutete) Unfähigkeit ihres Bruders aus, im Namen ihres legendären Vaters eine entsprechend wichtige Rolle in der Firma zu übernehmen. Durch ihren Beitrag wurde offenkundig, daß zwei andere Männer aus Lucianos Generation es geschafft hatten, wichtige Positionen im Unternehmen zu erreichen: Der eine war ihr Mann, der mit allen Konsequenzen die Nummer zwei in der Firma war, der andere war der Sohn der Tante, mit dessen Karriere es kontinuierlich aufwärtsging. Nach diesen zwei vorbereitenden Sitzungen wurde beschlossen, daß in Lucianos Fall eine Einzeltherapie angezeigt sei, die Teil unserer Studie über eine auf 20 Stunden begrenzte Therapie werden sollte.

In den ersten Therapiesitzungen kristallisierte sich ein Grundthema heraus: der Vatermythos. Luciano war anscheinend das Opfer eines Mythos, des Mythos um seinen Vater, der ein außergewöhnlicher und genialer Mann gewesen war. Nach Herrn M.s Tod erwartete die ganze Familie, daß Luciano, der einzige Sohn, den Platz des Vaters einnehmen würde. Das Gewicht dieses Mythos lastete schwer auf Luciano und war der Grund für seine Ängste, und diese wiederum waren die Ursache dafür, daß er seinem Leben keine Richtung geben konnte. Sein Gefühl, ein Versager zu sein, schien sein Leben zu durchdringen und entstammte dieser Situation. Im Gegensatz zu Luciano hatte seine Schwester versucht, sich eine Position im Unternehmen zu schaffen; doch nach Meinungsverschiedenheiten mit ihrer Tante trennte sie sich von dieser im Streit. Später schien Maria zu ihrem Mann eine Beziehung entwickelt zu haben, die dem Verhältnis sehr ähnlich war, das sie zu ihrem Vater gehabt hatte. Nachdem sie zuerst einen Mythos aus ihrem Vater gemacht hatte, den sie sehr geliebt hatte, mythologisierte sie nun ihren Mann.

Luciano akzeptierte die Umdeutung seiner Familiengeschichte durch den Therapeuten ohne Einschränkung und sagte auch, daß jedesmal, wenn er den Namen der Firma gehört habe, neue Ängste und ein vages Gefühl von Seekrankheit über ihn gekommen seien.

Dem Therapeuten kam Luciano wie ein Junge in der Präadoleszenz vor, der stark an seiner Tante hing und, anders als seine Schwester, diese zu kritisieren nicht imstande war. Lucianos Beziehung zu seinen Freunden war ziemlich eigenartig. Er war der reichste in seiner Peer-group und versuchte, die Akzeptanz und das Wohlwollen seiner Freunde zu erkaufen, indem er ihnen ständig Geschenke machte, sie in Restaurants einlud, ihnen die Eintrittskarten für Veranstaltungen im Stadion bezahlte usw. Dieselben altruistischen Verhaltensweisen zeigte er gegenüber seinen für ihn wichtigen Verwandten, vor allem gegenüber seiner Tante, der er teure und sehr geschmackvolle Geschenke machte. Luciano vermied es, über sein Verhältnis zu Frauen zu sprechen. Es stellte sich heraus, daß er noch nie eine wirklich substantielle Beziehung zu einer Frau gehabt hatte. An einem bestimmten Punkt formulierte der Therapeut die Hypothese, daß Luciano möglicherweise Zweifel an seiner sexuellen Identität habe, was der Klient als plausibel akzeptierte.

Zwei oder drei Sitzungen lang konzentrierte der Therapeut seine Bemühungen darauf, Luciano die folgende Idee zu vermitteln: Da Luciano ein großes Paket an Geschäftsanteilen besitze, könne er sich doch darauf beschränken, von der Dividende seiner Anteile zu leben, und brauche sich um seine Position in der Firma nicht zu grämen. Eine bestimmte Rolle sei für ihn schon vorgesehen, nämlich die des Firmeninhabers, und im Grunde genommen könne er alle mit der Leitung der Firma verbundenen Probleme vermeiden. Das Problem war, daß Luciano genau dies nicht tun konnte. Der Mythos, daß er der richtige Erbe seines Vaters sein und die väterliche Aufgabe weiterführen müsse, schien unumstößlich.

Nach ungefähr einem halben Jahr wurden die Sitzungen allmählich eintönig. Wir stellten die Hypothese auf, daß Luciano nun einen ordentlichen Vaterersatz gefunden habe, der ihm bereitwillig zuhöre und ihn akzeptiere, und daß er die Therapie fortsetze, weil das für ihn befriedigender sei, als sich in irgendeiner Weise zu verändern, und daß die Sitzungstermine außerdem Alibifunktionen haben könnten, um den Verwandten gegenüber seine Abwesenheit von der Arbeit zu rechtfertigen. Der Therapeut teilte diese Ideen dem Klienten am Ende der letzten Sitzung vor der Sommerpause mit und bat Luciano eindringlich, in seinem Inneren nach einem wichtigen Thema zu suchen, das in den folgenden Sitzungen zu einem therapeutischen Fortschritt beitragen könne.

Nach den Sommerferien fing der Klient wieder an, bei den gleichen Themen zu verweilen, ohne daß sich deren inhaltliche Variationen oder Lucianos Sichtweisen spürbar geändert hätten. Er setzte sein gewinnendes Lächeln auf und berichtete über ein paar abgebrochene Versuche, unabhängig zu werden. Luciano erzählte auch, daß es ihm gutgehe, weil er lange Reisen vermieden habe, daß er aber eine Last in sich verspüre und nicht wisse, was das zu bedeuten habe. Er fühle sich sowohl allein als auch in Gesellschaft schlecht, und wenn er alleine sei, grüble er über seine Probleme nach. Es gehe ihm wirklich nur dann gut, wenn er bei seiner Mutter sei, die ihn so akzeptiere, wie er sei, und die ihn nicht mit seinem Vater vergleiche. Luciano sagte: „Es ist nicht meine Schuld, daß ich das, was ich habe, geschenkt bekommen habe, aber sie tyrannisieren mich damit."

In dieser Sitzung gaben wir Lucianos Berichten eine neue Bedeutung, indem wir sie als eine Demonstration der „Kraft der Passivität" ansahen. Seine Weigerung, das zu tun, was die anderen von ihm erwarteten, demonstriere seine Unabhängigkeit und seine Fähigkeit, genauso stark zu sein wie sein Vater. Auch in diesem Fall akzeptierte Luciano die Hypothese des Therapeuten als eine im Kern neue Idee, doch zur siebten Sitzung erschien er wieder so, als ob sich überhaupt nichts verändert habe. Der Therapeut sprach nun über seine Vermutung, der zufolge er in der Therapie für den Klienten die Vaterrolle spiele; denn Lucianos wirklicher Vater sei zu früh gestorben, um seinem Sohn die mit der Vaterfigur verbundene Sicherheit geben zu können, und habe ihn in einer ausschließlich von Frauen beherrschten Welt zurückgelassen.

Am Anfang der achten Sitzung wirkte Luciano ziemlich entspannt. Er erzählte, daß er seine Mutter nach Mailand mitgenommen habe, damit sie einen Einkaufsbummel machen könne. (Zu den Sitzungen kam Luciano gewöhnlich mit Taschen und Kartons voller Artikel, die er in renommierten Boutiquen für sich selbst und für Verwandte gekauft hatte.) Der Therapeut war erstaunt über die großen Geldsummen, über die Lucianos Mutter verfügte, und fragte seinen Klienten, woher die Mutter so viel Geld habe. Es stellte sich heraus, daß ein Großteil ihres Geldes aus der Dividende ihrer Geschäftsanteile am Familienunternehmen stammte. Der Therapeut fand jedoch auch heraus, daß Lucianos Tante weiterhin mit der Verwaltung des gesamten Erbvermögens betraut war.

Therapeut: Aber was würde passieren, wenn Ihre Mutter zufällig kein Geld mehr auf dem Bankkonto hätte?
Luciano: Meine Tante würde dafür sorgen, daß wieder Geld auf die Bank käme.
Therapeut: Und was ist mit Ihnen?
Luciano: Meine Tante sorgt auch für mich.
Therapeut: Aber, hören Sie mal, wer verwaltet eigentlich Ihr Erbe – Sie oder Ihre Tante?
Luciano: Meine Tante! Obwohl sie mir letztes Jahr mitteilte, daß ich mich allmählich selbst darum kümmern sollte.

Kurzum, es wird deutlich, daß Lucianos Tante die einzige Person ist, die alle Vermögenswerte der Familie verwaltet und die Investitionsgeschäfte aller Familienmitglieder tätigt. Im Grunde genommen sind Luciano und seine Schwester lediglich Anteilseigner. Jetzt beginnt der Therapeut, Lucianos Entscheidungen in bezug auf die Verwaltung seiner Erbschaft beharrlicher zu untersuchen. Er will wissen, weshalb Luciano sich nicht selbst um sein Erbe kümmert. Wir haben das Gefühl, daß speziell in dieser Familie die Verwaltung des eigenen Geldes der Prüfstein für Reife und Unabhängigkeit ist. Wenn Luciano sich mit derartigen Fragen konfrontiert sieht, scheint ihm zunehmend unbehaglich zumute zu sein, und er verteidigt seine Ansicht damit, daß er sein großes Vertrauen in die Tante und in ihre Fähigkeit als Verwalterin besonders hervorhebt.

Therapeut: Sie haben ein so grenzenloses und, wie es scheint, gerechtfertigtes Vertrauen in Ihre Tante, und als Gegenleistung bekommen Sie ihre Liebe. Ihre Tante liebt Sie, weil ihre Liebe erwidert wird, aber es kommt mir so vor, als ob der Preis, den Sie dafür bezahlen, der ist, daß Sie in der Phase der Adoleszenz verharren und nicht erwachsen werden.
Luciano: Ja, manchmal kommt es mir so vor, daß meine Tante um jeden Preis möchte, daß ich der gute kleine Junge bleibe.

Therapeut: Wenn Sie sich entscheiden würden, unabhängig und dynamisch zu werden und Ihr Leben in die Hand zu nehmen, könnte das dazu führen, daß dies die Beziehung zu Ihrer Tante zerstören würde? Ist es denkbar, daß Sie in Ihrem tiefsten Innern beschlossen haben, ein Kind zu bleiben, damit Sie auch weiterhin von Ihrer Tante geliebt werden?

Der Klient stimmt diesen Hypothesen nicht zu; er lehnt sie sogar ziemlich heftig ab. Er sagt, daß seine Tante ihn immer geliebt habe und daß sie nichts gegen ihn habe und so weiter. Danach verlagert Luciano das Thema auf seine Mutter und kritisiert sie scharf dafür, daß sie sich nicht angemessen um ihre Kinder gekümmert habe. Kurz darauf verläßt der Therapeut den Raum, um sich mit dem Therapeutenteam zu besprechen.

Eine Kollegin im Beobachtungsraum sagt, daß sie beunruhigt sei, weil Luciano nun zum wiederholten Male und nachdrücklicher denn je seine Mutter angegriffen habe. Sie entwickle allmählich ein Gefühl der Solidarität mit der Mutter, die von der mächtigen Familie M. niemals akzeptiert worden sei, weil sie sich dem Familienmythos nicht unterworfen habe. In Wirklichkeit sei sie immer mehr oder weniger versteckt abgelehnt worden, mit dem Ergebnis, daß selbst ihr eigener Sohn immer die Partei seiner Tante gegen die eigene Mutter ergriffen habe. In der Diskussion des Therapeutenteams kommt der Gedanke auf, daß Luciano das Lamm sei, das seine Mutter dem Familienclan M. geopfert habe, und daß sie der Tante wie auch dem Clan erlaube, Hüter und Nachfolger des Mythos vom „großen Vater" zu sein.

Im Team wird beschlossen, daß eine Dritte Partei an der Therapiesitzung teilnehmen solle: Die erwähnte Kollegin solle mitgehen und ihre Eindrücke Luciano direkt mitteilen. Diese nimmt dann auch an der weiteren Sitzung teil und erzählt dem Klienten von ihrem eigenen Unbehagen darüber, daß seine Mutter vielleicht darunter leide, durch die Frauen des mächtigen Clans der Familie M. ausgeschlossen zu werden. Diese Mitteilung ruft Lucianos lebhaften Protest hervor, und unverzüglich betont er, wie sehr seine Mutter durch seine Großmutter und seine Tante doch unterstützt worden sei; später gibt er allerdings zu, daß es auch Unstimmigkeiten und Mißverständnisse gegeben habe.

Kollegin [zu Luciano]: Ich glaube, daß Ihre Mutter keine andere Wahl hatte; sie mußte auf irgendeine Weise den Clan verlassen. Und aus diesem Grunde suchte sie eine neue Familie. Sie gehörte nicht zum Clan der Familie M., die Ihre Mutter als Sünderin ansah; also mußte sie gehen. Der Name M. war kostbar und mythisch, und es war nicht ihr Name, also deshalb brauchte die Familie sie nicht. In der Zwischenzeit hatte Ihre Tante, die die schwere Verantwortung übernommen hatte, diesen Namen weiterzutragen, Sie und Ihre Schwester davon überzeugt, daß sie als Ihre Mutter fungiere. Und so wurde sie zu Ihrer Mutter, aber Sie, Luciano, leiden daran, weil Ihre wirkliche Mutter eine andere Person ist.

Therapeut: Ich nehme an, daß Ihre Mutter sich irgendwann entscheiden mußte, ob sie im Familienclan M. bleiben wollte und die Schwächere gewesen wäre, die nach der Pfeife der Frauen der Familie M. tanzte – denn diese wären immer die Gewinnerinnen geblieben –, oder ob sie gehen wollte. Vor diese Wahl gestellt, entschied sich Ihre Mutter, eine Frau mit einer starken Persönlichkeit und einem ausgeprägten Selbstwertgefühl, sich nicht unterzuordnen, sondern ihr eigenes Leben zu führen. Und an diesem Punkt rebellierte sie, und sie endete nicht auf der Straße und mußte auch kein miserables Leben führen, weil sie sich aufgelehnt hatte. Statt dessen zeigte sie, daß sie eine großartige Frau war; denn sie suchte und fand einen Mann, der noch reicher war als ihr zum Mythos gewordener Ehemann. Luciano, ich kann verstehen, daß es für Sie schwierig ist, im Moment einfach unmöglich, diese Vorstellung zu akzeptieren, weil Sie noch zu stark an den Mythos Ihrer Familie väterlicherseits gebunden sind. Dank der Intuition meiner Kollegin erkennen wir, daß Sie zu uns kamen mit einem Symptom, mit dem Symptom Panik, sobald Sie eine Reise unternehmen. Nun, wir meinen, daß Sie deshalb nicht verreisen können, weil Sie noch nicht die Entscheidung getroffen haben, die Ihre Mutter in ihrem Leben einmal getroffen hat, nämlich die Entscheidung für die Freiheit. Und aus diesem Grunde können Sie auch nicht eine andere Reise antreten, die nämlich, daß Sie sich auf die Beziehung zu einer Frau einlassen; denn Sie müssen gehorchen und verhindern, daß Sie die Verpflichtungen eingehen, die Ihrem Alter entsprechen.

Und aus besagten Gründen können Sie sich nicht auf die Beziehung zu einer Frau einlassen, auch wenn Sie sagen, daß Sie es wollten. Und Sie müssen abhängig bleiben; denn da Ihr Vater tot ist und Sie Ihre Mutter für eine schlechte Mutter halten, müssen Sie mit Ihrer Tante verbunden bleiben, und der Preis, den Sie dafür bezahlen, ist der, daß Sie ein Kind beziehungsweise ein Junge in der Adoleszenzphase bleiben.

Kollegin: Doch im Moment können Sie noch nicht erwachsen werden, weil Sie, um sich vom adoleszenten Jungen zum Mann entwickeln zu können, sich von einer realen Mutter akzeptiert fühlen müssen, für die Sie Achtung empfinden, und zwar die Achtung, die ich empfinde, wenn ich über das Leben Ihrer Mutter nachdenke.

Therapeut: Zuerst war es Ihre Großmutter und später dann Ihre Tante, die sich berufen fühlten, Sie großzuziehen und aus Ihnen ein richtiges Mitglied der Familie M. zu machen. In diesem Sinne war Ihre Tante für Sie sowohl Mutter als auch Vater, allerdings mit der Erwartung, daß aus Ihnen ein richtiger Erbe des Bruders Ihrer Tante werden würde – oder zumindest ist das die Erwartung, die Sie gespürt haben. Dadurch hat sich eine für Sie unauflösbare Situation entwickelt: Sie stehen entweder auf dem Podest oder kriechen im Staub.

Nachdem Luciano diese Ausführungen gehört hat, bestreitet er zunächst deren Richtigkeit, scheint dann zu zweifeln und beginnt langsam dem zuzustimmen, was die Therapeutin und der Therapeut ihm gesagt haben; schließlich trägt er sogar dazu bei, seiner Situation eine neue Deutung zu geben. In den letzten Minuten dieser Sitzung wirkt Luciano emotional völlig anders als vorher; er ist aufmerksamer und im Gleichklang mit dem Therapeuten und dessen Kollegin. Er scheint gefühlsmäßig auch ziemlich erregt zu sein und setzt seine Brille ständig auf und ab. Als die Kollegin die abschließenden Worte spricht, hat Luciano Tränen in den Augen und ist tief bewegt.

Die Intervention unserer Kollegin erinnert an die Arbeit von Harold Searles (1965), der seine Erfahrungen mit schizophrenen Patienten beschreibt. Seine Klienten hätten ihre Mütter oftmals völlig negativ beurteilt und diese praktisch mit Monstern gleichgesetzt.

Wenn der Analytiker, so Searles, solchen Sichtweisen seiner Klienten nichts entgegenhalte und diese implizit oder explizit bestätige, dann könne die Analyse in eine ausweglose Sackgasse führen. Deshalb sei es wichtig, positive Aspekte in der Mutter-Sohn- oder Mutter-Tochter-Beziehung einzuführen, auch wenn diese nur hypothetisch seien. Um ein Selbstwertgefühl entwickeln zu können, müsse man sich zumindest von einem Elternteil akzeptiert und geliebt fühlen. In diesem Sinne ist es wichtig, daß Luciano durch die Worte unserer Kollegin, die Bewunderung für seine Mutter ausgedrückt hat, in seinem Innern berührt wird.

Luciano: Wenn ich etwas herausfinde, irgend etwas, das nicht in Ordnung war, wenn ich herausfinde, daß meine Mutter weggeschickt wurde, dann werde ich unangenehm. Sogar zu meiner Tante.
Therapeut: Hören Sie ...
Luciano: Aber glauben Sie, daß das vorsätzlich war?
Kollegin: Nein, nicht vorsätzlich. Wir vermuten, daß das eine Geschichte war, die ihre eigene Dynamik hatte, und daß Sie alle zusammen das Drehbuch geschrieben haben, jeder seinen beziehungsweise ihren eigenen Part. Es ist nicht angebracht, nach Schuldigen zu suchen. Es wäre nutzlos und falsch, auf Ihre Tante oder auf sonst jemanden böse zu sein; denn jeder, Sie eingeschlossen, hat dazu beigetragen und trägt immer noch dazu bei, die Geschichte hervorzubringen, in die Sie alle verwickelt sind.
Therapeut: Ich glaube, daß Sie die Geschichte hören sollten, die wir hier hervorbringen, und daß Sie wissen sollten, wie wir Ihre Geschichte sehen, nämlich als eine der möglichen Geschichten oder als eine der denkbaren Lesarten, die Geschichte Ihrer Mutter zu interpretieren.

Wenn Luciano unserer Kollegin zuhört, ist er völlig gebannt und weitaus interessierter, als wenn er dem Therapeuten zuhört, der letztlich die gleichen Ideen wiederholt. Dies ist ein weiteres Beispiel dafür, wie wirkungsvoll es sein kann, wenn die dyadische Beziehung hin und wieder unerwartet um eine Dritte Partei erweitert wird. Hinter dem Einwegspiegel entwickelt sich ebenso eine psychodynamische Version dieser Geschichte: Luciano sei in den früheren Therapiesitzungen allein gewesen mit einem metaphorischen Vater; in dieser Sitzung habe er, bildlich gesprochen, eine Mutter und einen Vater, jenes Elternpaar, von dem er sich verlassen gefühlt habe und das jetzt versuche, ihm zu helfen.

Eigentlich ist die Geschichte, die wir bis dahin erzählt haben, eine reine Männergeschichte, die auf Lucianos Vater, auf den anderen Männern der Familie M., auf der Beziehung zu dem Therapeuten, auf dem männlichen Wesen der Tante und so weiter basiert. Nachdem die patrilineare Seite der Familie M. abgehandelt ist, entdecken wir in gewissem Sinne die matrilineare Seite des Familienclans. Wir verlagern unser Augenmerk von der männlichen zur weiblichen Linie mit dem Effekt, daß sich der Figurenhintergrund umgekehrt. So wird die Geschichte von Luciano und der ihm entzogenen Zuwendung, die in der Therapie immer die Geschichte eines von seinem Vater verlassenen Jungen gewesen ist, plötzlich zur Geschichte eines von seiner Mutter verlassenen Jungen. Die Einführung von weiblichen Figuren und einer weiblichen Lesart der gleichen Geschichte hat eine enorme Wirkung. Dadurch zeigt sich ein Weg aus der *Sackgasse*, die wir in den vergangenen Therapiesitzungen gespürt haben.

In der Diskussion nach dieser Therapiesitzung kam uns der Gedanke, daß sich der Therapeut als Mann mit ziemlicher Wahrscheinlichkeit mit Vater M. identifiziert habe und im Begriff gewesen sei, einen anderen Luciano formen zu wollen, und zwar einen Luciano, der sich von den Erwartungen der Frauen in der Familie freimachen könne. Alle Männer im Therapeutenteam stimmten dieser männlichen Sichtweise zu, die Lucianos „weibliche" Seite (entsprechend der traditionellen Vorstellung von „weiblich"), wie etwa seine Passivität, sein zart besaitetes Wesen und so weiter, allerdings weitgehend ausklammerte. Dies war ein klassischer Fall von Voreingenommenheit, die den Prämissen des Therapeuten zuzuschreiben war und die aufgrund der Beteiligung einer dritten Person mit anderen Prämissen abgebaut werden konnte.

Wir vermuteten auch, daß das therapeutische Bemühen vor diesem Wendepunkt, das ausschließlich auf der Beziehung von Mann zu Mann beruhte und darauf gerichtet war, Luciano zu einem Menschen mit einem erfüllten Leben zu machen, wegen der aktuellen Situation in der Familie M. nicht erfolgreich war. In dieser Familie lag die Macht wirklich in den Händen der Frauen, angefangen bei der Großmutter, als diese noch lebte, bis hin zur Tante. Alle Männer der Familie M. waren den Frauen untergeordnet, auch der zum Mythos erhobene Vater.[9]

Von einem narrativen Standpunkt aus betrachtet, verlagerte sich durch die Arbeit, die in dieser Therapiesitzung geleistet wurde, die Interpunktion, was sowohl den narrativen Stil als auch die Bezüge innerhalb der Geschichte veränderte. Doch weshalb brauchte es so viele Sitzungen, um zu dieser neuen Version zu gelangen? Warum hatten wir acht Sitzungen lang Lucianos negative Sichtweise von der Mutter akzeptiert, die wir plötzlich (und ohne unehrlich zu sein) als eine Frau mit positiver Ausstrahlung und einem starken Willen sehen konnten? Vielleicht war das unseren eigenen Voreingenommenheiten zuzuschreiben, oder vielleicht hatte die Geschichte (in der Therapie) ihre eigene Logik und brauchte Zeit zu reifen.

Wahrscheinlich beruhte der Erfolg der Intervention des weiteren darauf, daß der Therapeut und seine Kollegin in Lucianos Anwesenheit darüber sprachen, wie wichtig an diesem Punkt der Therapiesitzung eine dritte Person sei. Dies trug dazu bei, daß der Therapeut seine Aura der Omnipotenz verlor, und es führte Luciano unterschiedliche Standpunkte vor, die weder vollkommen identisch waren noch sich gegenseitig ausschlossen.

Carla V.: Ihre wiedergefundene Weiblichkeit

Carla war 35 Jahre alt und arbeitete als Schulzahnärztin. Sie war seit zehn Jahren mit einem Ingenieur verheiratet und hatte eine 5jährige Tochter. Man hatte bei ihr die Crohnsche Krankheit, eine schwere Form des Darmkatarrhs, diagnostiziert, und ihr Hausarzt hatte sie zu uns geschickt.

Sie wurde gebeten, ihren Mann mitzubringen, doch zur ersten Sitzung erschien sie allein. Sie erklärte, daß ihr Mann sich vor der Psychotherapie fürchte und deshalb nicht bereit sei, an der Sitzung teilzunehmen. Er habe sie zwar mit dem Auto von der Stadt, in der sie lebten und die ziemlich weit entfernt sei von Mailand, zu uns

---

[9] Natürlich könnte man als Psychoanalytiker diese ganze Geschichte leicht in Begriffen von phallischen oder kastrierenden Frauen usw. lesen. Man müßte nur den Begriff „Macht" durch „Phallus" ersetzen.

gebracht, sei aber nicht einmal mit ihr ins Gebäude reingegangen aus Angst, man könne ihm eine Therapie verordnen.

Was dem Therapeuten sofort auffiel, war Carlas kräftiger, männlicher Händedruck und ihr etwas schwer definierbarer Gesichtsausdruck, der weder eindeutig männlich noch eindeutig weiblich war. Ihr Haarschnitt und ihre Kleidung (Hose und Sportjacke) wirkten sehr männlich. Doch selbst bei flüchtiger Beobachtung hätte man keinerlei Zweifel an ihrer weiblichen Identität gehabt.

In der ersten Sitzung erzählte sie, daß sie zur Therapie gekommen sei wegen ihrer schweren Gastroenteritis, unter der sie schon fast zehn Jahre lang leide und die ihr tagtäglich großes Unbehagen bereite. Sie habe sich sogar einer Darmresektion unterzogen, allerdings ohne Erfolg. Seit Jahren sei sie bei Gastroenterologen und Chirurgen in Behandlung.

Anschließend begann der Therapeut, Carlas Verhältnis zu anderen Menschen zu erforschen.

Kurz nach ihrer Heirat fing Carla eine Liebschaft mit einem früheren Studienkollegen an, der dafür bekannt war, ein faszinierender Mann zu sein, und der während seiner Studienzeit von den Studentinnen umschwärmt wurde. Diese Beziehung bestand immer noch, als Carla ihre Therapie begann. Was ihre Ehe betraf, hatte sie das Gefühl, daß zwischen ihrem Mann und ihr zwar eine starke Zuneigung bestand, ihr Verhältnis aber eher einer leidenschaftslosen Bruder-Schwester-Beziehung glich.

Carla beschrieb sich selbst als einen übergenauen und pflichtbewußten Menschen (insbesondere im Hinblick auf ihre Tochter) mit einer starken Tendenz zum Perfektionismus. Sie erzählte, daß ihre Symptome ein paar Monate, nachdem sie das Verhältnis mit ihrem ehemaligen Studienkollegen angefangen habe, aufgetreten seien. Ihr Liebhaber sei verheiratet, ein in der Stadt angesehener Mann und auch ein Bekannter ihres Ehemannes. Die Beziehung zu ihrem Liebhaber beschrieb sie so: „Er ist in meinem Blut", und ohne ihn könne sie nicht leben. Sie fühle sich immer etwas gedemütigt, wenn sie ihn anrufe, weil immer sie es sei, die ihn auffordere. Sie würden sich dann an einem abgeschiedenen Ort treffen und sich leidenschaftlich lieben, wobei sie immer zum Orgasmus komme. Danach würden sie sich trennen, und zwei bis drei Monate würden vergehen, bis Carla wieder ein überwältigendes Verlangen verspüre und ihn wieder anrufe. (Der Therapeut beschrieb dieses Verlangen als etwas, das „dem Verlangen nach Heroin ähnlich" sei; diese Analogie gefiel Carla sehr gut.) Sie erzählte weiter, daß sie ihrem Liebhaber gerne schöne Briefe schreibe und sogar einen Kurs, wie man Briefe verfaßt, belegt habe, daß er aber nie auf ihre Briefe antworte, obwohl er immer für sie bereit sei, wenn sie ihn anrufe.

Mit einer 20 Sitzungen umfassenden Therapie, wie es in unserem Forschungsprogramm vorgesehen war, erklärte Carla sich einverstanden. In der ersten Sitzung bearbeitete der Therapeut das Thema von Carlas sexueller Identität, ein Thema, das sich aufgrund ihres äußeren Erscheinungsbildes und ihrer Erzählungen anbot. Carla wurde in einer kleinen Stadt geboren, in der ihr Vater ein bekannter und hochgeschätzter Kunsthandwerker war. Sie beschrieb ihre Mutter als eine langweilige „kleine" Frau, die an nichts anderes dachte als an das Haus und die Familie. Die Klientin hatte schon immer ihren Vater bewundert, aber wenn sie an ihre Mutter dachte, überkam sie immer ein leichtes Gefühl der Irritation. Carlas Bruder war ein paar Jahre älter als sie, genoß aber keine besondere Aufmerksamkeit. Er war einfacher Arbeiter, der eine unbedeutende Frau geheiratet und nie etwas unternommen hatte, um sich in irgendeiner Weise hervorzutun. Im Gegensatz dazu war Carla der Liebling der Familie, weil sie eine erfolgreiche Frau war, einen Universitätsabschluß hatte und mit einem Akademiker verheiratet war.

Auf der Grundlage, wie Carla den bisherigen Therapieverlauf beurteilte, was sie offensichtlich am meisten beeindruckt hatte und welche Wirkung die ersten Sitzungen zeigten, gewann der Therapeut den Eindruck, daß sich in Carla eine großartige Frau versteckte, die sich in ihrer ganzen Persönlichkeit entfalten sollte, daß sie das aber vermutlich nicht konnte, weil sie Angst davor hatte, nicht akzeptiert zu werden. Für Carla waren nur Männer erstklassige Menschen. So hatte sie sich zuerst durch ihren Vater legitimiert gefühlt und sich dann einen Mann als Liebhaber gewählt, der als Student das Idol aller Studentinnen war. In gewisser Weise war sie fasziniert von dem, was auch immer für „das Beste" gehalten wurde. Der Therapeut konfrontierte Carla mit diesen Ideen und betonte, daß Feministinnen mit Recht entsetzt wären bei dem Gedanken, daß es in unserer Zeit noch eine Frau wie sie gebe, die sich nur durch einen Mann legitimiert fühle, wie das früher gewesen sei, als die Frauen mit der Heirat sogar ihren Nachnamen hätten aufgeben müssen.

Die Provokation durch den Therapeuten begann Wirkung zu zeigen und brachte eines der Hauptthemen in Carlas Therapie zutage. Da sie wenig Achtung vor Frauen hatte, legte sie sich eine maskuline Identität zu, kleidete und verhielt sich wie ein Mann, auch wenn deutliche Signale ihrer unterdrückten Weiblichkeit durchkamen. Durch die provozierenden Äußerungen des Therapeuten bekam Carla Zweifel an dieser Identität, und nach etwa zehn Sitzungen fing sie an, sich sichtbar zu verändern. Die äußeren Zeichen von Männlichkeit verschwanden (insbesondere veränderte sich die Art ihrer Kleidung), und die anfängliche Herbheit ihres Wesens wurde schwächer. Hier muß erwähnt werden, daß das Hauptthema in den letzten Sitzungen dieser Phase Carlas Schwierigkeit war, das Verhältnis mit ihrem Liebhaber aufzugeben.

Bevor Carla sich aus dieser Liebesbeziehung wirklich lösen konnte, mußte sie eine besonders schwere Leidenszeit durchmachen. Zur Zeit der Sommerpause verfiel sie zwei Monate lang in eine schwere Depression. In der ersten Sitzung nach den Ferien erzählte sie, daß der einzige Grund, der sie vor dem Suizid bewahrt habe, ihre starke Zuneigung zu ihrer Tochter gewesen sei.

Nach diesem Zusammenbruch verschwanden die Symptome der Crohnschen Krankheit, und Carla legte allmählich auch die Schuldgefühle und die Angst ab, von denen sie jahrelang gequält worden war. Danach veränderte sich die Situation schlagartig. Carla ließ sich die Haare wachsen und kleidete sich sehr weiblich. Die Veränderung ihres Gesichtsausdrucks war enorm: Er wurde weicher und entspannter. Carla entwickelte auch mütterliche Gefühle. Sie erzählte, daß ihre Tochter aus Protest wegen der fehlenden mütterlichen Wärme früher unter Enuresis (Bettnässen) und Enkopresis (Einkoten) gelitten habe. Zu Beginn der Therapie hatte Carla darum gebeten, ihre Tochter zu den Sitzungen mitbringen zu dürfen, doch der Therapeut hatte abgelehnt, weil er überzeugt war, daß die Lösung von Carlas Schwierigkeiten auch die Probleme der Tochter lösen würde – was schließlich auch der Fall war.

Nach der Sommerpause kam Carla zur 15. Sitzung; sie wirkte entspannt, lächelte und trug ein elegantes, luftiges Seidenkleid. Den Urlaub hatte sie mit ihrem Mann und Freunden im Ausland verbracht. Sie berichtete, daß alles gut verlaufen sei, und vermutete, daß dies ihre letzte Therapiesitzung sei. Sie erzählte weiter, daß sie während der Autofahrt von ihrem Urlaubsort nach Hause die Idee gehabt habe, den letzten dunklen Punkt ihrer Vergangenheit „auf der anderen Seite der Alpen" zurückzulassen, und beschlossen habe, die ganze Geschichte ihrer Untreue ihrem Mann zu gestehen. Das sei in bezug auf Zeitpunkt und Ort eine gefährliche Entscheidung gewesen.

Carlas Mann wurde offensichtlich sehr wütend und sagte, daß er so etwas in dieser Art auch erwartet habe. In der Hitze des Gefechts erhob er die Hand, als wolle er seine Frau ins Gesicht schlagen. Als Carla sah, wie ihr Mann die Hand erhob, wurde sie plötzlich lebhaft an das Ereignis erinnert, als ihr Vater aus einem nichtigen Grund, bei dem er auch noch im Irrtum war, ihre Mutter heftig ins Gesicht geschlagen hatte. Carlas Mutter hatte diesen Vorfall ohne Protest hingenommen, weil Gewalt, auch wenn sie nicht gerechtfertigt war, das Vorrecht des Mannes war. Der Gedanke an ihre gedemütigte und verletzte Mutter machte Carla in diesem Moment todunglücklich, und sie mußte weinen. Carlas Ehemann, der annahm, daß sie wegen ihm weine, reagierte mit den Worten: „Laß uns keine Tragödie daraus machen. Was geschehen ist, ist geschehen, und damit hat es jetzt ein Ende."

In dieser Sitzung erzählte Carla auch einen Traum, den zweiten während des ganzen Therapieverlaufs. Als Psychoanalytiker würde man ihn als einen klassischen „Abschlußtraum" einer Therapie bezeichnen. In diesem Traum sei sie, gemeinsam mit anderen Frauen, von der Frau ihres früheren Liebhabers zum Tee eingeladen worden. Zuerst sei sie wegen dieser Frau peinlich berührt gewesen, sei dann aber so herzlich begrüßt worden, daß sie sich von den jahrelangen Schuldgefühlen dieser Frau gegenüber befreit gefühlt habe. Sowohl Carlas Geständnis im Auto als auch dieser Traum scheinen darauf hinzuweisen, daß sie ihre Weiblichkeit und mütterlichen Gefühle neu entdeckt hat, und sie zeugen von innerer Größe und einem wiedererlangten Selbstwertgefühl.

Es ist interessant, wie sich Carlas Vergangenheit mit der Exploration ihrer Familiengeschichte veränderte. Aus einer Vergangenheit, in der die Mutter (wie Frauen im allgemeinen) als eine völlig negative und zweitrangige Figur auftrat, ging eine neue Vergangenheit hervor, in der die Mutter in einem anderen Licht erschien, und zwar als eine Frau, die das Opfer der familialen Gegebenheiten und der sozialen Umstände der Zeit war. Die Entdeckung jener Vergangenheit war gleichzeitig die Entdeckung einer neuen Realität, die bis dahin nur eine virtuelle Realität gewesen war; in der neuen Realität wurde die Mutter unterjocht und von Carlas Vater zeitweise gedemütigt und verletzt. Da sich die Therapie in der Gegenwart abspielte, so veränderte sich auch in der Gegenwart Carlas Wahrnehmung von der Vergangenheit, was sich wiederum auf die Vergangenheit und auf die Zukunft auswirkte. An diesem Beispiel läßt sich das Konzept veranschaulichen, wie die selbstreflexive Schleife von Vergangenheit, Gegenwart und Zukunft wieder aktiviert wird, was eines der wichtigsten Elemente unseres Therapiemodells ist (Boscolo u. Bertrando 1994).

Auf seine Weise gab der Therapeut Carla eine Chance, mit einer anderen möglichen Welt in Kontakt zu kommen – mit der Welt einer Mutter, die bei weitem keine Person von geringem Wert war, sondern ein Opfer der Kultur und der Gesellschaft, in der sie lebte. Nachdem Carlas Familiengeschichte, die sich mit der Zeit herauskristallisiert hatte (und die stark gefärbt war von den Sichtweisen in Carlas sozialem Umfeld), dekonstruiert war, wurde die Geschichte ihrer Mutter, die Carla danach erzählen konnte, eine andere (eine alternative Geschichte, wie Michael White sagen würde: White u. Epston 1994).

Da dieser Fall von einem Therapeutenteam begleitet wurde, war es immer wieder möglich, daß eine Kollegin aus der Beobachtungsgruppe als dritte Person gewöhnlich gegen Ende einer Sitzung in den Therapieraum gebeten wurde, um ihren Standpunkt (oder spezifischer: die Sichtweise einer Frau) darzulegen. Als die Therapie zu Ende war, fragte der Therapeut Carla, welches die wichtigsten Momente in ihrer Therapie gewesen seien. Carla erwiderte, daß die Interventionen der Kolleginnen am Schluß einzelner Sitzungen sie am meisten beeindruckt hätten, insbesondere die einer ganz bestimmten Kollegin. Sie fügte hinzu, daß sie sich sehr gerne persönlich von dieser Kollegin verabschieden würde, wenn sie sich zufällig in der Nähe befände. Als dann die Kollegin in den Therapieraum kam, wurde sie von Carla, die sichtlich bewegt war, herzlich umarmt.

Gegen Ende der Therapie sprach Carla noch über eine Sorge ihres Mannes, die ihn davon abgehalten habe, an der Therapie teilzunehmen. Er habe befürchtet, daß er bei sich eine latente Homosexualität entdecken könnte. Betrachtet man die Sexualität aus der

Sicht der zwischenmenschlichen Beziehungen anstatt aus der Sicht des Individuums, dann kann man erwarten, daß mit Carlas Veränderung diese Angst des Ehemannes zerstreut werden konnte.

Olga M.: Eine existentielle Ödnis

Olga, 35, war von der Kopfschmerzabteilung des Krankenhauses ihres Wohnortes zu uns überwiesen worden. Seit vielen Jahren litt sie unter einer schweren Form von hartnäckiger Kephalalgie (Kopfschmerzen), die einherging mit einer starken Kaumuskelspannung, so daß sie nachts einen Gebißschutz tragen mußte. Wie die Klientin berichtete, habe diese Muskelspannung mit der Zeit sogar ihre Physiognomie verändert und die untere Gesichtshälfte kantiger gemacht. Bis dahin hätten ihre Kopfschmerzen kaum auf medikamentöse Behandlungen angesprochen.

Olga war Hausfrau, ihr Ehemann Metallfacharbeiter. Sie war das einzige Kind ihrer Eltern, die in einer großen Stadt in Norditalien lebten und mit denen sie nie gut ausgekommen ist. Olga beschrieb sich als einen Menschen, der schon immer ein Einzelgänger war. Bevor sie ihren späteren Ehemann kennenlernte, hatte sie eine Pseudobeziehung zu einem Mann, der an ihr interessiert gewesen war, den sie aber abgelehnt hatte. Als dieser Mann dann eine andere Frau heiratete, begann Olga ihn für den einzigen Mann zu halten, den sie je geliebt hatte, obwohl ihre Beziehung eine rein platonische gewesen war!

In der Vergangenheit hatte Olgas 8jährige Tochter unter Enuresis (Bettnässen) gelitten und Symptome von Anorexie entwickelt. Die Tochter hing sehr an ihrer Großmutter väterlicherseits und an ihrem Vater, bei dem sie oft im Bett schlief und den sie ihrer Mutter vorzog. Die Großmutter väterlicherseits war Witwe und betete ihren Sohn, ihr einziges Kind, und natürlich auch dessen einzige Tochter an. Olga kümmerte sich pflichtgetreu um ihre Tochter, konnte aber kein „Gefühl von Wärme" für ihre Tochter oder einen anderen Menschen empfinden. Sie erzählte, daß sie sich fühle, als ob eine Wüste in ihrem Innern sei, und daß sie in ihrem ganzen Leben noch nie Freude empfunden habe, sondern immer nur Gleichgültigkeit oder eine heftige Wut gegen jeden und alles. Wie nicht anders zu erwarten, war ihr Verhältnis zu ihrem Mann und ihrer Schwiegermutter sehr schlecht.

Bei der ersten Begegnung waren Olga, ihr Ehemann und die gemeinsame Tochter anwesend. Die Klientin war eine große und attraktive Frau, die jedoch einen ziemlich verkrampften und verschlossenen Eindruck machte. Sie neigte dazu, den Augenkontakt mit den Familienmitgliedern und auch mit dem Therapeuten zu vermeiden. Ihre Antworten waren kurz, kamen sporadisch, und ihre Bewegungen waren fahrig. Wenn sie in Kontakt mit anderen Menschen komme, werde sie ängstlich und manchmal rot und, so Olga, dann schlage ihr Herz schneller. Ihr Ehemann, der ganz anders wirkte als seine Frau, erzählte, daß er es nie geschafft habe, eine Nähe zu Olga zu entwickeln, und der Grund, weshalb er sich noch nicht habe scheiden lassen, sei seine Tochter. Denn er fürchte, daß nach einer Trennung seiner Frau das Sorgerecht zugesprochen werde. In einer fast schonungslosen Weise redete er von seiner Frau, als ob diese psychisch krank sei. Das kleine Mädchen wirkte steif und bewegungslos, wenn es neben der Mutter saß, schien aber unbefangen, lebhaft und freundlich, wenn es in der Nähe des Vaters war.

Olgas Schwiegermutter war bei der zweiten Sitzung anwesend. Ihr Ehemann weigerte sich, nach diesem Treffen an weiteren Familiensitzungen teilzunehmen, und gab seine Arbeit als Entschuldigung an. Es wurde aber ziemlich deutlich, daß sowohl er als auch seine Mutter überzeugt waren, daß Olga die Person sei, die Behandlung brauche. Also entschieden sich die Beteiligten für eine Einzeltherapie mit einer Sitzung alle zwei Wochen. Die Therapie nahm schon bald die Züge einer Stütztherapie an und arbeitete weniger auf das Ziel hin, Olgas Sichtweisen von der Welt zu verändern und ihre verschütteten Emotionen freizulegen. Olga kam zu den Sitzungen, weil sie wiederholt von den Ärzten der Kopfschmerzklinik dazu aufgefordert worden war, und ihre einzige Erwartung an die Therapie schien die zu sein, von ihren Kopfschmerzen befreit zu werden. Der diagnostische Eindruck war der, daß bei Olga eine ernsthafte schizoide Persönlichkeitsstörung vorlag, die von einer hartnäckigen pessimistischen, wenn nicht gar nihilistischen Weltsicht begleitet wurde. In den Sitzungen wirkte sie oft wie versteinert, unbeweglich und in Verteidigungshaltung. Doch schien sie bereitwillig zu den Sitzungen zu kommen, da die Kopfschmerzen und

Muskelspannungen langsam, aber ziemlich spürbar schwächer wurden. Zu diesem Umstand kam Olgas Vertrauen in den überweisenden Arzt, der sie medizinisch behandelte und der ihr kontinuierlich zuredete, die Therapie bei uns unbedingt fortzusetzen.

Wann immer der Therapeut im Verlaufe einer Sitzung versuchte, das Gespräch auf bestimmte Themen zu lenken, antwortete Olga automatisch: „Aber so bin ich halt. So sehe ich die Dinge ..." und brachte damit die Unterhaltung zum Stillstand. Der Therapeut, der Olga unbedingt aus ihrer inneren Ödnis herauslocken wollte, fürchtete irgendwann, daß sein Bestreben einen destabilisierenden Effekt auf seine Klientin haben und möglicherweise zu einer psychotischen Dekompensation beitragen könne. Durch diese Einsicht veranlaßt, verzichtete er auf eine argumentative Gesprächsführung. Diese Erkenntnis machte es ihm auch möglich, Olgas Unzugänglichkeit zu respektieren und zu akzeptieren. Da die Klientin nicht sehr gesprächig war, füllte der Therapeut die Schweigephasen oft mit Geschichten und Anekdoten.

Selbst jetzt, nach 18 Therapiesitzungen, ist die Situation mehr oder weniger die gleiche. Der wirklich spürbare Fortschritt bewegt sich im Rahmen der Linderung der Kopfschmerzen und der Muskelspannungen. Aus momentaner Sicht soll die Therapie auch nach 20 Stunden fortgesetzt werden. Vielleicht werden die Sitzungsintervalle geändert wie bei chronisch psychotischen Patienten, die eine nicht endende Beziehung zu einem Menschen ihres Vertrauens brauchen, der ihre Ängste zügeln und ihre Einsamkeit reduzieren kann. Wie wir aus eigener Erfahrung und aus der Fachliteratur wissen, handelt es sich bei solchen Fällen um Menschen, die in ihrer frühen Kindheit nicht ausreichend Sicherheit und Vertrauen in sich und andere entwickeln konnten. Speziell bei solchen Patienten sind die atypischen Aspekte der Therapie besonders wichtig.

Susanna C.: Beziehungsprobleme

Susanna war eine attraktive 25jährige Frau. Sie war ein Einzelkind und lebte zur Zeit der Therapie in einem kleinen Haus, das an das Haus angrenzte, in dem ihr Vater mit seiner Lebensgefährtin Luisa lebte. Susanna hatte ein sehr trauriges Leben hinter sich. Ihre Eltern hatten sich scheiden lassen, als sie erst fünf Jahre alt war. Seit dieser Zeit lebte sie entweder bei ihrem Vater oder bei dessen Freunden in verschiedenen Städten in ganz Italien. Wegen seiner Karriere als Künstler mußte Susannas Vater ständig von einem Ende Italiens bis zum anderen reisen. Susannas Mutter hatte ein unregelmäßiges Leben geführt, das vom Konsum harter Drogen beherrscht war. Da Susannas Vater seine frühere Frau verachtete, war der Kontakt zwischen Mutter und Tochter fast ganz abgebrochen. In zehn Jahren hatten sie sich nur vier- oder fünfmal gesehen. Als Susanna 15 war, beging ihre Mutter Suizid.

Susanna hatte in verschiedenen italienischen Städten diverse humanistische Gymnasien besucht und an der Kunstakademie Brera in Mailand erfolgreich ihr Studium absolviert. Mit 20 wurde sie nach einer unglücklichen Liebesgeschichte depressiv und nahm mehr als zehn Kilo zu. Die Konsequenz war, daß ihr Vater sie nach Treviso zurückholte, damit sie bei ihm lebte.

Der Großvater mütterlicherseits war eine wichtige Person in Susannas Leben. Er war ein renommierter Geisteswissenschaftler, der schon viele Jahre in Kanada lebte. Nach dem tragischen Tod seines einzigen Kindes hatte er Susanna hin und wieder besucht, wenn er gerade auf Europareise war, und er war es, der Dr. Boscolo gebeten hatte, seine Enkeltochter als Patientin anzunehmen, und sich bereit erklärt hatte, die Kosten für die Therapie zu übernehmen.

Nach den ersten beiden Sitzungen schlug der Therapeut Susanna eine maximal 20 Stunden umfassende Therapie vor: Die Bedingung sei allerdings, daß die Klientin die Therapie selbst bezahle. Da Susanna sich zu dem Zeitpunkt eine Therapie finanziell nicht leisten konnte, bot ihr der Therapeut auf eigenes Risiko einen Zahlungsaufschub an, bis sie das Geld dafür habe. So wurde Susannas Fall in unsere Studie über eine auf 20 Sitzungen begrenzte Einzeltherapie aufgenommen.

Da Susannas Therapie einen guten Blick auf die therapeutische Beziehung ermöglicht, haben wir beschlossen, zwei Abschnitte aus dem Therapieverlauf – nämlich die vierte und 13. Sitzung – besonders detailliert vorzustellen. In der vierten Sitzung kristallisieren sich die wichtigsten Themen heraus, die den weiteren Therapieverlauf bestimmen. In der 13. Sitzung wird gezeigt, wie der Therapeut mit der Vergegenwärtigung einer Dritten Partei arbeitet, um den *toten Punkt* zu überwinden.

Die vierte Sitzung
Zu Beginn der vierten Sitzung war die Klientin recht heiter und erzählte spontan und flüssig ein paar Episoden aus dem Freundeskreis ihres Vater und von ihrem Großvater. Zuerst berichtete sie von einer Reise nach Spanien, die tatsächlich stattgefunden hatte, und danach von einer Reise nach Kanada, die zwar geplant war, dann aber abgesagt wurde.[10]

Therapeut: Guten Tag. Wovon erzählen Sie mir denn heute?
Susanna [wirkt entspannt und in ungewöhnlich guter Laune]: Guten Tag ... Ich besuchte zum erstenmal nach vielen Jahren dieses Mädchen wieder, Vittoria; sie ist verheiratet und hat ein Kind, das anderthalb Jahre alt ist. Ich besuchte sie in ihrem Haus und fühlte mich wohl bei ihr. Ich hatte ein Familienleben in dieser großen Stadt voller Chaos und alldem *[lacht]*. Es war so ganz anders als die übliche Situation, obwohl ich doch auch Momente der *[seufzt]* Lustlosigkeit hatte. Als ich nach Madrid reiste und nachdem ich die Szene gewechselt hatte, da war ich in Hochstimmung. Ich hatte Vittoria eine lange Zeit nicht gesehen, viele Jahre lang. Ich konnte mit ihr über alles reden. Ich kam vor ungefähr zehn Tagen zurück – in dieses neue Haus, das meine Familie für mich in der Nähe von Treviso bauen ließ. Ich habe Ihnen schon einmal davon erzählt, aber ich weiß nicht, ob Sie sich noch daran erinnern. Egal, mein Vater und die lebenspraktische Frau, mit der er jetzt zusammenlebt, ließen drei separate Häuser bauen. Die beiden leben in dem einem Haus. Der Sohn der Lebensgefährtin meines Vaters lebt im anderen, und ich lebe im dritten. In den zwei Monaten, in denen ich weg war, habe ich nie zu Hause angerufen. Mir war nicht so sehr nach anrufen. Obwohl wir von unterwegs nur selten anrufen, dieses Mal vor allem ...
Therapeut: Ist das immer so, oder haben Sie diesmal übertrieben?
Susanna: Nein, das ist ziemlich normal. Nun, ja, ich rufe wirklich nur selten an, aber im zweiten Monat fing ich an, ... nun, vielleicht, in gewissem Sinne hätte ich schon anrufen sollen, weil ich doch lange Zeit weg war ... aber nein, ich habe nicht angeru-

---

10 Susanna machte dann später, kurz vor der 13. Sitzung, eine kurze Reise nach Kanada.

fen. Und sogar als ich hier in Mailand ankam, ging ich nicht sofort nach Treviso. Ich ging nach Bologna, um ein paar Freunde zu besuchen. Ich war ein bißchen ... *[seufzt]* ... ich versuchte, das Nach-Hause-Gehen etwas hinauszuzögern. Als ich dann auf den letzten Drücker nach Hause kam, fühlte ich mich etwas unwohl ... vielleicht, weil ich meinen Vater nicht angerufen hatte ...

Therapeut: Als Sie zurückkamen, haben Sie sich vielleicht vorgestellt, daß Ihr Vater verschwunden oder gestorben sein könnte oder daß er Sie bestrafen würde?

Susanna ist in euphorischer Stimmung nach Spanien abgereist und hat mit ihrer Madrider Freundin eine angenehme Zeit verbracht, obwohl der Gedanke, zu Hause anzurufen, sie doch etwas beschäftigt hat. Auf ihre offenkundige Ambivalenz zwischen Distanz und Nähe im Verhältnis zu ihrem Vater reagiert der Therapeut mit dem Hinweis, daß sie sich vielleicht vorgestellt habe, ihr Vater sei verschwunden oder gestorben oder wolle sie für ihr Schweigen bestrafen. Durch diese ungewöhnliche Hypothese wird der Gedanke eingeführt, daß bei Susannas Vater eine reziproke Ambivalenz bestehen könne.

Susanna: Solange ich weg war, war alles normal wie immer, aber nach, sagen wir mal, zehn Tagen, hatte ich allmählich das bedrückende Gefühl, ihn anrufen zu müssen. Das heißt, ich dachte, daß mein Vater die üblichen Bemerkungen machen würde, daß ich nicht zwei Monate lang Urlaub machen solle, wo alle anderen nur einen Monat Urlaub machten. Nun, ich fing an, etwas unruhig zu werden, aber mit der Zeit, an einem bestimmten Punkt, sagte ich mir: „Also, was soll das! Was macht das schon, ob er dagegen ist oder nicht? Ich bin jetzt hier, und ich werde nach Hause gehen ..."

Therapeut: Mir kommen diese Überlegungen vor, als ob sie zwei verschiedenen emotionalen Ebenen zuzuordnen wären. Die eine könnte dem Alter um 14 oder 15 entsprechen, und die andere könnte auf eine reiferes Alter zutreffen.

Susannas Beschreibung von zwei sich widerstreitenden inneren Stimmen übersetzt der Therapeut als zwei Emotionen, wobei die eine zu einem abhängigen Status gehöre und die andere einem unabhängigen Status zuzuschreiben sei. Die Klientin kann über diesen Gedanken reflektieren und neue Erkenntnisse gewinnen.

Susanna: Ja, ja, aber ... ich habe auch daran gedacht, daß wahrscheinlich ich es bin, die diese Probleme erzeugt hat, und daß jetzt, wo ich in dem neuen Haus wohne, eigentlich eine Veränderung gegenüber der Vergangenheit stattfinden sollte, in dem Sinne, daß wir nicht mehr gemeinsam essen, und ... nun, niemand würde sich mehr an einen vorgeschriebenen Ablauf halten müssen.
Therapeut: Es scheint, als ob Sie Ihrem Vater gegenüber eine Art Verpflichtung spürten, die ein Kind von zwölf oder 13 vielleicht fühlt – die Pflicht, zu einer bestimmten Zeit zu Hause zu sein.
Susanna: Ja, aber es war nicht nur die Pflicht, nach Hause zu gehen; ich mußte auch zurückkommen, um mein Leben in Ordnung zu bringen, weil ich die Arbeitsstelle von letztem Jahr ja nicht mehr hatte. Ich konnte mich nicht auf sie verlassen, und wenn ich in Schwierigkeiten gewesen wäre, kein Geld gehabt hätte, hätte er gesagt ... oder wie auch immer, ich hatte Angst, daß er dächte ... ja, weil vor zwei Jahren, als ich lange Zeit weg war, da sagte er, daß normale Leute *[lacht]* schließlich keine zwei Monate lang Urlaub machten und daß ich mich ein bißchen zusammenreißen solle. Doch als ich dieses Mal zurückkam, gab es kein Problem. Ich habe ihn nur einmal gesehen, obwohl wir nur zwei Schritte voneinander entfernt leben.
Therapeut: Waren Sie angenehm oder unangenehm überrascht, daß er nicht das zu Ihnen sagte, was Sie erwartet hatten?

Dadurch, daß der Therapeut Susannas Gefühlsdilemma angesprochen hat, kann sie über ihre „wirklichen" Emotionen in bezug auf ihren Vater nachdenken. Die Klientin befindet sich in etlichen inneren Zwickmühlen, die mit ihrem instabilen Identitätsgefühl zusammenhängen. Die Dilemmata, die der Therapeut thematisiert, können Susanna helfen, einige grundlegende Aspekte ihres Lebens zu erkennen und zu klären: Regression versus Weiterentwicklung, Abhängigkeit versus Unabhängigkeit.

Susanna: Nun, ich habe nicht unbedingt erwartet, daß er ärgerlich ist.

Therapeut: Wie haben Sie einander begrüßt? Gab es da irgendwelche ...
Susanna [unterbricht]: Nun, eigentlich – er saß auf einem Stuhl – ich umarmte ihn und gab ihm einen liebevollen Kuß. Wir plauderten ein bißchen über dieses und jenes, und er war zufrieden – das ist alles.
Therapeut: Hat er Sie nach Ihrem Großvater gefragt?
Susanna: Nein, diesmal nicht, weil er wußte, daß ich ihn nicht getroffen hatte.
Therapeut: Was meinen Sie damit, daß Sie ihn nicht getroffen hätten?
Susanna: Nun, ich hatte meinen Großvater nicht getroffen.
Therapeut: Aber waren Sie nicht in Kanada?
Susanna: Nein, nein. Ich wollte gehen ...
Therapeut: Ich meinte, Sie hätten erzählt, daß Ihr Großvater Sie nach Kanada eingeladen habe.
Susanna: Ja, ich sollte eigentlich im September gehen, aber mein Großvater kam im Juli hierher, und er kam nach Treviso, um mich zu besuchen, als er mal freie Zeit hatte, und da teilte er mir mit, daß die Reise nicht stattfinde. Ich war darüber ziemlich verstimmt. Wie merkwürdig ... Ich glaube, es war eine Ausrede ... vielleicht irre ich mich auch. Jedenfalls sagte er, daß es besser sei, die Reise zu verschieben. Er sagte, daß es dort im Winter kalt sei – daß es nicht sinnvoll sei, jetzt nach Kanada zu gehen. Er spielte die Einladung regelrecht herunter, und zwar in der Weise, daß er damit anfing, es sei sowieso nur eine Reise dorthin und kein längerfristiger Aufenthalt, während zuvor ... vielleicht habe ich ihn auch nicht richtig verstanden ... wir hatten über mögliche Schulen gesprochen, die Möglichkeit überlegt, einen Kurs an der Universität zu belegen, und deshalb wäre es nicht nur eine Reise gewesen. Ich glaube, er machte einen Rückzieher.
Therapeut: Und Sie haben sich verletzt gefühlt, nicht wahr?
Susanna: Ja. Ja. Ich holte ihn hier in Mailand ab. Wir nahmen den Zug nach Treviso, und er erzählte mir das alles während der Zugfahrt. Ich sagte: „Ja, ja", und ich habe nicht einmal mit der Wimper gezuckt, und äh ... und er erklärte mir das mit dem Klima in Kanada, daß es für mich besser sei, dorthin zu gehen, wenn es nicht kalt ist *[lacht]*. Hm, es wirkte alles so absurd, daß ich nicht einmal fähig war, zu ... zu reagieren oder irgend etwas

zu sagen. Wie letztes Jahr, da verbrachte ich ganze Tage mit ihm von morgens bis abends, wir gingen in der Stadt spazieren, schauten Dinge an, redeten, redeten immer nur, ich mit der unausgesprochenen Hoffnung, daß er mich zu sich nach Hause einladen würde, um zu demonstrieren, daß er ein guter Mensch sei, daß er mir helfen wolle, aber andererseits ... ist da etwas, das mich verlegen macht, wenn ich zum Beispiel mit ihm unterwegs bin ...

Therapeut: Worüber sprechen Sie denn dann so?

Susanna [wirkt etwas erregt und irritiert]: Oh, er erzählt ein bißchen von seinen Aktivitäten, und ich spreche von ... eigentlich weiß ich nicht, was ... wir gehen ein gut teil der Zeit schweigend nebeneinander. Wir sprechen kaum jemals über unsere persönlichen Dinge. Oh ... ja ... ich erzählte ihm sogar etwas über meine schwierige Beziehung zu meinem Vater. Er war in Treviso an meinem Geburtstag. Eine meiner Freundinnen hatte uns zum Abendessen bei sich zu Hause eingeladen, wo er und mein Vater ein bißchen miteinander plauderten. Am Tag nach diesem Fest erzählte er mir ein paar Dinge über unsere Beziehung – Dinge, die er beobachtet hatte. Wenn wir in der Öffentlichkeit sind, zum Beispiel mit Freunden essen gehen, dann sprechen mein Vater und ich für gewöhnlich kaum miteinander. Bei diesem Abendessen war das einzige, was wir miteinander sprachen ... daß ich irgendwann zwei etwas ironische Bemerkungen machte über etwas, was er gesagt hatte. Am nächsten Tag sagte mein Großvater zu mir: „Schau mal, warum mußt du ihn angreifen? Warum ist das nötig? Versuche doch, etwas einsichtiger zu sein, denn du bist die Klügere von euch beiden, und du solltest dich nicht auf diese Ebene begeben und in diese Dinge verwickelt werden, die absolut nichts zu bedeuten haben." Als er das zu mir sagte, wurde ich in meinem tiefsten Innern so sauer, wirklich schrecklich zornig, weil ich nicht akzeptieren konnte, wie er die Ausrede mit dem kalten Wetter gebracht hatte, und schließlich ...

Therapeut: Mehrere Tage mit einem Verwandten zu verbringen und seinem Protest nicht Luft machen zu können, das muß wirklich die Hölle sein ...

Susanna: Ja, ich konnte einfach nicht sprechen. Wir gingen miteinander spazieren, und ich konnte an nichts anderes denken, aber ich konnte nicht zur Sprache bringen, was er gesagt hatte.

Therapeut: Was hätte passieren können, wenn Sie es zur Sprache gebracht hätten?
Susanna: Ich weiß es nicht. Vielleicht eine kritische Bemerkung, vielleicht hätte er alles bestritten ...

Zu Beginn einer Sitzung hört der Therapeut im allgemeinen dem Klienten beziehungsweise der Klientin zu und läßt ihn beziehungsweise sie sprechen. In dieser Sitzung übernimmt der Therapeut am Anfang ebenfalls die Rolle des Zuhörers und erlaubt der Klientin, die Themen zu wählen, über die sie sprechen möchte. Der Therapeut folgt Susannas Gedankenfluß, unterbricht bei Gelegenheit, ändert aber selten das Thema. Gelegentlich macht er eine Bemerkung oder stellt eine Frage, die die Klientin jedoch nicht zu einem Themenwechsel veranlaßt, sondern ihr statt dessen hilft, ihre Erzählung transparenter zu machen oder um wichtige Details zu erweitern.

Die Hauptprinzipien, nach denen die Therapiesitzung durchgeführt wird, bestehen darin, daß der Therapeut realisiert, wie wichtig es ist, den Mitteilungen des Klienten beziehungsweise der Klientin aufmerksam zuzuhören; daß der Therapeut besser daran tut, Fragen zu stellen, als Antworten zu geben; und daß er die einzelnen Vorgänge während der Sitzung *zeitlich koordiniert*. Eine Therapiesitzung beruht jedoch immer darauf, daß der Therapeut durch die Individualität seines Klienten und mit Hilfe seiner eigenen Aufmerksamkeit für den sich verändernden Kontext dazu bewegt wird, bestimmte Entscheidungen zu treffen und Maßnahmen zu ergreifen. In Susannas Fall gab es keine spezifischen Symptome, die eine Therapie induziert hätten. Sie wurde von ihrem Großvater dazu veranlaßt, eine Therapie zu machen; sie selbst sagte, daß sie sich aus freien Stücken nicht dafür entschieden hätte. Susanna war sich bewußt, daß sie in einem chronischen Zustand der Unzufriedenheit, der psychischen Qual und der Instabilität lebte und daß sie auch die Tendenz hatte, sich von ihrer Umwelt abzusondern. Obwohl sie einen großen Freundes- und Bekanntenkreis hatte, ging sie mit niemandem ein enges Vertrauensverhältnis ein. Gelegentlich verdunkelte sie ihr Haus und schloß sich für zwei oder drei Tage darin ein; dabei versuchte sie, ihr Denken abzuschalten, oder beschäftigte sich mit diffusen, depressiven Ideen. Sie konnte sich keine Vorstellung von ihrer Zukunft machen. Susanna war offensichtlich eine konfuse, einsame Frau, die sich gegenüber der Außenwelt defensiv verhielt. Für sie war es wichtig, daß sie ihre Lebensgeschichte einem aufmerksamen und zugänglichen Menschen erzählen konnte, der teilnahmsvoll zuhörte und dem Gesagten eine Bedeutung gab und so die Entwicklung einer konstruktiven therapeutischen Beziehung förderte. In eben diesem Sinne haben die kurzen Fragen und Kommentare des Therapeuten in dieser Sitzung die Funktion einer empathischen Verstärkung. Susanna vermittelt den Eindruck, als ob sie einen Therapeuten brauche, mit dessen Hilfe sie erst einmal ein Gefühl für ihr eigenes Ich entwickeln kann (bevor ihre konkreten Probleme angegangen werden können).

Susanna hat gewissermaßen keine klare und zusammenhängende Biographie. Das Unschlüssige und Provisorische, das als Eindruck ihrer Erzählung zurückbleibt, kann auf ihre Schwierigkeit zurückzuführen sein, über ihre eigene Person in einer kohärenten Art und Weise etwas zu erzählen.

Susannas Lebensgeschichte sagt nichts darüber aus, wer sie ist und was für eine Identität sie hat. Dadurch aber, daß der Therapeut die Klientin sprechen läßt, hilft er ihr, eine Geschichte zu kreieren, in der ihr Leben eine Bedeutung hat. Das aufmerksame Zuhören des Therapeuten ist besonders wichtig, weil Susanna dadurch implizit mitgeteilt wird, daß der Therapeut sie für einen interessanten Menschen hält, der Aufmerksamkeit verdient.

In diesem therapeutischen Gespräch verhält sich der Therapeut auf eine ganz eigene Weise. Den Anfang macht Susannas langer Monolog, in dem sie von ihrer Reise nach Madrid und den Emotionen berichtet, die diese Reise in ihr ausgelöst haben. Im Anschluß an diesen Monolog faßt der Therapeut mit eigenen Worten kurz zusammen, was Susanna erzählt hat. Danach wechselt Susanna, ohne daß der Therapeut sie darum gebeten hat, das Thema und fängt an, über ihr Alltagsleben zu sprechen. Dazu stellt der Therapeut kurze, faktenbezogene Fragen. Karl Tomm (1985) würde diese als „lineare Fragen" bezeichnen, deren Hauptfunktion hier darin besteht, Susannas Ausführungen zu folgen und das Thema offenzuhalten. Erst am Ende dieses Abschnittes macht der Therapeut eine zweite kurze Zusammenfassung. Danach wechselt Susanna das Thema und redet über ihre Beziehung zu ihrem Großvater, nennt seine Absage ihrer Kanadareise einen „Rückzieher" und führt durch diese Umdeutung eine Differenzierung ein; hier kommentiert der Therapeut die von Susanna berichteten Ereignisse. Die folgenden Fragen gehen alle von der Definition „Rückzieher" aus. Dadurch bekommt das ganze Therapiegespräch einen kohärenten Charakter, und es ist an einer Definition von Susannas Beziehung zu ihrem Großvater ausgerichtet. Von diesem Moment an setzt sich der Dialog in einer stringenteren Weise fort und konzentriert sich auf ein interessantes Thema.

Der nun folgende zweite Abschnitt stammt ungefähr aus der Mitte der Sitzung (die etwas über eine Stunde dauerte). Susanna berichtet von ihrer Beziehung zu ihrer Freundin und wie sie von ihrer Spanienreise nach Hause zurückkehrt. Diese Freundin sei immer wie eine Schwester zu ihr gewesen, weil sie die Tochter einer der wichtigsten Partnerinnen ihres Vaters sei. Das für die Reise notwendige Geld habe Susanna von ihrem Großvater bekommen.

Susanna [lächelt nicht mehr wie am Anfang der Sitzung, als sie von ihrer Reise nach Spanien erzählte]: Ich bin wieder zu Hause in Treviso, aber wenn ich da bin, komme ich mir wie in einer isolierten Zelle vor, zum Teil deshalb, weil ich keinen intimen Freundeskreis in Treviso habe, zum Teil deshalb, weil ich keine Arbeitsstelle habe und deshalb nichts zu tun habe – das ist mit Sicherheit ein Grund. Ich versuchte, mein kleines Haus einzurichten, aber, ja, gerade jetzt, während ich auf ... auf nichts ... warte ... und so, ich weiß nicht ...
Therapeut: Sie ein bißchen zu lange warten?
Susanna: Ja ... hm, vielleicht sollte ich mich endlich dazu entschließen, von hier wegzugehen.
Therapeut: Weggehen?
Susanna: Es ist genau das Gefühl, das ich schon vor sechs Jahren hatte ... es ist eigentlich das Gefühl von ... bei dem es mir wirklich gutging. Ich hatte gar keinen Platz für die üblichen Probleme, das heißt, sie waren anscheinend alles, was ich zuwege brachte, und wahrscheinlich ist das genau die Situation. Ich sagte zu mir: „Nein. Ich möchte über diese Dinge nicht einmal nachdenken. Schau mal her, jetzt mache ich dieses, jetzt mache ich jenes." Ich machte wirklich Dinge in einem ganz konkreten Sinn, ich fühlte mich stark ... ich war mit anderen Menschen zusam-

men, vor allem war ich mit anderen Menschen zusammen. Und in Spanien hatte ich auch solche Momente. Ich war zwar Touristin, aber ich war auch mit Menschen zusammen, die meine Freunde waren. Nicht daß ich nur kreuz und quer durch die Stadt gelaufen wäre und sonst nichts anderes gemacht hätte. Ja, ich hatte problematische Momente, aber ich hatte auch Momente der Entspannung. Aber, wissen Sie, ich kam zurück, und vorher hatte ich ganz konkrete Dinge gemacht, und deshalb war das Leben hier nicht mein einziges Leben, die einzige Art von Leben, das ich hatte.

In dieser Therapiesitzung zeigt sich Susannas existentielles Problem, ihre Orientierungslosigkeit und ihre Schwierigkeit, einen Sinn im Leben zu finden, am eindringlichsten. Das Bild von Susanna in ihrem kleinen Haus, wie sie „in einer isolierten Zelle ... auf nichts wartet", erinnert an absurdes Theater – zum Beispiel an Becketts Drama *Warten auf Godot*, in dem zwei Menschen auf das Nichts warten, oder an Edvard Munchs Gemälde *Der Schrei*, auf dem eine ins Leere schreiende Frau auf einem Steg zu sehen ist.

Das Thema Wüste, Einsamkeit und Beziehungslosigkeit war oft in Susannas Zeichnungen präsent, die sie dem Therapeuten zu Beginn der Therapie gezeigt hatte. Ein immer wiederkehrendes Motiv war das einer traurigen jungen Frau in Schwarz, die in der Wölbung einer Mondsichel saß und sprachlos in den Weltraum schaute. In ihrer Art zu sprechen und in ihrem Verhalten scheint Susanna nun ganz ohne Rhetorik, Verstellung und Allüren auszukommen (in dem Sinn, daß sie die Aufmerksamkeit auf sich lenken oder Verständnis und Mitgefühl hervorrufen möchte). Sie macht den Eindruck eines orientierungslosen Menschen, der nach tiefen zwischenmenschlichen Beziehungen sucht, die sich aber nicht entwickeln, und der insbesondere auf der Suche nach sich selbst ist. Susannas sehr zögerliche und holprige Art zu sprechen spiegelt ihrer Unsicherheit in bezug auf ihre Identität wider. Der Therapeut interveniert von Zeit zu Zeit, indem er sich in Susannas Wortfluß einschaltet, um sie in eine konkretere Welt zurückzubringen.

Therapeut: Als Sie in Spanien waren, hatten Sie da irgendwelche romantischen Beziehungen?
Susanna: Nein.

Therapeut: Hätten sie das gerne gehabt?

Susanna: Eigentlich nicht. Aber, etwas anderes. Sobald ich wieder zu Hause war, hatte ich wieder das Gefühl, daß alles leichter sein würde, wenn ich nur verliebt wäre. Das ist ein Gedanke, den ich schon immer habe, aber eine Situation, offensichtlich eine so schnelle Veränderung ... ich bräuchte sie in dem Sinne, daß, obwohl ich immer Liebe wollte, es in Madrid nicht mehr so war ... ich war zufrieden, allein zu sein, etwas, das nicht ...

Therapeut: Nun, eigentlich waren Sie nicht wirklich allein, weil Ihre Freundin da war.

Susanna: Ja. Sie war wirklich sehr liebevoll zu mir. Sie gab mir Ratschläge. Sie sagte zu mir: „Du solltest nicht in Treviso wohnen bleiben, weil du dort überhaupt nichts hast. Du hast zwar deinen Vater, aber irgendwie ist das kein gutes Verhältnis. Ihr versteht euch nicht ... "

Therapeut: Würden Sie gerne bei Ihrer Freundin wohnen?

Susanna: Ja, außer daß, nun, ich hätte Anpassungsprobleme. Es erschien mir so schwer, dort zu leben. Hin und wieder habe ich den Wunsch, an einem ruhigen Ort zu leben. Ja, es wäre schon sehr schwer, bei all dem Chaos dort, und dann, ich weiß nicht, ich hatte nicht den dringenden Wunsch, dort zu bleiben. Ich weiß nicht, bis zu welchem Punkt ich versucht habe, mich von etwas zu überzeugen, weil wirklich, es wäre schon das richtige, dort zu leben. Meine Beziehung zu der Stadt war so, als ob ich sagte: „Ja. Nein. Ich mag sie nicht. Nein, ich mag sie aus diesem Grunde nicht." Wissen Sie, ich habe immer den Dingen mehr Aufmerksamkeit geschenkt, die ich nicht haben wollte.

Therapeut: Wenn ich das richtig verstanden habe, dann hat Ihre Freundin, als sie zu Ihnen sagte: „Es wäre besser, wenn du von deinem Vater weggehen würdest. Komm und lebe doch hier", Ihnen den Rat gegeben, nicht unbedingt in der Nähe Ihres Vaters zu leben.

Susanna: Ja.

Therapeut: Glauben Sie, daß das ein guter Ratschlag war?

Susanna: Sie hat eine sehr negative Beziehung zu meinem Vater. Sie wuchs gewissermaßen neben ihm auf, also deshalb ...

Therapeut: Sie kennt ihn gut.

Susanna: Ja, auch wenn sie nicht viele Jahre lang unter einem Dach gelebt haben, so sprechen sie doch hin und wieder noch am Telefon miteinander, wenn sie mich mal anruft – aber ihr Kontakt beschränkt sich darauf.

Therapeut: Wenn ich mich recht erinnere, ist sie die Tochter einer Partnerin Ihres Vaters – ist das richtig?

Susanna: Ja, aber ihre Mutter war die einzige Frau, die viele Jahre lang bei ihm geblieben ist.

Therapeut: Hatte er die gleiche Art von gefühlsmäßiger Beziehung zu Ihrer Freundin, wie er sie zu deren Mutter hatte?

Susanna: Welche Art von Beziehung? Eine Beziehung der Zuneigung?

Therapeut: Ja, eine Liebesbeziehung, auch eine sexuelle Beziehung.

Susanna: Äh, nun, ich weiß nicht. Ehrlich gesagt, ich könnte nicht, ich könnte nicht ... Nun, vielleicht von seiten meines Vaters in bezug auf sie, aber ich glaube nicht, von ihrer Seite aus. Sie hat jedenfalls sehr negative Erinnerungen ... ich weiß nicht ... zum Beispiel erinnert sie sich daran, daß mein Vater sie nie ernsthaft geschlagen hat, ihr vielleicht einmal einen Klaps gegeben hat, aber statt dessen mich viele Male schwer geschlagen hat, und sie erinnert sich an diese Szenen *[lacht]*, wie an Szenen aus ... ich weiß nicht, wie an Szenen aus einem Film. Und aus diesem Grunde, sagt sie, sei er ein gewalttätiger Mensch, ein autoritärer Vater. Ich sehe ihn nicht ausschließlich so, auch deshalb nicht, weil es Jahre her ist, seit ich ihn das letze Mal gewalttätig gesehen habe, zumindest nicht mir gegenüber. Sie aber hat ihn als eine Art Monster in Erinnerung, fast ...

Therapeut: Und wenn Sie erfahren würden, daß es zwischen Ihrer Freundin und Ihrem Vater eine sexuelle Beziehung gegeben habe, welches Gefühl hätten Sie dann?

Hier stellt der Therapeut eine unerwartete Frage, die voller möglicher angstbesetzter Bedeutungen ist. Verschiedene Elemente aus der Biographie der Klientin veranlassen ihn zu dieser Frage: Susanna hat die meiste Zeit bei ihrem Vater gelebt, der mit vielen Frauen Liebesbeziehungen gehabt hat. Ihre Freundin und „Schwester" empfiehlt Susanna, ihren Vater zu verlassen, weil dieser früher einen schlechten Einfluß auf sie gehabt habe und immer noch habe. Insbesondere läßt Susannas allgemeine psychische Verfassung an einen möglichen sexuellen Mißbrauch in der Kindheit denken. Die Frage nach einer eventuellen sexuellen Beziehung zwischen dem Vater und der Freundin ist ein indirekter Weg, latente Gefühle von Peinlichkeit, Scham oder Schuld an die Oberfläche zu bringen, die durchaus Zeichen dafür sein können, daß ein Mensch in eine inzestuöse Beziehung verwickelt gewesen ist. Obwohl Susanna über die Frage, ob ihre Freundin eine Affäre mit ihrem Vater gehabt haben könnte, ziemlich verblüfft ist, läßt sich aufgrund ihrer emotionalen Reaktionen eine Bestätigung obiger Hypothese nicht ableiten. Der Therapeut respektiert die Gefühle der Klientin sehr; denn er berührt das Thema nur leicht und in Andeutungen und verfolgt es auch nicht weiter, weil Susanna signalisiert, daß sie an einer Fortsetzung des Themas nicht mehr interessiert ist.

Susanna: ... Ich wäre total ... schockiert, das heißt, ich hätte das Gefühl, äh, ich weiß nicht, ich würde das kaum glauben können ... oder sonstwie, vielleicht könnte ich es glauben, aber ...
Therapeut: Wären Sie zornig?
Susanna: ... Ich weiß nicht. Nein. Das heißt, es ist wie ... instinktiv kann ich nicht sagen, daß ich zornig wäre. Ich hätte das Gefühl ... ja, vielleicht wäre ich auch zornig, weil ... ich wäre darüber so entsetzt, daß ich nichts davon gewußt hätte, daß ich aus diesem Grunde zornig wäre, ja ...
Therapeut: Würde es Sie mehr überraschen wegen Ihrer Freundin oder wegen Ihres Vaters?
Susanna: Mehr wegen meiner Freundin.
Therapeut: Wegen Ihrer Freundin?
Susanna: Ja, aber auch wegen meines Vaters, das heißt ... ich weiß nicht ... ich sollte noch etwas zur Person der Freundin sagen, die mir so stark und fest vorkommt. Obwohl sie jünger ist als ich, steht sie schon fest im Leben. Sie ist Schauspielerin, ist verheiratet und hat ein Kind und ein Haus – sie hat alles, und sie ist auch sehr intelligent und in vielen Dingen sehr klug. Am Anfang, so kurz nach meiner Ankunft bei ihr, fühlte ich mich von ihr sehr eingeschüchtert. Es war für mich schwierig, mich ganz normal mit ihr zu unterhalten, obwohl sie mich in keiner Weise einschränkte. Sie redete nicht viel – die meiste Zeit hörte sie mir zu. Aber an einem Tag sprach sie über dieses Thema und ... ich weiß nicht, sie fing damit an, daß sie das Gefühl habe, daß ich keinen klaren Gedanken mehr fassen könne ... Sie habe das Gefühl, daß ich so ... verwirrt sei, daß sie tatsächlich zu mir sagte: „Weißt du,

du kannst keinen klaren Gedanken mehr fassen. Wenn du glaubst, daß es gut ist, nach Treviso zurückzugehen, und selbst wenn dir danach zumute ist; ich halte es für falsch. Das heißt, ich glaube, daß das, was du meinst und vor allem was du fühlst, ist nicht mehr ..." Es paßt nicht zu dem, was sie als das richtige für mich ansieht.

Der Therapeut redet in diesem Sitzungsabschnitt mehr als im vorangegangenen Teil, und er interveniert auch öfter. Er versucht, Susanna zu konkreteren Aussagen zu bewegen, indem er eindringlichere Fragen stellt.

Dieses Mal verhält sich der Therapeut nicht nur aktiver; er skizziert auch ein Thema für die Sitzung. Obwohl sich dieses Thema aus Susannas Worten natürlich ergibt, nimmt es durch den Therapeuten schließlich Gestalt an. Das Thema ist noch immer – inzwischen aber deutlicher umrissen – Susannas Identität. Es wird hier verknüpft mit dem Thema, wo Susanna leben solle. In dieser Sitzung wird offenkundig, daß Susanna keine Heimat hat und keinen Platz, wo sie hingehört. Alle ihre Antworten auf die Fragen des Therapeuten bestätigen diesen Eindruck. In Spanien möchte Susanna nicht leben, sondern in Italien – oder, genauer gesagt, in ihrem Wohnort Treviso. Doch in Treviso ist sie nicht glücklich. Das Thema der Zugehörigkeit (an einen Ort) hängt eng zusammen mit ihren Problemen der Verbundenheit (mit ihrem Vater). Susanna hat das Bedürfnis, in der Nähe ihres Vaters zu leben, doch wenn sie in seiner Nähe ist, fühlt sie sich unglücklich. Ihr Gefühl, nirgendwo dazuzugehören, entsteht aus dieser Zwickmühle. So wird durch die Identifikation und Eingrenzung eines Themas die Aufmerksamkeit von einer Frage nach dem Lebensort auf eine Frage nach der Zugehörigkeit und Verbundenheit gelenkt. Das Thema verschiebt sich von einem physikalischen Ort (in einer bestimmten Stadt leben) auf einen emotionalen Ort (Susannas Beziehung zu ihrem Vater).

Während der Sitzung entwickelt sich das Thema aus dem wechselseitigen Geben und Nehmen zwischen Klientin und Therapeut. Es ergibt sich nicht ausschließlich aus den Worten der Klientin, sondern entsteht vielmehr aus der Interaktion, in der der Therapeut eine aktive Rolle spielt und Zusammenhänge wie auch Beziehungen zwischen verschiedenen Ereignissen, Emotionen und Menschen im Leben der Klientin aufdeckt.

Im Verlauf der Sitzung ereignet sich eine bemerkenswerte Veränderung in Susannas Körperhaltung. Ganz am Anfang sitzt sie zurückgelehnt in ihrem Sessel, in der entspannten Art eines Menschen, der einer heiteren, anspruchslosen Konversation folgt. Mit der Zeit nimmt sie immer intensiver am Dialog teil, lehnt sich nach vorne zum Therapeuten hin und zeigt, daß sie dem Gespräch besondere Aufmerksamkeit schenkt.

Therapeut: In welcher geistigen und seelischen Verfassung sind Sie hierher gekommen?
Susanna [nachdenklich]: Oh ... *[seufzt]* ... Ich wußte nicht, weshalb ich eigentlich kommen sollte ... ich wußte es absolut nicht ... aber es ist anders als vor ein paar Tagen, als ich mich so anders gefühlt habe, daß ich zu mir sagte: „Weshalb gehe ich denn dahin? Es geht mir gut ..."
Therapeut: Vielleicht fühlen Sie so etwas wie Sinnlosigkeit, so etwas wie Sinnlosigkeit, daß Sie hierher kommen.

In diesem Abschnitt werden Susannas Gesprächsbeiträge unzusammenhängender und verschwommener. Sie scheint die Lebhaftigkeit verloren zu haben, mit der sie am Anfang der Sitzung von ihrer Reise nach Madrid berichtet. Seufzend offenbart sie, daß sie nicht wisse, weshalb sie überhaupt zur Sitzung gekommen sei. Der Therapeut fügt dieser Mitteilung eine Pointe hinzu, indem er die Hypothese formuliert, daß sie so etwas wie Sinnlosigkeit empfunden habe, als sie zur Therapie gekommen sei. Diese Äußerung soll Susanna dazu ermuntern, ernsthaft über ihre Therapie nachzudenken.

Susanna: Nein. Nein. Dieses Gefühl hatte ich, als ich mich stark fühlte, und dann sagte ich zu mir: „Es geht mir gut, worüber soll ich eigentlich reden? Das heißt, äh, worüber sprechen wir, wenn ich mich über nichts zu beklagen habe?" Und heute weiß ich dafür nichts, was ich erzählen soll ... kürzlich habe ich eine Liste von Gesprächsthemen gemacht, weil es da einige Dinge gibt, die ich an mir beobachte ... ich weiß nicht, im Zug verbrachte ich die ganze Zeit damit, daß ich über Dinge nachdachte, die ich oft mache und die ich schon seit Jahren oft mache, ich weiß nicht .... Zum Beispiel denke ich über das vergangene Jahr nach, als ich verliebt war oder .... nun, ich weiß nicht, ob ich tatsächlich ver-

liebt war. Jedenfalls gefiel mir ein Typ sehr gut, der sich nichts aus mir machte und dem ich monatelang nachgelaufen bin ... Und wenn ich Momente habe wie diesen, in denen ich aus der Wirklichkeit flüchten möchte, dann denke ich über verschiedene Optionen nach. Zum Beispiel habe ich ihn nicht mehr gesehen, und dann verbringe ich Stunden damit, daß ich darüber nachdenke, wann ich ihn sehen werde oder über andere mögliche Begegnungen, wie in einem Film, wissen Sie, was ich meine? Ich denke über mögliche Begegnungen auf diese Weise nach ... und dann gibt es auch Momente, in denen ich realisiere, daß ich mich wieder in Phantasien ergehe ...
Therapeut: Haben Sie diesen jungen Mann hier schon einmal erwähnt?

Dadurch, daß Susanna über den Sinn ihrer Therapie reflektiert, identifiziert sie bei sich eine Stimmungslage, in der sie sich „stark" fühlt (als Ergebnis ihrer Auslandsreise). In diesem Zustand fühle sie weder das Bedürfnis nach psychischem Beistand noch das übliche Unbehagen, das ihr sonst Anlaß gebe, sich über irgend etwas zu „beklagen". Durch diesen Ausdruck signalisiert Susanna eine negative Sichtweise vom eigenen Selbst und eine gewisse Geringschätzung ihrer Person; denn sie glaubt, daß sie ohne Rechtfertigung keine Hilfe für sich in Anspruch nehmen dürfe. An einem bestimmten Punkt begibt sie sich auf die Reise in ihre Welt der Phantasie – oder vielmehr durch ihre Tagträume, mit deren Hilfe sie sich über eine längere Zeit aus der realen Welt zurückzieht. Auf diese Weise fühlt sie sich zu einem jungen Mann hingezogen, ist sich aber nicht sicher, ob sie in ihn verliebt ist oder nicht. Diese Unsicherheit über die eigenen Gedanken und Gefühle durchdringt Susannas Persönlichkeit, was sich auch daran zeigt, daß sie häufig Ausdrücke wie „Nein, ich weiß nicht", „Nun, vielleicht" benutzt. Der Therapeut bittet Susanna, etwas über diesen jungen Mann zu erzählen – und mithin über konkrete Dinge zu sprechen.

Susanna: Ich habe ihn schon mal erwähnt.
Therapeut: Aber weshalb sind Sie ihm monatelang nachgelaufen? Weil er sie zurückgewiesen hat?
Susanna: Oh, weil ich vor einigen Jahren eine kurze Zeit lang mit ihm befreundet war und dann die Beziehung sehr abrupt abge-

brochen habe. Zu jener Zeit lebte ich in Bologna, und ich habe dann einfach nicht mehr mit ihm geredet. Ich schüttelte ihn auf brutale Weise ab, in aller Stille, ohne mit ihm darüber zu sprechen. Dadurch fühlte ich mich überlegener und meiner sehr sicher.

Therapeut: Aber weshalb haben Sie diese kurze Beziehung abgebrochen?

Susanna: Nun, zwei oder drei Jahre lang erzählte er mir jedesmal, wenn er mich traf, daß er in mich verliebt sei. Zuerst wollte ich davon nichts wissen, aber nach einer langen Zeit beschloß ich schließlich doch, nachzugeben. Aber ich behandelte ihn sehr schlecht. Ich hielt ihn auf Distanz. Ich ließ ihn nicht voll und ganz in mein Leben eintreten. Das ging dann alles so weiter, bis er schließlich die Nase voll hatte, und irgendwann sagte er mir dann, daß er mich nicht mehr liebe.

Therapeut: Und wer hat die Geschichte dann wieder angefangen?

Susanna: Ich war es. Nachdem eine lange Zeit verstrichen war, fühlte ich mich einsam, und ich rief ihn an und bat ihn, mit mir auszugehen, aber zu meiner Überraschung gab er mir einen Korb. Letztes Jahr habe ich ihn etwa sechs Monate lang des öfteren angerufen. Wir sprachen manchmal eine volle Stunde miteinander. Er war hin und her gerissen – er wollte und wollte auch nicht ... Am Anfang fühlte ich mich meiner sehr sicher, und dann wurde ich nach und nach immer unsicherer ...

Therapeut: Wollten Sie sich wirklich mit ihm treffen, oder war es nur ein Spiel, um zu sehen, wer nachgeben würde?

Susanna: Ja, ich wollte wirklich eine Beziehung mit ihm. Ich fing sogar an, mit seinen Freunden auszugehen, und logischerweise war er auch manchmal bei ihnen ... aber, nein, es war nichts zu machen.

Therapeut: Sie verlieben sich nicht so leicht, also was ist da so besonders an diesem Herrn? Er muß etwas ganz Besonderes an sich haben.

Susanna: Mhm ... Er ist ein Mensch, der absolut niemanden um sich herum haben möchte *[lacht]*, absolut niemanden. Er möchte keine Frau um sich haben. Ich weiß nicht, vielleicht war es der Umstand, daß es so schwer war, ihn zu erobern, was ... was ihn so anziehend für mich machte ... er ist sehr verspielt.

Therapeut: Glauben Sie, daß er Frauen mag?

Susanna: Nun, an diesem Punkt, ich weiß nicht, auch weil er nach sechs Monaten, in denen ich ihm nachgelaufen bin, eines abends schließlich doch nachgegeben hat – das heißt, in dem Sinne, daß er sagte: „In Ordnung, hör zu, komm zu mir nach Hause, wir schauen uns zusammen den Sonnenaufgang an." Wir waren bei Freunden, und ich war ziemlich beschwipst, weil wir die Nacht irgendwo durchgetrunken hatten. Ich war sehr glücklich und fühlte mich siegessicher. Ich war in Hochstimmung, und ich glaube aus diesem Grunde hatte ich einen Unfall mit meinem Mofa. Ich weiß nicht, ob Sie sich noch daran erinnern können, als ich mit einem blauen Auge *[zeigt auf ihr linkes Auge]* hierher kam. Ich war bis sieben Uhr morgens beim Unfallarzt, und trotzdem ging ich dann noch zu ihm, und ich blieb bei ihm, aber ...
Therapeut: Also haben Sie miteinander geschlafen?
Susanna: Ja, haben wir.
Therapeut: Haben Sie die Situation etwas forciert?
Susanna: Oh, nein. Das heißt, ich war sehr glücklich in diesem Augenblick.
Therapeut: Hatte er Schwierigkeiten, als Sie miteinander schliefen?
Susanna: Nein. Nein ... aber danach wollte er trotzdem nichts mehr mit mir zu tun haben.
Therapeut: Hing das damit zusammen, daß er so ein geheimnisvoller Mensch war, den man nur schwer erobern konnte, daß Sie so leidenschaftlich bewegt waren, daß Sie ihm nachgesetzt haben?
Susanna: Ja. Ja, auch aus diesem Grunde ... Ja. Ja, er ist ein Mensch, der .. ich weiß nicht, der mit sich allein glücklich ist, ein Mensch, der alles mögliche macht, nur nicht trinkt und sich ruiniert. Das ist alles, was er macht.
Therapeut: Hatten Sie das Gefühl, daß er mit Ihnen ein bißchen seelenverwandt war?
Susanna: Sehr sogar ... Er ist mir sehr ähnlich, das ist wahr. Aber nun habe ich genug von dieser Affäre. Ich habe die Nase voll davon. Sie hat in meinem Kopf acht Jahre lang gedauert.
Therapeut: Hatte nicht Ihr Vater auch schwierige Beziehungen zu Frauen? Haben diese unter ihm gelitten?

Die Geschichte von Susannas Beziehung zu dem „schwierigen" Freund ist bezeichnend. Sie zeigt Susannas Bedürfnis nach einem anderen Menschen und gleichzeitig ihre Flucht vor dem anderen beziehungsweise ihren Wunsch nach Intimität und gleichzeitig ihre Angst vor Intimität. Auffällig dabei ist, daß sie sich einen schwierigen Partner aussucht, bei dem sich schließlich herausstellt, daß er ihr wesensmäßig ganz ähnlich ist. Es scheint, als ob Susanna sich nur in ihr „Ebenbild" verlieben könne. An diesem Punkt entschließt sich der Therapeut, das Verhältnis ihres Vaters zu den Frauen zu erforschen, um mögliche Spuren zu entdecken, die Susannas Schwierigkeiten in ihrem Liebesleben erhellen können.

Susanna: Ich glaube schon, weil er sehr herrisch ist.
Therapeut: Und auch sehr launenhaft?
Susanna: Ja. Er ist launenhaft.
Therapeut: Ist er so ein Mann, der sie behandelt wie ... ich weiß nicht ... wie eine Art verfügbarer Objekte?
Susanna: Nein, so ist er nicht. Ich glaube das nicht, weil er nicht so viele Frauen hatte. Nun, ja, er hatte schon viele, aber mit all den Frauen, die ich kennengelernt habe, hatte er ziemlich lange Beziehungen.
Therapeut: Waren es die Frauen, die sich in ihn verliebt haben?
Susanna: Nein. Ich glaube, er hat sie auch geliebt.
Therapeut: Gab es Frauen, die eine besonders intensive Leidenschaft für ihn gezeigt haben?
Susanna: Ja, gab es.
Therapeut: Hat er viele Herzen gebrochen, wie man so sagt?
Susanna: Ja, das würde ich schon sagen. Äh, ich weiß nicht, ob man sagen kann, daß er furchtbar viele Herzen gebrochen hat, aber doch schon einige. Das heißt, ein paar Frauen waren sehr in ihn verliebt ... und ich glaube, er war auch genauso sehr verliebt in sie, ich weiß nicht ...
Therapeut: Und einige von ihnen sind ihm auch nachgelaufen?
Susanna: Ja ... äh, da ist zum Beispiel die Geschichte, die er mit meiner Mutter hatte. Er stand immer ziemlich unter der Fuchtel meiner Mutter, glaube ich, anders als bei vielen anderen seiner Frauen. Aber wie ich gehört habe, hat meine Mutter ihn wegen diverser zwischenmenschlicher Schwierigkeiten verlassen. Doch als die Mutter von Vittoria, das ist die Freundin, zu der ich eine geschwisterähnliche Beziehung habe, seine Geliebte wurde, begann meine Mutter, als ihr bewußt wurde, daß er nicht

mehr ihr Mann war ... daß er sie nicht mehr liebte, wirklich Krach zu schlagen.

Therapeut: Hat sie ihm die Hölle heiß gemacht?

Susanna: Ja. Einmal wurde meine Mutter sogar hysterisch. Sie zertrümmerte eine Glastür in tausend Scherben, weil er sie nicht in seine Wohnung lassen wollte, in der er bereits mit dieser Frau und deren Tochter lebte. Und es gab auch noch andere Auseinandersetzungen zwischen ihnen, die mit anderen Menschen zu tun hatten ...

Therapeut: Bitte entschuldigen Sie mich jetzt. Ich möchte mich mit meinen Kollegen besprechen.

[Der Therapeut kommt nach einer ziemlich langen Unterbrechung zurück.]

Therapeut: Mir fiel auf, daß es im letzten Sommer bei Ihnen starke Stimmungsschwankungen gab. Während Ihres Spanienaufenthalts und nach Ihrer Rückkehr nach Treviso fühlten Sie sich stark, und es ging Ihnen gut. Als Sie sich stark fühlten und es Ihnen gutging, kam Ihnen die Idee: „Weshalb gehe ich eigentlich zur Therapie?" Wenn man sich in einem solchen Zustand befindet, dann ist das ganz normal, daß man nicht das Bedürfnis nach Hilfe hat. Ich habe aus folgendem Grund von Stimmungsschwankung gesprochen: Der Phase, in der Sie sich stark fühlten, folgte eine andere, in der Sie sich, sagen wir mal, schwach fühlten. Sie fühlten sich stark während Ihrer Reise, und das war Ihr Gefühl vom Zeitpunkt Ihrer Abreise an bis zu Ihrer Rückkehr. Danach fingen Sie an, sich anders zu fühlen. Das kommt uns ein bißchen wie die Beschreibung Ihres Lebens vor. Diese Situation des Weggehens und Zurückkehrens erinnert mich an eine Schwingungsbewegung, die sich insgesamt in Ihrem Leben und auch in dem Ihrer Eltern widerspiegelt. Angefangen von der Geschichte Ihrer Mutter, die viel reiste und die bereitwillig und permanent von einem Ort zum anderen und von einem Menschen zum anderen zog, ich würde sagen ... Auch Ihr Vater ist in seinem Leben ständig in Bewegung gewesen, sowohl örtlich als auch in seinen zwischenmenschlichen Beziehungen (insbesondere in seinen Liebesbeziehungen). Und in dem, was Sie uns heute berichtet haben, glauben wir zu erkennen, daß sich in Ihrer Biographie diese Lebensgestaltung wiederholt. Das ist Ihre Botschaft an uns. Wir haben dies in unsere Überlegungen einbezogen und an diesem Punkt angefangen, über Ihre Zukunft nachzudenken – eine Zukunft, die wir uns nur schwer vorstellen können. Welche Richtung wird Ihr Leben nehmen? Das heißt, werden Sie an dem Ort heimisch werden, den Sie sich als Platz zum Leben aussuchen? Werden Sie auch tatsächlich stabil genug sein, so daß Sie einen Ort finden und einen oder mehrere Menschen, zu denen sie eine erfüllte und dauerhafte Beziehung entwickeln können? Oder wird aus Ihnen ein Wandervogel werden, ein Mensch, der keine Wurzeln hat – ein Nomade? Im Prinzip spreche ich zwar metaphorisch, aber auch in einem konkreten Sinn. Sie ziehen kontinuierlich von einem Ort zum anderen, wie Ihre Eltern. Anscheinend schlagen Sie überhaupt nirgends Wurzeln. Was zwischenmenschliche Beziehungen anbelangt, scheinen Sie ewig auf der Suche zu sein und sehr wenige stabile und wirklich dauerhafte Verbindungen aufzubauen. Uns beunruhigt, daß die Wanderschaft Ihrer Mutter an einem bestimmten Punkt zu einem tragischen Ende kam. Sie kam zu einem Ende durch ihren Suizid. In jüngster Zeit scheint auch Ihr Vater mit seinen Wanderschaften aufgehört zu haben. Er hat eine erdverbundene, solide und unkomplizierte Frau gefunden, die, wie Sie sagten, ihn verändert und soweit gebracht hat, daß er inzwischen die einfachen Freuden des Hauses auf dem Lande, die Gartenarbeit, den Umgang mit Werkzeugen schätzt. Wir sehen Zusammenhänge zwischen der Lebensgestaltung Ihrer Eltern und der Ihrigen. Wir spüren das auch in Ihrer Beziehung zu uns. Sie haben gesagt, daß Sie, wenn Sie sich stark fühlten, uns nicht bräuchten, und Sie haben implizit mitgeteilt, daß Sie, wenn Sie sich schwach fühlten, uns bräuchten. In gewissem Sinne ist das wie der Widerhall der Schwingungsbewegung, von der ich vorhin gesprochen habe: „Bin ich ein Nomade, oder habe ich Wurzeln?" Das ist mehr oder weniger das Bild, das wir von Ihnen haben und das die Geschichte Ihres Lebens darstellt, von außen betrachtet, von unserem Standpunkt aus. Ergeben unsere Überlegungen für Sie einen Sinn?

Wie schon in den vorangegangenen Sitzungen fängt Susanna diesmal wieder mit einem ähnlichen Dilemma an: „Brauche ich diese Therapiesitzungen oder brauche ich sie nicht? Soll ich mich gehenlassen oder nicht ... ?"

Susanna: Was Sie sagen, ergibt viel Sinn. Ich verstehe aber nicht, ob es für mich einen Sinn hat, weiterhin zur Therapie zu kommen.

Susannas Antwort, in der sich das oben beschriebene Thema wiederholt, ist signifikant. Sie scheint den anderen Menschen (z. B. ihren Großvater oder den Therapeuten) zu brauchen, damit er für sie die Entscheidungen fällt, um sich rückversichern zu können, daß sie akzeptiert wird.

Therapeut: Sie sollten diese Frage an sich richten und für sich selbst entscheiden.
Susanna: Ja, ich fürchte, daß ich dann ein Jahr lang immer über diese Dinge sprechen werde ...
[Der Therapeut gibt ihr den Termin für die nächste Sitzung.]

Es entspricht der Theorie der Narration, daß in der Therapiesitzung die Geschichte, die die Klientin erzählt, dekonstruiert wird und daß mit der Intervention des Therapeuten beziehungsweise durch seinen zusammenfassenden Kommentar[11] eine (neue) Geschichte rekonstruiert werden kann. Der Therapeut rekonstruiert (entweder selbst oder aber mit Unterstützung des Therapeutenteams) die Biographie der Klientin, indem er in den einzelnen Fragmenten ihrer Geschichte die gemeinsamen Elemente sucht, so daß diese ein Thema bilden, das die wesentlichen Bestandteile ihrer Lebensgeschichte miteinander verbindet (siehe Boscolo et al. 1993).

In dieser Sitzung spricht Susanna von ihrer Reise nach Spanien und den damit verbundenen Emotionen. Sie führt die Person ihres Vaters, ihres Großvaters, ihrer Freundin und ihres Freundes ein und beschreibt die ambivalenten Gefühle, die sie in bezug auf diese Menschen hat.

Mit seiner Intervention am Ende der Sitzung rekonstruiert der Therapeut die Geschichte der Klientin und benutzt dabei eine Metapher, die auf viele im Laufe der Sitzung hervorgetretene Elemente

---

11 Im allgemeinen werden Einzeltherapiesitzungen ohne Einwegspiegel und ohne Beoachtungsteam durchgeführt. In einem Fall wie dem vorliegenden kann der Therapeut statt einer Intervention oder eines zusammenfassenden Kommentars von Zeit zu Zeit auch eine Umdeutung dessen vornehmen, was bei dem Therapiegespräch bis dahin herausgekommen ist.

zutrifft. Alle diese Elemente werden in eine neu erzählte Geschichte eingebracht. Mit der Metapher, die anthropologisch geprägt ist, kommt auch eine Differenzierung: die Unterscheidung zwischen Verwurzeltsein und Nomadentum. Diese Differenzierung wird aus der Biographie von Susannas Herkunftsfamilie entwickelt. Sowohl ihre Mutter als auch ihr Vater sind in ihrem Leben „Nomaden" gewesen: in bezug auf die vielen Orte, an denen sie waren, wie auch in bezug auf die vielen Menschen, mit denen sie Kontakt hatten. An einem bestimmten Punkt im Leben haben beide „Wurzeln geschlagen": die Mutter durch ihren Tod, der Vater durch seine Beziehung zu einer „erdverbundenen" Frau. (Susanna muß über das Wort „erdverbunden" lachen, was darauf hindeutet, daß sie das Wort für passend hält.) Doch bei Susanna haben Ruhelosigkeit und Unschlüssigkeit in bezug auf Orte und Menschen anscheinend die Oberhand. Diese Ruhelosigkeit erlebt sie als Qual und als Suche nach ihrer Identität. Susanna ist offensichtlich nicht fähig, sich zwischen einem seßhaften, stabilen Leben und einem Nomadendasein zu entscheiden. In diesem Sinne ist ihre Zukunft noch immer unbestimmt und verschwommen. Die Metapher von Verwurzeltsein und Nomadentum faßt die Themen und Elemente der Therapiesitzung zusammen und bietet Susanna eine für die Zukunft offene Geschichte an. Über deren weitere Entwicklung kann sie als aktiv Handelnde bestimmen. Sie kann wählen zwischen verschiedenen Optionen, die sich für sie aus den im therapeutischen Dialog entwickelten neuen Zusammenhängen ergeben. Die Intervention des Therapeuten kann man insofern als eine rekonstruktive Intervention betrachten, als damit den Elementen, die im Laufe der Sitzung aufgetaucht sind, eine narrative Kohärenz verliehen wird und diese in einem einheitlichen und logisch aufgebauten Entwurf miteinander verknüpft werden.

In dieser Rekonstruktion spiegeln sich deutlich die Neigungen und der theoretische Hintergrund des Therapeuten, die ihn bei der Verarbeitung des Datenmaterials zu einer eigenen Geschichte leiten; einer Geschichte, die dann in erster Linie für ihn selbst einen Sinn ergibt und, wie er hofft, auch für seine Klientin. Unübersehbar ist die Vorliebe des Therapeuten, die von der Klientin berichteten Ereignisse sowie die Bedeutungen, die sie diesen Ereignissen zuschreibt, in einen zeitlich-räumlichen Rahmen zu stellen. In der Metapher vom „seßhaften Leben" und vom „Nomadendasein" findet sich dieser Rahmen wieder. Der Therapeut stellt in seinen Interventionen oder Kommentaren am Ende einer Sitzung oft Bezüge her zwischen gegenwärtigen und vergangenen Ereignissen und Bedeutungszuschreibungen und entwickelt daraus potentielle Zukunftsszenarien. Susannas Zeithorizont (siehe Boscolo u. Bertrando 1994) ist begrenzt auf die Vergangenheit und auf die Gegenwart. Die Zukunft ist für sie nicht mehr als ein entfernter Nebelschleier. Es ist grundsätzlich wichtig, daß der Therapeut die Rolle des Zuhörers einnimmt, und genauso wichtig ist es, daß er in gewissen Grenzen den zeitlichen Horizont seiner Klientin akzeptiert. In der Anfangsphase der Therapie sind Susannas Gesprächsbeiträge zum größten Teil auf die Vergangenheit und Gegenwart gerichtet. Später dann, wenn die Klientin selbstsicherer wird und mehr Selbstachtung entwickelt, ist es möglich, auch potentielle zukünftige Lebenswege zu explorieren.

Manche therapeutische Ansätze (z. B. Watzlawick, Weakland u. Fisch 1974; Haley 1978a; de Shazer 1995) ignorieren die Vergangenheit des Klienten und befassen sich ausschließlich mit seiner Gegenwart und Zukunft. Wir meinen, daß eine solche Vorgehensweise aus einer therapeutischen Sicht der „Problemlösung", wenn etwa ein klar definiertes Problem gelöst werden soll, angemessen sein kann, bei komplexeren Fällen, wie zum Beispiel bei schizophrenen Persönlichkeitsstörungen, jedoch nicht angezeigt ist. In den komplizierteren Fällen ist es außerordentlich wichtig, daß sich die therapeutische Arbeit auf die Person des Klienten bezieht und nicht so sehr (oder gar ausschließlich) auf die Probleme des Klienten und deren Lösung.

Der Therapeut verläßt hier seine anfängliche Rolle des Zuhörenden und erforscht zunehmend aktiver Susannas Biographie, bis er schließlich das in der Sitzung erhobene Datenmaterial neu strukturiert. In dieser letzten Phase konstruiert der Therapeut mit Unterstützung des Therapeutenteams eine Geschichte, die um die Metapher der Schwingungsbewegung kreist. Die Sitzung ist zunächst auf Susannas Vergangenheit gerichtet und verlegt dann den Fokus auf die Zukunft der Klientin, so daß die reflexive Schleife von Vergangenheit, Gegenwart und Zukunft aktiviert werden kann. Dieses Verfahren ist ein wesentlicher Bestandteil unseres Therapiemodells. Auf diese Weise wird durch die Intervention des Therapeuten die Initiative an die Klientin zurückgegeben und sie in eine aktive Position versetzt, in der sie aus verschiedenen Entwicklungsmöglichkeiten wählen kann. Dadurch bekommt sie auch die Chance, ihre selbstkonstruierte Welt zu verlassen, die einerseits äußerst wandelbar und andererseits extrem statisch ist.

Die 13. Sitzung

Die Themen, die schon in der vierten Sitzung behandelt worden sind, tauchen auch in der 13. Sitzung wieder auf: die Wahl eines Ortes, an dem Susanna leben und arbeiten möchte, und ihr Verhältnis zu anderen Menschen (vor allem zu ihrem Vater). Im ersten Teil der Sitzung scheint Susanna am Therapiegespräch zwar interessiert zu sein, aber es fehlt ihr an „Leidenschaft", die erst in dem Augenblick erwacht, wenn der Therapeut ihren Vater und ihr Verhältnis zu ihm thematisiert.

Um Susannas emotionale Teilnahme an diesem Punkt zu intensivieren, beschließt der Therapeut, das Verfahren der Vergegenwärtigung der Dritten Partei anzuwenden. Er beginnt mit einer Reihe von Fragen, die Susanna und ihren Vater zum Thema haben. Bei dem Thema „Vater" scheint die Klientin emotional hellwach zu werden. Der Therapeut arbeitet mit Susannas Gefühlswelt und konzentriert sich dabei auf ein Wort, das Susanna selbst einmal gebraucht hat: „Ärger", den sie über ihren Vater empfindet. Er schlägt an dessen Stelle ein viel stärkeres Wort vor: nämlich „Wut".

Wenn der Therapeut Fragen stellt, die auf die Zukunft gerichtet sind und die Susannas Beziehung zu ihrem Vater thematisieren oder eine mögliche Klärung ihres Verhältnisses fordern, hat Susanna anscheinend erhebliche Schwierigkeiten, den Ausführungen des Therapeuten zu folgen. Es sieht so aus, als ob sie sich den Klärungsprozeß mit ihrem Vater nicht vorstellen könne. Genau an dieser Stelle bringt der Therapeut die Dritte Partei ins Spiel, indem er nämlich die Rolle von Susannas Vater übernimmt.

Therapeut [zeigt auf einen leeren Stuhl]: Wenn Ihr Vater heute zufällig hier gewesen wäre und gehört hätte, was wir geredet haben, was glauben Sie, würde er zu dem sagen, was Susanna gerade erzählt hat?
Susanna: Wenn er jetzt in dem Moment hier wäre?
Therapeut: Ja.
Susanna: Wissen Sie, daß es wirklich ... ich weiß es wirklich nicht, weil es ungefähr drei Monate her ist, seit ich überhaupt mit ihm

gesprochen habe. Ich weiß nicht – vielleicht wäre er etwas irritiert, weil er sich mir gegenüber jedenfalls immer so gefühlt hat, und deshalb kann er nicht verstehen, wie es kommt, daß man ohne einen Plan leben kann ... nun, ich glaube, daß er das schlicht und einfach nicht verstehen könnte, bei ...
Therapeut: Wären Sie neugierig zu erfahren, was er sagen würde und was er denkt?
Susanna [sehr zögernd]: Ja. Wir sind in einer merkwürdigen Phase, weil ich ihn seit der Zeit, seit ich von Kanada zurück bin, ein paarmal getroffen habe. Eigentlich bin ich ihm ganz zufällig begegnet. Wir hatten vorher nicht abgemacht, uns zu treffen oder so etwas. Er hatte eine wirklich feindselige Haltung, muß ich sagen, und das hatte nichts zu tun mit der üblichen Frage, daß ich nicht ... ich weiß nicht, vielleicht ... daß es hätte sein können, daß er sich über diese Reise geärgert hat, daß ich zu meinem Großvater gefahren war und ... nun, ich glaube, daß es vielleicht hätte sein können, daß er sich über diese Reise geärgert hat – über die Tatsache, daß sie so gut ausging, über die Tatsache, daß ich länger blieb, als ich hätte bleiben sollen, einfach wegen einer Art Eifersucht auf meinen Großvater, der mir die Reise bezahlt hat, aber nie etwas für seine eigene Tochter noch für mich getan hatte. Ich glaube, daß er einen Groll auf ihn hat. Wie dem auch sei, ich kenne die Gründe nicht, aber er war wirklich feindselig, und ich hatte wirklich ...
Therapeut: Aber gab es denn da etwas, was er sagte, das Sie auf solche Ideen gebracht hat?
Susanna: Nein. Nein, er sagte absolut nichts. Aber einen Monat später, da ...
Therapeut: ... oder ist es einfach nur Ihre Erwartung, daß er feindselig sei?
Susanna: Nein. Nein. Ich habe gemerkt, daß er ärgerlich war ... obwohl wir noch nie eine gute Beziehung zueinander gehabt haben, das heißt, wir haben in den letzten zehn Jahren keine gute Beziehung zueinander gehabt; ich spürte, daß er wirklich sauer war, als ich ihn, nachdem er mit einer Frau gesprochen hatte, die ihn angerufen hatte, fragte: „Was ist eigentlich los?" und er sagte: „Nichts, ich habe nur einen leichten Anfall von Bronchitis." Nun denn, eine Antwort in dieser Art ... Später trafen wir uns auf einem Fest bei gemeinsamen Freunden, und wir spra-

chen kein Wort miteinander. Beim zweiten Mal, als ich ihn sah, rief ich ihm aus dem Fenster zu und bat ihn, mich von zu Hause bis in die Stadt mitzunehmen, und er gab mir nicht einmal eine Antwort. Ich erinnere mich an diesen Morgen, als ich ihn bat, mich in die Stadt mitzunehmen, da machte er ein Gesicht ... als ob ich ihn um weiß Gott was gebeten hätte. Ich weiß nicht, ich war bestürzt über diese Feindseligkeit. Ich konnte sie einfach nicht verstehen ...

Die Kommunikation zwischen Vater und Tochter und die Art ihrer Beziehung sind wirklich sehr eigenartig. In ihnen scheint sich Susannas innere Orientierungslosigkeit widerzuspiegeln. Natürlich muß bei dieser Aussage berücksichtigt werden, daß Susanna die berichtende Beobachterin ist, die ihre eigene Erfahrung und Perspektive beschreibt. Wenn der Vater dieselben Vorgänge beschrieben hätte, hätten wir einen anderen Bericht bekommen. Wenn wir Vater und Tochter zusammen erlebt hätten, hätten wir bemerkt, daß die beiden Schwierigkeiten damit haben, ihr Verhältnis zueinander zu definieren und eindeutige, vollständige Informationen auszutauschen. In ihrer Kommunikation scheint die Körpersprache gegenüber der verbalen Mitteilung den Vorrang zu haben. Und offensichtlich überwiegen die negativen Gefühle gegenüber den positiven, obwohl ein starkes Band zwischen den beiden spürbar ist. Es ist signifikant, daß die Beziehung zwischen Susanna und ihrem Vater seit zehn Jahren gestört ist. Vor zehn Jahren war Susanna 16 und in der Adoleszenz (und der Tod ihrer Mutter lag erst ein Jahr zurück). Ein Therapeut der psychodynamischen Schule würde vielleicht argumentieren, daß inzestuöse Impulse dazu beigetragen hätten, den Umgang miteinander aus Selbstschutz zu vermeiden, und daß diese Schutzmaßnahme nur teilweise erfolgreich gewesen sei, denn der Konflikt schwele wie ein mit Asche bedecktes Feuer immer noch weiter.

Man könnte auch eine ganz andere Hypothese bilden. Susannas Eltern haben sich nicht um ihr Kind gekümmert. Der Vater ist vielleicht ein narzißtischer Mann gewesen und den weiblichen Reizen erlegen, wie das bei vielen Künstlern der Fall ist, was dazu führte, daß er seine Tochter der Obhut anderer Menschen (seiner Freunde) anvertraut hat. Möglicherweise ist Susanna für ihn ein Hindernis gewesen und sein häufiges Drängen, sie möge doch unabhängig werden, vielleicht ein Weg, sie loszuwerden und damit sich selbst von jeglichen verbliebenen Schuldgefühlen freisprechen zu können. Mit dieser Hypothese von Susanna als einer unerwünschten Tochter ließe sich eventuell ihre Desorientiertheit, ihre innere Verwirrtheit und auch ihre sonderbare Bindung an den Vater erklären (bei dem sie etwas suchte, was er ihr nicht geben konnte!).

Therapeut: Aber wie kommt es, daß Sie ihn nie gefragt haben: „Was hältst du von meiner Reise nach Kanada?" Wie kommt es, daß Sie nie einen Versuch unternommen haben, darüber zu sprechen?

Susanna [spricht zur gleichen Zeit]: Aber die Frage ist doch die: Ich weiß nicht, ob ich Ihnen das erzählt habe, aber wir ... immer ... Ich glaube, es muß mindestens zehn Jahre her sein, daß wir beide miteinander gegessen haben. Wir beide sind niemals auch nur zehn Minuten allein miteinander. Bei den wenigen Gelegenheiten, bei denen wir allein miteinander im Auto saßen, waren wir beide verlegen. Ich weiß nicht, er erzählte mir etwas über die Dinge, die er gerade machte, oder er sagte etwas wie: „Ich habe ein schönes Bild gemalt." oder: „Luisa und ich haben das Haus renoviert." oder: „Das Haus macht zur Zeit gute Fortschritte." Er ist immer sehr begeistert von seinen eigenen Leistungen, und das ist alles. Nein. Ich weiß nicht, wie ich es erklären soll. Jedenfalls – um Ihnen eine Vorstellung zu geben – neulich erst kam er runter ans Meer, wo ich mich gerade mit ein paar gemeinsamen Freunden aufhielt. Und ich wußte, daß er für ein paar Tage dort bleiben würde, aber ich hoffte, daß ich ihm nicht über den Weg laufen würde, und zwar nicht deshalb, weil ich besonders verärgert über ihn bin, sondern weil ich mir zuerst in meinem Kopf Klarheit verschaffen möchte, was ich ihm sagen will. Ich weiß, daß wir beide sauer aufeinander sind. Ich ärgere mich über ihn, weil er mir nicht das gibt, was ich möchte, und er ärgert sich über mich, weil ich ihm nicht das gebe, was er möchte. Es ist ungefähr so: Ich habe mich immer über ihn geärgert, weil er anscheinend nie an mir interessiert gewesen ist und sich nie um mich gekümmert hat, oder zumindest hat er mir nie seine Zuneigung gezeigt, weil, nun ... Ich muß mir in meinem Kopf über alles Klarheit verschaffen, was ich sagen möchte, die Gefühle, die ich hier habe ... *[sie legt die Hand auf ihr Herz].*

Therapeut: Heute haben Sie gesagt: „Ich bin nicht besonders verärgert über ihn." Ist es nicht möglich, daß Sie in Wirklichkeit absolut *wütend* auf ihn sind, daß Sie in Ihrem Innern ein Gefühl von Wut auf ihn haben, die so groß ist, daß Sie sie zu überdecken versuchen, vielleicht weil Sie spüren, daß Sie, wenn diese Wut zum Ausbruch käme, nicht wüßten, was passieren würde.

Susanna [zuerst amüsiert, dann allmählich ernst und konzentriert]: Ja, in gewisser Weise ist das schon so ... Ja, das stimmt. Es könnte gut sein, daß ich eine Wut auf ihn habe. Es gibt tausend Dinge, die ich ihm vorwerfen könnte, nur, ich weiß, daß er mir ebenso viele Dinge zu sagen hätte, so daß es mir an diesem Punkt so vorkommt, als ob wir niemals ein Ende finden werden, wenn wir weiterhin so sauer aufeinander sind. Ich weiß nicht, mir wäre es lieber, ich würde ihn nicht mehr sehen, genauer gesagt, wenn sehen heißt, daß wir über belanglose Dinge reden und nicht nach einer Lösung für unsere nicht funktionierende Beziehung suchen; in diesem Falle würde ich lieber warten. Es scheint mir, daß seine Art, mit Problemen umzugehen, die Dinge für mich noch schwieriger macht ... diese Erwartungshaltung, zu sehen, daß ich meine Pläne durchführe, zu sehen, daß ich auf eigenen Beinen stehe ... Es kommt mir so vor, als ob die Tatsache, daß er dieses erwartet und jenes fordert, mich davon abhält ... es auch zu tun.

Mehrere Minuten lang wiederholt Susanna dieselben Gedanken immer wieder. Sie erzählt von einer Episode, in der eine versteckte Eifersucht auf Luisa, die Lebensgefährtin ihres Vaters, durchzuschimmern scheint. Susanna behauptet, eine gewisse Distanz zu ihrem Vater erreicht zu haben: „Es kommt mir vor, als ob ich nicht mehr seine Anerkennung bräuchte, sondern vielmehr sein Verständnis." Dabei wirkt sie aber zutiefst ambivalent. Sie scheint sich wegen einer unlösbaren Beziehungsproblematik (ob ihr Vater sie um ihrer selbst willen akzeptieren würde oder nicht) zu quälen, bis der Therapeut den Tod ihres Vaters thematisiert.

Susanna [sichtlich in Panik]: Darüber habe ich schon oft nachgedacht. Wenn ihm plötzlich etwas zustoßen sollte, würde ich mit dieser ungeklärten Sache zurückbleiben ... und es wäre so schrecklich ... ich weiß nicht.

Therapeut: Was wäre schrecklich?
Susanna: Die Tatsache, daß wir nie unser Verhältnis zueinander geklärt haben, daß wir nie miteinander geredet haben, daß wir uns nie gemeinsam an überhaupt etwas haben erfreuen können.
Therapeut: Und was würde passieren, wenn der eine oder andere von Ihnen – oder vielleicht sogar beide – sich entschließen sollten, die Klärung Ihres Verhältnisses jetzt einzuleiten?
Susanna [schweigt lange und seufzt dann]: Aber, aber ...
Therapeut: Stellen wir uns einmal vor, Ihr Vater wäre hier und säße in diesem Sessel. *[Er zeigt auf einen leeren Sessel und macht dann eine Handbewegung, als ob jemand dort säße.]* Stellen wir uns jetzt einmal vor, Ihr Vater säße dort, und wir wären heute zusammengekommen, um „Ihr Verhältnis zueinander zu klären". Nehmen wir einmal an, Sie hätten um diese Begegnung gebeten, damit Sie beide schließlich Ihre Beziehung zueinander klären können, um bei einem plötzlichen Ableben Ihres Vaters, wie Sie vorhin selbst sagten, die Tragödie zu vermeiden, niemals miteinander geredet zu haben. Versuchen Sie jetzt einmal, mit Ihrem Vater zu sprechen. *[Er zeigt wieder auf den Sessel.]*

Die Frage ist hier, weshalb der Therapeut gerade zu diesem Zeitpunkt die Vergegenwärtigung von Susannas Vater und einen Rollenwechsel vorschlägt. Vermutlich hat sich der Therapeut durch das Thema „Tod des Vaters" und Susannas Reaktion der Verzweiflung (oder des möglichen Zusammenbruchs) dazu veranlaßt gesehen, den Platz des Vaters zu besetzen und „die Klärung ihrer Beziehung zueinander" zu versuchen. Diese Szene erinnert an das letzte Schachspiel mit dem Tod in Ingmar Bergmanns Film *Das siebente Siegel*.

Susanna [lächelnd]: Wie ich schon sagte, versuche ich momentan, ihm nicht zu begegnen, weil es mir so vorkommt ... wie ich sagte ... *[scheint konfus und verlegen].*
Therapeut [zeigt auf den leeren Sessel]: Ich gehe einmal davon aus, daß Ihr Vater auch daran interessiert wäre, mit Ihnen zu sprechen. Nun, was würden Sie ihm in diesen Augenblick hier gerne sagen? Ihr Vater wartet darauf, zu erfahren, was Sie mit ihm klären möchten, das heißt, was Ihnen im Hinblick auf Ihr Verhältnis zu ihm Sorgen macht. Wie sehen Sie die Situation?

Susanna [wendet sich dem Therapeuten zu]: Nun, wie ich schon sagte, erwarten wir beide Dinge, die ...

Therapeut [beharrlich]: Wenn Ihr Vater in diesem Augenblick hier in diesem Sessel sitzen würde und Sie direkt mit ihm sprechen könnten, was würden Sie ihm dann gerne sagen?

Susanna: Aber ich ... ich weiß nicht ...

Therapeut: Warum sagen Sie nicht, was in Ihrem Kopf vor sich geht? Ich glaube, daß mein Eindruck, den ich von Ihnen habe, durch Sie selbst bestätigt wird. Sie sagten: „Ich bin nicht besonders verärgert." Ich glaube aber, daß sie eine gewaltige Wut auf Ihren Vater abwehren und daß Sie große Angst davor haben, die Kontrolle zu verlieren und die Wut herauskommen zu lassen, was sogar zu einem völligen Bruch Ihrer Beziehung führen könnte. Das ist mein Eindruck. Heute haben Sie die Möglichkeit, dies alles mit ihm zu klären, also sprechen Sie. Sprechen Sie mit ihm und versuchen Sie, sich Ihre Probleme mit ihm von der Seele zu reden.

Susanna [verlegen und eine ganze Zeit lang still]: Nein, ich kann nicht ... ich weiß nicht ...

Therapeut: Ich könnte jetzt auch noch etwas anderes probieren. Ich setze mich jetzt dorthin *[zeigt auf den leeren Sessel]* und bin Ihr Vater. Wenn Sie und ich in der Rolle Ihres Vaters dann die Angelegenheit soweit geklärt haben, werde ich wieder auf meinen Platz zurückgehen, und ich werde wieder Dr. Luigi Boscolo sein. In Ordnung?

Susanna: In Ordnung. Probieren wir es.

Therapeut [wechselt seinen Platz und nickt dem Sessel zu, von dem er gerade aufgestanden ist – spricht jetzt als Vater]: Dr. Boscolo hat mich für heute hierher bestellt und mir gesagt, daß es auf die eine oder andere Weise hilfreich wäre, wenn wir beide es schafften, die Dinge zwischen uns zu klären. Er erzählte mir, daß du deine Beziehung zu mir klären mußt, und ich bin gerne gekommen, vor allen Dingen möchte ich, daß wir miteinander reden. Was macht dir denn Sorgen in unserer Beziehung zueinander?

Susanna [lehnt sich zum Therapeuten vor]: Das, was mir hauptsächlich Sorgen macht, ist die Tatsache, daß ... *[nimmt eine Zigarette und zündet sie schweigend an]* ... dieses ... Oh Gott, ich kann es einfach nicht! *[Schweigen.]*

Therapeut [Vater]: Ich verstehe, daß es für dich schwer ist, mit mir zu reden, genauso wie es für mich schwer ist, mit dir zu reden. Es ist für mich schon immer schwer gewesen. Hin und wieder spreche ich mit Luisa darüber, daß ich nicht weiß, wie ich mit dir reden soll, und daß ich dich nicht verstehe. Als dein Vater habe ich das Gefühl ... du bist mein einziges Kind, und ich wäre sehr froh darüber, wenn du glücklich und zufrieden wärst und auf eigenen Beinen stehen könntest und eine Arbeitsstelle finden würdest. Statt dessen muß ich mit ansehen, daß du nicht weißt, was du willst, und verschlossen bist ... Ich kann dich einfach nicht verstehen. Wie stellst du dir denn die Situation vor?

Susanna [denkt eine Weile nach]: Ich habe im Grunde das gleiche Problem ... glaube ich. Und ich kann diese feindselige Haltung einfach nicht verstehen, die du mir gegenüber hast, übrigens ... ja, ich kann zwar die Gründe dahinter verstehen, aber es kommt mir so vor, als ob es außer dieser Feindseligkeit nichts gibt, immer das gleiche ... *[Mit gequälter Stimme macht sie sich Luft.]* Aber weshalb versuchst du denn niemals, trotz dieser Probleme und all dieser enttäuschten Erwartungen eine echte Beziehung zu mir zu haben? Eine Beziehung ... eine Art Freundschaft, übrigens möchte ich, daß du weißt, daß ich Beziehungen zu anderen Menschen habe, die nicht soviel von mir erwarten. Sie bestehen nicht darauf, eine Gegenleistung für ihre Freundschaft zu bekommen.

Therapeut [Vater]: Ja, ich verstehe, doch um sich eine solche Freundschaft erarbeiten zu können, müssen zuerst bestimmte Probleme gelöst werden. Vielleicht sehe ich die Dinge nur von einer Seite, weil ich vielleicht von einer Seite verantwortlich bin. Aber ich erkenne, daß die Jahre vorbeigehen, und ich sehe, daß du dich immer noch in einer Sackgasse befindest, du scheinst nicht zu wissen, was du willst, und du denkst nicht über deine Zukunft nach ...

Susanna [wird lebhaft]: Ja, aber weshalb bekümmert dich das?

Therapeut [Vater]: Aus dem Grunde, weil ich mich als dein Vater über dich ärgere. Ich würde so gerne sehen, daß du zufrieden bist und lebensfroh, daß du vorankommst ... Pläne für deine Zukunft hast ... aber ich sehe von all dem absolut nichts. Das macht mir Sorgen, und es ärgert mich auch.

Susanna [schweigt eine Weile; plötzlich drückt sie ihren Körper so weit wie möglich in ihren Sessel hinein, als ob sie sich von sich selbst distanzieren wolle]: Und du kannst nichts anderes versuchen, als sauer zu sein? *[Jetzt ist sie den Tränen nahe.]* Kannst du deinen Ärger über mich denn nicht zurückhalten? Ich meine, glaubst du wirklich, daß es erst eine echte Beziehung zwischen uns geben kann, wenn ich dir zeige, was ich kann?

Therapeut [Vater, mit gefühlvoller Stimme]: Aber verstehst du das denn nicht? Du bist mein einziges Kind. Deine Mutter ist tot, du hast einen Großvater, der nicht hier ist, der in Kanada lebt, und wir beide, so könnte man sagen, sind die einzigen noch lebenden Familienmitglieder hier. Und da glaube ich ... nun ... als dein Vater habe ich auch die Befürchtung, daß es für dich, wenn wir zu nahe beieinander sind, schwieriger ist, dich zu lösen und deinen eigenen Weg zu finden. Du hast sicherlich bemerkt, daß ich nach jahrelangem Herumreisen aus beruflichen Gründen an einem bestimmten Punkt doch seßhaft geworden bin und mit Luisa ein Heim aufgebaut habe. Wir haben drei Häuser bauen lassen, eins für uns und eins für dich, weil ich dich gern habe, und eins für Luisas Sohn. Jetzt kann ich nicht mehr, aber ich habe das Gefühl, meine Pflicht als Vater getan zu haben. Ich bin glücklich mit Luisa, aber irgend etwas nagt dauernd an mir – das kommt daher, daß mein einziges Kind, die Tochter, der ich mich so sehr verbunden fühle ... ich möchte sagen ... daß ich sehe, wie sie dahintreibt.

Susanna [scheint diese Eskalation mitzumachen]: Ja, aber Tatsache ist, daß ... auch an mir etwas nagt, womit sich vielleicht sogar erklären läßt, weshalb ich keine Zukunftspläne und nichts entwickelt habe, und was mich auch noch stört, ist die Tatsache, daß ich keine ... angenehme Beziehung zu dir habe, eine Beziehung, die mir etwas gibt, das nagt an mir.

Therapeut [Vater]: Aber weshalb bist du so bedrückt, wenn du über deine Beziehung zu mir sprichst? Ich weiß nicht, aber ich meine, daß junge Leute in deinem Alter irgendwann auch Beziehungen außerhalb der Familie haben ...

Susanna: Aber ich habe doch Beziehungen außerhalb!

Therapeut [Vater]: Aber es scheint nicht auszureichen.

Susanna: Nein, tut es auch nicht. Ich komme mit Männern und Frauen in meinem Alter sehr gut zurecht, aber ich habe viele Freundinnen in meinem Alter, die ein gutes, aufgeschlossenes Verhältnis zu ihren Vätern haben ... da bemühen sich beide Seiten, miteinander zu reden. Ich muß allerdings eingestehen, daß auch ich keine großen Anstrengungen unternehme. Ich bin mir dessen wohl bewußt, aber ich lasse es einfach sein.

Therapeut [Vater]: Nun, ich habe den Eindruck, daß das, was du mir sagst, deine Trennung von mir eher schwerer macht. Es macht es dir auch schwerer, dich zu verlieben und eine berufliche Karriere zu machen.

Susanna: Das ist halt dein Eindruck, weil wir nie versucht haben, etwas zu ändern. Auf welches Beweismaterial gründest du dein Urteil ... ich weiß nicht, aber für mich steht fest, daß unsere Art und Weise, die Dinge anzugehen, mir nicht weiterhilft.

Therapeut [Vater]: Ich denke oft über dich nach. Ich versuche dich auch finanziell zu unterstützen ... an diesem Punkt glaube ich, daß ich das tue, was ein Vater tun sollte. Andererseits habe ich auch mein eigenes Leben. Da ist Luisa, und da sind die Projekte, die ich mit ihr durchführen möchte, wie zum Beispiel das Haus in den Bergen, das wir gerade bauen. Glaubst du, daß Luisas Sohn sich auch in dieser Weise über seine Mutter beschwert?

Susanna: Ja, da bin ich sicher.

Therapeut [Vater]: Sprecht ihr darüber?

Susanna: Manchmal ... und er hat ebensowenig wie ich das Selbstvertrauen, den Elan, die innere Kraft ... nun, ich stimme dem nicht zu, daß Liebe und Nähe jemanden daran hindern können, das zu tun, was er aus eigener Kraft tun kann.

Therapeut [Vater, schaut auf den leeren Sessel]: Nun bist du in Therapie. Hast du nicht Dr. Boscolo, der dir hilft?

Susanna [nach einer langen Pause]: ... Ja, ich glaube schon, daß er mir hilft. Ich glaube, daß Sie mir helfen in vielerlei ... Ich weiß nicht, wie ich mich jetzt fühlen würde, wenn ich nicht in Therapie wäre. Ich glaube, daß ich den Zustand der Orientierungslosigkeit und Einsamkeit, in dem ich mich befinde, niemals überwinden könnte.

Therapeut [steht auf und geht zu seinem ursprünglichen Platz zurück]: Jetzt verlasse ich diese Rolle und bin wieder Dr. Boscolo. [*Er schaut auf den Sessel, aus dem er gerade aufgestanden ist.*] Ihr Vater ist immer noch dort. Ich denke im Moment noch über das Gespräch nach, das Sie beide gerade miteinander geführt haben.

Mein Eindruck ist der, daß Sie beide im selben Boot sitzen. Ich glaube, daß zwischen Ihnen ein starkes Band besteht, was auf die Ereignisse in Ihrer Vergangenheit zurückgeht: Da war der Tod Ihrer Mutter, als Sie, Susanna, noch ein Kind waren, und da keine Verwandtschaft im nahen Umkreis vorhanden war, mußten Sie bei Ihrem Vater leben beziehungsweise öfters bei Freunden Ihres Vaters. Ihre Beziehung zueinander ist zwar stark, aber unkalkulierbar. Susanna, Sie haben erzählt, daß Sie in den letzten zehn Jahren kaum gemeinsam gegessen hätten, obwohl Sie Tür an Tür wohnen, und Sie haben auch erzählt, daß Sie kaum miteinander redeten, Ihr Vater aber in Ihren Gedanken außerordentlich präsent sei. *[Wendet sich dem leeren Sessel zu.]* Ich könnte mir vorstellen, daß Sie auch oft über Ihre Tochter nachdenken. *[Susanna nickt zustimmend.]* Aufgrund der Vergangenheit, die zwischen Ihnen beiden liegt, besteht die Gefahr, daß Sie, wenn Sie zusammenkämen, nicht mehr voneinander loskommen würden. Aus diesem Grund enttäuschen Sie sich wechselseitig – damit Sie sich selbst auf Distanz halten! *[Susanna nickt wieder.]* Versuchen Sie deshalb, sich irgendwie voneinander zu lösen. Ich meine, daß Luisa Ihnen auch geholfen hat, sich freizumachen. Susanna, Sie haben eine Weile davon gesprochen, daß Sie Abstand gewonnen hätten von der Vergangenheit und von Ihrem Vater, und mein Kommentar dazu war, daß Sie sich in der Mitte des Flusses befänden. Sie haben noch hinzugefügt, daß Ihr Blick auf die Zukunft gerichtet sei, aber im Moment haben Sie in dieser Hinsicht wohl kein Verlangen, kein besonderes Bedürfnis. Ihnen fehlt der Elan, etwas zu unternehmen und Pläne zu machen und voll ins Leben einzutauchen. Selbst heute, nachdem sie erzählt haben, daß Sie die Vergangenheit hinter sich gelassen hätten, haben Sie noch viel von Ihrem Vater geredet und damit gezeigt, daß diese Vergangenheit immer noch sehr präsent in Ihnen ist.

Susanna: Ich habe da eine Frage. Könnte es bei der Metapher der Flußüberquerung so sein, daß mein Vater auf der einen Seite ist und daß ich im Begriff bin, die gegenüberliegende Seite anzulaufen? Ist es nicht das, was Sie meinen?

Therapeut [steht auf]: Ich trage diese Frage jetzt meinen Kollegen vor ...

Susanna: Wäre es besser, wenn ich meinen Vater dazu überreden könnte, hierher zu kommen?

Therapeut: Ich werde auch diese Frage meinen Kollegen vortragen. Ich bin gleich zurück. *[Verläßt den Therapieraum.]*

Im folgenden sind Teile der Diskussion wiedergegeben, die nach der Sitzung zwischen dem Therapeuten und seinen Kollegen stattgefunden hat. Die nur auszugsweise präsentierten Sichtweisen der einzelnen Teammitglieder und des Therapeuten stehen in der Reihenfolge, in der sie vorgebracht worden sind.

1. Ich habe den Eindruck, daß es sich bei der Klientin um eine unerwünschte und ungeliebte Tochter handelt, die im Grunde weder eine Mutter noch einen Vater hatte. Zum erstenmal in ihrem Leben ist sie akzeptiert worden, und zwar von Ihnen. *[Zeigt auf den Therapeuten.]* Susanna spricht davon, daß sie Ermutigung brauche, die vielleicht nur ihr Vater ihr geben kann. Der Therapeut kann diese Leere nur ein kleines Stück weit auffüllen. Sie wartet eigentlich darauf, von ihrem Vater akzeptiert zu werden.

2. Ich glaube, wenn Susannas Vater heute konkret hier gewesen wäre, hätten sowohl sie als auch ihr Vater wahrscheinlich Anknüpfungspunkte gefunden, so daß sich ihre Beziehung zueinander in eine neue Richtung hätte entwickeln können. Ich nehme aber an, daß Susanna die Anerkennung, die ihr fehlt, schließlich vom Therapeuten bekommen wird. Die Akzeptanz und Empathie von seiten des Therapeuten werden Susannas „Leidenschaft" für das Leben entzünden und die Entwicklung eines gesunden Selbstwertgefühls fördern.

3. Aber es ist bereits eine „Leidenschaft" in ihr, die sich in ihrem Ärger offenbart. *[Schaut auf den Therapeuten.]* Ich habe eigentlich erwartet, daß Sie diesem Ärger eine positive Konnotation geben würden, was Sie aber nicht gemacht haben.

4. Die Klientin hat sich auf eine Therapie eingelassen und findet sich nun in der Mitte des Flusses wieder. Sie fängt an, sich selbst und die Welt um sie herum wahrzunehmen, wohingegen sie sich vorher wie in einem Zustand der Blindheit bewegte, in dem sie nichts sehen konnte. Jetzt muß sie allerdings den nächsten Schritt machen. Sie muß sich von ihrem Vater verabschieden, denn sie ist es, die ihn loslassen muß.

5. Die Metapher der Flußüberquerung ist interessant. Sie bezieht sich sowohl auf Susannas Wunsch, ihrem Vater näher zu sein, als

auch auf ihren Wunsch, sich von ihm zu lösen. Ich glaube, hier spiegelt sich das Verhältnis wider, das sie zu ihrer Therapie hat. Sie steht vor dem Problem, sich vom Therapeuten zu trennen, und sagt: „Ich bin in der Mitte des Flusses, das heißt, ich bin in der Mitte meiner Therapie. Wie geht es mir? Gehe ich unter, oder werde ich es schaffen, das andere Ufer zu erreichen?"

6. Ich möchte das Thema von Susannas Verhältnis zu ihrem Vater wieder aufgreifen. Selbst wenn es schwer ist für ihn, ist er doch der Mensch, der in ihrem Leben immer präsent gewesen ist, der ihr finanziell geholfen hat, der ihr sogar ein Haus neben seinem bauen ließ und so weiter. Wahrscheinlich ist es der negative Geist ihrer Mutter – das heißt die Angst, der Vater könnte sie so wahrnehmen, wie er die Mutter wahrgenommen hat, und sie deshalb ablehnen –, der Susanna dazu bewegt, die Anerkennung ihres Vaters zu suchen. Solange er ihr diese verweigert, kann sie sich nicht von ihm lösen oder unabhängig werden. Es ist möglich, daß sie aufsässiger wurde, nachdem ihr Vater Luisa kennengelernt hatte, die Frau, der er sich sehr verbunden fühlt und die sein turbulentes Leben verändert hat. Susannas Ärger könnte zum Teil auch ein Ausdruck des Neides und der Eifersucht auf ihre Rivalin Luisa sein. Ich meine jedenfalls, daß die Klientin über die Beziehung zum Therapeuten aus dieser ambivalenten Bindung zu ihrem Vater herauskommen kann.

7. Ich war beeindruckt von der Entscheidung des Therapeuten, Susannas Vater zu vergegenwärtigen und dann dessen Rolle einzunehmen. Es war ein schöner Entwicklungsschritt. Zuerst formulierte Susanna emotionslos nur ihre üblichen Gedanken und Rechtfertigungen. Durch die Vergegenwärtigung des Vaters wurde die Atmosphäre aufgeheizt und Susanna dazu ermuntert, ihre Gedanken und Gefühle als Reaktion auf präzise Argumente ihres „Vaters" konkret und mit Pathos vorzutragen. Ich halte das für eine sehr effiziente Technik, durch die Susanna zu der Erkenntnis gelangen könnte, daß sie sich schließlich von ihrem Vater lösen muß. Dies könnte spontan passieren, oder diese Erfahrung hier könnte Susanna auch zu einer Konfrontation mit ihrem realen Vater veranlassen, in der sie dann vielleicht fähig wäre, die Gedanken aus dieser Sitzung einzubringen.[12] Dadurch, daß der Therapeut auf die Bitte der Klientin,

---

12 Diese zweite Möglichkeit wurde, wie schon früher in diesem Kapitel dargestellt, tatsächlich im Fall Luciano M. realisiert.

ihren realen Vater zur Therapiesitzung einzuladen, nicht eingeht, hat sie die Möglichkeit, die Problematik mit ihrem Vater ohne den direkten Beistand des Therapeuten zu lösen.

8. [Therapeut:] Im Rollenspiel war ich der chauvinistische Vater, der von der Klientin verlangte, daß sie eine Arbeitsstelle und einen Mann sucht. Das ist die Art von Vater, wie ich sie mir als Susannas Vater vorstellen könnte. Sie bestätigte, daß ihr Vater genau so ein Mensch sei, und fügte hinzu, daß er sie gerne loswerden wolle und es Dr. Boscolo überlasse, sich um sie zu kümmern. Ich glaube, daß sie deshalb Angst davor hat, ihrem Ärger Luft zu machen, weil sie Angst davor hat, eine endgültige Zurückweisung durch den Vater zu provozieren. Wenn das nämlich eintreten sollte, würde sie ihre einzige wichtige Bindung verlieren. Die Liebe ihres Vaters ist an Bedingungen geknüpft und als solche paralysierend. Selbst wenn Susanna seinen Erwartungen vollauf entsprechen würde – zum Beispiel heiraten und eine feste Arbeitsstelle bekommen –, könnte sie nie ganz sicher sein, daß sie auch *wirklich* um ihrer selbst willen geliebt werden würde. Der Therapeut dagegen ist ein symbolischer Vater. Dadurch, daß er Susanna primär als Person akzeptiert und erst in zweiter Linie wegen potentieller Lebensleistungen, kann er die Entwicklung eines positiven Gefühls für das eigene Selbst und damit auch ein Gefühl der Sicherheit fördern, was bisher nicht vorhanden war. Wenn Susanna zur Metapher der Flußüberquerung eine Frage stellt – vorausgesetzt sie meint damit, daß sie ihren Vater verläßt und auf die andere Seite des Flusses geht –, deutet das darauf hin, daß sie sich wahrscheinlich in diese Richtung bewegt, selbst wenn sie noch voller Zweifel ist. Ihre Zweifel könnten durchaus verschwinden, wenn sie erst einmal die Akzeptanz, von der ich gesprochen habe, gefunden hat ... Weshalb ist Susanna so blockiert? Wir wissen, daß es unmöglich ist, sich von der Herkunftsfamilie zu lösen, solange man durch sie keine überzeugende Anerkennung erfahren hat. Von einem entwicklungstheoretischen Standpunkt aus gesehen, sucht Susanna etwas, das sie in der Vergangenheit nicht bekommen hat, und auf dieser Stufe ist sie emotional stehengeblieben. Man könnte hier von der zeitlichen Unangepaßtheit zweier individueller Entwicklungsphasen sprechen: Susanna redet mit ihrem Vater, als ob sie noch immer ein kleines Mädchen wäre, während ihr Vater mit ihr wie mit einer erwachsenen Frau redet. Es ist, als ob sich die beiden auf zwei verschiedenen Wellenlängen bewegten. An

diesem Punkt des Therapieverlaufs kann man die Behauptung aufstellen, daß die Therapie Susanna helfen wird, die Anerkennung zu finden, die sie für die Flußüberquerung braucht – das bedeutet, daß sie zu sich selbst finden und erwachsen werden kann. Als erwachsene Frau wird sie fähig sein, ihren Vater in einem neuen Licht zu sehen und ihre Beziehung zueinander neu zu definieren. Dies könnte man als das zentrale Thema im ganzen Therapieverlauf betrachten.

9. Der Augenblick, in dem Susanna über die Möglichkeit nachdachte, daß ihr Vater sterben könnte, kommt mir sehr bedeutsam vor. Sie hatte schon als Kind den tragischen Tod ihrer Mutter erlebt, und die Vorstellung vom Tod ihres Vaters scheint eine unerträgliche Angst in ihr hervorzurufen, die Angst, allein auf der Welt zu sein, die Angst vor dem Nichts. An dieser Stelle war es, als ob der Anker, der sie in der Wirklichkeit festhält, gerissen wäre.

Das Therapeutenteam arbeitete schließlich eine einfache Intervention aus, die der Therapeut der Klientin mitteilte.

Therapeut [kommt wieder in den Therapieraum]: Aus unserer Sicht entwickelt sich die Situation zur Zeit konstruktiv, und momentan sind wir in einer Phase, in der sich günstige Veränderungen anbahnen. *[Susanna nickt voller Überzeugung.]* Wir haben viel über Ihren Ärger auf Ihren Vater gesprochen und meinen, daß das ein sehr wichtiges, in gewissem Sinne sogar positives Gefühl ist, weil es mit der Zeit vielleicht in die „Leidenschaft"[13] für das Leben übergehen wird, so daß Sie ohne Ihre quälenden Zweifel und Ängste Ihre innere Welt mit der äußeren Wirklichkeit zusammenbringen können. Wenn das geschieht, werden sich Ihre Zukunftspläne von ganz alleine einstellen. Ihre beiden Fragen von vorhin werden wir nächstes Mal beantworten. *[Er steht auf und gibt Susanna den Termin für die nächste Sitzung. Susanna bedankt sich und verabschiedet sich. Sie wirkt erleichtert.]*

---

13 Während der ganzen Sitzung benutzt der Therapeut dieses Wort als Schlüsselbegriff, um auf Susannas fehlende Emotionalität und Leidenschaftlichkeit beim Sprechen aufmerksam zu machen.

Die Fortsetzung der Therapie

Signifikanterweise sprach Susanna von der 13. Sitzung an kaum mehr von ihrem Vater, ihrer Mutter oder ihrer Vergangenheit. Im zurückliegenden Therapieverlauf hatte Susanna oft von ihrem Vater gesprochen, ihre Mutter aber nicht erwähnt, weil das Thema für sie zu schmerzhaft war. Susannas Vater, der die 5jährige Tochter nach der Trennung von seiner Frau zu sich genommen hatte, verachtete Susannas Mutter. Er betrachtete sie als eine verantwortungslose Frau, die für immer drogenabhängig sei und sich prostituiere, um an Geld für Drogen zu kommen. Susanna hatte erfolglos versucht, nicht über ihre Mutter nachzudenken, weil sie Angst davor hatte, genauso wie diese zu werden. Doch schon in den ersten Sitzungen hatte der Therapeut die Klientin ermutigt, über die Mutter zu sprechen, und versucht, mit ihr gemeinsam – als Kontrast zu den vorwiegend negativen Geschichten über die Mutter – positive Episoden aus deren Leben zu konstruieren (siehe Searles 1965).

Susannas Leben wurde nun aktiver und war eher auf konkrete Ziele ausgerichtet. Sie schloß sich nicht mehr zwei oder drei Tage lang in einem dunklen Zimmer ein, um zu meditieren – oder, treffender gesagt, zu grübeln und zu versuchen, an nichts zu denken. In dieser Zeit beschloß sie, von Treviso wegzuziehen und nach Mailand in ein freies Appartment ihrer Freunde zu ziehen. Hier drängt sich schon fast die Assoziation auf, daß Susanna die Stadt ihres Vaters gegen die Stadt ihres Therapeuten eingetauscht habe. In Mailand fand Susanna sehr schnell zwei Halbtagsstellen. Obwohl diese ihre ganze Zeit in Anspruch nahmen und sie kräftemäßig erschöpften, widmete sie sich zum erstenmal in ihrem Leben kontinuierlich ihrer Arbeit. Das machte sie finanziell unabhängig.

Eine andere für Susanna ungewöhnliche Situation bestand darin, daß sie mit zwei Männern sowohl eine gefühlsmäßige als auch sexuelle Beziehung hatte. Selbst ihr Aussehen begann sich zu verändern. Sie kam nicht mehr in ihrer schwarzen Jacke und in schwarzen Hosen, die sie zuvor immer getragen hatte, sondern kleidete sich differenzierter und in helleren Farben. Ihre Interessen waren auf das Alltagsleben und auf ihre nahe Zukunft gerichtet. Sie erzählte manchmal mit wohltuendem Erstaunen von den Veränderungen, die sie an sich wahrnahm.

Als die Therapie der 20. Sitzung entgegenging, fing Susanna an, Zeichen von wachsender Angst zu zeigen. In der 17. Sitzung sprach sie in einem ungewöhnlich besorgten Ton von einem Traum, den sie gehabt hatte: Sie wanderte auf dem Grat eines Berges, der Treviso und Mailand miteinander verband. Auf halbem Wege hielt sie inne, weil große Angst über sie gekommen war, sie könne in den Abgrund auf der rechten oder linken Seite fallen. Und sie wurde von einem plötzlichen Zweifel erfaßt, ob es richtig gewesen sei, sich auf diese Reise zu begeben. Der folgende Abschnitt ist die letzte Gesprächspassage dieser Sitzung.

Therapeut [sagt unerwartet]: Wissen Sie, die wievielte Sitzung wir heute haben?
Susanna: Äh ... ich weiß es nicht ... Ich glaube, es ist die 15. oder 16. ... Ich weiß es nicht ... stimmt es?
Therapeut: Die wievielte Sitzung wünschen Sie, daß es wäre?
Susanna [nach einer Pause]: Die 12.
Therapeut: In Ordnung, dann haben wir heute die 12. Sitzung beendet. Aber von der nächsten Sitzung an zählen Sie die Sitzungen mit.

Susannas unmißverständliche Reaktion der Erleichterung und ihr Lächeln über die Verständigung mit dem Therapeuten (der auf die Modifikation des Therapievertrags anspielte) bestätigte die Hypothese, daß die Klientin mehr Zeit für ihre Therapie brauchte, als ursprünglich vereinbart worden war. In den noch folgenden Sitzungen setzte Susanna den Weg zu ihrer Autonomie fort.

Francesca T.: Ein unstillbarer Hunger

Francesca war 28 und kam aus Süditalien. Ihr 26jähriger Bruder war seit acht Jahren heroinabhängig und lebte seit sechs Jahren in einer therapeutischen Wohngemeinschaft in der Region Kampanien. Ihr Vater war an Krebs gestorben, als Francesca zehn Jahre alt war. Ihre Mutter hatte später einen Antiquitätenhändler geheiratet, aber keine weiteren Kinder bekommen. Dies begründete Francesca damit, daß ihre Mutter zu sehr mit den Problemen der beiden Kinder, die sie schon hatte, beschäftigt war.

Francesca hatte bei uns wegen einer Therapie angefragt, weil sie an einer schweren Bulimie litt. Ihre Krankheit hatte vor zehn

Jahren mit Anorexie angefangen und war nach drei Jahren in Bulimie übergegangen. Francescas Symptome waren sehr ernst. Eine Zeitlang hatte sie pro Tag bis zu 20 harntreibende Tabletten und 40 Tabletten Abführmittel genommen. Aufgrund dieser Medikamente war sie geschwächt und auch mehrere Male wegen dramatischen Absinkens des Kaliumspiegels auf die Notfallstation eingeliefert worden. Zu der Zeit, als sie mit der Therapie anfing, ließ sie sich regelmäßig von einem Internisten untersuchen und nahm Kaliumtabletten.

Francesca war eine sehr schöne Frau mit dunklem Teint, schlank, aber nicht hager, und elegant gekleidet. Sie arbeitete in einem renommierten Modehaus, von dessen Geschäftsleitung Francesca so sehr geschätzt wurde, daß die Firma sogar die Kosten für ihre Therapie und für die Medikamente übernahm.

Zur ersten Sitzung kam Francesca in Begleitung ihrer Mutter, sie weigerte sich aber, in Anwesenheit ihrer Mutter zu sprechen, und drängte den Therapeuten, daß er sie allein behandle. Am Ende der ersten Sitzung wurde beschlossen, Francescas Fall in unsere Studie über eine auf zwanzig Stunden begrenzte Einzeltherapie zu den bekannten Bedingungen aufzunehmen.

Die Gründe, weshalb Francesca in Anwesenheit ihrer Mutter nicht sprechen wollte, wurden in der zweiten Sitzung deutlicher, als der Therapeut die Vergangenheit seiner Klientin zu erforschen begann. Unter enormen Anstrengungen wurde die Geschichte ihrer inzestuösen Beziehung zu ihrem Bruder herausgearbeitet. Die sexuellen Kontakte hatten angefangen, als Francesca zehn Jahre alt war und ihr Bruder acht, und bestanden fort, bis Francesca 15 war. Die Klientin erinnerte sich, daß sie Schuldgefühle wegen ihrer Beziehung zu ihrem Bruder hatte. Mit 15 hatte sie dann Sexualverkehr mit einem Jungen gehabt und es darauf angelegt, daß ihre Mutter sie entdecken würde, um jegliche Verdachtsmomente von seiten ihrer Mutter zu zerstreuen und auch um ihrem Bruder ein deutliches Signal zu geben, daß sie die Beziehung mit ihm zu beenden wünschte. Francesca beschrieb ihre Mutter als selbstgerecht und strafend, insbesondere nachdem sie ihre Tochter mit dem Jungen erwischt hatte.

Nach den ersten drei Sitzungen spielten die Berichte über diese inzestuöse Beziehung und die damit verbundenen Emotionen die zentrale Rolle in der Therapie. Die Klientin erzählte, daß sie sich sowohl innerlich als auch äußerlich immer schmutzig fühle. Um sich innerlich zu reinigen, übergab sie sich, nahm Abführmittel und schluckte Entwässerungstabletten; äußerlich reinigte sie sich durch häufiges Duschen und Baden, und oft mußte sie sich sogar die Haut scheuern. An einem bestimmten Punkt schlug der Therapeut vor, daß Francesca ihr Geheimnis ihrer Mutter anvertrauen solle. Francesca stimmte äußerst zögernd zu, und der Therapeut mußte ihr zusichern, daß sie ihr Geständnis in seiner Anwesenheit machen könne, damit er die Emotionen beider Frauen auffangen könne.

Francescas Mutter wurde zur siebten Sitzung eingeladen, damit die Klientin ihr Geheimnis offenbaren konnte. Als Francesca auf die Bitte des Therapeuten hin ihre Geschichte erzählte, zeigte ihre Mutter erstaunlicherweise keinerlei Emotionen. Sie blieb fast teilnahmslos, wohingegen Francesca sichtlich erregt war. Der Therapeut, der verblüfft war und vor Neugier brannte, wandte sich plötzlich an Francescas Mutter, um die Hintergründe ihres Verhaltens herauszufinden.

Therapeut: Frau T., haben Sie von diesen Dingen gewußt – oder sind sie neu für Sie?
Mutter: Nein ... ich habe nichts davon gewußt.
Therapeut: Aber was ging in Ihnen vor, als Ihre Tochter von diesen Dingen erzählte? Waren Sie überrascht?
Mutter: Nein. Nicht überrascht.
Therapeut: Wie kommt es, daß Sie nicht überrascht waren?
Mutter: Weil zu jener Zeit meine jüngere Schwester bei uns lebte. Sie war damals 18, und ich hatte den Verdacht, daß zwischen ihr und meinem Mann etwas war. So kam ich eines Tages früher von der Arbeit nach Hause, ohne daß ich es ihnen vorher gesagt hatte, und ich fand die beiden miteinander im Bett ... *[zu ihrer Tochter]* Erinnerst du dich daran?
Francesca: Nein, ich wußte nicht ...
Mutter: Wie ist das möglich – du warst es doch, die mir erzählt hatte, daß du deinen Vater in den Armen deiner Tante gesehen hättest ...?
Francesca: Ich erinnere mich nicht daran ...
Mutter: Jedenfalls ertappte ich die beiden auf diese Weise, aber ich konnte meine Schwester nicht wegschicken, weil ich das Sorgerecht für sie hatte. Und sie versuchte auch, meine Kinder gegen

mich aufzustacheln. Nach einiger Zeit ging sie aus eigenem Antrieb, wurde drogenabhängig und zur Prostituierten. Es kann schon sein, daß ich danach meinen Sohn zu sehr behütet habe, als ob er der Liebling wäre, und vielleicht sind die beiden aus diesem Grund immer Konkurrenten ...

Nach dieser Enthüllung, dem ein hartes Stück Arbeit an ihrer Vergangenheit folgte, zeigte Francesca deutliche Zeichen der Besserung, insbesondere stellte sie den Konsum von Entwässerungs- und Abführmitteln ein; allerdings hatte sie immer wieder bulimische Attacken. Psychisch machte sie sogar noch größere Fortschritte: Sie kam aus dem Zustand der Niedergeschlagenheit und depressiven Stimmung heraus, in dem sie unlängst noch gewesen war, und wurde aufgeschlossener für die äußere Welt. Selbst am Arbeitsplatz bemerkte man Francescas Veränderung mit Genugtuung.

Es stellte sich auch heraus, daß Francescas soziales Leben ziemlich arm war. Sie lebte mit einem Mann zusammen, der aber offensichtlich keinen wichtigen Platz in ihrem Gefühlsleben einnahm; denn das war ausschließlich für ihre Mutter und ihren Bruder reserviert. Francescas Beziehung zu ihrer Mutter war anscheinend sehr ambivalent; sie stritten sich oft und schmollten danach, redeten dann lange Zeit nicht miteinander, und irgendwann folgte ihre Versöhnung.

Nach der Sitzung, in der Francesca ihr Geheimnis preisgab, überlegte der Therapeut, auch den Bruder zu einer Therapiesitzung einzuladen, so daß alle drei Familienmitglieder eine Chance hätten, ihre Beziehung zueinander ins reine zu bringen. Diese Idee erwies sich jedoch als nicht durchführbar. Die Mutter war dagegen, weil sie meinte, daß sich dies negativ auf die Rehabilitation ihres Sohnes auswirken könne, der gerade an einem Reintegrationsprogramm teilnahm; und auch die therapeutische Wohngemeinschaft, in der Francescas Bruder lebte, war von dieser Idee nicht angetan. Folglich blieb es bei den Einzelsitzungen mit Francesca, die sich ihrer Probleme zunehmend bewußter wurde und kontinuierlich Fortschritte machte. In der zehnten Sitzung teilte Francesca mit, daß sie beabsichtige, nach dieser Therapie bei einem anderen Therapeuten weiterzumachen, weil sie das Gefühl habe, daß eine Therapie für sie lebensnotwendig sei. Am Ende der Sitzung gab der Therapeut folgenden Kommentar:

Therapeut: Wir haben den Eindruck, daß echte Fortschritte zu verzeichnen sind: Sie schauen in sich hinein und nehmen Zeichen wahr, wie Sie sich verändern; Sie haben sich auf eine ziemlich lange Reise begeben, die so lang ist, daß Sie selbst auf die Idee gekommen sind, eine weitere psychotherapeutische Behandlung zu brauchen, vielleicht eine Analyse, wenn Sie mit der Therapie hier fertig sind. Wir halten das für sehr ungewöhnlich.
Francesca: Ich würde jedem raten, eine Therapie zu machen. Mir tut sie sehr gut.
Therapeut: Es ist ungewöhnlich, wenn eine Klientin oder ein Klient die Vorstellung hat, niemals zu einem Ende zu kommen, und wir haben auch über Ihre Idee gesprochen, daß Therapie eigentlich nie aufhöre; und demnach ist es möglich, daß Sie in der Vergangenheit das Gefühl hatten, nicht genug Zuwendung oder Liebe bekommen zu haben ... und daß Sie in sich eine große Leere empfinden.
Francesca [nickt zustimmend]: Ja.
Therapeut: ... und daß Sie an dieser Stelle einen großen Hunger in sich haben, vermischt mit Schmerz; denn sehr oft ist der Schmerz mit dem Hunger vermischt.
[Francesca lächelt.]

Erwähnenswert ist hier das Schlüsselwort „Hunger" – eine Metapher für Francescas Symptom –, das mit dem Wort „Schmerz" assoziiert wird. Daraus entwickelt der Therapeut das Doppelthema *Hunger–Schmerz* und verknüpft dieses mit den Lebensbedingungen, denen die Klientin unterworfen ist und die eine womöglich endlose Therapie angezeigt erscheinen lassen.

Therapeut: Sie haben auch einen großen Hunger nach Ihrer Mutter, und der ist irgendwie so riesig, daß Sie glauben, ein ganzes Menschenleben zu brauchen, um Ihren Hunger zu stillen.
Francesca: Ja, das brauche ich.
Therapeut: Ihren Hunger stillen. Auf diese Idee sind wir gekommen, um uns selbst dieses wirklich merkwürdige Faktum zu erklären; denn es kommt selten vor, daß ein Klient meint, die Therapie müsse immer weitergehen.
Francesca: Ja, ich glaube, daß dies ein erster Schritt ist ...
Therapeut: Und das ist sehr merkwürdig.

Francesca: Ich halte es für merkwürdig, daß noch nie jemand danach gefragt hat. Das verstehe ich nicht.

Therapeut: Genau die Tatsache, daß Sie das aus irgendeinem Grund merkwürdig finden, bringt uns auf die Idee, daß Sie eine sehr starke Unzufriedenheit in sich haben. Und wir glauben, daß man Ihnen nicht genug Aufmerksamkeit geschenkt und Sicherheit gegeben hat – bei Ihrem Bruder war es ähnlich – und daß Sie sich vernachlässigt gefühlt haben, wie jemand, der nicht genug zu essen hat. An einem bestimmten Punkt entwickelte sich vielleicht ein unstillbarer Hunger.

Francesca: Das stimmt genau. Ich habe schon immer gewußt, daß ich ein großes Bedürfnis nach Liebe habe.

Therapeut: Hunger nach Zuwendung, der irgendwie so groß ist, daß selbst ein Menschenleben vielleicht nicht einmal ausreicht, um ihn zu stillen.

Francesca: Nein.

Therapeut: Wir interpretieren Ihre psychische Verfassung folgendermaßen. Sie sind offensichtlich davon überzeugt, daß Sie ein ganzes Leben dafür brauchen, um über diese Phase hinwegzukommen und sich schließlich gesättigt zu fühlen, das bedeutet, gelassen, selbstsicher und so weiter zu sein. Wir können Ihnen allerdings versichern, daß Veränderungen im allgemeinen nicht in der Weise eintreten, wie man sich das so vorstellt, das heißt in Ihrem Fall, daß Sie ein ganzes Leben dafür brauchen; statt dessen kommen Veränderungen im Leben oft dann, wenn man sie am wenigsten erwartet, und in Ihrem Fall könnte Ihr Hunger plötzlich verschwinden.

Francesca: Oh, ich weiß, daß er urplötzlich verschwinden wird.

Therapeut: Irgendwann werden Sie sich sowohl physisch als auch psychisch gesättigt fühlen.

Francesca: Die innere Ruhe, im Frieden mit sich sein, ist die Hauptsache.

Therapeut: Ihr Hunger nach Anerkennung durch andere Menschen wird verschwinden. Das können wir Ihnen jetzt schon sagen. Wir vermuten aber, daß Sie noch eine ganze Weile das Gefühl haben werden, Ihren Hunger nicht stillen zu können. Möglicherweise brauchen Sie weitere drei oder vier Jahre oder noch länger.

Francesca: Das hoffe ich nicht.

Francescas Symptome kamen wieder, als ihr Bruder aus der therapeutischen Wohngemeinschaft entlassen wurde, wo er sechs Jahre gelebt hatte. Als er nach Hause kam, wurde er von seiner Mutter und seinem Stiefvater wie der verlorene Sohn empfangen. Sein Stiefvater richtete für ihn in seiner Werkstatt einen Arbeitsplatz als Restauratorlehrling ein, was sich schließlich als eine gute Entscheidung herausstellte. All das hatte negative Auswirkungen auf Francesca. Zur 12. Sitzung erschien sie sichtlich irritiert und angespannt, und zwar deshalb, weil sich ihre Mutter so intensiv um ihren Bruder kümmerte. Francesca beklagte sich deswegen beim Therapeuten so sehr, daß er beschloß, Mutter und Tochter zu einer gemeinsamen Sitzung einzuladen.

Es kam zu einer dramatischen Begegnung, in der die Mutter behauptete, daß sie von ihrer Tochter ungerechtfertigt angeklagt werde. Sie erklärte, daß sie sich um ihren Sohn intensiv kümmere, weil dieser weder ein Zuhause noch eine Arbeitsstelle gehabt habe, und daß sie ihre Tochter, die sich immer in ihre Anschuldigungen flüchte, nicht verstehen könne. Hier überlegte der Therapeut, ob er die therapeutische Beziehung, die durch ein großes Vertrauen der Klientin und ihrer Mutter zu ihm charakterisiert war, nutzbar machen solle, um diesen Teufelskreis der gegenseitigen Verwundung zu durchbrechen; er mußte einen Weg aus der *Sackgasse* finden, die aufgrund der ungelösten und durch die Mutter geschürten Eifersucht Francescas entstanden war. Er schlug Mutter und Tochter eine Vereinbarung vor, der zufolge die beiden in den nächsten vier Monaten keinen direkten Kontakt miteinander haben sollten, sondern nur über den Therapeuten.

Hinter dieser Verschreibung stand die Absicht des Therapeuten, das ihm von Francesca und ihrer Mutter entgegengebrachte Vertrauen zu nutzen, um die Verstrickungen zwischen Mutter und Tochter zu lösen. Leider entwickelten sich die Dinge nicht wie geplant. Drei Wochen später teilte Francescas Mutter dem Therapeuten telefonisch mit, daß ihre Tochter sie seit mehreren Tagen ständig anrufe. Zuerst habe sie anonym angerufen und dann nichts gesagt, doch später habe sie sich mit Namen gemeldet und geheult und die Mutter lautstark beschimpft. Die Mutter erzählte, daß sie das nicht mehr aushalten könne und verzweifelt sei.

Der Therapeut war beunruhigt und rief Francesca an, die sich mit einer gebrochenen und verwaschenen Stimme meldete, als ob sie unter Neuroleptika oder bewußtseinsverändernden Drogen stünde. Sie erzählte, daß sie sich sehr deprimiert fühle und daß sie in der vergangenen Woche nicht zur Arbeit gegangen sei. Francesca berichtete auch, daß sie nicht zu ihren medizinischen Kontrolluntersuchungen gegangen sei, die aber unerläßlich waren, weil ihre übermäßige Einnahme von Abführ- und Entwässerungstabletten zu Nierenproblemen geführt hatte. Der Therapeut beschloß sofort, alles auf die Karte der therapeutischen Beziehung zu setzen. Er erklärte die von ihm verschriebene Vereinbarung zwischen Mutter und Tochter für nichtig und schickte Francesca zur medizinischen Untersuchung. Am Tag darauf kam ein Anruf vom Endokrinologen. Dieser berichtete, daß er bei Francesca Erschöpfungszustände festgestellt habe und daß sie deshalb den Therapeuten um Erlaubnis bitte, Antidepressiva nehmen zu dürfen. Der Therapeut empfahl darüber hinaus einen kurzen Klinikaufenthalt, was aber nicht möglich war. Um diese Zeit versuchte der Therapeut, für Francescas Familie ein gemeinsames Essen anläßlich des bevorstehenden Weihnachtsfestes zu organisieren. Dieses Essen sollte den Charakter eines Rituals haben, bei dem die ganze Familie wiedervereinigt wäre, und es sollte Francesca eine neue Gelegenheit bieten, mit ihrer Mutter und ihrem Bruder zu sprechen. Sowohl Francesca als auch ihre Mutter stimmten diesem Vorschlag bereitwillig zu.

Zur 15. Sitzung, die nach Weihnachten und folglich nach dem geplanten Versöhnungsessen stattfand, erschien Francesca magerer und nervöser denn je. Wieder einmal wurden die Hoffnungen des Therapeuten zerschlagen. Das gemeinsame Essen war ein Fiasko gewesen, weil Francesca zornig geworden war und mit jedem Streit angefangen hatte. In dieser Therapiesitzung schien sie es darauf anzulegen, einen düsteren und suizidalen Gemütszustand zu demonstrieren (zumindest war das der Eindruck des Therapeuten). Sie wiederholte mehrere Male, daß ihr doch nichts mehr helfen könne und Suizid die unausweichliche Lösung sei.

An diesem Punkt beschloß der Therapeut, die Situation in die Hand zu nehmen und – wie in Ingmar Bergmanns Film *Das siebente Siegel* – mit dem Tod Schach zu spielen. In der Mitte der Sitzung stand er plötzlich auf und sagte zu Francesca, daß Therapie eigentlich den Lebenden helfen solle und daß es ihm vorkomme, als ob sie sich nun endgültig für den Tod entschieden habe, und daß in diesem Falle die Therapie keinen Sinn mehr habe. Er erklärte die Therapie für beendet, falls sich Francesca gegen das Leben entscheiden sollte. Im andern Fall könne sie dem Therapeuten innerhalb einer Woche telefonisch Bescheid sagen, daß sie die Therapie fortsetzen möchte. Ein paar Stunden nach dieser Sitzung rief Francesca an und bat mit entschlossener und selbstsicherer Stimme um einen Termin.

Nach diesen Ereignissen ging die Therapie ein paar Sitzungen lang zur Zufriedenheit beider Parteien weiter. Im voraus wurde festgelegt, daß die 18. Sitzung die letzte sein würde. Doch Francesca hielt an ihrer Vorstellung fest, daß sie weiterhin therapeutische Unterstützung brauche, und beschloß, mit der Zustimmung des Therapeuten zu Dr. Bruni, einem anderen Therapeuten, zu wechseln. Wir analysieren nun diese letzte Sitzung im Detail, um den spezifischen Arbeitsprozeß in der Schlußphase der Therapie zu demonstrieren.

Francesca kommt zu dieser Sitzung in eleganter Kleidung, sie wirkt sehr gepflegt und ist ziemlich gut gelaunt. Sie fängt sofort mit dem Thema Bulimie an, mit dem Problem also, das sie zu ihrer Therapie veranlaßt hat. Die bulimischen Attacken seien noch nicht ganz verschwunden, aber doch sehr stark zurückgegangen. Sie habe ihre Arbeit noch nicht wieder aufgenommen, erzählte aber, daß sie sich in der gegenwärtigen Situation wohl fühle und sich sogar an Dingen erfreuen könne, was früher nicht der Fall gewesen sei.

Kurz darauf beginnt Francesca von ihrem neuen Therapeuten zu erzählen. Recht schnell kommt sie auf einige seiner Eigenschaften zu sprechen, die sie insgeheim zu mißbilligen scheint. Zunächst habe Dr. Bruni die Hypothese formuliert, nach der Francescas inzestuöse Beziehung zu ihrem Bruder eine „Sünde" sei, womit sich die Klientin überhaupt nicht einverstanden zeigt. Außerdem habe sie den Eindruck, daß er nicht nur an der Hypothesenbildung interessiert sei, sondern stärker noch daran, ihr bestimmte Ideen zu implantieren, unter anderem die, daß zwischen ihnen eher eine freundschaftliche Beziehung bestehen müsse als eine rein professionelle. Francesca läßt durchblicken, daß sie den Arbeitsstil ihres ersten Therapeuten bevorzugt. Betrachtet man ihre Aussagen im Lichte der zurückliegenden Therapiesitzungen, dann scheint es, als ob Francesca Schwierigkeiten habe, sich von ihrem ersten Therapeuten zu trennen. Etwas später bestätigt Francesca diesen Eindruck ziemlich deutlich.

Francesca: Dr. Bruni sagt mir immer wieder, daß ich ihn anrufen solle, wenn ich das Bedürfnis hätte zu sprechen, daß ich mich öffnen müsse, daß ich Vertrauen in mich haben müsse ... Alles in allem fühle ich mich Ihnen näher, obwohl ich Sie an einem bestimmten Punkt auch einmal kurzfristig abgelehnt habe. Ich würde sagen, daß ich mich, rein äußerlich betrachtet, Ihnen näher fühle ...
Therapeut: Wer, glauben Sie, hat am meisten Ähnlichkeit mit Ihrer Mutter, Dr. Bruni oder ich?
Francesca: Oh ... keiner von Ihnen.
Therapeut: Und mit Ihrem Vater?
Francesca: Keiner von Ihnen. Sie sind Herr Boscolo, und er ist Herr Bruni, und Sie beide haben mit keinen anderen Menschen Ähnlichkeit.

Hier verhält sich der Therapeut zwar sonderbar (vielleicht begeht er einen Fehler), kann aber die Situation wieder auflösen. In dem Moment, in dem die Klientin ihre Verbundenheit mit ihm betont, wechselt er das Thema und flüchtet sich in die jüngste Vergangenheit. Die Klientin holt ihn wieder zu ihrem Thema der gegenwärtigen therapeutischen Beziehung zurück. Wenn der Therapeut hier auf seiner Idee beharrte, daß Francescas Beziehung zu ihm in Zusammenhang mit ihrer vergangenen Beziehung zu ihren Eltern stehe (Übertragung), würde die Situation erstarren und wäre folglich leicht durchschaubar. Für die Klientin wäre seine Strategie transparent, und sie hätte nur noch die Wahl, ihm zuliebe einer Meinung mit ihm zu sein oder auf Konfrontationskurs zu gehen. Dies würde die Möglichkeit einschränken, neue Szenarien oder Sinnzusammenhänge zu schaffen. In diesem Falle würde der Therapeut versuchen, seine eigenen Ideen der Klientin aufzuzwingen. Wir meinen, daß der therapeutische Diskurs für verschiedene Optionen offengehalten werden sollte, um zu vermeiden, daß die Situation vorhersagbar wird. Es ist ebenso hilfreich und angebracht, wenn der Therapeut seinem Klienten genügend Freiraum läßt und seinen Hinweisen nachgeht, die er in bezug auf Bedeutsamkeit und Sinn der Hypothesen des Therapeuten gibt.

Das Geheimnis dieses Verfahrens liegt darin, daß der Therapeut seine Hypothesen als Fragen formuliert. Dadurch kann der Klient selbst entscheiden, welche Sinnzusammenhänge er für sich akzeptiert, und zum Protagonisten seiner eigenen Geschichte werden. Hier formuliert der Therapeut seine Vermutungen nicht explizit als Hypothesen, sondern kleidet sie in die Form einer Frage. Das letzte Wort hat die Klientin. Wenn der Therapeut seine eigenen Ideen dem Klienten aufzwingt (wie das bei psychopädagogischen Interventionen der Fall ist), wird sich der Klient nicht verändern. Er wird lediglich den mehr oder weniger expliziten Instruktionen des Therapeuten folgen, ohne ein hinreichendes Maß an Autonomie zu gewinnen.

Selbst in dieser die Therapie abschließenden Sitzung arbeitet der Therapeut vorwiegend mit der Fragetechnik, insbesondere bei seinen Ausführungen am Anfang der Therapiesitzung. Diese Fragen konzentrieren sich vor allem auf die Exploration gegenwärtiger und zukünftiger Szenarien.

Therapeut: Was haben Sie jetzt für ein Gefühl, wo Sie mich verlassen und mit ihm weiterleben? Ich spreche natürlich metaphorisch. Seit einem Jahr sind wir schon zusammen. Welche Auswirkungen hat das auf Sie, sich in Bewegung zu setzen und zu ihm zu gehen?

Francesca: Nun, gestern zum Beispiel fühlte ich mich bei dem Gedanken, zu diesem Termin zu kommen, etwas peinlich berührt ... fast ein bißchen wie so, wie ... wenn ich untreu wäre.

Therapeut: Fühlen Sie sich schuldig, als ob Sie mir untreu wären?

Francesca: Ich habe das Gefühl, als ob ich Ihnen unrecht getan hätte. Wenn ich mich nicht an Sie gebunden fühlte, würde es mir vermutlich gutgehen ... ich würde mich wohl fühlen.

Therapeut: Was ist eigentlich das Peinliche daran?

Francesca: Weil ich Ihnen etwas über den anderen Therapeuten erzählen muß.

Therapeut: Wie kommt es, daß Sie vorhin sagten, Sie würden sich mir von einem „rein äußerlichen" Standpunkt aus näher fühlen? Sie betonten und wiederholten mehrere Male, daß Sie sich mir in vielerlei Hinsicht näher fühlten.

Francesca: Es stimmt, daß ich Ihnen gegenüber eine gefühlsmäßige Zuneigung empfinde. Aber vielleicht habe ich das vor allem deshalb mehrere Male wiederholt, um Ihnen ein Kompliment zu machen und mich freizusprechen.

Hier führt der Therapeut ein neues Thema ein, obwohl es seit Beginn der Sitzung im Hintergrund mitschwingt: das Thema, auseinanderzugehen, das Thema Trennung. Dadurch, daß der Therapeut Francesca daran erinnert, daß das laut Therapievertrag die letzte Sitzung sei, wird sie daran gehindert, diese Trennungserfahrung zu ignorieren. Wie gleich zu sehen ist, hat die Klientin eine ausgeprägte Tendenz, genau das zu tun.

Therapeut: Heute nehmen wir voneinander Abschied. Wenn zwei Menschen auseinandergehen, ist es schön, wenn sie mit einer netten Erinnerung an den anderen weggehen. Die meisten Menschen, denen wir begegnen, hinterlassen in unserem Leben keine Spuren, doch einige hinterlassen angenehme Spuren. Wenn es sich ergibt, daß jemand einen bleibenden Eindruck hinterläßt, dann tragen wir diesen Menschen für immer in uns.

Mit diesem Kommentar stellt der Therapeut sich und die Klientin auf eine Ebene. Jeder hinterläßt im anderen eine Spur, jeder nimmt einen Eindruck vom anderen mit sich. Diese Überlegung ist gewissermaßen der Höhepunkt an Akzeptanz und Bejahung in der Beziehung zwischen Therapeut und Klientin.

Francesca macht hier eine Bemerkung, die erkennen läßt, wie hoch das Risiko gewesen ist, daß sie diese Trennung hätte ablehnen können.

Francesca: Dann ... ist das ... vielleicht der Zeitpunkt, die Therapie zu beenden? *[Die Beendigung der Therapie war in der Sitzung im vorigen Monat explizit vereinbart worden.]* Im Grunde genommen habe ich versucht, nicht über diese Sitzung nachzudenken, weil ich nicht wußte, was ich tun sollte. Ich habe versucht, vor dem Gedanken wegzulaufen, weil ich es nicht fertigbrachte, sachlich zu bleiben und darüber nachzudenken, ob ich aufhören soll oder nicht.
Therapeut: Aber wir hatten bereits beschlossen, die Therapie mit dieser Sitzung zu beenden, und ich meine, wenn Sie noch eine Therapie bei einem anderen Therapeuten probieren möchten, der Ihnen außerdem eine andere Sicht der Dinge geben kann ...
Francesca: Ja, denn ich habe, ehrlich gesagt, allmählich die Nase voll von Ärzten und Therapien. Sie sind alle gut, Dr. Bruni, der

Endokrinologe, die Krankenschwestern, aber ich habe ... die Nase voll. Zuerst hatte ich das Bedürfnis. Ich spürte, daß ich eine Behandlung brauchte. Die Ärzte und das alles waren notwendig. Aber heute frage ich mich, wann diese Plagerei endlich aufhören wird.

Therapeut: Noch etwas, von dem Sie die Nase vermutlich voll haben, ist die Abhängigkeit von Medikamenten ...

Francesca: Ja, ich habe die Nase gestrichen voll von all dem.

Therapeut: Und Sie haben die Nase voll von Personen und Medikamenten, durch die Sie in eine passive Position gebracht werden.

Francesca: Ja ... Das ist etwas Positives. Früher war ich erfreut, wenn jemand zu mir sagte, ich sähe aus, als ob ich abgenommen hätte, aber das ist jetzt nicht mehr so.

Hier bringt sich der Therapeut offen mit den neuen heilenden Kräften der Klientin in Verbindung. Implizit teilt er mit, daß Francesca nun keine Medikamente und keine Fachärzte mehr brauche.

Dann gibt der Therapeut einen abschließenden Überblick über Francescas Situation, entwirft einige Zukunftsperspektiven und erwähnt die noch immer kritische Beziehung zwischen Francesca und ihrer Familie.

Therapeut: Was würden Sie antworten, wenn ich Sie nach Ihrer jetzigen Beziehung zu Ihrer Familie fragte?

Francesca: Nun, meine Mutter kommt mir weniger gehässig vor als früher und ein bißchen ruhiger. Ich schaffe es jetzt, daß ich sie nicht jeden Tag anrufen muß, wie das früher der Fall war. Inzwischen denke ich nicht einmal mehr über meinen Bruder nach, aber wenn ich dann doch einmal über ihn nachdenke, dann kann ich das mit einer gewissen Gelassenheit.

Therapeut: Mir kommt es vor, als ob Sie und Ihr Bruder eine parallele Entwicklung durchgemacht hätten. Sie sind von einem Teil Ihrer Symptome befreit, aber nicht von allen. Er ist schließlich befreit davon, Drogen nehmen zu müssen, aber er ist immer noch von der Familie abhängig. Es ist durchaus möglich, daß Ihre parallele Entwicklung weitergeht und daß Sie am Ende beide von Ihren Fesseln befreit sind.

Francesca: Das ist teilweise schon geschehen. Die Bindungen, die früher zwischen meinem Bruder und mir bestanden haben, waren schon reichlich krankhaft. Unsere Beziehung war ein ziemlich ungesundes Verhältnis und voller Neid. Da es diese Dinge nun nicht mehr gibt, glaube ich, daß diese Fessel in ihrer ganzen Krankhaftigkeit allmählich verschwindet.

Therapeut: Sie wissen, daß Sie eine Spur in anderen Menschen hinterlassen – zum Beispiel in mir. Jetzt können Sie sich aus eigener Kraft von Ärzten, Medikamenten und in gewissem Sinne auch von Ihrer Familie frei machen. Wenn Sie sich aber von all dem befreit haben, werden Sie mit einem Vakuum zurückbleiben. Doch dieses Vakuum werden Sie aus eigener Kraft füllen können, und zwar mit Menschen außerhalb Ihrer Familie, mit anderen Beziehungen und so weiter.

Francesca: Aber ist das etwas, was ich sofort entscheiden muß?

Therapeut: Nein. Das ist etwas, das von alleine geschehen wird, nach und nach.

Francesca: Wissen Sie, ich fühle mich jetzt schon nicht mehr wie früher, auch wenn da immer noch Symptome sind, weil ich jetzt manches mit Vergnügen mache, weil ich es halt machen möchte. Früher *mußte* ich übergenau sein. Ich mußte früh an der Arbeit sein, sogar eine halbe oder dreiviertel Stunde vor den anderen. Für mich war das eine Pflicht. Heute kann ich auch mal zu spät kommen. Aber nicht deshalb, weil ich meine Arbeit nicht mag. Im Gegenteil, vielleicht fange ich jetzt erst wirklich an, meine Arbeit zu lieben.

An diesem Punkt der Sitzung wird die Lebenssituation der Klientin klar umrissen, und Perspektiven für die Zukunft werden ebenfalls entwickelt. Nun kann der Therapeut die Therapie mit einem einfachen Abschlußritual zu Ende führen und sowohl sich aus der Rolle des Therapeuten als auch Francesca aus der Rolle der Klientin entlassen.

Therapeut: Wenn eine Therapie zu Ende geht, widme ich im allgemeinen ein paar Minuten der gemeinsamen Überlegung, ob es in der Zeit, die wir miteinander verbracht haben, bestimmte Momente gab, die sich für die Klientin beziehungsweise den Klienten besonders ausgewirkt haben oder eine spezifische Bedeutung für sie oder ihn hatten. Wie ist das in Ihrem Fall?

Diese Frage versetzt die Klientin explizit in die Position des Beobachters und erwartet von ihr die Stellungnahme zum zurückliegenden therapeutischen Prozeß. Die Kommentare unserer Klienten sind hier oft von großem Interesse. Denn das, was der Klient in dem Augenblick empfindet, in dem er sich zu verändern beginnt, ist ein neuer Aspekt des therapeutischen Prozesses.[14] Einer unserer Klienten faßte das so zusammen: „Was für mich wichtig war, war die Tatsache, daß der Therapeut Vertrauen in mich hatte." Ein anderer Klient sagte: „Was mich immer überraschte und mir half, war der Umstand, daß ich nie wußte, worauf der Therapeut mit seinen Fragen gerade abzielte."

Wenn der Therapeut seinen Klienten mit diagnostischen Aussagen und klinischen Erklärungen konfrontiert, schafft das für den Klienten negative Realitäten. Diese Realitäten können sich unter Umständen reifizieren, was genau die Aspekte verfestigen würde, die der Klient als negativ empfindet. Vermeidet der Therapeut eine solche Entwicklung und unterstützt statt dessen den Klienten dabei, von seinen starren, linearen Erklärungsmustern loszukommen, indem der Explorationskontext um eine positive Perspektive erweitert wird, dann kann der Klient seinen Weg zur Veränderung selbständig finden.

Francescas Kommentare waren in dieser Hinsicht ziemlich interessant.

Francesca: Nun ... ich würde sagen, daß sich fast in jeder Sitzung wichtige Dinge entwickelt haben. Es war eigentlich fast jedes Mal so, daß ich mich unmittelbar nach einer Sitzung an nichts erinnern konnte, doch später dann kamen mir verschiedene Erinnerungen, und wenn ich über diese Dinge allein nachdachte, hatte ich den Eindruck, daß sie einen Einfluß auf mich hatten.

Man könnte hier die Hypothese bilden, daß die Klientin durch die langen Intervalle zwischen den einzelnen Therapiesitzungen die Möglichkeit hat, von sich aus die Ereignisse in der einzelnen Sitzung zu erinnern und nachzuprüfen, so daß die Sinnzusammen-

---

14 Ähnliche Informationen gewinnt man auch durch katamnestische Befragungen.

hänge und Emotionen der einzelnen Begegnung ein größeres Gewicht bekommen und stärkere Auswirkungen haben.

Therapeut: Gab es bestimmte Momente, die besonders herausragen?
Francesca: Ja, und zwar als Sie sagten, daß meine Mutter recht habe und nicht ich, wo doch mein Internist gesagt hatte, daß ich recht hätte. Das gefiel mir. Am Schluß hatte ich das Gefühl, daß ich verstanden wurde. Vielleicht war das das erste Mal, daß ich mich richtig gut gefühlt habe.
Therapeut: Negative Momente oder Momente des Zorns …?
Francesca: Als Sie die Sitzung für beendet erklärten und sagten, daß Sie nur bereit seien, solche Menschen zu behandeln, die auch wirklich leben und nicht sterben wollten. Da war ich zornig. Ich wollte nicht mehr zur Therapie kommen, was unter anderem damit zusammenhing, daß ich mich verlassen fühlte, aber auch weil ich Sie haßte. Ich glaubte, Sie hätten beschlossen, mich aufzugeben, weil mein Suizid ein Makel für Ihre Reputation als Therapeut gewesen wäre.
Therapeut: Und was hat Sie dann veranlaßt, Ihre Ansicht zu ändern?
Francesca: Ihre Haltung mir gegenüber, als ich Sie angerufen habe. Wenn Sie da anders reagiert hätten, hätte ich aufgegeben. Wissen Sie, daß das, was Sie gemacht haben, riskant war? Aber es hat bei mir funktioniert. Vielleicht war alles kalkuliert, ich weiß nicht, aber jedenfalls war es für mich das richtige.

In den letzten zehn Minuten dieser Sitzung (bzw. dieser nachbereitenden Sitzung) herrschte eine angenehme emotionale Atmosphäre, die man fast als freundschaftlich bezeichnen konnte. Sowohl der Therapeut als auch die Klientin hatten ihre jeweiligen Therapierollen abgelegt und waren nun auf gleicher Ebene; sie betrachteten gemeinsam ihre zurückliegende therapeutische Beziehung und die Auswirkung dieser Beziehung. Francescas abschließende Bemerkung hatte den Charakter eines Gegendienstes für das, was der Therapeut ihr gegeben hatte.

Therapeut: Möchten Sie noch etwas fragen, bevor wir zum Ende kommen?
Francesca: Wenn ich Sie eines Tages anrufen und Ihnen etwas erzählen möchte, darf ich das? Wie … wahrscheinlich, wenn ich Sie

anrufen wollte, würde das bedeuten, daß ich geheilt wäre, denn sonst könnte ich nur über Ärzte sprechen, und es wäre wenig sinnvoll, Sie deshalb anzurufen. Darf ich? Ich würde gerne eines Tages hierherkommen und Ihnen sagen, daß ich keine Probleme mehr mit dem Essen habe. Ich würde das gerne tun, weil ich Sie schätze und auch weil ich Ihnen meine Anerkennung geben möchte für das, was Sie getan haben. Auch wenn Sie die therapeutische Arbeit nicht beendet haben, so waren Sie doch derjenige, der sie begonnen hat. Ohne Sie wäre ich verloren gewesen.
Therapeut: In Ordnung. Ich wünsche Ihnen nun alles Gute.
Francesca: Ich Ihnen auch, Herr Dr. Boscolo.

Literatur

Alexander, F. a. F. M. French (1948): Studies in psychosomatic medicine. New York (Ronald Press)

Alexander, J. F., A. Holtzworth-Monroe a. P. Jameson (1994): The process and outcome of marital and family therapy: Research and evolution. In: S. L. Garfield a. A. E. Bergin (eds.): Handbook of psychotherapy and behavior change. New York (John Wiley)

American Psychiatric Association (1994): Diagnostic and statistical manual for mental disorders. Fourth edition (DSM IV). Washington, DC (American Psychiatric Association)

Andersen, T. (1992): Reflection on reflecting with families. In: S. McNamee a. K. J. Gergen (eds.): Therapy as social construction. London (Sage), 54–68

Andersen, T. (1995): Un gran sollievo. *Connessioni* 10: 17–18

Anderson, H. u. H. Goolishian (1990): Menschliche Systeme als sprachliche Systeme. Vorläufige und weiter zu entwickelnde Ideen über Folgerungen für die klinische Theorie. *Familiendynamik* 15: 212–243 [am. Orig. (1988): Human systems as linguistic systems: Preliminary and evolving ideas about the implications for clinical theory. *Family Process* 27: 371–393.]

Anderson, H. u. H. Goolishian (1992): Der Klient ist der Experte. Ein therapeutischer Ansatz des Nicht-Wissens. *Zeitschrift für systemische Therapie* 10 (3): 176–189 [am Orig. (1992): The client is the expert: A not-knowing approach to therapy. In: S. McNamee a. K. J. Gergen (eds.): Therapy as Social Construction. London (Sage), 25–39.]

Anderson, H., H. Goolishian a. L. Winderman (1986): Problem-determined systems: Towards transformation in family therapy. *Journal of Strategic and Systemic Therapies* 5: 1–14

Andolfi, M. (1994): Il colloquio relazionale. Roma (Accademia di Psicoterapia della Famiglia)

Aristoteles (1980): Rhetorik. München (Fink)

Austin, J. L. (1972): Zur Theorie der Sprechakte. Stuttgart (Reclam) [am. Orig. (1962): How to do things with words. Oxford (Clarendon Press).]

Balint, M., P. H. Ornstein u. E. Balint (1973): Fokaltherapie. Frankfurt am Main (Suhrkamp) [engl. Orig. (1972): Focal psychotherapy. London (Tavistock).]

Barilli, R. (1979): Retorica. Milano (ISEDI)

Bateson, G. (1995): Information und Kodifikation. Ein philosophischer Ansatz. In: J. Ruesch u. G. Bateson: Kommunikation. Die soziale Matrix der Psychiatrie. Heidelberg (Carl-Auer-Systeme), 190–235 [am. Orig. (1951): Information and codification: A philosophical approach. In: J. Ruesch a. G. Bateson: Communication. The social matrix of psychiatry. New York (Norton) 1968.]

Bateson, G. (1984): Geist und Natur. Eine notwendige Einheit (4. Aufl.). Frankfurt am Main (Suhrkamp) [am. Orig. (1979): Mind and nature: A necessary unit. New York (E. P. Dutton).]

Bateson, G. (1985): Ökologie des Geistes. Anthropologische, psychologische, biologische und epistemologische Perspektiven. Frankfurt am Main (Suhrkamp) [am. Orig. (1972): Steps to an ecology of mind: Collected essays in anthropology, psychiatry, evolution and epistemology. San Francisco, CA (Chandler Publishing).]

Bloor, D. (1983): Wittgenstein: A social theory of knowledge. New York (Columbia University Press)

Bocchi, G. e. M. Ceruti (1985): La sfida della complessità. Milano (Feltrinelli)

Borges, J. L. (1952): Other inquisitions. London (Souvenir, 1973)

Borwick, B. (1990): Circular „questioning" in organizations: Discovering the patterns that connect. Unpublished Manuscript

Boscolo, L. u. P. Bertrando (1994): Die Zeiten der Zeit. Eine neue Perspektive in systemischer Therapie und Konsultation. Heidelberg (Carl-Auer-Systeme) [am. Ausg. (1993): The times of time: A new perspective in systemic therapy and consultation. New York (W. W. Norton).]

Boscolo, L., P. Bertrando, P. M. Fiocco, R. M. Palvarini u. J. Pereira (1993): Sprache und Veränderung. Die Verwendung von Schlüsselwörtern in der Therapie. *Familiendynamik* 18: 107–124 [am.

Ausg. (1993): Language and change: The use of keywords in therapy. *Human Systems* 4: 65–78.]

Boscolo, L. e G. Cecchin (1988): Il problema della diagnosi dal punto di vista sistemico. *Psicobiettivo* 8 (3): 19–30

Boscolo, L., G. Cecchin e P. Bertrando (1995): Centro Milanese di Terapia della Famiglia. In: Ap. Bertrando (ed.): Manuale di terapia della famiglia. Torino (Bollati Boringhierie), 755–760

Boscolo, L., G. Cecchin, L. Hoffman u. P. Penn (1990): Familientherapie – Systemtherapie, das Mailänder Modell. Theorie, Praxis und Konversationen (2. Aufl.). Dortmund (modernes lernen) [am. Orig. (1987): Milan systemic family therapy: Conversations in theory and practice. New York (Basic Books).]

Bowen, M. (1978): Family therapy in clinical practice. New York (Jason Aronson)

Bowlby, J. (1976): Trennung. Psychische Schäden als Folge der Trennung von Mutter und Kind. München (Kindler) [engl. Orig. (1973): Attachment and loss. 2. Separation: Anxiety and anger. London (Hogarth Press).]

Bowlby, J. (1983): Verlust, Trauer und Depression. Frankfurt am Main (Fischer TB-Verlag) [engl. Orig. (1980): Attachment and Loss. 3. Loss: Sadness and Depression. London (Hogarth Press).]

Bowlby, J. (1984): Bindung. Eine Analyse der Mutter-Kind-Beziehung. Ungekürzte Ausgabe (3. Aufl.). Frankfurt am Main (Fischer TB-Verlag). Teilausgabe von „Attachment and loss" [engl. Orig. (1972): Attachment and loss. 1. Attachment. London (Hogarth Press).]

Breunlin, D. C., R. C. Schwartz a. B. MacKune-Karrer (1992): Metaframeworks: Transcending the models of family therapy. San Francisco, CA (Jossey Bass)

Broderick, C. B. a. S. S. Schrader (1991): The history of professional marriage and family therapy. In: A. S. Gurman a. D. P. Kniskern (eds.): Handbook of family therapy, Vol. II. New York (Brunner/Mazel), 3–40

Bruner, J. (1986): Actual minds, possible worlds. Cambridge, MA (Harvard University Press)

Budman, S. H. a. A. S. Gurman (1988): Theory and practice of brief therapy. New York (Guilford Press)

Cacciari, E. (ed.) (1991): Teorie della metafora. Milano (Raffaello Cortina)

Cade, B. a. W. O'Hanlon (1993): A brief guide to brief therapy. New York (W. W. Norton)

Campbell, D., R. Draper a. E. Crutchley (1991): The Milan systemic approach to family therapy. In: A. S. Gurman a. D. P. Kniskern (eds.): Handbook of family therapy, Vol. II. New York (Brunner/Mazel), 325–362

Cecchin, G. (1988): Zum gegenwärtigen Stand von Hypothetisieren, Zirkularität und Neutralität: Eine Einladung zur Neugier. *Familiendynamik* 13: 190–203 [engl. Orig. (1987): Hypothesizing, circularity, and neutrality revisited: An invitation to curiosity. *Family Process* 26: 405–413.]

Cecchin, G., G. Lane u. W. A. Ray (1993): Respektlosigkeit. Eine Überlebensstrategie für Therapeuten. Heidelberg (Carl-Auer-Systeme) [engl. Orig. (1992): Irreverence. A strategy for therapists' survival. London (Karnac Books).]

Cecchin, G., G. Lane a. W. A. Ray (1994): The cybernetics of prejudices in the practice of psychotherapy. London (Karnac Books)

Deissler, K. G. (1985): Rekursive Informationsschöpfung. Zirkuläres Fragen als Erzeugung von Information. Marburg (Eigenverlag)

Dell, P. F. (1986): In defence of „lineal causality". *Family Process* 25: 513–521

Dell, P. F. (1989): Violence and the systemic view. *Family Process* 28: 1–14

Diagnostisches und Statistisches Manual psychischer Störungen DSM-III-R (1989): Übersetzt nach der Revision der dritten Auflage des Diagnostic and statistical manual for mental disorders der American Psychiatric Association. Weinheim/Basel (Beltz) [am Orig. (1980): Diagnostic and statistical manual for mental disorders. Third Edition (DSM III). Washington, DC (American Psychiatric Association.)

Doane, J. A. a. D. D. Diamond (1994): Affect and attachment in the family. New York (Basic Books)

Doherty, W. J. a. P. G. Boss (1991): Values and ethics in family therapy. In: A. S. Gurman a. D. P. Kniskern (eds.): Handbook of family therapy, Vol. II. New York (Brunner/Mazel), 606–637

Eco, U. (1963): Diario Minimo. Milano (Mondadori)

Eco, U. (1968): La struttura assente. Milano (Bompiani)

Eco, U. (1992): Die Grenzen der Interpretation. München/Wien (Hanser)

Efran, J. S. a. L. E. Clarfield (1992): Constructionist therapy: Sense and nonsense. In: S. McNamee a. K. J. Gergen (eds.): Therapy as social construction. London (Sage), 200–217

Engel, G. L. (1977): The need for a new medical model: A challenge for biomedicine. *Science* 196: 129–136 [auch in: *Family Systems Medicine* 10 (3): 317–331]

Falloon, I. R. H. (1991): Behavioral family therapy. In: A. S. Gurman a. D. P. Kniskern (eds.): Handbook of family therapy, Vol. II. New York (Brunner/Mazel), 65–95

Fleuridas, C., T. S. Nelson a. D. M. Rosenthal (1986): The evolution of circular questions. Training family therapists. *Journal of Marital and Family Therapy* 12 (2): 113–128

Fliess, R. (1942): The metapsychology of the analyst. *Psychoanalytic Quarterly* 11: 211–227

Foerster, H. von (1982): Observing systems. Seaside, CA (Intersystems Publications)

Foucault, M. (1980): Die Ordnung der Dinge. Eine Archäologie der Humanwissenschaften (3. Aufl.). Frankfurt/M. (Suhrkamp)

Foucault, M. (1981): Schluß. In: Archäologie des Wissens. Frankfurt am Main (Suhrkamp), 283–301

Fromm, E. (1966): Die Furcht vor der Freiheit. Frankfurt am Main (Suhrkamp) [am. Orig. (1941): Escape from freedom. New York (Holt, Rinehart & Winston).]

Fruggeri, L. (1992): Therapeutic process as the social construction of change. In: S. McNamee a. K. J. Gergen (eds.): Therapy as social construction. London (Sage), 40–53

Fruggeri, L. (1995): Il coordinamenti interpersonale di azioni e significati nelle dinamiche di stabilizzazione. In: M. Bianciardi e U. Telfener (eds.): Ammalarsi di psicoterapia. Milano (Franco Angeli)

Frye, N. (1957): Anatomy of criticism. New York (Athenaeum)

Gadamer, H. G. (1960): Wahrheit und Methode: Grundzüge einer philosophischen Hermeneutik. Tübingen (Mohr)

Gergen, M. M. a. Gergen K. J. (1984): The social construction of narrative accounts. In: K. J. Gergen a. M. M. Gergen (eds.): Historical social psychology. New Jersey (Erlbourn Associates)

Giat Roberto, L. (1991): Symbolic-experiential family therapy. In: A. S. Gurman a. D. P. Kniskern (eds.): Handbook of family therapy, Vol II. New York (Brunner/Mazel), 444–476

Gibney, P. (1994): Time in the therapeutic domain. *Australian and New Zealand Journal of Family Therapy* 15 (2): 61–72

Glasersfeld, E. von (1984): Einführung in den radikalen Konstruktivismus. In: P. Watzlawick (Hrsg.): Die erfundene Wirklichkeit. München/Zürich (Piper), 16–38 [am. Orig. (1984): An introduction to radical constructivism. In: P. Watzlawick: The invented reality. New York (W. W. Norton).]

Glasersfeld, E. von (1987): The construction of knowledge. Seaside, CA (Intersystems Publications).]

Goldner, V. (1993): Power and hierarchy: Let's talk about it! *Family Process* 32 (2): 157–162

Goldstein, A. P. a. G. Y. Michaels (1985): Empathy. Development, training and consequences. Hillsdale, NJ (Lawrence Erlbaum Associates)

Goudsmit, A. (1992): Psicoterapia e tecnologia. In: M. Ceruti (ed.): Evoluzione e conoscenza. L'epistemologia genetica di Jean Piaget e le prospettive del costruttivismo. Bergamo (Lubrina)

Guidano, V. (1991): La complessità del sé. Torino (Bollati Boringhieri)

Gurman, A. S. a. D. P. Kniskern (1981): Family therapy outcome research: Knowns and unkowns. In: A. S. Gurman a. D. P. Kniskern (eds.): Handbook of family therapy, Vol I. New York (Brunner/Mazel), 742–775

Haley, J. (1977): Direktive Familientherapie. Strategien für die Lösung von Problemen. München (Pfeiffer) [am. Orig. (1976): Problem-solving therapy. San Francisco, CA (Jossey-Bass.]

Haley, J. (1978a): Gemeinsamer Nenner Interaktion. Strategien der Psychotherapie. München (Pfeiffer) [am. Orig. (1963): Strategies of psychotherapy. New York (Grune & Stratton).]

Haley, J. (1978b): Die Psychotherapie Milton H. Ericksons. München (Pfeiffer) [am. Orig. (1973): Uncommon therapy: The psychiatric techniques of Milton H. Erickson, M. D. New York (W. W. Norton).]

Hare-Mustin, R. (1989): Das Geschlechterproblem in der familientherapeutischen Theorie. *Familiendynamik* 14: 348–365 [am. Orig. (1986): The problem of gender in family therapy theory. *Family Process* 26: 15–28.]

Harland, R. (1987): Superstructuralism: The philosophy of structuralism and post-structuralism. London (Methuen)

Harlow, H. F. (1961): The development of affectional patterns in infant monkeys. In: B. M. Foss (ed.): Determinants of infant behaviour, Vol. 1. London (Methuen)

Hoffman, L. (1987): Grundlagen der Familientherapie. Konzepte für die Entwicklung von Systemen (2. Aufl.). Hamburg (ISKO-Press) [am. Orig. (1981): Foundations of family therapy. New York (Basic Books).]

Hoffman, L. (1988): A constructivist position for family therapy. *Irish Journal of Psychology* 9: 110–129. [Neuabdruck 1993 als: Exchanging voices: A collaborative approach to family therapy. London (Karnac Books)

Hoffman-Hennessy, L. (1992): Für eine reflexive Kultur der Familientherapie. In: J. Schweitzer, A. Retzer, H. R. Fischer (Hrsg.): Systemische Praxis und Postmoderne. Frankfurt am Main (Suhrkamp), 16–38 [engl. Orig. (1992): A reflexive stance for family therapy. In: S. McNamee a. K. J. Gergen (eds.): Therapy as social construction. London (Sage), 7–24 .]

Hofstadter, D. R. (1988): Gödel, Escher, Bach: Ein endloses geflochtenes Band (11. Aufl.). Stuttgart (Klett-Cotta) [am. Orig. (1979): Goedel, Escher, Bach: An eternal golden braid. New York (Basic Books).]

Holmes, J. (1992): John Bowlby and attachment theory. London (Routledge)

Holmes, J. (1994): A philosophical stance, ethics and therapy: An interview with Harlene Anderson. *Australian and New Zealand Journal of Family Therapy* 15 (3): 155–161

Hoyt, M. F. (1990): On time on brief therapy. In R. A. Wells a. V. J. Gianetti (eds.): Handbook of brief therapies. New York (Plenum)

Jervis, G. (1988): Kritisches Handbuch der Psychiatrie. Königstein/Ts. (Athenäum) [ital. Orig. (1975): Manuale critico di psichiatria. Milano (Feltrinelli).]

Jervis, G. (1989): La psicoanalisi come esercizio critico. Milano (Garzanti)

Jones, E. (1995): Systemische Familientherapie: Entwicklungen der Mailänder systemischen Therapien – Ein Lehrbuch. Dortmund (modernes lernen) [am. Orig. (1993): Family systems therapy.

Developments in the Milan systemic therapies. New York (John Wiley).]

Kohut, H. (1973): Narzißmus. Frankfurt am Main (Suhrkamp) [am. Orig. (1971): The analysis of the self. London (Hogarth Press).]

Kohut, H. (1979): Die Heilung des Selbst. Frankfurt am Main (Suhrkamp) [am. Orig. (1977): The restoration of the self. New York (International University Press).]

Lai, G. (1985): La conversazione felice. Milano (Il Saggiatore)

Lai, G. (1993): Conversazionalismo. Torino (Bollati Boringhieri)

Laing, R. (1974): Die Politik der Familie. Köln (Kiepenheuer & Witsch) [am. Orig. (1969): The politics of the family. London (Tavistock).]

Lankton, S. R., C. H. Lankton a. W. J. Matthews (1991): Ericksonian family therapy. In: A. S. Gurman a. D. P. Kniskern (eds.): Handbook of family therapy, Vol. II. New York (Brunner/Mazel), 239–283

Laplanche, J. u. J.-B. Pontalis (1973): Das Vokabular der Psychoanalyse. Frankfurt am Main (Suhrkamp) [frz. Orig. (1967): Vocabulaire de la psychanalyse. Paris (Presses Universitaires de France).]

Macarov, D. (1978): Empathy: The charismatic chimera. *Journal of Education for Social Work* 14: 86–92

Malan, D. H. (1976): The frontier of brief psychotherapy. London (Plenum Press)

Maruyama, M. (1963): The second cybernetics: Deviation-amplifying mutual causal processes. In: W. Buckley (ed.): Modern systems research for the behavioral scientist. Chicago (Aldine, 1968).

Marzocchi, G. (1989): L'intervento con il tossicodipendente. Terapia familiare o approccio ecologico? In: V. Ugazio (ed.): Emozioni soggetto sistemi. Milano (Vita & Pensiero)

Maturana, H. a. F. Varela (1980): Autopoiesis and cognition: The realization of the living. Dordrecht (Reidel Publishing Company)

Maturana, H. u. F. Varela (1987): Der Baum der Erkenntnis. Die biologischen Wurzeln des menschlichen Erkennens. Bern/München/Wien (Scherz) [engl. Ausg. (1984): The tree of knowledge: Biological roots of human understanding. London (Shambhala).]

McLuhan, M. (1964): Understanding media: The extensions of man. London (Routledge, 1993)

McNamee, S. (1992): Reconstructing identity: The communal construction of crisis. In: S. McNamee a. K. J. Gergen (eds.): Therapy as social construction. London (Sage), 186–199

Minsky, M. (1985): The society of mind. New York (Simon & Schuster)

Minuchin, S. (1990): Familie und Familientherapie. Theorie und Praxis struktureller Familientherapie (8. Aufl.). Freiburg (Lambertus) [am. Orig. (1974): Families and family therapy. Cambridge, MA (Harvard University Press).]

Minuchin, S. (1991): Meine vielen Stimmen. In: J. Zeig (Hrsg.): Psychotherapie. Entwicklungslinien und Geschichte. Tübingen (dgvt-Verlag) [am. Orig. (1987): My many voices. In: J. Zeig (ed.): The evolution of psychotherapy. New York (Brunner/Mazel)]

Morin, E. (1977): La méthode. I. La nature de la nature. Paris (Editions du Seuil)

Nardone, G. e P. Watzlawick (1994): L'arte del cambiamento. Firenze (Ponte alle Grazie)

Nichols, M. P. (1987): The self in the system. Expanding the limits of family therapy. New York (Brunner/Mazel)

Nietzsche, F. W. (1959): Die Geburt der Tragödie aus dem Geiste der Musik (Griechentum und Pessimismus). München (Goldmann)

Novelletto, A (1994): Narrazione e psicoanalisi. *Psicobiettivo* 14 (1): 21–30

Penn, P. (1983): Zirkuläres Fragen. *Familiendynamik* 8: 198–220 [am. Orig. (1982): Circular questioning. *Family Process* 21: 267–280.]

Penn, P. (1986): „Feed-forward" – Vorwärts-Koppelung: Zukunftsfragen, Zukunftspläne. *Familiendynamik* 11: 206–222 [am. Orig. (1985): Feed-forward: Future questions, future maps. *Family Process* 24: 299–310.]

Perry, R. (1993): Empathy – still at the heart of therapy. *Australian and New Zealand Journal of Family Therapy* 14 (2): 63–74

Piaget, J. (1973): Einführung in die genetische Erkenntnistheorie. Frankfurt/M. (Suhrkamp) [frz. Orig. (1970): L'épistémologie génétique. Paris (Presses Universitaires de France).]

Ricoeur, P. (1969): Die Interpretation. Ein Versuch über Freud. Frankfurt am Main (Suhrkamp)

Saussure, F. de (1967): Grundfragen der allgemeinen Sprachwissenschaft. Berlin (De Gruyter) [frz. Orig. (1916): Cours de linguistique générale. Lausanne/Paris.]

Schafer, R. (1976): A new language for psychoanalysis. New Haven, CT (Yale University Press)
Schafer, R. (1983): The analytic attitude. New York (Basic Books)
Scharff, D. a. J. Scharff (1987): Object relations family therapy. New York (Jason Aronson)
Searles, H. (1965): Collected papers on schizophrenia and related subjects. London (Hogarth Press)
Segal, L. (1991): Brief therapy: The MRI approach. In: A. S. Gurman a. D. P. Kniskern (eds.): Handbook of family therapy, Vol. II. New York (Brunner/Mazel), 171–199
Selvini Palazzoli, M. (1983/84): Die Notwendigkeit langer Abstände zwischen den Sitzungen. *Zeitschrift für systemische Therapie* 1(4): 49–56 [am. Ausg. (1980): Why a long interval between sessions? In: M. Andolfi a. I. Zwerling (eds.): Dimensions of Family Therapy. New York (Guilford Press).]
Selvini Palazzoli, M., L. Boscolo, G. Cecchin u. G. Prata (1977): Paradoxon und Gegenparadoxon. Ein neues Therapiemodell für die Familie mit schizophrener Störung. Stuttgart (Klett) [am. Orig. Selvini Palazzoli, M., L. Boscolo, G. Cecchin a. G. Prata (1978): Paradox and counterparadox. New York (Jason Aronson).]
Selvini Palazzoli, M., L. Boscolo, G. Cecchin u. G. Prata (1979): Gerade und ungerade Tage. *Familiendynamik* 4: 138–147 [am. Orig. (1978): A ritualized prescription in family therapy: Odd days and even days. *Journal of Family Counseling* 4 (3): 3–9.]
Selvini Palazzoli, M., L. Boscolo, G. Cecchin u. G. Prata (1981): Hypothetisieren, Zirkularität, Neutralität. Drei Richtlinien für den Leiter der Sitzung. *Familiendynamik* 6: 123–139 [am. Orig. (1980): Hypothesizing–circularity–neutrality: Three guidelines for the conductor of the session. *Family Process* 19: 73–85.]
Shazer, S. de (1992): Das Spiel mit Unterschieden. Wie therapeutische Lösungen lösen. Heidelberg (Carl-Auer-Systeme) [am. Orig. (1991): Putting difference to work. New York (W. W. Norton).]
Shazer, S. de (1995): Wege der erfolgreichen Kurztherapie (5. Aufl.). Stuttgart (Klett-Cotta) [am. Orig. (1985): Keys to solution in brief therapy. New York (W. W. Norton).]
Sluzki, C. (1992): Die therapeutische Transformation von Erzählungen. *Familiendynamik* 17: 19–38 [am. Orig. (1992): Transformation: A blueprint for narrative changes in therapy. *Family Process* 31: 217–230.]

Spence, D. P. (1982): Narrative truth and historical truth. New York (W. W. Norton)

Stagoll, B. (1987): Insight–outsight. *Australian and New Zealand Journal of Family Therapy.* 8(4): 212–217

Sullivan, H. S. (1953): Interpersonal theory of psychiatry. New York (W. W. Norton)

Terry, L. L. (1989): Systemic assessment of families through individual treatment: A teaching module. *Journal of Marital and Family Therapy.* 15(4): 379–385

Tomm, K. (1994): Zirkuläres Interviewen. Eine facettenreiche therapeutische methode. In: K. Tomm: Die Frage des Beobachters. Schritte zu einer Kybernetik zweiter Ordnung in der systemische Therapie. Heidelberg (Carl-Auer-Systeme), 92–113 [am. Orig. (1985): Circular interviewing. A multifaceted clinical tool. In: D. Campbell a. R. Draper (eds.): Application of systemic family therapy. The Milan approach. London (Grune & Stratton), 33–45

Tomm, K. (1988a): Das systemische Interview als Intervention: Teil I: Strategisches Vorgehen als vierte Richtlinie für den Therapeuten. *System Familie* 1 (3): 145–159 [am. Orig. (1987): Interventive interviewing: I. Strategizing as a fourth guideline for the therapist. *Family Process* 26: 3–13.]

Tomm, K. (1988b): Das systemische Interview als Intervention: Teil II: Reflexive Fragen als Mittel zur Selbstheilung. *System Familie* 1 (4): 220–243 [am. Orig. (1987): Interventive interviewing: II. Reflexive questions as a means to enable self-healing. *Family Process* 26: 167–183.]

Tomm, K. (1989): Das systemische Interview als Intervention: Teil III: Lineale, zirkuläre, strategische oder reflexive Fragen? *System Familie* 2 (1): 21–40 [am. Orig. (1988): Interventive interviewing: III. Intending to ask lineal, circular, strategic or reflexive questions? *Family Process* 27: 1–15.]

Tomm, K. (1994): Der familientherapeutische Ansatz des Mailänder Teams. B) Sitzungsstruktur, Interviewtechnik und Intervention. In: K. Tomm: Die Fragen des Beobachters: Schritte zu einer Kybernetik zweiter Ordnung in der systemischen Therapie. Heidelberg (Carl-Auer-Systeme), S. 60–91 [am. Orig. (1984): One perspective on the Milan systemic approach. Part II. Description of session format, interviewing style and interventions. *Journal of Marital and Family Therapy* 10: 253–271.

Varela, F. (1985): Complessità del cervello e autonomia del vivente. In: G. Bocchi e M. Ceruti: La sfida della complessità. Milano (Feltrinelli)

Viaro, M. a. P. Leonardi (1983): Getting and giving information: Analysis of a family-interviewing strategy. *Family Process* 22 (1): 27–42

Viaro, M. a. P. Leonardi (1990): Conversazione e terapia. Milano (Raffaello Cortina)

Villegas, M. (1994): Costruzione narrativa dell'esperienza e psicoterapia. *Psicobiettivo* 14 (1): 31–42

Villegas, M. (1995): Eclettismo o integrazione. Questioni epistemologiche. In: G. P. Lombardo e M. Malagoli Togliatti (eds.): Epistemologia in psicologia clinica. Torino (Bollati Boringhieri)

Watzlawick, P. (Hrsg.) (1981): Die erfundene Wirklichkeit. München (Piper)

Watzlawick, P., J. H. Beavin u. D. D. Jackson (1980): Menschliche Kommunikation. Formen, Störungen, Paradoxien (5. Aufl.). Bern/Stuttgart/Wien (Huber) [am. Orig. (1967): Pragmatics of human communication. New York (W. W. Norton).]

Watzlawick, P., J. H. Weakland u. R. Fisch (1974): Lösungen. Zur Theorie und Praxis menschlichen Wandels. München (Piper) [am. Orig. (1974): Change. The principles of problem formation and problem resolution. New York (W. W. Norton).]

White, M. u. D. Epston (1994): Die Zähmung der Monster. Literarische Mittel zu therapeutischen Zwecken (2. Aufl.). Heidelberg (Carl-Auer-Systeme) [am. Orig. (1989): Literate means to therapeutic ends. Adelaide (Dulwich Centre Publications).]

Wiener, N. (1963): Kybernetik. Regelung und Nachrichtenübertragung im Lebewesen und in der Maschine. Düsseldorf/Wien (Econ) [am. Orig. (1948): Cybernetics, or control and communication in the animal and the machine. Cambridge, MA (MIT-Press, 1965).]

Wittgenstein, L. (1977): Philosophische Untersuchungen. Frankfurt am Main (Suhrkamp)

Wittgenstein, L. (1980): Das Blaue Buch: Eine philosophische Betrachtung (Das Braune Buch). Hrsg. von R. Rhees. Frankfurt am Main (Suhrkamp)

Wynne, L. C. (1985): Die Epigenese von Beziehungssystemen: Ein Modell zum Verständnis familiärer Entwicklung. *Familiendynamik* 10: 112–146 [am. Orig. (1984): The epigenesis of relational systems. A model for understanding family development. *Family Process* 23: 297–318.]

Wynne, L. C., S. H. McDaniel a. T. T. Weber (1986): Systems consultation. A new perspective for family therapy. New York (Guilford Press)